김영태 金煐泰

1932년 경남 창녕에서 태어나 동국대학교 불교대학 불교학과를 졸업하고 동 대학원을 수료(철학석사)하였다. 일본 교토京都 불교대학에서 문학박사 학위를 받았다. 동국대학교 교수, 불교문화연구원장, 불교대학 학장, 한국불교학회장, 원효학회장, 원효학연구원장을 역임하고 현재 동국대학교 명예교수이다.

저서로 『新羅佛敎思想硏究』, 『한국불교사』, 『百濟佛敎思想硏究』 등 40여 권이 있고, 논문으로 「新羅白月山二聖成道記 연구」, 「元曉 涅槃經宗要에 나타난 和會의 세계」 등 250여 편이 있다.

자세히 살펴본
삼국유사 · 2

자세히 살펴본 삼국유사·2
- 三國遺事의 새김·풀이·연구 -

1판 1쇄 인쇄　2021년 09월 05일
1판 1쇄 발행　2021년 10월 15일

지은이·일연
역　주·김영태

펴낸이·김인현
펴낸곳·도피안사
등　록·2000년 8월 19일(제19-52호)
주　소·경기도 안성시 죽산면 거곡길 27-52
전　화·031-676-8700
E-mail·dopiansa@kornet.net

ISBN 978-89-90223-74-6 04910
　　　 978-89-90223-51-7 (세트)

· 책값은 뒤표지에 있습니다.
· 잘못된 책은 바꿔드립니다.
· 책의 내용 전부 또는 일부를 다른 곳에 사용하려면 반드시 저작권자와 도피안사 양측의 서면 동의를 받아야 합니다.

眞理生命은 깨달음(自覺覺他)에 의해서만 그 모습(覺行圓滿)이 드러나므로
도서출판 도피안사는 '독서는 깨달음을 얻는 또 하나의 길'이라는 믿음으로 책을 펴냅니다.

자세히 살펴본 삼국유사 2

三國遺事의 새김·풀이·연구

일연(一然) 지음 | 김영태 역해

DOPIANSA
到彼岸社

일러두기

1. 이 책은 조선 중종中宗 7년(正德 壬申 1512) 간행의 판본(正德刊 板本「정덕본」, 서울대학교 소장)을 민족문화추진위에서 영인影印 간행한『三國遺事』를 저본으로 하였다. 그래서 이를『저본』이라 일컫기로 한다.
2. 이『저본』에는 원문 영인 위쪽에 이미 교감校勘이 되어 있으므로 따로 교감하지 않았으며, 필요한 경우에는 원문 새김글에 각주를 달아 설명을 하였다.
3. 민족문화 역사의 보배스러운 고전古典인『삼국유사』(『유사』)의 보다 효율적인 연구와 이해를 위하여, 먼저 항목별로 원문을 싣고, 다음에 한글로 새겨 필요한 부분에 주석을 달았으며, 그 다음에 해당 항목의 내용 및 문제점을 살펴보는 장을 마련하였다.
4. 살펴보기에서는 내용 전반의 연구 검토와 학술적 고찰을 가급적이면 현대 감각으로 쉽게 이해되는 방향에서 풀어나가고자 하였다.
5. 『유사』에서 전하고 있는 고조선古朝鮮(왕검조선) 이후, 위만조선衛滿朝鮮으로부터 진한辰韓에 이르기까지(이서국伊西國·5가야五伽倻 두 항목 제외)의 사전史傳은 현재 중국의 고사서古史書에서도 보이고 있으므로, 해당 부분을 초록해 옮김으로써 연구 자료의 보완과 비교검토 및 옛 역사 이해에 도움이 되게 하였다.
6. 근래 학자들의 연구 성과에 대해서도 살펴보기에 관련되는 중요한 글을 옮기거나 인용하여 참고로 삼았다. 특히 고조선을 비롯한 상고대를 다룬 저술들에서는 고문투古文套 및 난해한 글은 될 수 있는 한 원형을 허물지 않는 범위 안에서 약간 쉽게 풀이하거나 철자법을 고쳐서 옮기기로 하였다.
7. 참고문헌이나 인용서의 명칭은 이 책의 서술 예에 따라 먼저 한글 표기를 하고 다음에 원명을 쓰기로 하며(예『삼국유사三國遺事』), 자주 나오는 고전이나 저서의 경우는 (예를 들자면)『저본』·『유사』등으로 줄여서 쓴다. 다만『삼국사기』는『사기』라 하고, 이와 구분하기 위하여 한漢의 사마천司馬遷의『史記』는 한글 표기를 하지 않고 원명 그대로『史記』라 일관해 쓴다.

책머리에
보각국사님께 올리는 글월

  쓰고는 지우고, 또 고치고, 수없이 되풀이해 늘 제자리걸음이었습니다. 이 문헌 찾고, 저 참고서 훑어보며 눈병 나도록 살폈습니다. 그래서 가까스로 첫 책과 두 번째 책을 내는데 이렇게 늦어졌습니다. 나머지 책들을 다 마치기까지 또 몇 년이 걸릴지 모르겠습니다.

  아득히 먼 계림鷄林 김문金門의 말예末裔이며 불학佛學의 까마득한 여예餘裔인 저는, 대학 3학년 군대 생활때부터 국사님의 심혈 어린『삼국유사三國遺事』에 담긴 옛일들을 눈여겨 살폈습니다.

  그러다가 그 해『유사』속에 들어있는 화랑 국선花郞 國仙을 소재로 보잘것없는 글 한 편을 썼습니다. 이듬해 제대할 무렵, 비로소 낙성된 동국대학교 교내 중강당에서 열린 학술발표회에서 처음으로 발표를 했고, 이어서 간행된 학내 학술지(『東國思想』) 창간호에 논문으로 실렸습니다.

  대학원에 가서도『유사』에 전해져 있는 한 편의 설화(白月山 兩聖成道記)를 중심으로 한「신라新羅의 불교사상 연구」로 석사학위를 받았습니다. 나중에 외국에서 받은 박사학위 논문도『三國遺事 所傳의 新羅

佛敎信仰 연구』였습니다.

불교사상사를 전공하는 저는 교수직에 있으면서 『유사』에 담긴 내용을 소재로 한 연구논문만도 수십 편을 썼습니다. 주로 『유사』의 권3 이후에 들어있는 불교 관계의 범위에만 국한되다시피 불교 관련 위주의 연구물이었습니다. 그러므로 「왕력王曆」편과 「기이紀異」편이 들어있는 1, 2권은 거의 손을 대지 않은 편이었습니다. 단지 1, 2권에도 불교 관계의 중요한 편린片鱗들이 없지 않아서 몇 군데 요긴하게 이끌어 본 일은 더러 있었으나, 주로 왕조사王朝史 관련의 국고國故 관계 자료들을 내용으로 하는 「왕력」과 「기이」편의 깊이 있는 연구는 그 분야 전문 학자들의 연구 영역으로 여겨 넘보려 하지 않았습니다.

또한 저는 그동안에 전공 분야 관련의 연구 과제와 원고 청탁 등으로 『유사』 전반의 체계적인 연구의 겨를이 모자랐습니다. 교수직을 벗어난 다음에 곧 착수하리라는 다짐을 스스로 해 두었습니다. 막상 정년 퇴임을 하고 나서도 여러 해 동안 본격적인 연구를 시작하지 못했습니다. 천성이 원래 무디고 느린 탓으로 앞서 밀려 있던 일들을 마무리 짓지 못했다는 것이 핑계였습니다.

그러다가 그동안 밀렸던 부득이한 원고 청탁과 강의 등 자질구레한 주변사를 대강 정리하고 2005년부터 『유사』의 본격적인 연구를 시작하기에 이르렀습니다. 국사님께서 힘들여 수집하시고 알뜰히 엮어 놓으신 그 숱한 이야기와 많은 옛 일들을 첫 장부터 차례로, 될 수록 자세히 살펴서 그 바른 뜻이 진실되게 드러나도록 풀이하려고 애썼습니다. 지혜가 모자라고 솜씨가 무디어서 이루어 놓으신 큰일의 참뜻에 만분의 일에도 미치지 못하였음을 알면서도 이 책 이름을

'자세히 살펴본 삼국유사'라고 붙여 보았습니다.

  할 수만 있다면 가장 쉽게 풀이해 옮겨 볼 요량이었습니다만, 도리어 어려운 책이 된 것 같습니다. 쉽게 풀이하고 알아보기 좋게 쓴다는 것이 얼마나 어려운 일인 줄을 새록새록 느꼈습니다. 앞으로 이어 나올 책들은 알차고 짬지면서도 쉽게 읽을 수 있는 책이 되도록 더울 힘쓸 것입니다.

2021년 8월 22일(음력 辛丑年 7월 보름 百中節)에
김영태 金煐泰 삼가 향 사르고 합장례하나이다

차례

책머리에 | 보각국사님께 올리는 글월 __ 5

기이紀異 편(Ⅰ)

마한馬韓
Ⅰ. 원문과 새김글 __ 14
Ⅱ. 문제점 살펴보기 __ 19
  1. 마한과 그 문제점 __ 19
  2. 4이夷·9이夷·9한韓·예맥穢貊에 대하여 __ 42

2부府·78국國
Ⅰ. 원문과 새김글 __ 50
Ⅱ. 문제점 살펴보기 __ 53
  1. 2부의 문제점 __ 53
  2. 78국의 문제점 __ 56

낙랑국樂浪國·북대방北帶方·남대방南帶方
Ⅰ. 원문과 새김글 __ 60
Ⅱ. 내용 살펴보기 __ 66
  1. 낙랑국의 전말 __ 66
  2. 북대방과 남대방 __ 82

말갈靺鞨과 발해渤海

Ⅰ. 원문과 새김글 __ 98
Ⅱ. 내용 살펴보기 __ 105
   1. 말갈·발해 __ 106
   2. 읍루挹婁·숙신肅愼, 흑수黑水·옥저沃沮 __ 126

이서국伊西國·다섯 가야伽耶

Ⅰ. 원문과 새김글 __ 132
Ⅱ. 내용 살펴보기 __ 137
   1. 이서국의 문제점 __ 137
   2. 5가야와 그 국명 __ 143

북부여北扶餘

Ⅰ. 원문과 새김글 __ 170
Ⅱ. 문제점 살펴보기 __ 173
   1. 해모수와 그 아들 __ 173
   2. 동부여로 옮겨간 연유 __ 179

동부여東扶餘

Ⅰ. 원문과 새김글 __ 182
Ⅱ. 문제점 살펴보기 __ 185
   1. 살펴볼 문제들 __ 185
   2. 천제天帝의 자손이라는 이유 __ 186
   3. 부여 멸망(國除)의 문제 __ 190
   4. 내외 사료에 보인 부여국 __ 194

고구려高句麗
　Ⅰ. 원문과 새김글 __ 202
　Ⅱ. 내용 살펴보기 __ 209
　　1. 이 항목의 성격 __ 209
　　2. 국내 전래의 주몽설화들 __ 210
　　3. 중국사서에 보인 동명(주몽)설화 __ 252
　　4. 중국 왕조사에 보인 고구려 __ 280
　　5. 국호 고구려와 고구려현 __ 317

변한卞韓·백제百濟
　Ⅰ. 원문과 새김금 __ 330
　Ⅱ. 내용 살펴보기 __ 333
　　1. 제목을 통한 문제점 __ 333
　　2. 옛 사전史傳에 보인 변한 __ 335

진한辰韓과 신라 금입택金入宅·사절유택四節遊宅
　Ⅰ. 원문과 새김글 __ 342
　Ⅱ. 내용 살펴보기 __ 347
　　1. 이 항목의 문제점 __ 347
　　2. 옛 중국 왕조사에 비친 진한 __ 350

신라新羅 시조始祖 혁거세왕赫居世王
　Ⅰ. 원문과 새김글 __ 356
　Ⅱ. 내용 살펴보기 __ 364
　　1. 이 항목의 위치(「기이紀異」편에 있어서) __ 364
　　2. 혁거세왕의 이름 문제 __ 370
　　3. 나라 이름 문제 __ 380
　　4. 중국 왕조사에 비친 초창기 신라 __ 383

제2대 남해왕南解王
Ⅰ. 원문과 새김글 __ 394
Ⅱ. 내용 살펴보기 __ 400
  1. 신라 왕호의 변천 __ 400
  2. '삼황의 제1(三皇之弟一)' 문제 __ 404

제3대 노례왕弩禮王
Ⅰ. 원문과 새김글 __ 412
Ⅱ. 내용 살펴보기 __ 415
  1. 최초의 향가鄕歌 도솔가兜率歌 __ 416
  2. 쟁기·빙고氷庫·수레의 최초 제작 __ 421

제4대 탈해왕脫解王
Ⅰ. 원문과 새김글 __ 428
Ⅱ. 내용 살펴보기 __ 437
  1. 도래인渡來人 탈해왕 __ 437
  2. 석탈해昔脫解의 임금된 사연 __ 440

금알지金閼智 탈해왕대脫解王代
Ⅰ. 원문과 새김글 __ 446
Ⅱ. 내용 살펴보기 __ 449
  1. 『삼국사기』에서 전하는 내용과의 비교 __ 449
  2. 금아기 설화와 그 특성 __ 454

연오랑延烏郞과 세오녀細烏女
Ⅰ. 원문과 새김글 __ 468
Ⅱ. 내용 살펴보기 __ 472
  1. 『수이전』과 『동국여지승람』의 영일迎日전설 __ 472
  2. 영일전설의 역사성 __ 476

마한 馬韓

Ⅰ. 원문과 새김글
　원문
　새김글

Ⅱ. 문제점 살펴보기
　1. 마한과 그 문제점
　　1) 전거 문헌과 마한 개국설
　　　(1) 중국 옛 사서史書에 보인 마한의 대강
　　　(2) 마한 개국설의 문제점
　　2) 마한의 위치
　　　(1) 마한 고구려설
　　　(2) 마한 백제설
　2. 4이夷·9이夷·9한韓·예맥穢貊에 대하여
　　　(1) 4이四夷
　　　(2) 9이九夷
　　　(3) 9한九韓
　　　(4) 예맥穢貊

Ⅰ. 원문과 새김글

1. 원문

馬韓

　魏志云 魏滿擊朝鮮 朝鮮王準 率宮人左右 越海而南至韓地 開國
號馬韓 甄萱上太祖書云 昔馬韓先起 赫世勃興 於是 百濟開國於金馬
山 崔致遠云 馬韓麗也 辰韓羅也(據本紀 則羅先起甲子 麗後起甲申 而
此云者 以王準言之耳 以此知東明之起 已幷馬韓而因之矣 故稱麗爲馬韓
今人或認金馬山 以馬韓爲百濟者 蓋誤濫也 麗地自有馬邑山故名馬韓也)

　四夷 九夷 九韓 穢貊 周禮職方氏掌四夷 九貊者 東夷之種 卽九夷
也 三國史云 溟州古穢國 野人耕田 得穢王印 獻之 又春州古牛首州
古貊國 又或云今朔州是貊國 或平壤城爲貊國 淮南子注云 東方之夷
九種 論語正義云 九夷者 一玄菟 二樂浪 三高麗 四滿飾 五鳧臾 六
素家 七東屠 八倭人 九天鄙 海東安弘記云 九韓者 一日本 二中華
三吳越 四乇羅 五鷹遊 六靺鞨 七丹國 八女眞 九穢貊

2. 새김글

마한

『위지魏志』1)에는 이러하다. 위만이 조선을 치니 조선왕 준準이 궁인과 가까운 측근을 거느리고 바다를 건너 남쪽으로 한韓의 땅에 이르러 나라를 세우고 마한馬韓이라 일컬었다.2)

견훤3)이 태조4)에게 올린 글에는, "옛적에 마한이 먼저 일어나고 혁거세赫居世5)가 발흥하였으며, 이즈음에 백제가 금마산金馬山6)에서 나라를 세웠다."고 하였다.

최치원崔致遠7)은 "마한은 고구려이며, 진한辰韓은 신라이다."8)라

---

1) 진晉 나라의 진수陳壽가 찬술한 『삼국지三國志』 전체 65권 중에서 앞쪽 30권까지가 「위지魏志」이다.
2) 이 글은 위의 「위지」 권30의 동이東夷 한韓전에서 옮겨온 것이지만, 실제 여기에는 '조선왕 준朝鮮王準'이나 '개국호 마한開國號馬韓'이란 글귀는 안 보인다.
3) 견훤甄萱(?~936)은 후백제를 세운 왕이며, 그에 관해서는 『사기』 권50 열전列傳10과, 『유사』 권2 기이紀異의 후백제 견훤전에 들어 있다.
4) 고려 태조(王建, 877~943)를 가리킴.
5) 원문에는 "혁세발흥赫世勃興"이라 했으나, 이 혁세는 신라新羅 시조왕始祖王 혁거세赫居世의 줄인 말이라 할 수 있다.
6) 금마산은 지금의 전라북도 익산시 금마면 일대를 가리키는 지명인데, 이 지역은 백제가 처음 나라를 세운(開國한) 곳이 아니다.
7) 최치원(857~?)은 신라 말기의 학자. 자는 고운孤雲 또는 해운海雲이며, 시호는 문창후文昌候이다. 소년시절 당나라에 유학 가서 과거에 올라 벼슬길에 나아갔으며, 문장으로 이름을 떨치다가 귀국하였다. 신라에 돌아와 관직에 있다가 물러나고 학문과 저술에 힘썼으나 나중에 가야산으로 들어가 세상을 등지고 숨어 살았다고 한다. 그에게는 『사륙집四六集』 1권·『계원필경桂苑筆耕』 20권·『문집文集』 30권 등의 저술이 있었고, 이른바 사산비四山碑로 유명한 「쌍계사진감선사비문雙溪寺眞鑑禪師碑文」·「성주사대낭혜화상비문聖住寺大朗慧和尙碑文」·「봉암사지증대사비문鳳巖寺智證大師碑文」·「대숭복사비大

고 하였다. 〔「본기」9)에 의거하면, 신라가 먼저 갑자년(B.C.57)에 일어나고 고구려는 그 뒤 갑신년(B.C.37)에 일어났다고 하였다. 여기에 마한이 먼저 일어났다고 말한 것은 임금 준準을 두고 말한 것이다. 이로써 동명왕10)이 일어나자 이미 마한을 합쳤기 때문임을 알 수가 있다. 그러므로 고구려를 마한이었다고 일컬은 것이다. 요즈음(고려 당시) 사람들이 더러 금마산으로 인해 마한이라 한 것으로 알고 (마한이) 백제로 되었다고 하는 것은 대체로 잘못된 것이다. 고구려 땅에는 원래 마읍산馬邑山11)이 있었기 때문에 마한이라고 이름하였던 것이다.〕12)

崇福寺碑」 등 적지 않은 글들이 남아 전하고 있다.
8) 이 말은 최치원의 『문집文集』에 들어있는 「상대사시중장上大師侍中狀」의 "동해의 밖에 세 나라가 있었으니 마한, 변한, 진한이다. 마한은 곧 고구려이며, 변한은 백제이고, 진한은 신라이다.(東海之外有三國 其名馬韓卞韓辰韓 馬韓則高麗 卞韓則百濟 辰韓則新羅也)"라는 글귀에서 따온 것이다. 이 글은 『사기』 권46 열전列傳 제6, 최치원전崔致遠傳에 실려 있다.
9) 『사기』의 신라본기新羅本紀와 고구려본기高句麗本紀를 가리킨 것이다.
10) 원문에는 '동명東明'으로만 되어 있으나, 고구려 시조 동명왕 또는 동명성왕東明聖王 고주몽高朱蒙을 가리킨다.
11) 원문에는 '읍산邑山'으로 되어 있으나 마馬가 빠진 것이므로 마읍산馬邑山이 옳다. 근거는 『사기』 권21·22 「고구려본기」 보장왕寶藏王 상·하 및 『유사』 권1 기이편 태종춘추공太宗春秋公 등.
12) 앞의 (「본기」……에서 여기에 이르기까지) 괄호안의 글은 찬자의 주석이다.

4이夷 · 9이夷 · 9한韓 · 예맥穢貊13)

『주례周禮』14)에는, 직방씨職方氏15)가 4이四夷16)를 관장한다 하였다. 9맥九貊이란 동이東夷의 종족으로 곧 9이九夷이다.

『삼국사三國史』17)에 이르기를, 명주溟洲18)는 옛 예국穢國인데 농부가 밭을 갈다가 예왕穢王의 도장을 얻어서 바쳤다고 하였다.19)

또 춘주春州20)는 예전의 우수주牛首州로서 옛 맥국貊國이었으며, 혹

---

13) 『유사』 원문에는 이 부분이 '마한馬韓' 항목 안에 이어져 있어서 대부분의 학자들이 별개의 항목(別項)으로 나누지 않고, 또 이 첫줄을 사이四夷를 설명하는 글(예하면, 사이는 구이·구한·예·맥이다)로 풀이하기도 하였다. 그러나 겉으로는 이어져 있지만 내용은 분명히 마한과 다른 항목이다. 따라서 '사이四夷 구이九夷……' 등도 한 항목의 앞에 내세워 놓은 소제목으로 보아야 한다. 그 아래 내용에 각각 사이四夷·구이九夷 등을 언급하고 있기 때문이다. 그러므로 원문에 잘못 이어져 있는 것으로 보고 여기에서는 마한과 별개의 분단으로 따로 나누어 보았다.
14) 『주례』는 주나라 때(周代)의 관제官制를 적어 모은 고전인데, 『주관周官』 또는 『주관경周官經』이라고도 한다. 모두 6편 360관官으로 되어 있으며, 후한後漢의 정강성鄭康成이 주를 달고 당唐의 가공언賈公彦이 소疏를 지어 42권으로 되어 있다. 예로부터 주나라 때의 주공 단周公旦이 『주례』를 지은 것으로 전해져 왔으나 실제 그 정확한 찬술자는 알 수가 없다고 한다.
15) 직방씨는 주나라 때의 관직 이름인데, 『주례』의 하관夏官에 속해 있으며 천하의 지도地圖를 관장하고 사방의 공물貢物을 주관하였다.
16) 사이는 고대 중국에서 그 주변 사방의 지역 이민족들을 낮추어 (사방의 오랑캐라고) 일컬었던 말인데, 동이東夷·서융西戎·남만南蠻·북적北狄이다.
17) 현재 우리가 볼 수 있는 고전古典에 보이는 『삼국사』는 대체적으로 두 가지가 있다고 할 수 있다. 『대각국사문집大覺國師文集』에는 『해동삼국사海東三國史』, 이규보李奎報의 『동명왕편東明王篇』에는 『구삼국사舊三國史』, 『유사』에서는 『전삼국사前三國史』로 구분지어 일컬은 경우도 있으나, 그냥 『삼국사』라고 해도 현존본 『삼국사기』 이전의 삼국역사를 집성한 저술(책)을 가리키는 경우가 그 첫 번째 사례라고 할 수 있다. 두 번째는 『유사』와 『세종실록』 「지리지地理志」 등에서 보이고 있는 현존본 『삼국사기』를 가리키는 경우도 있다. 지금 여기에서의 『삼국사』는 현존 『삼국사기』를 가리키고 있는 것이라 할 수 있다.
18) 명주는 지금의 강원도 강릉江陵지방이다.
19) 이 이야기는 지금 『사기』 권1의 남해왕(南解·次次雄) 16년쪽에 전해져 있다.
20) 춘주는 지금의 강원도 춘천春川이며, 고구려 때의 우수주牛首州이다.

은 지금의 삭주朔州(평안도 삭주군)를 맥국이라 하고, 혹은 평양성을 맥국이라고도 하였다.

『회남자淮南子』21)의 주석에는 "동쪽의 오랑캐〔夷〕는 아홉 종족이다."라고 하였으며, 『논어정의論語正義』22)에는 "구이九夷는 ① 현도玄菟 ② 낙랑樂浪 ③ 고(구)려 ④ 만식滿飾 ⑤ 부유鳧臾 ⑥ 소가素家 ⑦ 동도東屠 ⑧ 왜인倭人 ⑨ 천비天鄙이다."라고 하였다.

『해동 안홍기海東安弘記』23)에는 "9한九韓은 ① 일본日本 ② 중화中華 ③ 오월吳越 ④ 탁라乇羅24) ⑤ 응유鷹遊 ⑥ 말갈靺鞨 ⑦ 단국丹國 ⑧ 여진女眞25) ⑨ 예맥濊貊이다."라고 하였다.

---

21) 『회남자』는 전한前漢의 회남왕淮南王 유안劉安이 찬술하였으며, 그 원래 명칭은 『회남홍열淮南鴻烈』인데 20권으로 되어 있다.
22) 『논어정의』는 『논어論語』에 위나라의 하안何晏이 주를 달고 송나라의 형병邢昺이 소疏를 붙인 것으로 모두 20권이다.
23) 『해동 안홍기』는 신라 안홍安弘법사의 저술인데 자세한 것은 알 수 없으며, 『유사』 권3의 황룡사구층탑皇龍寺九層塔 쪽에 나오는 '해동명현안홍찬海東名賢安弘撰 『동도성립기東都成立記』'와 같은 책인 것으로 보인다.
24) 이 '乇'자를 위의 '황룡사 9층탑' 쪽에서는 '托'으로 쓰고 있다.
25) 이 '진眞' 또한 '황룡사 9층탑' 쪽에는 '狄'자로 하고 있다.

Ⅱ. 문제점 살펴보기

앞의 주13)에서 잠깐 언급한 바가 있지만, 이 마한馬韓 항목은 두 가지 사항이 함께 합쳐져 들어 있다. 앞쪽은 마한에 관한 것이고, 뒤쪽은 4이四夷・9이九夷・9한九韓 등에 관한 것이다.

여기에서는 마한과 4이夷 이하를 두 분단으로 나누어 각각 그 내용의 문제점들을 살펴보기로 한다.

1. 마한과 그 문제점

1) 전거 문헌과 마한 개국설

이 항목에서는 "위지운魏志云"이라 하여『삼국지三國志』의「위지魏志」동이전東夷傳에 의거하여 마한馬韓이 건국된 사연을 매우 간략하게 전하고 있다. 마한을 전하고 있는 대표적인 중국 고사서古史書로는『삼국지』외에도『후한서後漢書』와『진서晉書』를 들 수 있다. 여기에서는 먼저 이들 옛 문헌에서 전하는 마한의 대강을 보고, 다음에 '마한개국설馬韓開國說'의 문제점을 잠시 살펴보기로 한다.

(1) 중국 옛 사서史書에 보인 마한의 대강

① 『삼국지』「위지」에 전하는 마한

이제 본 바와 같이 『유사』에 인용된 원 전거인 「위지」에는 대략 다음과 같이 마한에 관해 전하고 있다.

> 한韓은 대방帶方의 남쪽에 있으며 동쪽과 서쪽은 바다를 경계로 하고, 남쪽도 바다인데 왜倭와 인접해 있으나 그 거리가 한 4천리쯤 된다.
> 한에는 세 가지가 있으니 첫째는 마한馬韓, 둘째는 진한辰韓, 셋째는 변한弁韓이며, 진한은 옛날의 진국辰國이다.
> 마한은 서쪽에 있는데, 그 땅의 백성들은 종자를 심고 뽕나무를 가꾸어 누에 쳐서 옷감 만드는 일들을 알았다. 각기 통솔하는 우두머리가 있어서 으뜸가는 이를 신지臣智라 하고 그 다음을 읍차邑借라 하였다. 산과 바다 사이에 (마을들이) 흩어져 있으며 성곽이 없었다. (54국의 나라 이름을 열거하고 있으나, 생략함) 큰 나라는 만여 가호〔萬餘家〕이며 작은 나라는 수천 가호(數千家)로 모두 합쳐 십여 만 가호〔十餘萬戶〕가 된다.
> 후候였던 준准이 왕이라 일컫고 있었는데, 연나라의 망명인인 위만衛滿이 쳐들어와 나라를 빼앗으므로(准旣僭號稱王 爲燕亡人衛滿所攻奪, 이하 장문의 주석 생략) (준왕은) 그 좌우 측근과 궁인들을 데리고 달아나 바다로 들어가 한의 땅에 살면서 한왕韓王이라 일컬었다.(將其左右宮人 走入海居韓地 自號韓王)26)

『유사』에서 "魏志云"이라 한 이 글(魏滿擊朝鮮 朝鮮王準 率宮人左右 越海而南至韓地 開國號馬韓)은, 바로 이제 본 「위지」의 글 가운데 뒷부분

---

26) 진晋 진수陳壽 찬, 『삼국지』 권30, 「위지」 30, 「동이전東夷傳」 '한韓'의 마한馬韓.

의 두 마디 원문(准旣僭號稱王 爲燕亡人 衛滿所攻奪. 將其左右宮人 走入海居 韓地 自號韓王)에서 따온 것이다. 원문의 '위만衛滿'을 『유사』에서는 '위만魏滿'으로 하고 있을 뿐만 아니고, 글자의 들고 남이 많이 바뀌어 있어서 얼른 보아 전혀 다른 글귀처럼 보이고 있다. 그러나 그 뜻은 서로 같다고 할 수가 있으며, 『유사』에 옮기는 과정에서 주로 내용의 뜻을 드러내고자 한 것으로 볼 수도 있다.

그 대목 이하 「위지」에서 전하는 마한에 관한 내용은 『유사』에서 전하고 있지 않으나 마한을 이해하는데 중요하므로 요긴한 부분만을 간추려서 옮겨보기로 한다.

한韓 나라는 그 민간에 기강이 모자라고 국읍國邑에는 비록 우두머리〔主帥〕가 있으나 읍과 촌락이 섞여 살아서 잘 통제하여 다스리기가 어려웠으며, 무릎을 꿇고 절하는 예법이 없었다. 초옥草屋과 토실土室을 만들어 거처하였는데 그 모양이 흡사 봉분한 큰 무덤과 같았으며, 출입문이 위로 나 있었다. 남녀노소 구별 없이 온가족이 함께 그 안에서 살았다. 장례 지낼 때 널〔棺〕은 있었으나 덧널〔椁〕은 없었다. 소와 말을 탈줄 몰랐으며, 소와 말이 쇠진하면 장사지내주었다.

구슬〔瓔珠〕을 보배〔財寶〕로 삼았는데, 옷에 꿰매어 장식하기도 하고 목걸이와 귀걸이로 쓰기도 하였다. 금과 은 및 비단과 수놓은 직물은 그리 진귀하게 여기지 않았다. 그 사람들은 성품이 굳세고 용감하며, 산발한 머리에 상투를 틀고 관을 쓰지 않았으며, 베옷을 입고 가죽신과 짚신을 신었다. 관가에서 성곽을 쌓는 일들에 힘차고 씩씩한 여러 청소년들이 모두 척피脊皮27)를 뚫어서 밧줄을 꿰거나 또는 한 길(발) 남짓한 나무를 꽂

---

27) '척피脊皮'를 글자 그대로 옮기면 '등가죽' 곧 '등살가죽'이 된다. 『진서晉書』에는 이를 '배피背皮'라 하였는데 뜻으로는 같다. 실은 등가죽이 아니고 옛날 농사일이나 공동의

마한 21

아(끼워)서 종일 떠드레 소리 지르며 울력을 하였다. (그들은) 고통스러워하지 않고 끝까지 힘써 일하였으며, 또한 씩씩하였다.28)

언제나 5월에 씨앗 심는 농사일이 끝나면 귀신에 제사를 지내고, 무리를 지어 낮과 밤을 쉬지 않고 술을 마시며 노래하고 춤을 추었다. 그 춤은 수십 명이 함께 일어나 서로 이어 땅을 밟고 뛰면서 몸을 낮추었다 높였다 하며 수족도 서로 어울려 절도가 있어서 흡사 탁무鐸舞29)와 비슷하였다. 그해 10월에 농사일이 모두 끝나면 또한 그와 같이 하여 귀신을 신봉하였다.

국읍國邑에는 각각 한 사람씩을 세워 천신天神을 제사하는 일을 맡아보는 주제자主祭者로 삼았는데, 이를 천군天君이라 이름하였다. 또 여러 나라에는 각각 별읍別邑에 소도蘇塗라 일컫는 것이 있어서, 큰 나무를 세우고 거기에 방울과 북을 달아 귀신을 섬겼다. 모든 (죄인이) 도망하여 그 (소도) 가운데 들어가면 모두 보복(체포)하지 않았으므로 도둑들이 잘 이용하였다. 소도를 세운 뜻이 부도浮屠30)와 비슷하였으나 그 행하는 바의 선善과 악惡은 달랐다.

② 『후한서』에 보인 마한

이상의 「위지」 외에 마한을 전하고 있는 또 하나의 고사서古史書인 『후한서後漢書』의 「동이전東夷傳」에도 「위지」에서처럼 먼저 삼한의

공사작업에 썼던 도구이름 '등피'(나중에 등패)를 한자로 표기한 것이다. 다음의 『후한서』 쪽에서 약간의 설명을 더하기로 한다.
28) "其國中 有所爲及官家使築城郭 諸年少 勇健者 皆鑿脊皮 以大繩貫之 又以丈許木挿之 通日 嚾呼作力 不以爲痛 旣以勸作 且以爲健."
29) 탁무는 방울을 쥐고 춤을 추는 잡무雜舞의 한 가지이다.
30) 부도는 불교용어로서 부도浮圖라고도 쓰는데, 본래는 부처(佛・佛陀) 곧 붓다 Buddha를 소리 옮긴 옛말이었으나, 탑塔(塔婆・率都婆 등)으로도 써왔다. 지금 우리나라에서는 붓다의 뜻으로는 거의 안 쓰고, 고승들의 사리나 유골을 모시기 위해 돌로 둥글거나 종 모양으로 만들어 세우는 것으로 석종石鍾이라고도 한다.

이름을 들고 다음에 마한을 언급하였다.

> 한에 세 가지가 있으니 첫째 마한이요, 둘째 진한이며, 셋째 변진이다.
> (韓有三種 一曰馬韓 二曰辰韓 三曰弁辰)31)

라고 한 다음에, "마한은 서쪽에 있고 쉰네 나라(54국)이며, 그 북쪽은 낙랑樂浪이고 남쪽에는 왜倭와 인접해 있다." 하고는 이어 진한과 변진의 위치와 규모 및 삼한을 합친 78국과 그 중에 백제국伯濟國이 있다는 것, 그리고 이들(78국) 가운데 큰 것은 만여 가호 작은 것은 수천 가호인데 각기 산과 바다 사이의 땅에 있으며, 사방 합쳐 4천여 리이고 동쪽과 서쪽은 바다를 한계로 하였는데 모두가 옛적의 진국辰國이었다고 하였다. 그리고는 이어 "마한은 가장 큰 나라〔馬韓最大〕이므로 삼한三韓 모두가 그 종족(마한인)을 세워 진왕辰王으로 삼으며, 도읍은 목지目支(「魏志」에선 月支)국이었다."라고 하였다.

그 아래에 나라 안 사정과 풍습을 「위지」와 비슷하게 전하고 있다. 앞에서 본 척피脊皮에 관한 이야기도 보이고 있으나 상당히 간략하게 전해져 있다. "그 나라 사람들은 씩씩하고 용맹하다. 젊은이들이 건물을 짓는 울력을 함에 있어서 새끼(밧줄)로 척피脊皮를 꿰어 거기에 큰 나무를 매달아 떠들썩하게 소리 지르며 굳세게 일하였다."32)

이러한 청소년들의 공동작업을 두고, "그러한 역작力作의 광경은 결코 만용의 표현이 아니며 '권작勸作' 즉 강제의 결과였다. 그러한 노

---

31) 송宋 범엽范曄 찬, 『후한서後漢書』 권115, 동이전東夷傳 75, 동이東夷 한韓(馬韓).
32) "其人壯勇 少年有築室作力者 輒以繩貫脊皮 繩以大木 嚾呼爲健."

동상태를 강제노동으로 보아야 하고, 그 강제노동은 노예노동의 일 구상―具象이었던 것이다."33)라고 한 학자도 있다. 또 일본의 한 학자는 마한 청소년들의 이러한 공동작업을 '원시사회의 성년식成年式'에 견주었고, 또 이를 '화랑집회의 원류(花郞集會の源流)'로 보기도 하였다.34) 그리고 이들 두 학자는 모두 마한의 청소년들이 실제 등의 살가죽(背皮)을 뚫어서 큰 줄과 한 발 남짓한 나무 막대기를 꿰거나 꽂은 것으로 보았다.

이에 관해 이병도李丙燾는 "사람의 척피脊皮를 뚫어 대승大繩으로 꿰매고 또 장허목丈許木으로 여기에 삽입한다는 것은 실제로 있을 수 없고, 상식으로 생각하더라도 도저히 있을 수 없는 말이다."라고 하여, 그는 짐승의 등가죽[獸背皮]을 등쪽에 붙인 '지게'일 것으로 보려고 하였다.35)

그러나 짐승의 등가죽을 붙인 지게를 척피라 할 까닭이 없고 그 기능도 맞지가 않다. 실제 이 척피는 당시에 쓰인 작업도구의 하나였던 '등피'를 한자로 표기한 것이다. '등'은 뜻글자인 척脊·배背자로 쓰고 '피'는 음이 같은 皮자로 쓴 것이라 할 수 있다. 이 등[脊·背]피는 나중에 '등패'라 일컬어졌다.36)

그와 같이 『후한서』에서도 마한의 생활풍습 및 나라 안 사정들은 『삼국지』 「위지」에서 전하는 바와 비슷하다. 그러나 준왕準王이 한

---

33) 백남운, 『조선사회경제사』(『경제전집』 61, 개조사, 1933), p.142.
34) 三品彰英, 『朝鮮古代硏究』 제1부 『新羅花郞の硏究』(삼성당, 1943), p.10.
35) 이병도, 『한국사-고대편』(진단학회 편, 을유문화사, 1959), p.310.
36) '등피(등패)'에 관해서는 졸저, 『한국 고대 왕조사 탐색』(동국대학교 출판부, 2013), pp.61~86에서 좀더 자세히 살펴본 바가 있다.

의 땅〔韓地〕에 가서 한왕韓王이 되었다는 기록에는 상당한 차이를 보여주고 있다.

시대 순서로 본다면 후한後漢이 삼국보다 앞섰으나, 역사책의 찬술로 볼 때는 『후한서』보다 『삼국지』가 훨씬 먼저 이루어졌다. 『삼국지』를 지은 진수陳壽(233~297)는 서진西晉 때의 사람이며, 『후한서』를 편찬한 범엽范曄(398~445)은 남북조 초의 송宋나라 때 인물이다.

③ 『진서』의 마한전

이들 『후한서』나 『삼국지』의 편찬보다 훨씬 후대인 당唐의 태종太宗(627~649)이 직접 찬술하였다는 『진서晉書』에도 마한을 간략하게 전하고 있다. 이 『진서』「사이전四夷傳」의 동이東夷 마한馬韓전에도 앞의 두 고전들과 같이 먼저 삼한(韓有三 一曰馬韓 二曰辰韓 三曰弁辰)을 들고 있다. 이어서 엉뚱하게 진한의 위치를 언급한(辰韓 在帶方南 東西以海爲限) 다음에 마한을 전하고 있다.

> 마한은 산과 바다의 사이에 있으며 성곽이 없다. 쉰여섯 군데의 작은 나라로 이루어져 있어서(凡有小國 五十六所), 큰 나라는 만호萬戶이고 작은 곳은 수천가數千家인데, 각각 거수渠帥가 있다.37) (이하 「위지」와 『후한서』의 내용과 같으며 간략하게 간추려져 있다.)

『후한서』와 「위지」 등 거의 모든 중국 사서에는 마한을 54국으로 하고 있는데, 이 『진서』에서만 유독 56국으로 되어 있다. 아마도 이

---

37) 당唐 태종太宗 어찬御撰, 『진서晉書』 권97, 열전 67, 사이전四夷傳 마한馬韓.
"馬韓居山海之間 無城郭 凡有小國 五十六所 大者萬戶 小者數千家 各有渠帥."

56은 54의 오자인 듯하다. 또 여기에 "마한이 산과 바다의 사이에 있으며 성곽이 없다.(馬韓居山海之間 無城郭)"라고 한 것은 『후한서』(各在山海間地)보다는 『삼국지』(「魏志」山在山海間 無城郭)를 옮긴 것으로 보인다.

그러나 두 책에서 모두 마한을 따로 시작하면서 "마한은 서쪽에 있다.(馬韓在西)"고 한 첫마디가 없고, 단지 "마한거산해지간馬韓居山海之間"으로 시작되어 있다. 다만 마한전 다음에 항목을 둔 진한辰韓전에서 "진한은 마한의 동쪽에 있다.(辰韓在馬韓之東)"라고 시작된 것을 통해서 그 방위가 서쪽이었음을 알게 된다. 그리고 두 고전에서 전하고 있는 '조선왕 준朝鮮王準의 남하南下 사실'도 여기에는 전혀 언급이 되어있지 않으며, 또 척피脊皮도 배피背皮라 하였다.

국내의 옛 문헌에서 찾아볼 수가 없는 마한의 역사를 전하고 있는 마한전馬韓傳을 항목으로 둔, 이상의 세 가지 고사서古史書 외에도 중국의 역사서에서는 더러 마한의 나라 이름을 보이고 있다. (『宋書』 등에는 馬韓을 慕韓이라고도 하였다) 특히 『양서梁書』에서는 그 「제이전諸夷傳」의 백제百濟를 전하는 첫머리에, "백제에 앞서 동이東夷에는 세 한韓 나라가 있었으니"라고 시작하여 "백제가 마한 54국 중의 하나(百濟卽其一也)"라고 하였다.[38]

(2) 마한 개국설의 문제점

『삼국지』의 「위지魏志」에는 한韓, 곧 삼한의 앞자리에 마한이 나와

---

38) 당唐 요사렴姚思廉 찬, 『양서梁書』 권54, 열전 48, 제이전諸夷傳 동이東夷(百濟).

있고, 그 마한의 전반부 쯤에 『유사』에서 인용한 그 부분(衛滿所攻擊……居韓地 自號韓王)이 들어 있다. 범엽의 『후한서』 동이전東夷傳에는 삼한 중에 마한을 먼저 들고 있는 것은 「위지」 쪽과 같으나, 준왕이 한의 땅으로 가서 왕이 되었다는 그 부분은 마한에 연결되어 있지 않고 진한辰韓과 변진弁辰이 언급된 뒤쪽에 따로 보이고 있다. 그러면서도 「위지」보다는 훨씬 구체적으로 다음과 같이 전하고 있다.

　　처음에 조선왕 준準이 위만에 패하여 그 무리 수천 인을 이끌고 달아나 바다로 들어가 마한을 격파하고는 자립하여 한왕이 되었다.[39]

비록 간략하기는 두 경우가 비슷하지만 준왕이 나라(朝鮮)를 위만에게 빼앗기고 마한 땅으로 가서 한왕韓王이 되었다는 사실이, 「위지」의 기록에 비해 구체적이고도 설득력이 있다고 할 수 있다. 실제 『유사』에서 "위지운魏志云"이라 하여 인용하고 있는 글에는 "위만이 조선을 치니 조선왕 준이(魏滿擊朝鮮 朝鮮王準)"라는 이 대목의 '조선朝鮮 조선왕朝鮮王'이라는 글귀가 「위지」에 전혀 보이지 않는다.

위만도 물론 위만衛滿이지만 『유사』 인용의 마지막 부분인 "개국호마한開國號馬韓"이란 글귀도 「위지」에는 없고 "자호한왕自號韓王"으로 되어 있다. 여기에서는 「위지」의 '장將'을 '솔率', '입해入海'를 '월해越海', '좌우궁인左右宮人'을 '궁인좌우宮人左右', '거한지居韓地'를 '이남지한지而南至韓地' 등 같지 않은 부분이 많아서 인용문이라기보다

---

39) 앞의 『후한서』와 같음. "初朝鮮王準 爲衛滿所破 乃將其餘衆數千人 走入海攻馬韓破之 自立爲韓王."

는 오히려 알아보기 쉽도록 고친 글귀라고 하는 편이 좋을 것 같다.

이에 견주어 볼 때 도리어 인용문이 아닌 『후한서』 쪽에서 '조선왕 준朝鮮王準'이 나오고 있다. 또한 위만에게 패하여 수천 인의 무리를 이끌고 달아나 마한을 깨뜨리고 스스로 한왕이 되었다는 내용은 매우 간명하면서도 조리가 있다. 「위지」에서 "한의 땅에 살면서 스스로 한왕이라 일컬었다.(居韓地 自號韓王)"라고 한 부분을 『유사』에서는 "한의 땅에 이르러 나라를 열어 마한이라 일컬었다.(至韓地 開國號馬韓)"라고 옮겼으니 여기에 상당한 문제가 생긴다. 즉 "자호 한왕自號韓王"을 "개국호 마한開國號馬韓"이라 하였으니 이는 인용문으로서는 전혀 엉뚱하다고 하지 않을 수 없다. '한왕이라고 하였다'는데 어째서 '나라를 세워(開國하여) 마한이라 하였다'는 것인가. '한왕이라 하였다'는 것과 '마한이라는 나라를 세웠다'는 것은 완전히 다른 뜻의 말이다.

『유사』에서 원 전거로 삼고 있는 「위지」나 『후한서』에서는 준왕이 한나라 땅으로 가기 전에 이미 한韓과 그 세 나라인 마한 진한 변한(『후한서』에서는 변진)이 존재했던 것으로 보이고 있다. 그리고 「위지」에서는 "스스로 한왕이라 일컬었다.(自號韓王)" 하였고, 『후한서』에서는 "자립하여 한왕이 되었다.(自立爲韓王)"라고 하여, 모두가 한왕이 된 것을 전하고 있다. 이 두 군데 전거에서는 준왕이 한 땅에 와서 마한을 세웠다(開國하였다)는 말은 찾아볼 수가 없다. 그 이전에 이미 마한이 존재해 있었기 때문일 것이다.

마한을 전하고 있는 이상의 중국 사서史書 중에서 가장 오래된 『삼국지』 「위지」를 전거로 삼고 있는 『유사』에서는, 「위지」뿐 아니라 지금까지 본 (마한을 전한) 모든 문헌들에서 전혀 찾아볼 수 없는 '마한 개국설馬韓開國說'을 전하고 있음을 보았다. 곧 준왕이 바다를 건너 남쪽 한지韓地로 가서 나라를 세워 국호를 마한이라(開國號馬韓) 하였다는 것이다. 앞에서 이미 보았지만 「위지」에서는 준왕이 위만에게 쫓겨 바다로 들어가 한의 땅에 살면서 스스로 한왕이라 일컬었다.(走入海居韓地 自號韓王)라고 하였으며, 『후한서』에서는 위만에게 쫓긴 준왕이 바다로 가서 마한을 쳐서 깨뜨리고는 자립하여 한왕이 되었다.(走入海 攻馬韓破之 自立爲韓王)라고 하였다.

다시 말해서 준왕의 마한 개국설은 현재로서는 오직 『유사』에서만 볼 수가 있다. 『유사』에서는 이 대목을 「위지」에서 옮겨온 것처럼 보이고 있지만 실은 어느 곳에서도 그 근거를 찾을 수가 없다고 하겠다. 그리고 『유사』에서 이왕 마한馬韓이라는 항목을 두고 「위지」를 전거로 삼아 그 전하는 바를 인용할 바에는 마한에 관한 내용을 좀 더 자세히 옮겼더라면 하는 아쉬움이 남는다.

2) 마한의 위치

「위지」에서 간략하게 옮겨 준왕의 한지韓地 개국開國을 전한 다음에 『유사』에서는 이어 후삼국 때의 견훤甄萱이 고려 태조에게 보낸 글 가운데 마한에 관한 한마디를 옮겨 놓았다. 곧 마한이 먼저 일어나고 이어서 혁거세의 신라가 발흥하고 백제도 금마산金馬山에서 개국했다는 것이다. 이 글은 『사기』의 "마한이 먼저 일어나고 나중에 혁거세가 발흥하였으므로 진한과 변한이 따라서 일어났다. 이에 백제가 금마산에서 개국하여 600여 년이 되었다."[40)는 견훤의 말에서 따온 듯하다.

『유사』에서 견훤의 말이라는 이 부분의 글을 간략하게 옮긴 이유는, 신라보다도 먼저 일어난 마한이 나라를 세운 곳이 백제가 개국한 금마산金馬山이라는 견훤의 주장을 드러내기 위함이라고 할 수 있다. 실은『유사』에서 인용하고 있는 이 한마디에는, '백제가 개국한 금마산이 바로 마한이 일어난(先起한) 곳이다'라는 말은 분명히 들어있지가 않다. 따지고 보면 매우 애매한 내용이다. 마한이 삼한 가운데서 맨 먼저 일어났다고 한다면 모르지만, 왜 하필이면 혁거세의 신라를 거기에다 먼저 내세워 견주고 있는가. 또 백제가 나라를 세운(開國한) 곳도 금마산이 아니다.

그런데도 일개 무장으로 신라 말의 혼란기를 틈타 백제의 고토에서 백제를 이었다 하여 나라 이름을 후백제後百濟라고 하였던 견훤이, 신라보다 늦게 건국한 백제가 실은 신라보다 앞선 마한의 땅에서 이어 일어났다는 역사성을 강조하기 위하여 그러한 말을 하였던 것으로 볼 수가 있다. 그러기 때문에『유사』찬자는 견훤의 그 말을 인용하고 곧바로 거기에, "마한은 고구려이며 진한은 신라이다.(馬韓麗也辰韓羅也)"[41)라고 한 최치원의 말을 끌어와서 대비시켜 놓았다고 할 수 있다.

다시 말해서 후백제 왕 견훤의 말에는 '백제가 나라 세운 땅에 마

---

40) 『사기』권50, 「열전」10, 견훤전. "馬韓先起後赫世勃興 故辰卞從之而興 於是百濟開國金馬山 六百餘年."
41) 앞의 주8)에서 이미 나왔음.

한이 먼저 일어났다'는 뜻을 드러내 보여주었고, 신라 석학 최치원의 한 마디에서는 '마한은 고구려 땅에 있었다'는 말을 전해준 것으로 보이고 있다. 그러므로 우리는 『유사』의 이 항목(馬韓)을 통하여, 마한이 고구려 땅에서 일어났다는 '마한 고구려설馬韓高句麗說'과, 마한이 개국한 곳에 백제가 들어섰다는 이른바 '마한 백제설馬韓百濟說'의 두 가지 서로 다른 '마한의 위치'에 대한 이설異說이 있었음을 보게된다고 하겠다.

이 두 설에 관하여 각각 작은 분단으로 나누어 살펴보기로 한다.

(1) 마한 고구려설

『유사』찬자는 이제 이끌어 본 최치원의 한 마디(馬韓麗也 辰韓羅也) 글 바로 아래에 스스로 주석을 부쳐서 이 문제를 나름대로 설명하였다. 찬자의 이에 대한 주석글은 본문 새김글에서 보았으므로 다시 옮길 필요가 없으나 그 요점을 간추리면 대강 다음과 같다.

『사기』의 본기本紀에 의하면 고구려보다 신라가 먼저였음이 틀림없으나 신라보다 앞선 준왕의 마한을 고구려의 동명왕이 합병하였기 때문에 마한을 고구려라고 하였다는 것이며, 당시(고려) 사람들이 간혹 마한의 개국한 곳을 금마산으로 알고 마한이 백제가 되었다고 한 것은 잘못된 것이라고 하였다. 그리고 이어서 "고구려 땅에 마읍산馬邑山이 있었는데, 그래서 마한이라고 이름하였다."는 것이다.

그러므로 이 『유사』에서는 마한의 위치를 백제 땅인 금마산으로 보는 것은 옳지 않고, 마한이라는 이름과 관련이 있었다는 마읍산이 있는 고구려 쪽으로 보는 것이 옳다는 것을 드러내고자 한 것이었음을 알 수가 있다.

『유사』이후에 이른바 '마한 고구려설馬韓高句麗說'을 따르고 있는 글을 『여지승람輿地勝覽』에서 보게 된다. 『여지승람』의 첫째 권 맨 첫머리에 서울〔京都〕을 가리켜 "옛 조선 마한의 지역"이라고 첫줄을 시작하고 있으며,42) 다음의 경기京畿편 앞머리에도 경기도를 "옛 마한의 지역"이라고 첫마디를 내세워놓고는 그 아래에 장문의 주석글을 달아 편찬자의 입장에서 마한 고구려설이 타당함을 주장하였다. 찬자의 주석글은 할주割註의 형식으로 되어 있으나 이 『여지승람』 자체가 왕명에 의한 편찬이므로, 찬자는 주석을 붙이면서도 왕에게 보고하듯 적었기 때문에 "신이 상고하옵건대(臣按)"라는 서두로 서술을 시작하였다. 마한이 고구려라는 논지에 관계되는 부분만을 옮겨보면 대강 다음과 같다.

　　마한이 고구려가 되고, 진한이 신라가 되었으며, 변한이 백제가 되었다. 최치원이 이미 이를 정론定論한 바 있으나, 이는 최치원이 처음으로 지어서 한 말이 아니고, 삼국시대 초부터 서로 전해져 온 설이다. 고려 김부식金富軾의 지리지地理志 또한 최치원의 지론을 시인하였으나, 그 중엽에 이르러 비로소 금마산金馬山은 백제의 경역에 있고 평나산平那山은 고구려의 경역에 있다 하여, 평平과 변卞의 소리가 서로 비슷한 것에 의혹되어 마한이 백제가 되고, 변한이 고구려가 되었다고 하게 되었다. 그러나 그것은 이치에 맞는 말이라고 할 수가 없다.
　　김경숙金敬叔이 편찬한 『주관육익周官六翼』에서 삼한을 서술함에는

---

42) 노사신盧思愼 등찬, 『신증동국여지승람新增東國輿地勝覽』 권1, 경도京都 상上 "古朝鮮 馬韓之域……."

"고구려가 낙랑樂浪과 변한을 병합하고, 백제가 마한과 대방帶方을 병합하였다."고 하였으며, 삼국을 서술하면서는 "고구려가 마한을 합치고, 백제가 변한을 합쳤다"고 하였다. 한 사람의 말이 스스로 모순되니 어느 것이 옳은가?『동국사략東國史略』에는 "마한이 백제가 되고, 변한이 고구려가 되었다."고 하였는데, 찬자 권근權近은 근세의 대유大儒이거늘 어찌 이미 천년 전의 정설定說을 모르고 그 같이 말하였는가.

『삼국유사』에 이르기를, "고구려 땅에 마읍산馬邑山이 있어서 마한이라 이름하였고, 백제 땅에 변산卞山이 있으므로 변한이라 하였다."고 하였다. 지금(朝鮮王朝 前期) 평양부平壤府에 마읍산이 있으며, 부안현扶安縣(全羅道)에 변산邊山이 있으니『삼국유사』에서 말한 것은 아마도 증거가 있어서였던 것 같다. 이『삼국유사』는 누구의 저작인지는 모르지만43) 또한 고려 중엽 이후에 나왔으며, 거기에 기록되어 실린 내용이 모두 황탄불경荒誕不經하여 믿을 만한 것이 못 되지만 삼한三韓의 설을 밝히는 데에는 그 증거가 매우 분명하다. 동방의 지리를 기록하고자 한다면 마땅히 참고해 보아야 할 것이다. ……최치원의 구설舊說에 의하면 경기도, 충청도, 황해도 등은 마한의 옛 지역에 속하고, 전라도는 변한의 옛 지역에 속한다고 할 것이다.44)

그와 같이『여지승람』의 찬자는 최치원의 '마한 고구려설'을 옳다고 보았으며,『유사』의 그에 관한 논증을 매우 칭찬하였다.『유사』가 누구의 찬술인지도 모르면서 또 그 내용이 허황되어 믿을 것이 못된다고 하면서도, 고구려 땅에 마읍산이 있어서 마한이라 하였다는 '마

---

43) 『여지승람輿地勝覽』의 찬자(盧思愼 등)는 그때 이『유사』의 찬자가 누구인지를 몰랐기 때문에 "이 책(『삼국유사』)을 누가 지은 것인지 알 수가 없다.(是書 未知誰作)"라고 한 것이다.
44) 앞의『여지승람』권6, 경기京畿.

한 고구려설'만은 매우 높이 평가하였다.

이 문제에 관해 단재 신채호丹齋 申采浩는 다음과 같이 적고 있다.

> 삼국유사에 마한馬韓은 평양의 마읍산馬邑山으로 이름〔名〕한 것이라 한 바, 마한으로 인因하야 마읍산이 이름을 얻은 것이오. 마읍산으로 인하야 이름을 얻은 것은 아니나, 마한은 곧 평양에 도읍하였다가 뒷날에 남천南遷함이 사실인즉 평양 곧 '펴라'가 마한의 고도故都일 것이며…….45)

라고 하여, 단재 또한 마한 고구려설을 취하고 있었음을 보여주고 있다.

(2) 마한 백제설

마한의 위치가 고구려 쪽이었다는 견해를 위에서 보았다. 특히 마한을 한 항목으로 두고 있는 이 『유사』에서는 이 마한 고구려설을 옳다고 하여, 마한 백제설을 부인(馬韓爲百濟者 盖誤濫也)하였다. 그러나 『유사』에서 마한의 전거로 삼고 있는 『삼국지』의 「위지」를 비롯한 중국 고사서古史書의 동이전東夷傳(韓·馬韓)에서는 모두 마한의 위치를 삼한 중에서 서쪽으로 하고 있음을 이미 앞에서 본 바 있다. 또한 그 고전들에서는 모두 백제伯濟국을 마한 54국 중의 하나로 보았다.

그리고 『유사』와 비슷한 시기의 『제왕운기帝王韻記』에는 기자箕子 41대손 준準왕이 위만에 쫓겨 금마군金馬郡으로 옮겨가서 도읍을 세

---

45) 신채호, 『조선상고사』, p.70.

우고 임금이 되었다46)고 하였다. 여기에는 준왕이 개국하여 마한이라 하였다거나, 한왕韓王이 되었다는 언급이 전혀 없고, 또한 삼한三韓과도 관계가 있는 것으로 보이고 있지 않다. 그러나 준왕이 금마군으로 옮겨와서 도읍을 세우고(立都) 다시금 임금이 되었다(又復能君人)고 하였다.

『제왕운기』의 이대로라면 금마金馬의 땅에 도읍하여 다시금 왕이 되었다는 것이므로 분명히 나라 이름이 있어야 할 것인데도 나라 이름이 없다. 그가 옮겨오기 전에 조선의 왕이었기 때문에 당연히 조선국왕朝鮮國王이라 하였을 것으로도 볼 수가 있다. 그렇다면 준왕을 내쫓고 왕이 된 위만의 조선과, 금마 땅으로 옮겨온 준왕의 조선이 남북으로 대치하여 동시에 두 개의 조선국이 양립하는 셈이 된다. 그러나 우리의 옛 역사에는 같은 시기에 두 개의 조선국이 남북으로 대치하였다는 기록이 없다. 뿐만 아니라 준왕이 남쪽으로 와서 조선국을 재건하였다는 기록도 없고 또 준왕이 옮겨왔다는 그 금마지방이 조선의 옛 도읍터였다는 전설도 없다.

『제왕운기』의 찬자는 준왕이 마한을 개국하였다거나 한왕韓王이라 일컬었다는 사실을 모르고 있은 것 같기도 하고 또 금마군에 와서 임금이 된 일이 한韓(馬韓)과는 상관없는 것으로 본 것 같기도 하다. 준왕이 금마에 와서 도읍을 세우고 왕이 된 사실을 전하면서도 한왕이나 마한 개국에 관해 한마디도 언급이 없을 뿐 아니라, 그 항목(箕子朝鮮) 다음에 위만衛滿의 일, 그 다음에 한사군漢四郡의 사실을 건너

---

46) 이승휴李承休, 『제왕운기帝王韻記』 권하, 후조선後朝鮮 기자箕子.

서 삼한三韓의 일을 읊으면서도 준왕이나 금마 땅이 한韓과 관련된 낌새를 전혀 보이지 않고 있기 때문이다. 따라서 이『제왕운기』의 전하는 바만을 통해서는 준왕의 금마 입도 칭왕(立都又復能君人)과 마한 개국(開國號馬韓) 또는 한왕이라 일컬은(自號韓王) 사실과는 결부시키기가 어렵다고 할 수 있다.

그러나『유사』와「위지」등 중국 고전들의 기록과『제왕운기』의 전하는 바를 서로 대조하여 맞추어보면 거기에서 해답을 찾는 일은 그리 어렵지 않다고 할 수 있다. 앞쪽에서도 보았지만「위지」와『후한서』에서는 조선왕 준準이 위만에게 나라를 빼앗기고 바다로 들어가 한지韓地 또는 마한으로 가서 한왕韓王이 되었다고 하였고,『유사』에서는 준왕이 바다를 건너 남쪽으로 가서 한지韓地에 이르러 나라를 세워 마한(開國號馬韓)이라 하였다고 했다. 물론『유사』에서는「위지」의 기록을 옮긴 것으로 되어 있다.

「위지」에서는 준왕이 도착해 살았던 곳을 한의 땅(韓地)이라고만 하였지만 그 이야기를 삼한 가운데 마한 쪽에서 보이고 있으므로 그 한 땅이 마한임을 쉽게 알 수 있다.『후한서』에서는 아예 "조선왕 준이 위만에게 쫓겨 무리 수천 명을 거느리고 달아나 바다로 가서 마한을 쳐서 깨트리고 자립하여 한왕이 되었다."라고 하였다. 그래서『유사』에서는 이들 기록을 바탕으로 삼아 "개국호마한開國號馬韓"이라 하였던 것으로 볼 수 있다.

그러므로 준왕이 바다를 건너 남쪽으로 와서 도읍을 세우고 왕이 되었던 곳은『제왕운기』에서 말한 금마군金馬郡 지방이었음을 알 수 있다. 따라서 그 지역은 마한의 땅이었으므로 그는 마한의 왕 또는 한왕韓王이 된 것이라 할 수 있다.『유사』에서는「위지」의 기록에 따라 '준왕이 바다를 건너 남쪽으로 와서 한의 땅(韓地)에 이르러 마한을 세웠다고 했으니, 설사 마한 개국설 자체에 문제가 있다고 하더라도 준왕 곧 한왕이 머물러 도읍했다는 곳이 금마金馬였으며, 그 나라가 바로 마한 지역에 해당된다고 할 수 있을 것이다.

그러한 해석은 전후 사정으로 헤아려 보아 당연하다고 할 수 있다. 그런데도 마한 개국설(開國號馬韓)을 유일하게 전하고 있는『유사』에서는 앞에서 이미 본 바와 같이, "마한은 고구려이며 진한은 신라이다."라고 한 이른바 최치원의 마한 고구려설에 주석을 붙여서, "그러므로 고구려를 마한이었다고 일컬은 것이다. 요즘 사람들이 더러 금마산으로 인해 마한이라 하였던 것으로 알고 마한이 백제가 되었다고들 하나 이는 잘못된 것이다. 고구려 땅에는 마읍산馬邑山이 있어서 (馬邑山으로 인해) 마한이라 이름하였던 것이다."라고 하였다.

마한 고구려설 특히『유사』에서의 그와 같은 해석을 매우 높이 평가했던『여지승람』찬자들의 글도 앞쪽에서 본 바가 있지만, 위만에게 나라(朝鮮)를 빼앗긴 준왕이 바다를 건너 남쪽의 한지韓地에 이르러 마한을 세웠다고 한『유사』에서, '마한은 금마산이 있는 백제 땅이 아니라 마읍산이 있는 고구려 땅(麗地)'이라고 하였으니 우리는 여기에서 상당한 모순점을 발견하게 된다. 무엇보다도 마한이라는 국호가 마읍산에서 유래되었다고 했는데 그 마읍산은 고구려 땅(『여지승람』에서는 平壤府)에 있다고 하였다.

그렇다면 준왕이 위만에게 쫓겨 바다를 건너 남쪽으로 와서 개국하고 마한이라 일컬었다는 곳이 고구려 땅 평양이 되어야 한다. 따라서 쫓겨나기 전의 준왕이 있었던 조선과 그 나라의 수도는 당연히 평양의 북쪽이어야 하고 뱃길로 해서 평양으로 올 수 있는 북서방쪽이었을 것으로 짐작할 수 있다. 그러나 앞 항목(古朝鮮·衛滿朝鮮)들에서는 소위 기자조선의 수도가 평양지역이었고, 또 위만이 빼앗아 조선이라는 나라 이름을 그대로 가지고 군림했던 곳도 평양이었다. 그렇게 된다면 준왕이 조선국과 그 수도 평양을 위만에게 빼앗기고 바다를 건너 남쪽에 이르러 개국하고 마한이라 일컬었던 그 한지韓地가 마읍산이 있는 평양이 된다는 것이니, 참으로 말이 안 되는 모순이다.

이러한 모순은 마한馬韓이라는 나라 이름이 마읍산馬邑山에서 유래되었다거나 금마산金馬山에서 연유되었다는 지명에 맞추려는 속설 때문이 아니었던가 싶다. 앞에서 이미 보아왔지만 마한에 관한 전거문헌은 국내의 자료에서는 찾아볼 수가 없고 다만 중국의 옛 사서들에서만 볼 수 있는데, 거기에서는 국명이 산 이름과 관련되어 있지 않고 또한 삼한 및 그중에서 가장 크다는 마한이 준왕의 남하 이전에 이미 존재했던 것으로 전해온다. 뿐만 아니라 거에서는 마한이 서쪽에 있었고 또 54개의 소국으로 이루어져 산과 바다 사이에 흩어져 있었다고 하였다.

그러므로 현존하는 옛 전거인 중국 고문헌들에 의하여 알 수 있는 마한의 위치는, 수도가 평양이었다는 위만조선의 남쪽에 있었던 한의 땅(韓地), 곧 삼한 중에서 서쪽에 자리하고 있었다는 사실이다. 그 서쪽이 어디냐 하는 해답은 이미 앞에 나온 『제왕운기』에서 보여준 금마의 땅(準乃移居金馬郡)이었다고 할 수 있다. 그로부터 조선왕조 초기에 편찬된 『동국사략東國史略』을 비롯한 여러 문헌들에는 모두 금마군을 준왕이 옮겨와 살았던 마한의 땅이었다고 기록하였다. 그 대표적인 사례 몇 가지를 보기로 한다.

① 『동국사략』의 삼한三韓 전에는 맨먼저 '마한馬韓'을 들고 그 아래에 각주脚註로 "지금의 전라 땅(수全羅地)"이라 하고 나서 다음과 같이 간략하게 서술하였다.

> 기준箕準이 위만을 피하여 바다를 건너와서 한지의 금마군(지금 익산군)에 살며 한왕이라 일컬었다. 그 백성들은 그 땅에 정착하여 뽕나무 심고 누에 치며 베를 짰으며, 성품이 용감하였다. 흙집(土屋)을 지어 거처하였는데 그 문은 위쪽으로 나 있었다. 쉰네 나라를 거느렸는데, 나중에 백제 왕 온조溫祚가 (백제에) 통합하였다. (기자로부터 1천여 년에 이르러 멸망하다.)47)

그와 같이 기록하고 나서 이어 진한辰韓과 변한弁韓을 차례로 약기略記한 다음, 변한의 끝에 "권근 왈權近曰"이라 하여 그 본글보다 길게 할주를 달았는데, 그 끝부분에 "최치원이 말하였다는 이른바 '마한은 고구려이며 변한은 백제이다.(馬韓麗也 卞韓百濟也)'라고 한 말은 잘못된 것이다."라고 하였다.

② 『고려사高麗史』 지리지 금마군조에는 "금마군은 본디 마한의

---

47) 권근權近 등찬, 『동국사략東國史略』권1, 삼한三韓. "馬韓(今全羅地). 箕準避衛滿 浮海居 韓地金馬郡(今益山) 號韓王."

나라였다.(金馬郡 本馬韓國)"라고 하였으며, 그 아래에 다음과 같이 주석을 달았다.

> 후조선왕 기준이 위만의 난리를 피하여, 바다를 건너 남쪽의 한 땅에 이르러 나라를 세우고 마한이라 일컬었다.[48]

라고 하였는데, 이는 앞에서 본 『유사』의 "위지운魏志云" 이하를 초록해 옮긴 것인 듯하다. 주석이 끝나고 본문에서 "백제 시조 온조왕溫祚王이 (마한을) 병합한 이후로 금마군金馬郡을 금마저金馬渚라 일컬었다."고 하였다.

③ 『여지승람輿地勝覽』에서는 앞쪽(권6)에서 이미 그 찬자들이 마한 고구려설을 주장하고 있었음을 본 바가 있다. 곧 경기京畿를 다루는 항목에서 분명히 그렇게 말하고 있었는데도, 같은 『승람』 권33에서는 그와 반대되는 글을 보이고 있다.

익산군益山郡의 앞머리 '건치연혁建置沿革' 난에 맨 먼저 "본디 마한국이었다.(本馬韓國)"라고 전제하고는 그 아래에 다음과 같은 주석을 달아놓았다.

> 후조선왕 기준은 기자 41대손이다.(箕子四十一代孫也) 위만의 난리를 피하여 바다를 건너 남쪽 한의 땅에 이르러 개국하고는 마한이라 일컬었

---

48) 정인지鄭麟趾 등찬, 『고려사』 권12, 지리 2, 금마군金馬郡. "後朝鮮王箕準 避衛滿之亂 浮海而南至韓地 開國號馬韓."

다.(……仍號馬韓)

그리고 나서 이어, 백제 시조 온조왕에 의해 병합되고부터는 금마저金馬渚라 하였고, 신라 신문왕神文王이 금마군으로 고쳤으며, 고려에 이르기까지 전주全州에 속해 있다가 충혜왕忠惠王 때 익주益州가 되었는데, 조선 태종 13년(1413)에 지금의 이름(益山郡)으로 고쳤다고 내력을 밝혔다.49)

다시 말해서 『여지승람』에서는 분명히 앞쪽에서 '마한 고구려설'이 옳음을 역설하였는데, 이 익산군益山(金馬)郡조에 와서는 『동국사략』이나 『고려사』 지리지의 기록을 그대로 따르고 있음을 보게 된다. 특히 그 6권에서는, "마한은 고구려이며 변한은 백제이다라고 한 최치원의 말은 잘못된 것이다."라고 하였던 『동국사략』의 찬자 권근權近을 가리켜, "권근은 근세의 대유大儒인데 어찌 천년 전에 이미 정해진 설을 모르고 말하는가?"라고 하였으며, 또 『주관육익周官六翼』의 편자 김경숙金敬叔이 삼한을 서술함에는 고구려가 낙랑과 변한을 병합하고 백제가 마한을 합쳤다 하고, 삼국을 말함에는 마한이 고구려가 되었고 변한이 백제가 되었다고 한 것을 지적하면서 "한 사람의 말이 어찌 서로 모순스러운가?"라고 하였다.

그런데 지금 『여지승람』 스스로 권1・권6에서는 '마한 고구려설'을 따르고, 또 권33에서는 '마한 백제설'을 취하고 있음을 보게 된다. 이 또한 앞뒤가 서로 모순된다고 할 수가 있는데, 아마도 『여지승람』이 방대한 서책이므로 여러 편술자들이 각각 자료들을 분담하여 정

---

49) 『여지승람』 권33, 익산군 조, '건치연혁建置沿革'.

리하였기 때문이 아니었던가 여겨진다.

지금까지 본 바와 같이 마한의 위치에 관한 종래의 견해에는 마한 고구려설〔고구려 땅의 馬邑山에서 馬韓의 이름이 유래됨〕과 마한 백제설〔백제 땅이 된 金馬(益山)에서 開國함〕의 두 가지가 있었음을 알 수가 있다. 이 두 설은 모두 『유사』에서 그 근거를 제공해주고 있다. 이 밖에 조선 중기의 한백겸韓百謙(1550~1613)은 『동국지리지東國地理志』에서 마한을 경기도, 충청도, 전라도 지역으로 보았으며, 근래에 이병도는 마한의 중심지를 충청남도 직산稷山으로 보기도 하였다.(「三韓問題의 新考察」・『韓國古代史研究』 등) 그러나 여기에서는 『유사』에서 전하는 마한의 항목 안에서 문제되는 부분만을 연구범주로 삼기 때문에 마한의 위치에 관한 앞의 두 가지 설에 대해서만 주로 살펴보았다.

2. 4이夷・9이夷・9한韓・예맥穢貊에 대하여

앞의 주13)에서 잠시 밝힌 바와 같이 이 '4이四夷' 이하의 글은 원문에는 '마한'의 항목으로 들어 있으나 실은 별개의 항목으로 볼 수가 있다. 그 내용도 마한과는 전혀 상관이 없으므로 아마도 편집 또는 간각 도중에 착오된 것이 아니었던가 싶다.

또 이 대목의 번역에 있어서도 거의 대부분의 역주본들이 4이四夷에서 예맥穢貊까지를 별항의 소제목으로 보지 않고 앞 항목의 연결문으로 보았기 때문인지, 4이를 설명하는 글처럼 풀이하였다. 즉 사이四夷를 구이九夷와 구한九韓과 예穢와 맥貊이라고 번역하였다. 다시 말해서 4이를 여기에 열거하고 있는 9이・9한・예・맥의 네 오랑캐

(四夷)라고 본 것이다.

이 짧은 대목과 그 아래에 간략하게 적어 놓은 원문의 설명글을 자세히 살펴보면 그러한 해석이 잘못된 것임을 알게 된다. 그래서 여기에서는 원문의 뜻에 맞추어 4이·9이·9한·예맥을 각각 풀이해 보고자 한다.

1) 4이四夷

"『주례』에 의하면 직방씨는 4이를 맡았다.(周禮 職方氏掌四夷)"라고 한 것이 『유사』에서 보인 4이四夷의 설명 전부라고 할 수 있다. 종래의 번역들은 대부분 원문의 "주례직방씨 장사이 구맥자 동이지종즉구이周禮職方氏 掌四夷 九貊者 東夷之種卽九夷"를 "주례에서 직방씨가 사이와 구맥을 관장하였다라고 한 것은 동이의 종족으로 곧 구이이다."라고 번역하였다. 이러한 번역은 실제 앞뒤를 자세히 살펴보면 말 뜻이 잘 통하지 않는 번역이라 할 수 있다.

'9맥자九貊者' 이하는 '4이四夷'의 다음에 내세운 '9이九夷'를 설명하기 위한 글이므로 여기에서는 '사이四夷'에서 끊어야 한다. 곧 '직방씨가 사이와 구맥을 관장한' 것이 아니고, '사이'를 관장하였다고 해야 옳은 것이니 9맥 곧 9이는 4이 중의 하나이기 때문이다. 물론 9맥貊도 4이의 하나로서 직방씨職方氏의 소관 아래에 있긴 하지만 『유사』에서는 9맥이 곧 9이라는 사실을 드러내기 위하여 9맥을 든 것으로 볼 수 있다.

그러므로 9맥 곧 9이에 관해서는 다음의 '구이九夷'에서 보기로 하고 여기에서는 그 앞에 나와 있는 '사이四夷'에 관하여서만 보는 것이 이 대목의 순서라고 할 수 있다. 『후한서』에는 "무릇 만蠻·이夷·융戎·적狄을 총칭해서 4이라 한다."50)고 하였으며, 『예기禮記』 등에는 "동쪽을 이夷라 하고 남쪽을 만蠻이라 하며, 서쪽을 융戎이라 하고 북쪽을 적狄이라 한다."51)라고 하였다. 그래서 일반적으로 동서남북의 순서에 따라 동이東夷·서융西戎·남만南蠻·북적北狄이라 일컬어왔다. 그러한 4이는 4맥貊이라고도 하는데 곧 천하 사방의 오랑캐(변방 미개인)라는 뜻이 된다.

옛적부터 중국인들은 스스로 화하족華夏族(漢族)이라 하고 그들이 사는 땅을 중화中華(中國)라 하여, 사방의 다른 지방 이민족異民族들은 모두 오랑캐라고 낮추어 일컬어왔다. 그러므로 이른바 중화인들이 스스로 자신들을 중심으로 하여 천하 사방의 이민족들에게 방위에 따라 동이·서융·남만·북적이라 이름을 붙이고는 이들을 사방의 오랑캐라는 뜻으로 4이라 통칭하였던 것이다.

2) 9이九夷

『진서晉書』에는 4이夷를 '구이九夷·팔적八狄·칠융七戎·육만六蠻'52)으로 하고 있다. 앞에 나온 『주례周禮』 직방씨職方氏에는 4이 아래에 8만蠻·7민閩·9맥貊·5융戎·6적狄으로 보이고 있다.

『유사』에서 "9맥이란 동이의 종족으로 곧 9이이다.(九貊者 東夷之種

---

50) 『후한서』 권115, 동이전 75. "凡蠻夷戎狄 總名四夷者."
51) 한漢 대성戴聖 편, 『예기禮記』, 왕제王制. "東方曰夷 南方曰蠻 西方曰戎 北方曰狄."
52) 『진서』 권97, 열전 67, 사이전四夷傳.

即九夷也)"라고 한 9맥九貊(貉과 같은 뜻임)은 바로 이『주례』의 '구맥九 貊'을 가리킨 것이 된다. 여기서의 9맥은 동쪽 변방인족(東夷族)이며 곧 9이夷라는 것이다. 바꾸어 말하면 동이東夷는 구맥 곧 구이라는 말 이다.

『유사』에서는 그와 같이 9이를 언급한 다음, 예국穢國과 맥국貊國에 관해 언급하고는 다시 동이에 관해『회남자淮南子』의 주注와『논어정의論語正義』를 인용하고 있다. 즉『회남자』주에서는 "동방의 이족夷族에는 아홉 가지가 있다.(東方之夷 九種)"라는 말만을 인용하였으며,『논어정의』에서는 9이의 이름들을 옮겨 적고 있다. 곧 9이를 ① 현도玄菟 ② 낙랑樂浪 ③ 고려高麗(고구려임) ④ 만식滿飾 ⑤ 부유鳧臾 ⑥ 소가素家 ⑦ 동도東屠 ⑧ 왜인倭人 ⑨ 천비天鄙라고 하였다.[53]

그러나『후한서』에는 이와 다른 9이의 명칭이 있다. "동이에 아홉 가지가 있으니, 견이畎夷·우이于夷·방이方夷·황이黃夷·백이白夷·적이赤夷·현이玄夷·풍이風夷·양이陽夷이다."[54]라고 하였는데,『통전通典』등에서도 이와 같은 9이설을 보이고 있다. 그러므로 동방의 오랑캐(東夷) 아홉가지(九夷)의 명칭에는『유사』(『論語正義』인용)와『이아爾雅』에서 전하는 이름과,『후한서』와『통전』등에서 전하는 아홉 명칭의 두 가지 설이 있었음을 볼 수가 있다고 하겠다.

---

53) 이 구이九夷의 이름들은『이아爾雅』석지釋地의 구이九夷(李巡) 주注에도 나와 있는데,『유사』에 옮겨놓은 이 9이夷와 명칭 및 순서가 같으나, 다만 ⑤의 부유鳧臾가 '부경鳧更'으로, ⑥의 소가素家가 '색가索家'로 되어 있는 점이 다르다. 아마도 서로 글자모양이 비슷한 점으로 미루어 어느 한쪽(아마『유사』)의 착오인 듯하다.
54)『후한서』권115, 동이전 75. "東方曰夷…… 夷有九種曰 畎夷……陽夷."

3) 9한九韓

지금까지 본 4이나 9이가 해외의 자료에서 나온 옛일이라고 한다면 이 9한은 순수한 국내의 자료에 의한 고전古傳이라 할 수 있다.

여기서의 9한은 신라를 중심으로 하는 한반도(고구려·백제도 포함된 듯)의 이웃 아홉 나라를 일컫는다. 이에 대한 전거로는 오직 『해동안홍기海東安弘記』를 들고 있다. 이 『해동안홍기』는 본 『유사』 권3의 탑상塔像편 황룡사皇龍寺 9층탑 이야기에 나오는 '해동명현 안홍 찬海東名賢安弘撰'의 『동도성립기東都成立記』를 가리키는 것이다.

이 항목에서는 단지 아홉 나라의 이름만을 들고 있는데, 그 차례나 국명이 '황룡사구층탑' 쪽의 9한 그대로이므로 자세한 살펴보기는 그리로 미루고자 한다. 한마디만 부언한다면, 여기에 나오는 나라의 순서는 황룡사에 세운 9층탑의 층수 차례에 의한 것이므로 이 9한의 이름이 그 황룡사 9층탑 쪽에서 따왔을 것임이 틀림없으리라는 사실이다.

4) 예맥穢貊

앞에서 잠시 예를 들어본 바가 있지만 종래 번역본의 거의 대부분이 4이를 9이·9한·예·맥이라 하였으며, 『유사』의 이 마한 항목에서도 예국穢國과 맥국貊國을 각각 따로 다루고 있으므로, 앞에 내세운 예맥은 두 자를 붙여서 쓰지 않고 떼어서 써야 옳을 것같이 보인다고 하겠다. 그러나 9한의 아홉 번째 나라 이름을 예맥穢貊이라 하여 하나의 나라 이름으로 하고 있고, 또 예국과 맥국의 이야기가 9이를 다루는 부분의 가운데에 들어 있는데도 그 앞에 놓인 제목에는 예맥이 맨끝에 자리하고 있으므로 여기에서는 그에 따라 예와 맥을 떼어 놓지 않기로 하였다.

한나라 『사기史記』 조선전朝鮮傳의 정의正義주에서 『괄지지括地志』를 인용한 나라 이름 가운데 '맥貊'이 보이고 '예穢'는 보이지 않는다. 『후한서』와 『삼국지三國志』의 동이전東夷傳에 비로소 예맥濊貊이 보인다. 여기에는 '예穢'가 아닌 '예濊'로 쓰고 있다. 『후한서』 동이전에는 예맥이 고구려와 동옥저東沃沮의 남쪽, 진한辰韓의 북쪽에 있었다고 하였다. 이 『후한서』에는 동이東夷의 여러 나라 곧 부여夫餘・읍루挹婁・고구려高句驪・동옥저 등의 나라들을 들고 있는데, 그 가운데 예맥전은 따로 두고 있지 않다.

고구려전과 동옥저전 사이에 구려句驪라는 나라 하나를 들고 있는데, 이 이름 아래에 "일명 맥一名貊"이라 하였다. 이 나라가 소수小水(遼東郡 西安平縣, 북쪽에서 남쪽으로 흘러 바다에 들어간다 함) 지방에 있으므로 소수맥小水貊이라 한다고 하였다. 이 항목 안에 예맥濊貊의 이름이 더러 나오는데 소수맥과 예맥은 서로 다른 듯하다. 그 다음의 동옥저 뒤에 '예濊'라는 나라가 나오는데, 이 예가 바로 예맥인 것으로 보인다. 다른 나라들의 기록 속에서는 꼭 예맥이라 하고 있으면서도 따로 나라 이름을 들어서 밝히는 경우에는 '예맥穢貊'이 없고 '예濊'로 되어 있다.

『삼국지』 「위지魏志」에서도 마찬가지로 여러 나라들의 위치를 밝히는 경우나 서술문 속에서 '맥貊'이나 '예濊'는 보이지 않고 꼭 '예맥濊貊'으로 나오고 있다. 그런데도 나라 이름을 따로 들어서 밝힌 경우에는 예맥이 없고 '예濊'만 있다. 특히 이「위지」의 부여夫餘전 뒤쪽에는, "부여 왕의 보물〔專世之寶〕로 전해지는 옥도장에 '예왕의 도장(濊王之印)'이라 새겨져 있었고, 이 나라(부여)에는 예성濊城이라는 옛성이 있었는데 이곳은 본디 예맥의 땅이었다."55)는 사실이 보인다. 그러므로 앞쪽의『사기史記』에 보인 맥貊이나 지금『후한서』와「위지」에서 본 예濊는 예맥을 일컬은 것임을 알 수가 있다. 따라서『유사』에 나오는 예국穢國과 맥국貊國도 경우에 따라서 그렇게 따로따로 불리워진 것이지 실은 다 같은 예맥이라고 할 수가 있을 것이다.

여기에 덧붙여 한마디 한다면,『유사』에서 "삼국사운三國史云"이라 하여 옮겨놓은 이야기, 곧 명주溟州의 농부가 밭을 갈다가 예왕穢王의 도장을 얻어 나라에 바쳤다는 그 '예왕인穢王印'과 지금「위지」와『진서晉書』에 나오는 '예왕지인濊(穢)王之印'과는 무슨 연관이 없는가 하는 것이다.『사기』에는 신라 제2대 남해왕南海王 16년(A.D.19) 봄에 "북명에 사는 사람(北溟人)이 밭을 갈다가 예왕의 도장(濊王印)을 얻어 바쳤다."56)고 하였다. 옛날 부여 왕실에 있었다는 그 도장(濊王之印)이 역사의 무상無常에 밀려 많은 곡절을 겪고 북명의 그 밭에 묻혀 있었던 것인지도 모를 일이기 때문이다.

---

55)『삼국지』권30,「위지」, 부여夫餘. "其印文 言濊王之印 國有故城名濊城 蓋本濊貊之地." 또『진서』권97, 동이전, 부여국夫餘國에도 비슷한 사실을 전하고 있는데 참고로 옮겨 본다. "其王印文 稱穢王之印 國中古穢城 本穢貊之城也." 내용은 서로 같으나 글자(稱·穢 등)와 문장에 약간 차이가 있다.
56)『사기』권1,「신라본기」1, 남해차차웅南海次次雄. "十六年 春二月. 北溟人耕田 得濊王印 獻之."

2부府·78국國

Ⅰ. 원문과 새김글
　1. 원문
　2. 새김글

Ⅱ. 문제점 살펴보기
　1. 2부의 문제점
　2. 78국의 문제점

Ⅰ. 원문과 새김글

1. 원문

二府

前漢書 昭帝始元五年己亥 置二外府 謂朝鮮舊地平那及玄菟郡等 爲平州都督府 臨屯樂浪等 兩郡之地 置東部都尉府(私曰 朝鮮傳則眞番玄菟臨屯樂浪等四 今有平那無眞番 蓋一地二名也)

七十八國

通典云 朝鮮之遺民 分爲七十餘國 皆地方百里 後漢書云 西漢以朝鮮舊地 初置爲四郡 後置二府 法令漸煩 分爲七十八國 各萬戶(馬韓在西 有五十四小邑 皆稱國 辰韓在東 有十二小邑 稱國 卞韓在南 有十二小邑 各稱國)

2. 새김글

2부

『전한서前漢書』에는 "소제昭帝 시원始元 5년 기해(B.C.82)에 두 군데의 외부外府를 두었다."[1]고 하였다. 조선의 옛 땅이었던 평나平那와 현도군玄菟郡 등을 평주도독부平州都督府로 삼고, 임둔과 낙랑 등 두 군의 땅에 동부도위부東部都尉府를 두었음을 말한 것이다.[2]〔사견으로 말하자면,「조선전朝鮮傳」[3]에는 진번·현도·임둔·낙랑 등의 네 곳이었는데, 이제 평나가 있고 진번이 없으니 아마도 한 곳이면서 이름이 둘이었던 듯하다.〕[4]

78[5]국

『통전通典』[6]에는, 조선의 나라를 잃은 백성들이 70여 나라로 나뉘

---

1) 『전한서』 권7(昭帝紀 7)의 소제 시원 5년 쪽에는 그러한 일이 전혀 보이지 않는다. 오히려 『후한서』「동이전」, 예전濊傳에 조금 비슷한 기록을 보게 된다.
2) 앞『전한서』권28 下,「지리지」, 8하. 낙랑군樂浪郡 조의 25현縣 가운데 하나인 소명昭明현 아래에 남부 도위의 치소治所라는 뜻의 주註를 달아 '남부도위치南部都尉治'라 하였으며, 또 같은 낙랑군樂浪郡 25현 중의 하나인 불이不而현 밑에 주를 달아 '동부도위치東部都尉治'라 하였다. 아마도 이 두 치소를 '평주도독부平州都督府'와 '동부도위부東部都尉府'라 하였는지도 모를 일이다. 그렇다고 하더라도 소제 시원 5년에 설치하였다는 근거는 찾아볼 수가 없다.
3) 이는『전한서』권95,「조선전」을 가리킨 것이다.
4) 이 괄호안의 글은 찬자의 주석이다.
5) 원문의 제목에는 '칠십이국七十二國'으로 되어 있으나, 이 글의 내용에서 78국으로 밝혀져 있으므로 '칠십이七十二'는 '칠십팔七十八'의 잘못 적힌 것이 확실하기 때문에 앞 제목에서부터 78국으로 바로잡아 놓았다.

어졌는데, 모두 지방이 백리였다고 하였다. 『후한서』에 이르기를, 서한西漢(전한)이 조선의 옛 땅에 처음에는 네 군郡을 두었고, 나중에는 두 부府를 두었는데, 법령이 점점 번거로워지자 78나라로 나뉘어졌으며 각각 만 호씩이었다고 하였다.7) 〔마한은 서쪽에 위치하여 54곳의 작은 읍邑이 있었는데 그 읍들을 모두 나라라고 일컬었으며, 진한辰韓은 동쪽에 위치하였는데 거기에 있던 12소읍小邑도 나라라 일컬었고, 남쪽에 있던 변한卞韓의 12읍들 또한 각각 나라라 일컬었다.〕8)

---

6) 『통전』은 당나라 두우杜佑(735~812)가 찬술한 200권의 저서이다. 상고시대로부터 당나라 현종玄宗 때까지의 식화食貨·선거·직관·예·악 등의 9개 부문의 제도를 기록한 방대한 책이다. 그러나 『통전』에서 인용했다는 이 부분은 현재 『통전』에서 찾아볼 수가 없다.
7) 여기에서는 『후한서』에서 인용한 것으로 되어있으나, 실은 현존 『후한서』에서는 꼭 이대로의 대목을 찾아보기가 어렵다. 아마 여러 군데에서 뜻에 맞추어 합성한 글인 듯하다.
8) 이 괄호 안의 글도 찬자의 주석이다.

Ⅱ. 문제점 살펴보기

원문에는 이부二府와 칠십이국七十二國이 따로 각각 한 항목씩으로 되어 있다. 이 두 항목들은 각각 원 판본에 석 줄 정도의 분량밖에 안 되기도 하지만, 그 내용도 서로 비슷하게 관련이 있으므로 함께 다루기로 하였다. 그러나 본디 항목이 나뉘어져 있었기 때문에 살펴보기에는 두 단으로 갈라서 분단별로 살펴보고자 한다.

1. 2부의 문제점

『유사』에서 독립된 한 항목으로 삼고 있지만 이 2부二府는 내용이 단순하고 분량도 매우 적으므로 크게 문제 삼을 만한 것이 없다고 할 수 있다. 단지 두 부서의 설치 근거가 확실치 못하다는 것이 문제라 할 것이다.

앞의 주 1)에서도 본 바 있지만 원문에서 전거로 삼고 있는『전한서』에는 소제昭帝 시원始元 5년(B.C.82)에 그 2부府를 설치하였다는 근거가 없다.『전한서』「소제기昭帝紀」에 보면, 그 5년에 "본디 남월南越의 땅이었던 담이儋耳와 조선의 땅이었던 진번眞番을 폐지하였다.

(이곳은 모두 武帝가 설치하였다)"9)는 것이 보일 따름이다.

   그리고 주2)에서 본 바와 같이 『전한서』 「지리지地理志」에 보이는 낙랑군樂浪郡 소속 25현 가운데 소명昭明현에 있었다는 남부도위南部都尉의 치소治所와, 불이不而현에 두었다는 동부도위東部都尉의 치소가 이 두 부府에 해당되는 것인지도 모를 일이다. 치소는 도위都尉가 머물며 그 지방의 치안治安 업무를 맡아보는 곳이므로 부府에 해당된다고 할 수 있다. 그렇다면 명칭이 다른 평주도독부가 남부도위부에 해당된다고 볼 수가 있으나, 동부도위는 한나라 무제武帝가 위만조선의 땅에 낙랑을 포함한 4군을 설치하기 이전에 (위만과의 전쟁 때) 이미 요동遼東에 있었던 것으로 보이고 있고10) 그 뒤에도 그 명칭이 중국 사서에 더러 보이지만, 남부도위나 평주도독부에 관해서는 찾아보기가 힘들다.

   『유사』에서는 "소제시원오년昭帝始元五年……"의 기사를 『전한서』에서 옮겨온 것처럼 보이고 있으나, 이제껏 보았듯이 『전한서』에서는 그와 비슷한 사실을 볼 수가 없었다. 오히려 『후한서』에서 그와 비슷한 기록을 약간 볼 수 있게 된다. 곧 『후한서』 「동이전東夷傳」에는 대강 다음과 같은 글을 전하고 있다.

   (한의 무제가) 원봉 3년에 조선을 없애고 낙랑·임둔·현도·진번의 네 군으로 나누어 두었다. 소제 시원 5년에 이르러 임둔과 진번을 폐하고 낙랑과 현도에 합쳤다. 현도는 다시 고구려로 옮겨가 살았다. 이에 단단

---

9) 『전한서』 권7, 소제기昭帝紀 7 시원始元 5년. "罷儋耳眞番郡(師古曰 儋耳本南越地. 眞番本朝鮮地. 皆武帝所置也)."
10) 『전한서』 권95, 조선전. "……拜(涉)何爲遼東東部都尉."

대령單單大領11)의 동쪽인 옥저와 예맥은 모두 낙랑에 소속되었다. 그 뒤로 영토가 매우 넓어져서 다시 영동 7현으로 나누었으며, 낙랑에 동부도위東部都尉를 두었다.12)

앞에서 우리는 정작『전한서』의 소제昭帝 시원 5년쪽에서는 "담이儋耳와 진번眞番군을 폐지하였다."는 사실만을 볼 수 있었다. 그에 비한다면 이『후한서』의 전하는 바는 훨씬 자세하고 구체적이라 할 수 있겠다.『유사』에서 소제 시원 5년에 두 외부(二外府)를 두었다는 것이 이『후한서』의 4군 중에서 임둔과 진번을 폐지하여 낙랑과 현도의 두 군으로 합쳤다는 것을 뜻하는 것이 아닌가 싶다. 즉 임둔을 낙랑에 합치고 진번을 현도에 합쳐서 두 군으로 한 것을 가리키는 것으로도 볼 수 있다는 것이다.

이『유사』에서는 "임둔과 낙랑 등 두 군의 옛 땅에 동부도위부東部都尉府를 두었다."고 하였으니 이를 뒷받침하는 것이라 할 수 있다. 그러나 여기에서 "평나平那 및 현도군 등을 평주도독부平州都督府로 삼았다는 것에는 여전히 문제가 남는다고 할 수 있다. 한의 4군 중에는 평나군이 없다. 여기에서 찬자도 사견이라 하여, 4군 중에 없는 평나

---

11) '단단대령'을『삼국지』권30,「위지」, 동이東夷 예濊 쪽에서는 '단단대산령單單大山領'이라 하고 있다. 이 '영領'은 '영嶺'과 같은 뜻이다. 이병도는 (『한국사 - 고대편』, p.168에서) 이 단단대령에 관해, "구현도舊玄菟와 구임둔舊臨屯과의 접계接界를 이루었던, 즉 지금의 평북平北·함남咸南 양도兩道에 개재介在한 척량산맥脊梁山脈, 그 중에서도 특히 고래古來 교통로의 대령大嶺인 황초령黃草嶺을 지칭한 이름일 것이다."라고 하였다.
12)『후한서』권115, 동이전 75, 예濊. "至元封三年 滅朝鮮分置……四郡 至昭帝始元五年 罷臨屯眞番以幷樂浪玄菟 玄菟復徒居句驪 自單單大領已東沃沮濊貊 悉屬樂浪 後以境土廣遠 復分領東七縣 置樂浪東部都尉."

가 들어가 있는 반면에 진번이 빠져 있으니 한 지역에 두 명칭이 있는 것 같음을 지적하였다. 평나가 진번이라고 한다면 『후한서』에서 현도와 낙랑의 두 곳으로 4군을 모아 남겼다는 것과 2외부外府를 두었다는 말이 통한다고 할 수는 있다. 그렇다고 하더라도 현도군을 평주도독부로 삼았다는 근거는 어디에서도 찾기가 어렵다. 『유사』에서는 『전한서』를 전거로 삼은 것처럼 보이나 실은 현재로서는 그 정확한 전거문헌을 찾을 수가 없다.

2. 78국의 문제점

이 또한 앞의 주5)에서 밝힌 바지만 내용에서의 78국을 제목에서는 72국으로 잘못 보이고 있다. 또 그 전거로 들고 있는 『통전』과 『후한서』에서도 꼭 그대로의 글귀를 각각 찾아볼 수가 없는 사실임을 주6)·7)에서 보았다.

『통전』에서는 조선의 유민遺民들이 70여 국으로 나뉘어졌다고 하나, 『후한서』의 인용문에서는 "한漢 나라가 조선의 옛 땅에 처음 4군을 두었다가 나중에 2부府를 두었는데, 그 뒤에는 78국으로 나누어지게 되었다."고 하였다. 78국으로 나누어진 까닭을 여기에서는 "법령이 점점 번거로워져서(法令漸煩)"라고 하였다. 그리고 찬자는 이 아래에 주석을 달아서, "서쪽에 있는 마한은 54소국, 동쪽에 있은 진한은 12소국, 남쪽의 변한도 12소국"이라고 하였다. 그래서 모두 78국이 된다는 것이다.

여기에 보이고 있는 78국, 곧 마한 54국·진한 12국·변한 12국에 관해서는 『후한서』의 「동이전東夷傳」과 『삼국지三國志』의 「위지魏志」에 전하고 있다. 이들 고전에서는 78국을 한韓, 곧 삼한三韓의 조그마한 나라들로 전하고 있을 뿐이지, 『통전』이나 『후한서』 '운云'이라 하여 보이고 있는 것처럼 조선(檀君 古朝鮮으로부터 衛滿朝鮮에 이르기까지)의 유민들 또는 그들의 옛땅에 한漢 4군과 2부府를 거쳐서 나뉘어진 78국으로는 기록되어 있지 않다. 옛 조선의 뒤에 세워졌던 북방 계통의 나라들은 전혀 여기에 포함되어 있지 않고 단지 그 남쪽에 위치했던 삼한의 소읍국小邑國들만을 78국이라 하였다.

그러므로 여기서의 78국은 오직 삼한 땅에 자리해 있었던 소국가들의 숫자이지, 옛 조선의 땅(朝鮮舊地) 전체에 걸쳐 나누어져 있었던 나라들 전부를 일컬었던 것은 물론 아니었다. 이 항목 역시 앞의 경우(2府)와 마찬가지로 전거가 불분명하고 그 내용도 좀 모호하다고 할 수가 있다.

낙랑국樂浪國·북대방北帶方·남대방南帶方

Ⅰ. 원문과 새김글
  1. 원문
  2. 새김글

Ⅱ. 내용 살펴보기
  1. 낙랑국의 전말
    1) 한漢 4군의 하나인 낙랑군
    2) 낙랑국 그 이후
    3) 낙랑이 신라의 별호가 된 까닭
  2. 북대방과 남대방
    1) 북대방의 문제점
    2) 남대방의 존재와 그 문제점

Ⅰ. 원문과 새김글

1. 원문

樂浪國

前漢時 始置樂浪郡 應邵曰 故朝鮮國也 新唐書注云 平壤城 古漢之樂浪郡也 國史云 赫居世三十年 樂浪人來投 又第三弩禮王十四年 高麗第三無恤王 伐樂浪滅之 其國人與帶方(北帶方) 投于羅 又無恤王二十七年 光虎帝遣使伐樂浪 取其他爲郡縣 薩水已南屬漢(據上諸文 樂浪卽平壤城 宜矣 或云樂浪中頭山下鞠鞨之界 薩水今大同江也 未詳孰是)又百濟溫祚之言曰 東有樂浪 北有鞠鞨 則殆古漢時樂浪郡之屬縣之地也 新羅人亦以稱樂浪 故今本朝亦因之 而稱樂浪郡夫人 又太祖降女於金傅 亦曰樂浪公主

北帶方

北帶方 本竹覃城 新羅弩禮王十四年 帶方人與樂浪人投于羅(此皆

前漢所置二郡名 其後僭稱國 今來降)

南帶方

曹魏時 始置南帶方郡(今南原府) 故云 帶方之南海水千里 曰瀚海 (後漢建安中 以馬韓南荒地爲帶方郡 倭韓遂屬 是也)

2. 새김글

낙랑국

전한前漢 때 처음으로 낙랑군을 두었다. 응소應邵(劭)는 이를 '옛조선국'이라 하였으며,1) 『신당서新唐書』에서는 "평양성은 예전 한나라의 낙랑군"이라고 하였다.2) 『국사國史』에는, 혁거세왕(신라 시조)의 30년(B.C.28)에 "낙랑인들이 항복해 왔다."3)고 하였으며, 또 "제3대 노례弩禮왕 14년(A.D.37)4)에 고구려 제3대 무휼無恤5)왕이 낙랑을 쳐

---

1) '전한 때 비로소 두게 되었다'는 낙랑군이 "옛 조선국이었다"고 한 응소의 이 말은, 『전한서前漢書』 권28 하 「지리지」 8하의 낙랑군 조항 제목 밑에 달아놓은 주석 중의 한 마디를 그대로 옮겨놓은 것이다. 응소(『유사』엔 應邵, 『전한서』엔 應劭)는 후한後漢 말의 인물로, 저서에 『한관의漢官儀』 등이 있다.

2) 이 부분은 송나라 송기宋祁 찬, 『당서唐書』 권220, 「열전」 145, 동이 고구려(高麗) 쪽의 "其君居平壤城 亦謂長安城 漢樂浪郡也(그 임금이 거처하는 평양성은 또한 장안성이라고도 하며, 한나라의 낙랑군이었다)"라고 한 글줄에서 초록한 것이다. 『유사』에서는 '주운注云'이라 하였으나 이는 주석글이 아니고 서술문이다. 『구당서舊唐書』(현존함)를 개편 수정한 이 『당서』를 『신당서』라 한다.

3) 『국사』에서 옮긴 것으로 되어 있는 이 사실은 『사기』의 이 관계 내용과는 다르다. 정작 『사기』의 혁거세왕 30년 쪽에서는 "낙랑의 군사들이 침입해 왔다가(來侵) 신라의 변두리 사람들이 밤에도 대문을 닫지 않고 노적가리(露積)를 들에 그대로 쌓아둔 것을 보고는 서로 말하기를 '이곳 백성은 도둑질을 하지 않아 참으로 도덕道德 있는 나라라고 할 수가 있는데, 우리들은 몰래 군사로 쳐들어왔으므로 도둑과 다르지 않으니 어찌 부끄럽지 않은가?' 하고는 되돌아갔다."는 것이다. 그러므로 『유사』 원문의 이 '내투來投'(항복해 왔다)는 '내침來侵'(침입해 왔다)의 잘못이 아닌가 싶다.

4) 『유사』 원문에는 노례왕 4년으로 되어 있으나, 실제 『사기』에는 14년의 일이므로 여기에서는 4년을 14년으로 바로잡아 놓았다. 이 노례왕弩禮王은 『사기』에서는 유리니사금儒理尼師今이다.

5) 대해주류왕大解朱留王이라고도 하였다는 고구려 제3대 대무신왕大武神王의 이름이 무휼無恤이다. 『사기』 권14, 「고구려본기」 2의 대무신왕 20년(A.D.37) 쪽에는, "낙랑을 쳐

서 멸망시키니 그 나라 사람들이 대방帶方(곧 北帶方)과 함께 신라에 항복해 왔다."6)라고 하였다. 또 무휼왕 27년(AD.44)에 (후한의) 광무제光武帝가 군사를 보내어7) 낙랑을 쳐서 그 땅을 빼앗아 군현郡縣으로 삼았으므로, 살수薩水의 남쪽이 한나라에 속하게 되었다고 하였다.8) 〔위의 여러 글에 의거하면 낙랑이 곧 평양성이라 함이 옳다. 혹은 낙랑은 중두산中頭山 밑이 말갈靺鞨의 경계이며, 살수는 지금의 대동강이라 하니 어느 것이 옳은지 자세치 않다.〕

또 백제(시조) 온조왕溫祚王의 말에, "동쪽에 낙랑이 있고 북쪽에 말갈이 있다."9)고 하였으니, 아마 옛적 한나라 때 낙랑군에 속해 있던 현縣의 땅이었을 것이다.

신라 사람들 또한 (신라를) 낙랑이라 일컬었으므로, 지금 본조本朝(고려)에서도 역시 이로 인해 낙랑군부인10)이라고 불렀으며, 또 태조가 김부金傅(신라 끝임금 경순왕)에게 딸을 내리고 또한 낙랑공주라고

서 없애다.(王襲樂浪滅之)"라고 하였다.
6) 이 이야기를 전하고 있는 『사기』「신라본기」의 유리니사금儒理尼師今(弩禮王) 14년 쪽에는, "고구려 왕 무휼無恤이 낙랑을 쳐 없앴으므로 그 나라 사람 5천 명이 항복해 와서 (신라의) 6부에 나누어 살게 하였다."라고 되어 있으면서도, 대방帶方 사람과 함께 왔다는 말은 전혀 보이지 않는다.
7) 『유사』원문에는 "광무제가 사신을 보내어 낙랑을 쳐(遣使伐樂浪)"로 되어 있으나, 『사기』권14, 「고구려 본기」 2의 대무신왕(무휼왕) 27년조에 있는 이 기사에는 '군사를 보내어(遣兵)'로 되어 있어서 이 '견병遣兵'이 옳으므로 '군사를 보내어'로 바로잡아 놓았다.
8) 이 사실은 앞에서 언급한 고구려 대무신왕 27년 9월조에 그대로 기록되어 있다.
9) 이 말은 『사기』권23, 「백제본기」1, 시조온조왕始祖溫祚王 13년 5월에 왕이 신하들에게 한 말 가운데에 있다.
10) 고려 초 현종顯宗의 원화元和 왕후 최씨崔氏의 어머니와 이자연李子淵의 부인 김씨 등을 낙랑군대부인樂浪郡大夫人이라 하였으며, 『유사』찬자 일연一然의 어머니 등 고려 시대에 낙랑군부인이라고 봉명된 사례가 적지 않았다.

하였었다.11)

북대방

북대방은 본디 죽담성竹覃城12)이다. 신라 노례왕 14년13)(A.D.37)에 대방 사람들이 낙랑 사람들과 더불어 신라에 항복해 왔다.14)〔이는 모두 전한이 설치하였던 두 군의 이름인데, 그 뒤 참람되게도 나라를 일컬었다가 지금에 와서 항복한 것이다.〕

남대방

조위曹魏15) 때에 비로소 남대방군南帶方郡16)(지금 南原府)을 두었으므로 남대방이라 하였다. 대방의 남쪽 바닷물 천리를 한해瀚海17)라

---

11) 이 사실은 『사기』 권12 「신라본기」, 경순왕敬順王 9년 11월 쪽에도 보인다. 곧 "맏딸 낙랑공주를 아내로 삼게 하다.(以長女樂浪公主妻之)"라고 한 것이다.
12) 『사기』 권37, 잡지雜志 6 (지리4)에는, "帶方州 本竹軍城"으로 보이고 있다. 즉 『유사』에는 '죽담성竹覃城'인데, 『사기』에는 '죽군성竹軍城'으로 되어 있다.
13) 앞의 주4)와 같음.
14) 앞의 주6)과 같음. '북대방에 관한 극히 짧막한 이 내용 전부는 앞의 '낙랑국 이야기 주6) 부분에 있는 대방帶方 관계 글을 그대로 옮긴 것이라 하겠다.
15) 예부터 중국에는 같은 이름의 나라들(魏·秦·宋·齊 등)이 적지 않았으므로 그 건국 제왕의 성이나 앞 뒤 및 위치 등을 나라이름 앞에 붙여서 각각 구별되도록 썼는데(曹魏·北魏·前秦·後秦·劉宋·趙宋·南齊·北齊 등) 조위는 중국의 삼국시대에 조조曹操가 세운 위나라를 가리킨 것이다.
16) 조위 때에 남대방군을 남원에 두었다는 근거는 다른 문헌에서 찾아보기 힘들다. 학자들은 이 기록 자체를 인정하지 않으려고 한다. 정약용丁若鏞의 『아방강역고我邦疆域考』의 「대방고帶方考」에서는 "지금의 남원부는 백제를 멸망시켰을 당시 당나라 장수 유인궤劉仁軌(帶方州刺史)의 주재지였다."고 하였다.
17) 한해에 관해서는 『삼국지』 권30, 「위지」 30의 왜인倭人전에 보인다. 이 바다는 지금의 일본 대마도對馬島와 북구주北九州 사이의 바다라고 한다.

하였다. 〔후한의 건안建安 연중 196~220년에 마한의 남쪽 거친 땅을 대방군으로 삼아서 왜나라와 한韓국을 소속되게 하였다는 것이 이것이다.〕18)

---

18) 괄호 안의 이 글은 찬자의 주석이며, 그 전거는 『삼국지三國志』 권30, 「위지魏志」 30, 한전韓傳에 들어있는, "建安中 公孫康 分屯有縣以南荒地爲帶方郡……是後倭韓遂屬帶方." 즉, "건안 연중(196~220)에 공손강(당시 요동태수)이 둔유현의 남쪽 거친 땅을 대방군으로 삼았다. …… 이 뒤로 왜나라와 한韓나라를 대방에 소속되게 하였다."는 것이라고 할 수 있다. 그러나 이것은 남대방의 전거가 아니다. 이 문제는 다음의 살펴보기에서 자세히 보기로 한다.

Ⅱ. 내용 살펴보기

낙랑국과 북대방 및 남대방은 각각 따로 전해진 항목들이다. 낙랑국 외의 두 항목(북대방·남대방)은 원판본에서 주석까지 합쳐도 두 줄(2行)이 채 못 된다. 부피도 부피이지만 세 가지의 내용도 서로 관련이 있으므로 편의상 함께 묶어서 다루기로 하였다.

1. 낙랑국의 전말

이 항목은 몇 가지 자료를 인용하여 간략하게 낙랑국의 역사를 밝히려 한 것이라 할 수 있다. 곧 전한前漢 때에 설치한 4군의 하나였던 낙랑군이 나중에 나라를 일컬어 낙랑국이라 하였다가 고구려에 의해 멸망되었으며, 그 뒤 신라와 고려에서 신라의 도성인 경주지방을 또 낙랑이라 불렀다는 내용이라 하겠다. 그래서 그 세 단계의 낙랑을 대강 살펴보기로 한다.

1) 한漢 4군의 하나인 낙랑군

4(또는 3)군의 설치에 관해서는 앞쪽의 항목들에서 이미 보인 바가 있으나, 자세히 살피는 것은 낙랑군을 살펴보는 이 분단으로 미루었다. 앞에서 본 바이지만 한나라가 위만조선을 멸한 땅에 군현郡縣을 설치한 기록이 『유사』에서 가장 먼저 보이고 있는 것은 「기이」편의 첫 번째 항목인 '고조선古朝鮮'의 끄트머리에 붙여진 「당배구전唐裵矩傳」인데, 여기에는 4군이 아니고 3군의 설치로 되어 있다. 여기에 찬자가 달아놓은 주석에 비로소 4군의 이름이 나오지만, 3군이든 4군이든 낙랑樂浪의 이름은 다 들어 있다.

두 번째 항목인 '위만조선魏滿朝鮮'에서는 끝부분에, 한漢나라가 "조선을 평정하고는 진번·임둔·낙랑·현도의 네 군으로 삼았다."고 하였다. 그 다음의 항목인 '마한馬韓'에는 3군이나 4군은 없지만, 『논어정의論語正義』에서 말하였다는 9이九夷 가운데에 첫 번째가 현도玄菟이며 두 번째가 낙랑으로 보이고 있다. 그 다음의 '2부二府'에도 낙랑은 나와 있으며, 이어서 '78국七十八國'에도 4군의 설치(여기에는 낙랑 등 4군의 이름은 안 보임) 사실을 들고 있다. 그러므로 『유사』의 「기이」편에는 첫 항목(古朝鮮)에서부터 여섯 번째의 본 항목인 '낙랑국'은 말할 것도 없고, 일곱 번째 항목(北帶方)에 이르기까지 빠짐없이 낙랑이 언급되어 있다.

그와 같이 「기이」편 앞머리에 많은 비중을 차지하고 있으면서도 이 『유사』에서는 낙랑(군·국)에 관하여 그리 자세하고 구체적으로 전한 편은 못된다고 할 수 있다. 전한의 원봉元封 3년(B.C.108)에 무제

武帝가 위씨조선衛氏朝鮮을 평정하고 그 곳에 4군을 두었다[19]는 것은 '위만조선' 쪽에서 본 바가 있다. 이른바 한4군은 그로부터 있게 되었지만 그 4군의 이름들, 곧 진번眞番·임둔臨屯·낙랑樂浪·현도玄菟 등은 이때 처음으로 붙인 명칭이 아니다. 『사기史記』나 『전한서前漢書』 등에는 4군 설치 훨씬 이전부터 그 지방의 이름들을 전하고 있다. 단지 그때 한나라가 점령한 땅(朝鮮故地)에 처음으로 4군을 두면서 군의 이름으로 그 지명을 썼을 뿐이라고 할 수 있다.

그 4군은 무제(4군을 설치한 武帝)의 다음 황제인 소제昭帝 시원始元 5년(B.C.82)에 임둔과 진번의 두 군을 폐지하여 각각 낙랑과 현도에 합쳐서 이 두 군(樂浪·玄菟)만을 남겼다.[20] 이 두 군 중에 현도는 세 고을(3縣)인데, 낙랑은 스물다섯 고을(25縣)이나 되었다.[21] 이 낙랑의 25현 중에는 '조선朝鮮'이 그 첫 번째 현으로 들어 있고, 대방帶方도 그 가운데 하나로 들어 있다.

신채호는 4군에 관해 다음과 같이 말하고 있다.

> 사군四郡은 원래 토상土上에 그은 자者가 아니오 지상紙上에 그린 일종一種 가정假定이니 말하자면 고구려를 멸멸하거든 진번군을 만들리라. 북동부여와 북옥저를 멸하거든 현도군을 만들리라. 남동부여와 남옥저를 멸하거든 임둔군을 만들리라. 낙랑국을 멸하거든 낙랑군을 만들리라는 가정뿐이오 실현한 자者가 아니다.[22]

---

19) 『사기』 권15, 「조선전」과 『전한서』 권6, 「무제기武帝紀」(원봉元封 3년) 및 권95 「조선전」.
20) 『후한서』 권115, 동이전東夷傳, 예濊. "至元封三年滅朝鮮 分置樂浪臨屯玄菟眞番四郡. 至昭帝始元五年 罷臨屯眞番以幷樂浪玄菟…."
21) 위의 책(여기에는 현도玄菟가 원토元菟로 되어 있다.)

그는 여기에서 한漢 4군의 설치 및 그 존재 자체를 부정하였다. 이병도는 4군의 위치에 관하여,

> 사군 중 가장 중추적 지위에 있던 낙랑군樂浪郡은 원原(proper) 조선 땅에 둔 것으로, 지금 청천강淸川江 이남 자비령慈悲嶺 이북, 즉 평안남도의 전부와 황해도의 북단北端을 포함한 지역을 관활하고, 진번군眞番郡은 본시 조선과 공동운명체였던 구진번舊眞番 땅에 둔 것으로, 자비령 이남 한강 이북, 즉 지금의 황해도의 대부분과 경기도의 일부를 차지하였고, 구임둔舊臨屯 땅에 둔 임둔군臨屯郡은 동북해안의 땅으로 지금 함경남도(端川 이남 鐵嶺 이북) 전체에 당當하고, 끝으로 현도군玄菟郡은 앞서 창해군蒼海郡의 치폐置廢를 보던 예맥濊貊의 땅에 둔 것으로, 지금 압록강 중류지역과 혼강渾江(佟佳江) 유역에 위치하였던 것이다.23)

라고 하였다.24) 낙랑군은 그와 같이 한의 4군 가운데 하나이면서도 가장 오래까지 남아 있었던 대표적인 군현이었다고 할 수 있다.

---

22) 신채호,『조선상고사』, pp.123~124.
23) 이병도,「한사군과 그 변천」(진단학회,『한국사-고대편』), p.154.
24) 낙랑에 관해서는 일찍이 다산(茶山 丁若鏞)이『아방강역고我邦疆域考』권2,「낙랑고樂浪考」에서 상고詳考한 바가 있으며, 그 밖에 한4군과 낙랑에 관한 논문으로는, 김원룡,「삼국시대의 개시開始에 관한 일고찰-삼국사기와 낙랑군에 대한 재검토」(『동아문화』7, 1967·『한국고고학연구』(일지사, 1987), pp.525~533; 김정배,「한사군의 설치와 그 변천」(『한국사』4, 국사편찬위원회 1997), pp.108~115 등이 있다.

2) 낙랑국 그 이후

『유사』의 이 항목명은 분명히 낙랑국樂浪國이다. 다시 말해서 낙랑군郡이 아니고 낙랑나라(國)로 되어 있다. 그러면서도 내용에는 그 첫머리 시작에서 낙랑군이 전한前漢 때에 비로소 설치된 사실을 들고 있으며, 이어서 평양성이 옛 한漢의 낙랑군이었다는『신당서』의 말 한마디를 불쑥 인용하고 있다.

결국은 그 두 마디가 이『유사』에 기재된 낙랑군 관계의 전부라고 할 수 있다. 그 밖에 낙랑군의 전말이나 전반적 사정에 관해서는 한마디의 언급도 없다. 그 다음의 "국사운國史云"이라 하여 보이고 있는 신라 혁거세왕 30년(B.C.28) 및 그 이후의 기록은 모두 낙랑군이 아닌 낙랑국의 일로 볼 수가 있다. 혁거세왕 30년 쪽의 사실은『사기』에서 낙랑이 가장 먼저 등장하는 사례인데, 여기에는 낙랑인樂浪人으로 되어 있어서 그때의 낙랑이 군郡인지 국國인지를 분간하기가 어렵다.

그러나 그 다음의 제3대 유리儒理(弩禮)왕 14년(A.D.37)의 낙랑관계에서는 '그 나라 사람(其國人)'이라 있으므로, 분명히 낙랑국임을 알 수가 있다. 신라 유리왕 14년과 같은 해인 고구려 제3대 대무신왕大武神王(無恤王) 20년보다 앞서 대무신왕 15년(A.D.32) 쪽에도 '낙랑왕樂浪王 최리崔理' 등 낙랑이 나라였음을 알게 하는 내용들을 보여주고 있다.25)

---

25)『사기』권14,「고구려본기」2, 대무신왕 15년 4월 쪽. 고구려 왕자 호동好童이 낙랑왕 최리崔理의 딸을 이용해 자명고각自鳴鼓角, 곧 적군의 침입에 저절로 울려서 소리를 내어 알리는 북과 나팔을 찢게 하여 낙랑을 습격하고 항복을 받았다는 이야기.

대무신왕이 그 20년에 낙랑을 습격하여 멸망시켰다(王襲樂浪滅之)는 기록을 앞뒤로 하여, 『사기』의 「고구려본기」에는 낙랑에 관한 일을 몇 가지 전하고 있다. 바로 앞에서 본 왕의 15년 쪽에 보인 왕자 호동好童의 이야기에서는 낙랑왕 최리가 항복[出降]하였다고 하였다. 그때는 항복만 하였고 나라는 그대로 보존해 있었던 모양이나, 그 20년에 이르러 대무신왕이 습격하여 낙랑을 멸망시킨 것이라 할 수 있다.

그런데 그 뒤 27년 쪽에는, '한나라 광무제光武帝가 군사를 보내어 바다 건너 낙랑을 쳐서 그 땅을 차지하고 군현郡縣으로 삼아서 살수薩水의 남쪽을 한漢에 소속되게 하였다'는 것이다.26) 앞서 대무신왕이 그 20년에 낙랑을 쳐서 멸망시켰다고 하였으니 이미 낙랑국은 없어지고 고구려의 영토가 된 것이 아닌가. 그런데도 후한 광무제가 낙랑을 쳐서 그 땅을 군현으로 삼아 후한에 속하게 하였다면 그 낙랑은 실제 낙랑이 아니라 이미 고구려 땅이 되어버린 낙랑의 고토이어야 할 것이다.

그렇다면 후한後漢이 옛 낙랑국이었던 지역의 고구려 땅을 빼앗아 다시금 후한의 군현으로 삼았다고 해야 옳을 것이 아닌가 싶다. 그러나 대무신왕이 낙랑을 쳐서 멸망시켰다는 사실에 대하여 이병도는 주를 달아,

낙랑樂浪 본군本郡은 이후 오히려 수백년 동안 자체自體를 유지하였으

---

26) 위와 같은 「고구려본기」, 2, 대무신왕 27년 쪽. 『유사』에서 "無恤王二十七年" 이하의 인용문은 이 대목 전문을 그대로 옮긴 것이다.

므로, 이때 습멸하였다는 것은 위의 호동의 설화로 인한 한 과장의 기사거나 그렇지 아니면 어떠한 오전誤傳일 것이다. 낙랑의 정작 멸망은 제15대 미천왕美川王 14년(313)경에 속한다.27)

라고 하였다. 그는 낙랑군과 낙랑국은 전혀 구분하지 않고 최초의 한 4군 설치이래 다시 후한 광무제에 의해 재설치된 이후까지의 낙랑군을 줄곧 하나의 낙랑군으로 본 것 같다. 그래서 대무신왕이 그 20년에 낙랑을 멸망시켰다는 기록은 잘못된 것으로 본 것이라 하겠다.

『사기』「고구려본기」에, 대무신왕 27년 곧 후한 광무제가 낙랑군을 재설치한 이후에 보이고 있는 낙랑 관계 사실들을 옮겨보면 대강 다음과 같다.

대무신왕 다음 왕인 제4대 민중왕閔中王 4년(A.D.47) 10월에, 잠우락부蠶友落部의 대가大家 대승戴升 등 일만 여의 가호家戶가 낙랑으로 가서 한나라에 투항하였다.28) 이 대목 밑에 찬자는 주를 달아, "후한서後漢書에는 '대가 대승 등 만여 가구大加戴升等萬餘口'라고 하다."라고 하였다. 이 주에서 인용한 『후한서』원문에는, "(建武) 二十三年冬 句驪蠶支落 大加戴升等萬餘口 詣樂浪內屬."29) 곧 광무제 건무 23년(A.D.47) 겨울에 고구려의 잠지락 대가인 대승 등 만여 가구가 낙랑으로 가서 (漢)에 예속되었다는 것이다.

『사기』에는 '잠우락부蠶友落部'라 하고 대승도 '대가大家'라고 하였

---

27) 이병도 역주, 『삼국사기』 제3책(박문출판사, 1947), p.103 주2.
28) 『사기』 권14, 「고구려본기」 2, 민중왕 4년 겨울 10월.
29) 『후한서』 권115, 「동이전」, 구려句驪 쪽.

는데, 『후한서』에서는 '잠지락蠶支落'・'대가大加'로 되어 있어서 글자에 약간의 차이를 보이고 있다. 또 『사기』에 '동시월冬十月'이라 하였으나 『후한서』에는 그냥 '동冬'이라고만 하였다. 같은 『후한서』의 「광무제기光武帝紀」 23년 쪽에는 '동시월冬十月'로 되어 있으며, 이에 해당되는 사실을 "고구려 솔종인 예낙랑 내속高句驪率種人詣樂浪內屬."30)이라 하였다. 물론 이는 고구려의 대가 대승 등이 무리를 이끌고 낙랑에 항복한 일을 두고 한 말이다.

그 뒤 한참동안 『사기』에는 낙랑의 이름이 보이지 않다가 고구려의 대승戴升이 낙랑에 투항하였다는 때로부터 250여 년이 지난 뒤에 『사기』의 「백제본기百濟本紀」에 비로소 등장하고 있다. 즉 백제 제10대 분서왕汾西王 7년(304) 2월에 군사를 몰래 보내어 낙랑의 서쪽 고을을 습격하여 빼앗았다. 그러나 그 해 10월에 낙랑 태수가 자객을 보내어 분서왕을 살해하였다31)는 것이다. 또 고구려 제15대 미천왕美川王 14년(313) 10월에는 낙랑군을 쳐서 남녀 2천여 명을 사로잡았다고 하였다.32) 이병도는 이때 낙랑군이 멸망된 것으로 보았다.33)

그러나 앞에서 본 대무신왕 20년에 낙랑을 멸망시켰다는(襲樂浪滅

---

30) 위의 책, 권1 하, 「광무제기光武帝紀」 제1 하, 건무建武 23년 동시월冬十月 병신丙申 쪽.
31) 『사기』 권24, 「백제본기」 2, 분서왕 7년 2월 및 10월 쪽.
32) 『사기』 권17, 「고구려본기」 5, 미천왕 14년. "冬十月 後樂浪郡 虜獲男女二千餘口."
33) 이병도 『사기』 역주 제3책, p.247. 주3)에서 다음과 같이 적고 있다. "낙랑군의 이름이 이 이후의 기사에 나타나지 않고 또 다음 해 9월에는 고구려가 일보一步를 내키어 군남郡南의 대방帶方을 침략하였음을 보면 낙랑은 미천왕 14・5년경(313~314)에 이르러 몰락되었던 것으로 본다." 그리고 그는 이에 앞서 이 책(『사기』 역주 제3책)의 p.103 주3)에서, "낙랑의 정작 멸망은 제15대 미천왕 14년(313)경에 속한다."라고 하였다.

之의) 경우와는 전혀 다르게, "낙랑군을 쳐서 남녀 2천 여명을 사로잡았다.(侵樂浪郡 虜獲男女 二千餘口)"는 것이므로, 이 기록 그대로라면 멸망으로 보기가 어렵다. 낙랑군을 쳐서 없앴다면 앞의 경우처럼 간단하게 "襲……滅之" 하면 될 일이고, 또는 "낙랑군을 쳐서 없애고 그곳 남녀 2천여 명을 포로로 데려왔다"는 형식으로 적었어야 할 것이 아니겠는가 싶다. 『사기』에 있는 이대로라면 단순한 침략으로 밖에 볼 수가 없다고 하겠다.

여기에서는 앞의 경우들과는 달리 그냥 낙랑이라 하지 않고, '낙랑군'이라 한 것이 눈에 띈다. 어떻든 전한 무제武帝 때에 설치된 군현의 하나였던 낙랑군이 어느 때부터인지 왕국 행세를 하다가 고구려에 멸망되고, 다시금 그 땅이 후한 광무제에 의해 점령되어 군현이 되었으며 이때 곧 미천왕 14년에 이르기까지 존속되어왔음을 알 수 있다.

그 뒤로는 『사기』의 기록 등에 낙랑군에 관한 언급이 전혀 안보이므로 이병도 같은 학자는 이때(美川王 14년) 낙랑군이 멸망한 것으로 단정한 것이라 하겠다. 『사기』에 낙랑의 기록이 더는 보이지 않고 그래서 실제 그때 낙랑군의 멸망이 사실이었다고 하더라도, 미천왕 14년의 이 『사기』에 보인 기록에서는 분명히 낙랑군의 멸망을 읽을 수가 없는 것이 사실이다.

3) 낙랑이 신라의 별호가 된 까닭

이 항목(樂浪國)의 뒷부분에, "신라 사람들 또한 (신라를) 낙랑이라 일컬었다. 그래서 지금 본조本朝(고려)에서도 이로 인해 낙랑군부인이라고 불렀으며, 또 태조가 김부金傳(신라 敬順王)에게 딸을 내려 낙랑공주라고 하였다."라는 간략하면서도 애매모호한 말을 이미 앞쪽에서 보았었다. 뿐만 아니고 나중에 보게 될 이「기이」편 권2의 김부대왕金傳大王 항목에서도 고려에 나라(신라)를 바쳐 귀화한 경순왕(金傳)을 '上柱國樂浪王' 또는 '尙父都省令上柱國樂浪郡王 食邑一万戶金傳'라고 하였다.

『고려사』 지리지 및 『동경통지東京通志』 등에는, 동경東京 곧 경주의 별호別號를 낙랑이라 하였는데, 이는 고려 제6대 성종이 정한 것이라고 하였다.34) 그러나 신라 왕에게 낙랑군공樂浪郡公이나 낙랑군왕樂浪群王의 일컬음이 부여되었던 것은 훨씬 이전부터 있어왔던 일이었다. 왕도王都 평양을 낙랑이라고도 하였던 고구려가 건재하던 통일 이전의 신라시대에 일찍이 낙랑왕이라는 일컬음이 신라 왕에게 주어졌다는 사실이 『사기』에 전해지고 있다. 가장 먼저 볼 수 있는 사례가 신라 제26대 진평왕眞平王 16년(594)의 일이다.

이 해에 수나라 황제(隋文帝, 開皇 14년)가 조서를 내려 진평왕을 '상개부 낙랑군공 신라왕上開府樂浪郡公新羅王'으로 봉하였다. 그리고 진평왕의 46년(624) 3월에 당나라의 고조(唐高祖)가 사신을 보내어 진평왕을 '주국 낙랑군공 신라왕柱國樂浪郡公新羅王'으로 책봉하였다.35)

그 다음 왕인 제27대 선덕왕善德王 4년(635)에 당나라 태종太宗(貞觀 9년)이 사절을 보내어 '주국 낙랑군공 신라왕柱國樂浪郡公新羅王'으

---

34) 『고려사』 권11, 지리지 2, 동경東京 경주慶州 쪽. "別號樂浪(成宗所定)."
  『동경통지』 권4, 연혁沿革. "成宗丁亥 改爲東京留守. 別號樂浪 亦成宗所定也."
35) 『사기』 권4, 「신라본기」 4, 진평왕 16년 및 46년 쪽.

로 책명하였다.36) 또 그 다음 왕인 제28대 진덕왕眞德王 원년(647) 정월에 당나라 태종이 사절을 보내어 왕을 '주국 낙랑군왕柱國樂浪郡王'으로 책명하였다.37) 그리고 제30대 문무왕文武王 2년 곧 당나라 고종高宗 용삭龍朔 2년(662)에 문무왕이 '개부의동삼사 상주국 낙랑군왕 신라왕開府儀同三司上柱國樂浪郡王新羅王'으로 책봉되었다.38)

그 후 제33대 성덕왕聖德王 12년(713) 10월에 당의 황제로부터 매우 긴 책명을 받았는데 그 끝부분이 '……상주국 낙랑군공 신라왕上柱國樂浪郡公新羅王'으로 되어 있다.(「신라본기」 8) 여기에서는 다시 '낙랑군공'으로 되어 있는데, 이로부터는 '낙랑'이 들어 있는 신라 왕의 책명을 볼 수가 없다.

이러한 『사기』「신라본기」의 전하는 바에 의한다면 일찍부터 중국(隋·唐)에서는 신라를 낙랑이라고 별칭別稱하였음을 알 수가 있다. 『유사』에서는 주로 신라 말이나 고려 초에 있었던 일만을 극히 간략하게 보이고 있으나, 실은 이처럼 통일 이전의 진평왕 때부터 통일을 완성한 문무왕 무렵에 이르는 신라의 임금을 중국 황제는 '낙랑군공'·'낙랑군왕'이라 일컬었음을 보게 된다. 이를 통해 신라의 별명으로서의 낙랑 호칭은 상당히 오랜 역사를 지녔다고 할 수가 있다. 그러므로 신라 말이나 고려 초에 이르러 비로소 신라 및 경주를 낙랑이라 일컬었다거나, 경순왕이었던 김부金傅에게만 '낙랑군왕'이라는 호칭이 주어졌던 것이 아니었음을 알 수 있다.

---

36) 『사기』 권5, 「신라본기」, 5, 선덕왕 4년.
37) 『사기』 위와 같음. 진덕왕 원년.
38) 『사기』 권6, 「신라본기」, 6, 문무왕 2년.

또한 고려 제6대 성종에 의하여 처음으로 낙랑을 경주의 별호로 정함으로써, 비로소 경주를 낙랑이라고 일컫게 된 것이 아니었음도 확인할 수 있었다. 단지 성종 6년에 왕명에 의해 공식적으로 낙랑을 경주의 별호로 정하였다는 뜻이지, 그때부터 비로소 경주를 낙랑이라고도 일컬을 수가 있게 되었다는 것은 물론 아닌 것이다.

 그렇다면 무슨 까닭으로 경주를 낙랑이라고 일컬었다는 것인가. 앞쪽에서 우리는 낙랑군과 낙랑국의 역사와 그 위치에 관해서 본 바가 있다. 낙랑을 신라의 별호로 부를 만큼 서로 밀접한 역사적 인과 관계를 전혀 보이고 있지 않았다. 그런데도 중국(隋·唐)에서는 일찍이 신라의 왕에게 낙랑왕이라는 별칭을 붙였다.

 신라 왕을 낙랑군공樂浪郡公이나 낙랑군왕樂浪郡王이라 일컬은 것에서 낙랑이 신라의 별호가 된 시작으로 볼 수 있기 때문에, 결국은 그 (낙랑) 별칭의 발단은 국내의 자생적 원인에서가 아니고 해외로부터의 외래적 조건에 연유된 것이라고 할 수가 있다. 진평왕에게 '상개부 낙랑군공 신라왕上開府樂浪郡公新羅王'이라 책봉함으로써『사기』 상에 가장 먼저 신라의 별칭으로 낙랑을 등장하게 한 수나라 역사(『隋書』)에서 당시의 사정을 찾아보기로 한다.

 『수서隋書』「동이전東夷傳」 신라 쪽의 첫머리 시작에서부터 관계되는 부분을 뽑아 옮겨보면 다음과 같다.

> 신라국은 고구려의 동남쪽에 위치하여 한나라 때의 낙랑 땅에 자리잡고 있으며, 혹은 사라라고도 일컫는다.(新羅國 在高麗東南 居漢時樂浪地 或稱斯羅) 김진평에 이르러 개황 14년에 사신을 보내어 특산물을 바쳤다.

고조(隋文帝)는 진평에게 작위를 내려 '상개부 낙랑군공 신라왕'이라 하였다.(至金眞平 開皇十四年使貢方物 高祖拜眞平爲上開府樂浪郡公新羅王)39)

　이 짤막한 두 마디의 기록을 통해 우리는 그동안의 의문점이 풀리게 되었다. 신라의 왕을 낙랑군공 또는 낙랑군왕이라 하여 낙랑이 신라의 별칭으로 된 연유를 바로 여기(新羅國……居漢時樂浪地)에서 찾아볼 수가 있기 때문이다. 수나라 사람들은 신라가 위치하고 있는 곳이 바로 옛 한나라 때 설치했던 낙랑의 땅이었던 것으로 알고 있었던 것이다. 그래서 수제隋帝는 그의 개황 14년(594)에 신라 진평왕을 '상개부 낙랑군공 신라왕'으로 책봉한 듯하다. 개황 14년은 신라 진평왕 16년(594)에 해당되는데, 앞에서 본 바와 같이 『사기』「신라본기」 진평왕 16년 쪽에 그 책봉 사실이 이미 나왔다.
　『수서』가 당나라 학자(魏徵)에 의해 편찬되었는데, 같은 시대의 학자(李延壽)에 의해 찬술된 『북사北史』에도 이와 같은 기록을 볼 수가 있다. 『수서』의 내용과 똑같으면서도 첫 시작부분이 좀 다르고 내용 기재에 몇 글자가 다른 차이가 있다. 참고로 관계 부분을 옮겨 본다.

　신라는 그 선대가 본디 진한의 종족이다. 고구려의 동남쪽에 위치하여 한나라 때의 낙랑 땅에 자리잡고 있다.(新羅者 其先本辰韓種也 地在高麗東南 居漢時樂浪地) 신라는 또한 사로라고도 한다.(新羅亦曰斯盧) 진평에 이르러 수나라 개황 14년에 사신을 보내어 방물을 바쳐왔으므로, 문제가 진평에게 '상개부 낙랑군공 신라왕'이라 책봉하였다.(眞平以隋開皇十四年遣使貢方物 文帝拜眞平 上開府樂浪郡公新羅王).40)

---

39) 『수서』 권81, 열전列傳 56, 동이전 신라.

앞의 『수서』에는 "新羅國 在高麗東南"으로 시작되어 있는데, 이 『북사』에는 '新羅者 其先本辰韓種也 地在高麗東南'으로 시작되어 있다. 신라 사람들의 근본이 진한의 종족임을 밝힌 것이 『수서』와 다른 점이며, 그 다음의 관계 부분은 몇 글자의 차이가 있을 정도이다. 물론 이 두 경우의 '고려高麗'는 고구려이다.

위의 『수서』와 『북사』에는 수나라시대에 해당되므로 진평왕에 관한 것만이 기록되어 있어서, 그 뒤 당나라 때의 책봉 사실은 기록이 없다. 당나라가 들어서고부터의 관계 사실을 『구당서舊唐書』에서 초록해 옮겨보기로 한다.

신라국은 본디 변한의 후예이다. 그 나라는 한나라 때의 낙랑 땅에 있다.(新羅國 本弁韓之苗裔也 其國在漢時樂浪之地) 그 임금 김진평이 수나라 문제 때 '상개부 낙랑군공 신라왕'으로 제수받았다. 무덕 4년(621)에 사신을 보내어 (당나라에) 조공하니 당의 고조가 친히 문안하여 위로하였다. 비로소 7년(624)에 사신을 보내어 김진평을 '주국 낙랑군왕 신라왕'으로 책봉하였다.(始七年遣使 冊拜金眞平爲柱國封樂浪郡王新羅王) 정관貞觀 9년(635)에 사신을 보내어 선덕왕善德王을 '주국 낙랑군왕 신라왕柱國樂浪郡王新羅王'으로 책봉하였다. 정관 21년(647)에 선덕왕의 뒤를 이어 진덕眞德이 왕이 되었으므로 '주국 낙랑군왕柱國樂浪郡王'으로 봉하였다. 영휘永徽 3년(652)[41]에 진덕이 별세하고 춘추가 즉위하니, 신라 왕에게 '개부의동삼사'의 작위를 더하여 '낙랑군왕'으로 봉하였다.(眞德卒爲擧哀 詔以春秋

---

40) 『북사』 권94, 열전 82, 신라.
41) 이 영휘 3년(652)은 5년(654)의 잘못으로 보아야 할 것이니, 신라 진덕왕은 그 8년(654) 곧 영휘 5년에 세상을 떠나고 다음 왕인 태종무열왕이 즉위하여 그 원년으로 삼은 해이기 때문이다.

嗣立爲新羅王 加授開府儀同三司 封樂浪郡王)42) 용삭龍朔 원년(661)에 춘추가 별세하니 그 아들 태부경 법민이 왕위를 계승하고 '개부의동삼사 상주국낙랑군왕 신라왕'으로 봉하였다.(春秋卒 詔其子太府卿法敏嗣位 爲開府儀同三司上柱國樂浪郡王新羅王)43)

이상의 세 가지 중국 고전에서 전하는 신라 낙랑 관계 사실은 거의 같은 내용이다. 그러나 그 시작의 머리 부분은 상당한 차이가 있다. 『수서』의 경우는 바로 신라의 지리적 위치부터 간략하게 언급하면서 시작하였으나, 『북사』와 『당서』에서는 그 첫머리에서 선대先代를 밝히고 있다. 이 두 경우에도 『북사』에서는 신라의 선대를 진한종辰韓種이라 하였고, 『당서』에서는 신라가 변한弁韓의 후예라고 하였다. 그와 같이 세 사서史書가 각각 다르게 시작되어 있으면서도 그 다음의 낙랑관계 기사(漢時樂浪之地)는 모두 똑같다.

신라 왕의 (낙랑 별칭이 들어있는) 책명도 이제 본 것처럼 『수서』와 『북사』에는 수나라 때의 일(진평왕 16년) 한 가지만 들어 있고, 『당서』에는 수나라 때의 책명(진평왕 16년)을 포함하여 당나라가 건국된 뒤에 있었던 진평왕 46년 때부터 문무왕에 이르기까지의 관계 책명이 다 들어 있다.

이 『당서』의 전하는 바를 통하여 신라 왕에 대한 책명 호칭의 변화를 엿볼 수가 있게 된다. 수제隋帝는 '上開府樂浪郡公新羅王'이라 하여,

---

42) 여기에 해당하는 『사기』 권5의 태종무열왕 원년(654) 쪽에는 당의 책명이 '개부의동삼사 신라왕開府儀同三司新羅王)'으로 되어 있을 뿐 이 『당서』에 있는 '낙랑군왕樂浪郡王'은 없다.

43) 『구당서』 권199 上, 열전 149, 동이 신라국.

'낙랑군공' 밑에 신라왕을 붙였다. 다같은 진평왕 때이면서도 당 고조(唐高祖)는 '柱國樂浪郡王[44)]新羅王'이라 하여, 수의 '상개부上開府' 대신에 '주국柱國'으로 불렀고 '낙랑군공'의 '공公'이 '왕王'으로 바뀌었다. 다음의 태종 또한 선덕왕과 진덕왕에게 '주국 낙랑군왕'으로 하였다. 그 다음의 고종은 태종무열왕에게 '개부의동삼사開府儀同三司 낙랑군왕'이라 하였고, 그 아들 문무왕에게는 '개부의동삼사 상주국上柱國 낙랑군왕'이라 하여 그 직함이 가장 긴 편이다.

여기에서 우리는 최초로 보이는 수나라 때의 '낙랑군공'이 당나라로 와서는 '낙랑군왕'으로 바뀌었고, 나중의 신라 문무왕에 이르러서는 그 '낙랑군왕' 앞에 '개부의동삼사 상주국'이라는 직함이 갖추어져 있음을 볼 수 있다. 그런데 제33대 성덕왕 이후의 신라 왕들이 당조唐朝로부터 받은 책명에는 '낙랑군(공)왕'의 칭호를 찾아보기가 어렵다. 아마 그때쯤에는 신라의 땅(慶州)이 낙랑과는 상관이 없다는 사실을 알았기 때문에 책명에서 '낙랑군왕'을 삭제한 것이었는지도 모를 일이다.

어쨌든 『사기』에서 성덕왕 이후 역대 왕의 책명에 '낙랑군왕'의 일컬음을 찾아보기가 어려운 것이 사실이다. 그런데 『유사』의 '김부대왕金傅大王' 쪽에서도 나와 있지만 고려 초에 들어와서 신라 마지막 왕이었던 경순왕 김부에게 고려 왕이 '상주국 낙랑왕上柱國樂浪王'·'상주국 낙랑군왕上柱國樂浪郡王'의 칭호를 내렸다. 이는 아마도 『수서』와 『당서』 등에 연유하여 새삼스레 신라 또는 경주를 낙랑의 옛 땅으로

[44)] 『사기』에는 진평왕 46년과 선덕왕 4년 쪽에서 모두 '낙랑군공樂浪郡公'이라 하여, 『당서』의 '낙랑군왕'의 왕王을 '공公'으로 하고 있는데 이는 『사기』 쪽의 잘못인 것 같다.

착각하고 그렇게 썼던 것이 아니었던가 여겨진다. 그래서 한 걸음 더 나아가 아예 낙랑을 경주(신라는 그때 이미 없어진 나라이므로)의 별호로 삼았던 것으로 볼 수가 있지 않을까 싶다.

2. 북대방과 남대방

1) 북대방의 문제점

앞의 원문 새김글에서 본 바와 같이 하나의 항목치고는 너무 내용이 빈약하다. 이 『유사』의 앞쪽 '고조선古朝鮮'의 말미에 나와 있는 「당배구전唐裵矩傳」 인용의 글 가운데에 한나라가 설치한 3군(玄菟·樂浪·帶方) 중에서 대방帶方이 들어 있음을 보았다. 그러나 정작 「당배구전」의 원문에는 "세 군으로 나누어 설치하였다.(分置三郡)"라고만 있을 뿐 3군의 이름이 밝혀져 있지 않다. 『유사』 찬자도 거기에 주를 달아 "『한서漢書』에는 4군으로 되어 있는데 3군이라 하고 또 그 군의 이름도 다르니 이상하다."고 의아해하였다. 이는 앞의 '고조선' 쪽에서 이미 살펴보았지만 그 3군 가운데 대방이 나와 있는 것은 사실이다.

『한서』 곧 『전한서前漢書』에 3군을 두었다는 근거가 전혀 없는 것은 아니다. 『전한서』의 「오행지五行志」에서 다음과 같은 근거를 볼 수가 있다.

앞서 두 장군이 조선을 정벌하고 (顏師古가 주를 달아 말하기를 "원봉 2년 (B.C.109)에 누선장군 양복楊僕과 좌장군 순체荀彘가 죄인들을 모집하여 조선을

쳤다"고 하였다.) 세 군(3郡)을 열었다.(안사고가 주를 달아 말하다.) "무제기武帝紀에는, 그 조선 땅을 낙랑・임둔・현도・진번의 네 군으로 삼았다고 하였다. 여기에서 셋이라 한 것은 아마도 「오행지」에 옮겨 전한 이의 착오일 것이다."45)

이 「오행지」의 해당 원문은 "조선을 쳐서 그곳에 세 군을 열었다.(征朝鮮 開三郡)"는 것이 주된 내용의 전부이다. 여기에 당나라의 안사고顏師古가 주석을 붙여 놓았는데, 그는 4군이 옳고 3군은 잘못된 것이라고 보았다. '고조선' 항목의 「당배구전」에서 인용한 3군도 아마 이 『전한서』「오행지」의 3군을 근거로 한 것인 듯하다. 그러므로 3군이든 4군이든 한漢이 위만조선을 멸망시키고 처음 그 지역에 설치했던 군현 중에 대방군帶方郡은 없었던 것이 확실하다고 하겠다.

『전한서』「지리지」에 낙랑군의 25현縣 가운데 대방의 이름이 보인다.46) 아마도 이것이 대방의 이름을 알게 하는 가장 오래된 기록이 아닌가 싶다. 이때의 대방은 물론 낙랑 25현 중의 하나인 대방현帶方縣이며, 대방군帶方郡은 아니다. 또 낙랑군 18성城 가운데 대방의 이름이 들어 있으므로,47) 이 경우에는 대방성帶方城이라 일컬을 수가 있을 것 같다.

그러나 대방이 군으로서 이른바 대방군帶方郡이 된 것은 후한後漢

---

45) 『전한서』 권27 중지하中之下, 「오행지」 7 중지하中之下. 이병도는 『한국사-고대편』, p.152에서 이 근거부분을 『한서漢書』 권27 하下에 있다고 하였으나, 실제 『전한서』의 「오행지」는 권27의 하下가 한 권이 아니고 상하 두 권으로 되어 있으며, 지금 이 대목은 27권의 하下가 아니고 27권의 중지하中之下에 들어 있다.
46) 『전한서』 권28 하, 「지리지」 8 하, 낙랑군 쪽.
47) 『전한서』 권33, 군국지郡國志 23, 유주幽州 낙랑군 쪽.

말의 일로 보이고 있다. 즉 후한 말의 건안建安 연중(196~219)에 요동遼東 태수 공손강公孫康이 둔유현屯有縣 남쪽의 황무지를 나누어 대방군으로 삼은 사실이다.48) 건안은 후한의 마지막 황제인 헌제獻帝의 마지막 연호이다. 여기서의 건안 중建安中을 진단학회의 『한국사연표』에는 건안 11년(206) 무렵으로 보았다.49)

중中이라 하였으므로 25년까지의 건안 가운데 초(建安初)와 말(建安末)이 아닌 중이니 11년 무렵으로 보는 것도 무방하다 하겠으나, 건안 9년(204)에 죽은 요동 태수 공손탁公孫度의 뒤를 그 아들 공손강이 이었기 때문에 건안 9년 이후의 일인 것만은 틀림없다고 하겠다.50)

그러나 『진서晋書』 「지리지」에는 공손강이 아니라 그 아버지 공손탁이 대방군을 설치한 것으로 되어 있다. 곧 "대방군은 공손탁이 설치하였으며, 7현 4천 9백호를 통솔하였는데 그 소속 일곱 현은 대방・열구・남신・장잠・제해・함자・해명이다.(帶方郡 公孫度置 統縣七戶四千九百. 帶方・列口・南新・長岑・提奚・含資・海冥)"라고 하였다.51) 이 『진서』의 공손탁은 아마도 공손강의 착오일 것이다.

다시 말해서 대방현은 전한 때부터 있어 왔으나, 대방군은 후한 말, 곧 공손강이 그 아버지의 뒤를 이은 건안 9년(204) 이후에 비로소 설치되었음을 알 수가 있다. 즉 이때 기존의 대방현에 그 이웃의 둔

---

48) 『삼국지』 권30, 「위지」 30, 동이전 한韓 쪽. "建安中 公孫康分屯有縣以南荒地 爲帶方郡." 이 부분은 앞의 주18)에 나온 바가 있다.
49) 진단학회 편, 『한국사연표』(을유문화사, 1959), p.41.
50) 다산茶山 정약용丁若鏞(1762~1836)은 그의 『아방강역고我邦疆域考』 권2 「대방고帶方考」에서, "공손강이 둔유현과 유염현의 두 현을 나누어 대방군을 삼았다.(公孫康 分屯有有塩兩縣 爲帶方郡)"라고 한 『통전通典』의 글을 옮겨 놓았다.
51) 『진서』 권14, 지리 상, 대방군.

유현 남쪽 거친 땅을 분할하여 합쳐서 군郡으로 삼음으로써 비로소 대방군이 설치되기에 이르렀다는 것이다.

이로써 본다면 『유사』의 이 항목(樂浪國·北帶方)에 전하는 사실, 곧 신라 제3대 노례왕 14년(A.D.37)에 고구려(제3대) 대무신왕(無恤王)이 낙랑을 멸망시켰을 때 낙랑 사람들과 함께 대방 사람들도 신라에 항복해 왔다고 한 것이 사리에 맞지 않는다고 할 수 있다. 대방이 군郡으로 된 것이 후한의 건안(196~219) 중의 일이었으므로 이때(A.D.37)는 낙랑의 속현이니 또한 낙랑인에 해당되므로 따로 (낙랑사람과 구분하여) 대방사람(帶方人)이라고 할 이유가 없었을 것이기 때문이다.

그리고 『유사』 찬자가 여기에 주석을 달아서, "이는 모두 전한前漢이 설치하였던 두 군(樂浪·帶方)의 이름인데, 그 뒤 외람되게도 나라를 일컬었다가 지금에 와서 항복해온 것이다."라고 하여, 대방군도 낙랑군과 마찬가지로 나중에 나라(帶方國) 행세를 한 것으로 보이고 있다. 이 또한 역사 사실에 부합되지 않는 문제성을 지녔다고 할 수가 있다.

앞에서 본 바와 같이 고구려가 낙랑을 멸망시키고, 그 나라 사람들이 신라에 항복해 왔다는 사실은 『사기』의 「신라본기」와 「고구려본기」에 나와 있으나, 거기에는 대방국에 관해서는 모두 한마디의 언급도 없다. 한4군 설치 당시(B.C.108) 존재하지 않았고 그로부터 300여 년 뒤(AD.205~206)에 비로소 설치되었다는 대방군이므로, 그때 (낙랑국 멸망 당시) 그 이름이 『사기』에 보이지 않는 것은 어쩌면 당연하다고 할 수도 있겠다.

『사기』에서 연대적으로 가장 먼저 대방의 이름이 보이는 곳은 「백제본기」 첫머리, 곧 시조 온조왕溫祚王의 건국 초창에 관한 이야기에서라고 할 수가 있다.52) 온조왕 원년의 앞 첫머리글 원문이 끝나고, '일운一云'이라 하여 시작되는 두 줄의 작은 글씨 주석글(割註)이 상당히 긴 줄글(長文)로 이어지면서 그 뒷부분에 '대방帶方'의 이름이 나온다. 여기에 그 관련 글을 옮겨보기로 한다.

  『북사北史』53)와 『수서隋書』54)에는 모두 이러하다. 동명왕東明王의 뒤에 구이仇台〔台는 '태'로 많이 쓰이지만, 옛 사서의 인명(優台·仇台)에는 주로 '이'라 읽고, 벼슬이름(고구려 직명 優台·于台 등)은 '태'로 읽은 듯하다.〕란 이가 있어서 어질고 신실함이 돈독하였는데, 비로소 대방의 옛 땅에 나라를 세웠다.(初立國于帶方故地) 한漢의 요동 태수 공손탁公孫度이 그 딸을 아내로 삼게 하였으며, 드디어 동이東夷의 강국이 되었다

이 글은 『사기』 찬자가 「백제본기」 첫머리에 시조 온조왕의 출생과 그 건국 창업의 이야기를 기록하고는 그 밖에 또 따로 전해지던 이설異說을 일운一云이라 하여 전하면서 그 끝에 중국 사서史書인 『북사』와 『수서』에 들어 있는 이 부분을 옮긴 것이다. 여기에는 역사적으로나 우리 옛 전래의 백제 건국설화 전통 유형으로 보아 (짧막한 글에 비해) 문제가 적지 않다. 그러나 여기에서는 이 항목의 주제가 되는

---

52) 『사기』 권23, 「백제본기」 1, 시조 온조왕. 전서前叙 끝의 '일운一云' 이하 주석글 뒤쪽 부분.
53) 당唐 이연수李延壽 찬, 『북사』 권94, 열전 82, 백제. "東明之後有仇台…… 遂爲東夷强國."
54) 당唐 위징魏徵 찬, 『수서』 권81, 열전 46, 백제. 『사기』의 이 부분 원문에는 『수서』의 앞 글자 곧 '수隋'자가 불명자不明字로 되어 있으나 이는 '수隋'임이 틀림없다.

대방帶方에 관한 것만을 언급하고자 한다.

　이 인용문만으로 본다면 동명왕(고구려 시조)의 뒤에 출현한 구이仇台란 이가 대방의 옛터에 나라를 비로소(여기 『사기』에서는 初立으로 하고 있으나 『북사』와 『수서』의 원문에는 모두 始立으로 되어 있음) 세웠고, 한나라 요동태수 공손탁의 딸을 아내로 삼았으며, 드디어 동이東夷의 나라들 중에서 강국이 되었다는 것이므로, 구이仇台가 누구이며 그가 세웠다는 나라가 어느 나라인지를 알 수가 없다. 다만 그 글을 인용하고 있는 『사기』와 인용 원 전거인 『북사』 등이 「백제본기」 또는 '백제전'에서 다루고 있으므로 그 나라가 백제임을 알 수가 있다.

　그러나 『북사』 등에는 백제의 건국자 이름이 따로 나오지 않고 구이仇台만이 보이고 있으므로 이 구이를 백제의 건국자(始祖王)로 보았음을 알 수가 있다. 그러나 『사기』 쪽의 온조본전溫祚本傳에서는 온조 형제가 동명왕(高朱蒙)의 아들로 되어 있고, 그 이설인 '일운一云'에서는 우이優台 곧 구이仇台의 아들로 되어 있다. 그러므로 『북사』 등에서는 '구이의 아들 온조'를 구이로 잘못 적은 것이라고 할 수가 있겠다.

　그뿐 아니라 한漢의 요동 태수 공손탁의 딸을 아내로 삼았다는 것도 크게 잘못된 것이다. 여기서의 한나라는 실은 후한後漢이니 요동태수 공손탁은 앞에서 보았지만 대방군을 비로소 설치한 공손강의 아버지이다. 후한의 말기 건안 9년(204)에 죽은 공손탁이 그 딸을 백제의 건국자 구이(실은 溫祚)에게 보내어 아내로 삼게 하였다는 것인데, 백제가 건국된 해는 B.C.19년 무렵이니 공손탁과는 도저히 연결될 수 없는 연대적 차이가 200여 년이나 동떨어져 있다. 어쨌든 『북사』와 『수서』의 백제에 관한 이 부분의 기록은 매우 신빙성이 결여되어 있으나, 백제 건국 당시에 대방이 현縣(郡이 아닌)으로서는 존재 가능한 시기였음은 틀림이 없다고 할 수 있다.

백제 제9대 책계왕責稽王 즉위년 쪽에 다음과 같은 이야기를 보이고 있다.

> 고구려가 대방을 치므로 대방이 백제에 구원을 청하였다. 이에 앞서 책계왕은 대방에 장가들어 그 나라 왕녀 보과寶菓를 부인으로 삼았다. 그래서 그는 말하기를 "대방은 나의 장인 나라이니 어찌 그 청을 거절할 수가 있겠는가." 하고는 군사를 내어 대방을 구해주었다.[55]

이에 의하면 이때의 대방은 군현이 아니라 하나의 왕국(帶方國)이었음을 알 수가 있다. 백제 책계왕의 즉위 곧 원년(286)인 이 해는 고구려의 제13대 서천왕西川王 17년에 해당하므로, 대방을 공격했던 고구려 왕은 서천왕이었음을 알 수가 있다.

그리고 「고구려본기」에는, 제15대 미천왕美川王 15년(314) 9월에 남쪽으로 대방군帶方郡을 침공한 것으로 보이고 있다.[56] 여기(「고구려본기」)에는 분명히 대방을 군(帶方郡)이라 하였다. 그러나 이제 위에서 본 「백제본기」의 경우는 틀림없이 왕(帶方王)이라 하고 또 나라(帶方我舅甥之國)라고 하였다. 뿐만 아니라 「고구려본기」에도 대방왕帶方王의 일컬음을 보이고 있다. 즉 고구려 제18대 고국양왕故國壤王 2년

---

55) 『사기』 권24, 「백제본기」 2, 책계왕. "高句麗伐帶方 …… 遂出師救之."
56) 『사기』 권17, 「고구려본기」 5, 미천왕 15년 9월.

(385) 6월 쪽에는 다음과 같은 사실을 보이고 있다.

> 고국양왕은 4만의 군사를 내어 요동을 습격하였다. 이에 앞서 연왕燕王 모용수慕容垂가 대방왕帶方王 좌佐57)에 명하여 용성龍城을 지키게 하였는데, 대방왕 좌가 고구려군이 요동을 습격한다는 소식을 듣고 사마 학경司馬郝景을 시켜 군사를 거느리고 가서 요동을 구원하게 하였다. 고구려 군사가 이를 깨뜨려서 요동과 현도玄菟를 함락시키고 남녀 1만 명을 사로잡아 데리고 돌아왔다.58)

이에 의하면 비록 연왕의 명을 받는 처지로 보이지만 좌佐는 대방의 왕임이 분명하다. 그러므로 이때에도 대방은 조그만 왕국이었다고 할 수가 있다. 그러면서도 한편으로는 대방군이라 하고 또 한편으로는 왕국으로 보이고 있으니, 어느 쪽이 옳은지 아니면 그 두 가지를 다 써도 무방한지를 알 수가 없다.

이 밖에도 『사기』에는 중국 조정에서 백제 왕에게 내린 대방군공帶方郡公·대방군왕帶方郡王의 책명 사실을 전하고 있다. 백제 제27대 위덕왕威德王은 그 17년(570)에 북제北齊(『사기』에는 高齊) 후주後主로부터 '차기대장군 대방군공 백제왕車騎大將軍帶方郡公百濟王'으로 책봉되었으며,59) 위덕왕은 또 그 28년(581)에 수隋의 고조문제高祖文帝로

---

57) 대방왕 '좌佐'는 성이 없고 이름만 나와 있는데, 이는 그 앞의 후연後燕왕 모용수도 『사기』 원문에는 '연왕수燕王垂'로 되어 있어서 그 성을 생략하고 이름만 쓰고 있으니, 아마도 그에 이어 '좌佐'라고 이름만 쓰고 있는 이 대방왕 좌도 모용수와 같은 '모용씨慕容氏'가 아닐까 싶다.
58) 『사기』 권18, 「고구려본기」 6, 고국양왕 2년 6월.
59) 『사기』 권27, 「백제본기」 5, 위덕왕 7년. 이 사실은 이에 앞서 『북사』 권94 열전 82 백제전에 나온다.

부터 '상개부의동삼사 대방군공上開府儀同三司帶方郡公'에 봉해졌다.60)

제30대 무왕武王은 그 25년(624)에 당唐의 고조高祖로부터 '대방군왕 백제왕帶方郡王百濟王'에 책봉되었으며,61) 또 무왕이 세상을 떠나자 '주국 대방군왕 백제왕柱國帶方郡王百濟王'이라 일컬었다.62) 그리고 마지막 임금 의자왕義慈王 원년(641)에 당의 태종太宗은 '주국 대방군왕柱國帶方郡王 백제국왕'이라고 책명하였다.63) 이들 책명을 통해서 당시 중국 조정에서는 대방을 백제의 별칭으로 삼았음을 알 수가 있는데, 이는 흡사 낙랑을 신라의 별호로 삼아 책명에 넣었던 경우와 같다고 할 수가 있다.

그 밖에 백제가 멸망하고 나서 그 지역에 주둔해 있던 당나라 장수 유인궤劉仁軌를 그들 조정에서는 검교 대방주 자사檢校帶方州刺史로 삼았으며,64) 또 그 뒤에 백제 왕자였던 부여 융扶餘隆을 웅진도독 대방군왕熊津都督帶方郡王으로 임명하였다.65) 그러나 이들 또한 당시에 대방주帶方州나 대방군帶方郡이 있어서 그렇게 일컬었던 것이 아니고 단지 그들에게 부여되었던 벼슬 이름, 곧 작호爵號가 그러했을 따름이었다. 그들의 작호에 구태어 당시 존재하지도 않았던 대방帶方을 썼던 까닭은 대방이 그(백제) 지방의 별칭이었기 때문이었을 것이다.

이상에서 본 바와 같이 국내외의 모든 자료에는 그냥 '대방帶方'이

---

60) 『사기』 권27. 위와 같은 위덕왕 28년쪽 및 『수서』 권81, 열전 46, 백제전.
61) 『사기』 권27, 「백제본기」 5, 무왕 25년 정월 및 『구당서』 권199 상, 열전 149, 백제전.
62) 『사기』 권27, 백제 무왕 42년 및 『구당서』 권199 상, 위와 같음.
63) 『사기』 권28, 「백제본기」 6, 의자왕 원년 및 『구당서』 권199 상, 위와 같은 백제전.
64) 『사기』 권6, 「신라본기」 6, 문무왕 3년 정월 및 『사기』 권28, 「백제본기」 6, 의자왕 20년 2월.
65) 위의 「백제본기」 6 말미쪽.

라고 하였을 뿐이지, '북대방'이나 '남대방'이라는 구분된 명칭은 전혀 볼 수가 없었다. 오직 『유사』에서만 북대방과 남대방을 따로 나누어 전하고 있음을 볼 수가 있다.

대방의 위치에 대하여 정다산丁茶山은 일찍이, "대방은 낙랑군에 딸린 현縣이며, 곧 지금의 임진강이 바다로 들어가는 곳이다."66)라고 하였으며, 또 그는 "대방은 평양의 남쪽과 임진강의 북쪽이 그 지역이다."67)라고 하였다. 그리고 이병도는 대방의 옛 지역을 지금의 황해도 봉산鳳山 지방으로 보았다.68)

2) 남대방의 존재와 그 문제점

지금까지 장황하리만큼 국내외의 자료를 통해 대방帶方에 관하여 살펴보았다. 그러나 실은 『유사』에 전하는 '북대방·남대방'의 원문은 (주석글까지) 모두 합쳐 원판본에 겨우 석 줄 남짓밖에 안 되는 극히 적은 분량이었다. 그러면서도 그 이전의 자료에서 전혀 볼 수 없는 북쪽·남쪽의 두 대방을 전하여서 문제성을 던져주고 있다.

앞에서도 잠시 언급된 바가 있지만 이 『유사』 이전의 현존하는 국내외의 옛 기록들에서 남대방南帶方의 이름을 찾아볼 수가 없다. 『유사』의 이 항목에서 비로소 남대방의 존재를 알게 된다. 즉 옛 중국의 삼국시대 조위曹魏 때에 처음으로 남대방군을 (지금의 전라북도 남원

---

66) 정약용, 『아방강역고』 권2, 「대방고帶方考」 및 정해렴 역주, 『아방강역고』 (현대실학사, 2001), p.63.
67) 정약용, 위의 책 및 정해렴, 위의 책, p.72.
68) 이병도, 앞에 나온 『한국사-고대편』, p.160·196.

지역에) 두었다는 것이다. 찬자는 여기에 주석을 달아, "후한後漢의 건안建安 중에 마한의 남쪽 거친 땅(황무지)을 대방군으로 삼아 왜倭와 한韓을 속하게 하였다."고 하였다.

『유사』에서 보이고 있는 이 주석의 원 전거는 앞쪽의 주18)에서 그 부분을 옮기고 잠시 언급한 바가 있다. 그 원 전거인 『삼국지』「위지」의 해당 글과 『유사』의 그 부분 주석을 대조해보면 상당한 차이점을 발견하게 된다.

「위지」에는 '건안중建安中'으로부터 시작되어 있는데 『유사』에는 그 앞에 '후한後漢' 두 글자가 더 놓여 있으며, '건안중' 다음에 「위지」에는 "공손강 분둔유현이남황지 위대방군公孫康分屯有縣以南荒地爲帶方郡"이라 했는데 『유사』에서는 "이마한남황지 위대방군以馬韓南荒地爲帶方郡"이라 하여, '공손강 분둔유현公孫康分屯有縣'의 일곱 자 대신에 '마한馬韓' 두 자를 넣고 '남황지南荒地' 앞에 놓인 '이以'를 '마한馬韓'의 앞에 두고 있다. 문제는 "건안 연중에 공손강이 둔유현을 나누어 남쪽 황무지를 대방군으로 삼았다."는 이 말을 『유사』에서는 "후한 건안 연중에 마한의 남쪽 황무지를 대방군으로 삼았다."고 한 이 '둔유현屯有縣'과 '마한馬韓'이라는 차이점이라고 할 수 있다. 그 두 지명만 다를 뿐이지 내용은 같지 않느냐고 할 수도 있다.

그러나 『유사』에서는 '이마한남以馬韓南……'을 이 항목의 주문主文격인 "조위의 때에 비로소 남대방군(지금 남원부)을 두었다.(曹魏時始置南帶方郡今南原府)"의 근거로 삼고자 한 데에 문제가 있는 것이다. 앞에서 보았다시피 원 전거인 「위지」에 보인 "공손강이 둔유현屯有縣 남쪽의 거친 땅을 나누어 대방군으로 삼았다."는 것은, 북대방이나 남대방의 어느 한쪽에 치우친 대방이 아닌 하나의 대방군을 설치하였다는 근거 문헌일 따름이다.『유사』에서는 대방의 남쪽에 바다가 있다(帶方之南 海水千里)는 것에 맞추기 위해 둔유현을 마한의 군현으로 잘못 알고 '마한의 남쪽 거친 땅'이라고 한 것 같기도 하다. 하지만 둔유현은 낙랑군 25현 중의 하나이다.

건안(196~219) 중에 요동 태수 "공손강公孫康이 둔유현 남쪽의 거친 땅을 나누어 대방군帶方郡으로 삼았다"는 이『삼국지』「위지」에 있는 기록이 바로 대방군을 설치한 근거 문헌이 된다. (앞의 주18)에서 이미 나왔으나, 또 주48)에서 이 부분만을 다시 옮겨 적었다) 이에 관해서는 앞쪽 '북대방의 문제점'에서 살펴본 바가 있다. 다시 말한다면 대방현帶方縣은 일찍이 낙랑군 25현 중에 들어있었으나, 낙랑에 소속된 현縣이었을 뿐이었는데, 훨씬 뒤의 후한 최후 황제(獻帝) 건안建安 연중에 이르러 당시 그 지방을 지배하던 요동 태수 공손강이 기존의 대방현에다 이웃 둔유현의 남쪽 거친 땅을 분할하여 군郡으로 승격시킨 것이 바로 대방군의 출현이라는 것이다.

남원南原을 남대방군이라 하여 '조위曹魏 때 비로소 설치하였다'는『유사』의 기록은 그 뒤의『고려사』지리지 및『여지승람輿地勝覽』등에 그대로 이어졌다.『고려사』와『여지승람』에 전하는 이 관계부분을 옮겨보면 다음과 같다.

　　남원부는 본디 백제의 고룡군이다.(本百濟古龍郡) 후한의 건안 연중에 대방군으로 삼았으며, 조위曹魏 때에 남대방군이라 하였다. 당나라 고종이 유인궤劉仁軌를 검교 대방주 자사로 삼았다. (고려) 충선왕 2년(1310)에 다시 (남원을) 대방군으로 하였다.[69]

이를 통해서 『유사』에서의 남원 곧 남대방이라는 관점이 후대로 오면서 하나의 정설定說처럼 굳혀지게 된 것으로 짐작할 수가 있다.

그런데 이들 「지리지」에서는 모두 '남원南原' 쪽 첫머리에 "본디 백제의 고룡군이었다.(本百濟古龍郡)"라고 시작되어 있는데, 이는 현존 국내 지리지의 가장 오랜 전형이라 할 『사기』「지리지」의 '남원소경南原小京' 쪽 시작글에 나오는 첫마디 그대로이다. 다시 말해서 『사기』「지리지」의 남원南原 항목에서 "본디 백제의 고룡군(本百濟古龍郡)이다."70)라고 한 첫마디 시작 글을 그 후의 국내 「지리지」류에서 거의 모두 그대로 옮겨 쓰고 있다는 사실이다. 그러면서도 그 첫대목 다음 글은 서로 영 다르다.

이제 『사기』「지리지」이후의 대표적인 사례로 들어본 『고려사』「지리지」나 『여지승람』에서는 바로 그 (南原府) 시작 글 아래에 『사기』에 없는 "후한의 건안 연중에 대방군으로 삼았으며, 조위의 때에 남대방군이라 하다.(後漢建安中爲帶方郡 曹魏時爲南帶方郡)"라고 하였다. 이는 말할 것도 없이 『유사』의 글을 옮긴 것인데, 『유사』보다 100여년 전에 이루어진 『사기』에 없는 글을 그들은 백여 년 후의 『유사』에서 옮기면서 남대방 곧 남원 대방설南原帶方說을 지리지地理志 상에 확정시켰다고 할 수 있다. 만약에 남원 곧 대방의 설說, 다시 말해서 "조위시치 남대방군曹魏始置南帶方郡(今南原府)"이라는 이 사실을 찬자 김부식金富軾(1075~1151)이 알았더라면 그의 『사기』「지리지」 '남원南原' 쪽

---

69) 『고려사』 권57, 지리지 2, 남원부南原府. 『신증동국여지승람』 권39, 남원도호부南原都護府.
70) 『사기』 권26, 잡지雜志 5, 지리 3, 남원소경南原小京.

에서 다루지 않고 빠뜨렸을 리는 없었을 것이다.

『유사』이전의 현존 국내외 고사서古史書 들에서 전혀 볼 수 없는 남원 곧 남대방설은 그 전거를 따로 구할 수가 없다는 데서도 사실성史實性 규명에 문제가 없지 않다. 그보다도 앞에서 살펴본 바와 같이 『유사』에서 남대방군 설치의 근거로 삼고 있는 "후한건안중後漢建安中……"의 『삼국지』「위지魏志」에서 전하는 원 전거의 해석 착오에도 근본적인 잘못이 있음을 보았다. 그러므로 『유사』에서 전하는 "조위曹魏의 때에 비로소 (지금의 남원부에) 남대방군을 두었다."라고 한 기록만을 통해서는 도저히 남대방군의 존재를 역사적으로 인정하기가 어렵다고 할 수 있다.

다산은 그의 『강역고疆域考』에서 "대방은 모두 네 군데가 있다."라고 하여, 그 하나하나를 들어 옳고 그름과 문제점을 살펴 지적하였다. 그 본문을 여기에 다 옮기기가 번거로우므로 그 네 가지의 줄거리 곧 주된 글줄만을 옮겨보기로 한다.

첫 번째(其1)는, 낙랑군에 딸린 현縣의 하나였다가 후한의 건안 연중(196~219)에 대방군으로 설치되었고, 그 뒤 강성한 백제에 흡수되었으며, 임진강이 바다로 들어가는 지역을 중심으로 하여 평양의 남쪽과 임진강의 북쪽 지방에 위치해 있었다.

두 번째(其2)는, 요동遼東에 대방이 있었다는 것인데, 이는 정확하지 않다.

세 번째는, 나주羅州의 옛 회진현(會津古縣)을 대방주帶方州라 한 것인데, 이는 이름을 가져다 붙인 것이다.

네 번째는, 지금의 남원부南原府를 일컬은 것인데, 일찍이 대방주자사 유인궤帶方州刺史 劉仁軌가 주둔했던 곳이라 하여 남원을 대방이라 하였

으나 실은 이름을 빌린 것이다.71)

　여기에서 다산은 첫 번째를 제외한 나머지 세 가지는 모두 역사성이 결여된 것으로 보았다. 이 중에서 네 번째가 『유사』에서의 남대방 南帶方에 해당된다. 그러므로 남대방은 실제 대방군으로 설치되었던 것이 아니라 나중에 이름만을 가져다 붙였을 따름이라는 것이다.

---

71) 앞에 나온 정약용의 『강역고』 및 정해렴 역주본, pp.72~75.

말갈靺鞨과 발해渤海

Ⅰ. 원문과 새김글
 1. 원문
 2. 새김글

Ⅱ. 내용 살펴보기
 1. 말갈·발해
  1) 말갈靺鞨과 율미(속말)말갈
   (1) 사전史傳에 보인 말갈
   (2) 율미栗末·속말粟末 문제
  2) 발해渤海와 건국자 대조영大祚榮
 2. 읍루·숙신, 흑수·옥저
  1) 읍루挹婁와 숙신肅愼
  2) 흑수黑水
  3) 옥저沃沮

Ⅰ. 원문과 새김글

1. 원문

靺鞨(一作勿吉)**渤海**

通典云 渤海本栗末靺鞨 至其酋祚榮立國 自號震旦 先天中(玄宗壬子) 始去靺鞨號 專稱渤海 開元七年(己未) 祚榮死 諡爲高王 世子襲位 明皇賜典冊襲王 私改年號 遂爲海東盛國 地有五京十五府六十二州 後唐天成初 契丹攻破之 其後爲丹所制(三國史云 儀鳳三年 高宗戊寅 高麗殘孼類聚 北依太伯山下 國號渤海 開元二十年間 明皇遣將討之 又聖德王三十二年 玄宗甲戌 渤海靺鞨 越海侵唐之登州 玄宗討之 又新羅古記云 高麗舊將祚榮姓大氏 聚殘兵 立國於太伯山南 國號渤海 按上諸文 渤海乃靺鞨之別種 但開合不同而已 按指掌圖 渤海在長城東北角外)

賈耽郡國志云 渤海國之鴨淥南海扶餘橻城四府 幷是高麗舊地也 自新羅泉井郡(地理志 朔州領縣 有泉井郡 今湧州) 至橻城府 三十九驛 又三國史云 百濟末年 渤海靺鞨新羅分百濟地(據此 則鞨海又分爲二國也) 羅人云 北有靺鞨 南有倭人 西有百濟 是國之害也 又靺鞨地接阿瑟羅州 又東明記云 卒本城地連靺鞨(或云今東眞) 羅第六祇麻王十四

年(乙丑) 靺鞨兵大入北境 襲大嶺柵 過泥河

　後魏書 靺鞨作勿吉 指掌圖云 挹婁與勿吉皆肅愼也 黑水 沃沮 按東坡指掌圖 辰韓之北 有南北黑水 按東明帝立十年滅北沃沮 溫祚王四十二年 南沃沮二十餘家來投新羅 又赫居世五十二年 東沃沮來獻良馬 則又有東沃沮矣 指掌圖 黑水在長城北 沃沮在長城南

2. 새김글

말갈(혹은 물길)과 발해

『통전通典』[1])에는 이러하다.

발해는 본디 율미말갈栗末靺鞨[2])인데 그 추장 조영祚榮[3])에 이르러 나라를 세우고 스스로 진단震旦[4])이라 일컬었다. 선천先天(712) 연중(당의 玄宗 임자년)에 비로소 말갈이라는 이름을 버리고 오로지 발해渤海라고만 불렀다.

개원開元 7년(719, 기미)에 조영이 죽으니 시호를 고왕高王이라 하였으며, 세자가 이어 즉위하자 명황明皇(당 현종)은 그를 책봉하여 왕

---

1) 『통전』에 관해서는 앞의 '78국' 주6)에서 본 바가 있지만, 당나라 두우杜佑가 지은 200권의 방대한 책이다.
2) 율미말갈을 『신당서新唐書』에는 '속말말갈粟末靺鞨'로 하고 있다. 그래서 이 『유사』 저본 외의 거의 모든 인쇄본과 역주본 등에서는 원문의 '율미말갈'을 잘못된 것으로 보고, '속말말갈'로 고쳐놓고 있다. 그러나 이른바 7부 말갈을 가장 잘 정리해 보여주고 있는 『수서隋書』에는 그 첫 번째가 '율미부粟末部'이다. 말갈 7부의 이름을 차례로 들고 있는 또 하나의 문헌인 『북사北史』에는 그 첫 번째를 '율말부栗末部'라 하였다. '미末'와 '말末'의 비슷한 글자에 차이가 있다. 지금 여기에서 인용하고 있는 『통전』의 '율미栗未'가 『수서』의 '율미'와 같을 뿐 아니라, 말갈을 『위서魏書』 등에서 '물길勿吉'이라 쓰고 또한 『북사』에서는 '물길'과 '말갈'을 함께 쓰고 있는 사례들을 미루어서 당시 중국에서는 '율미栗(未)'로도 쓰고 또 '속말粟末'로도 쓴 것으로 짐작할 수 있으므로, 여기에서는 구태어 '속말'로 바꾸지 않고 원문(栗未) 그대로를 두기로 하였다.
이 문제에 관해서는 다음 장(Ⅱ)의 '내용 살펴보기'에서 자세히 보기로 한다.
3) 발해국을 세운 대조영大祚榮을 가리킨다. 그에 관해서는 『유사』의 이 항목 외에도 『구당서舊唐書』 권199(北狄傳 渤海靺鞨) 및 『신당서新唐書』 권219(北狄傳 渤海) 등에 전해져 있다.
4) 진단은 진국震國의 잘못인 것 같다. 『구당서』「발해 말갈」에는 '진국振國'으로 되어 있고, 『신당서』「발해전」에는 '진국震國'이라 하였다.

위를 계승하도록 하였다.

(새로 즉위한 발해왕은) 사사로이 연호를(仁安이라) 고치고5) 드디어 해동의 강성한 나라가 되었다. (발해) 땅에는 5경京 15부府 62주州가 있었다. 후당後唐의 천성天成(926~930) 초에 거란(契丹)이 (발해를) 쳐서 깨뜨렸으므로, 그 뒤로는 거란에 지배되었다.〔『삼국사三國史』에는, (당나라) 의봉儀鳳 3년 고종高宗 무인년(678)6)에 고구려의 남은 백성들이 무리를 모아 북쪽으로 태백산7) 아래에 의거하여 국호를 발해라 하였다. 개원開元 20년(732)에 명황(당 현종)이 장수를 보내어 (발해를) 토벌하였으며, 또 (신라) 성덕왕聖德王 33년 (당) 현종의 갑술년(734)에 발해와 말갈이 바다를 건너 등주登州를 침략하니 현종이 이를 토벌하였다고 하였다. 또 신라 『고기古記』에는, 고구려의 이전 장수였던 조영祚榮은 성이 대씨大氏인데, (고구려의) 남은 병력을 모아 태백산 남쪽에 나라를 세우고 국호를 '발해'라고 하였다는 것이다. 위의 여러 글을 살펴보면 발해는 말갈에서 나뉘어진 부족인데, 다만 헤어지고 합침이 같지 않을 뿐이다. 『지장도指掌圖』8)를 살펴보면 발해는 장성長城9)의 동북쪽 밖에 있었다.〕

---

5) 원문에는 "사사로이 연호를 고쳤다.(私改年號)"로만 되어 있으나, 『신당서』(권 219, 列傳 144 北狄 渤海 쪽)에 "사사로이 연호를 고쳐 인안이라 하다.(私改年曰 仁安)"라 했으므로 여기에 괄호를 쳐서 그 연호(仁安)를 밝힌 것이다.
6) 지금의 『사기』에는 이러한 사실을 볼 수가 없으며, 『구당서』에는 성력聖曆(698~699) 중에 발해가 세워졌다고 하였다. 그러나 의봉儀鳳 3년(678)의 발해 건국설은 매우 중요한 자료라고 할 수가 있으니, 『제왕운기』의 "則天武后元甲申" 곧 광택光宅 원년(684)에 발해를 세웠다는 설과, 『구당서』의 "聖曆中自立爲振國"설은 각각 다르지만 이 세 가지를 '발해 건국연대 3설'이라 할 수 있을 것이다.
7) 여기서의 太伯山은 太白山이라고도 쓰는데, 지금의 백두산白頭山을 가리킨 것이라고 한다.
8) 『지장도』는 이 항목의 나중에 나오는 동파 곧 소동파蘇東坡의 지장도(東坡指掌圖)를 가리키는 것으로 볼 수 있으므로, 이는 송나라의 동파東坡 소식蘇軾(1036~1101)의 『역대지리지장도歷代地理指掌圖』를 줄여서 일컬은 것이라 하겠다.

가탐賈耽의 『군국지郡國志』10)에는, 발해국의 압록鴨淥・남해南海・부여扶餘・추성柵城11)의 4부府는 모두가 고구려의 옛 땅이며, 신라의 천정군泉井郡〔『지리지地理志』12)에는 朔州 영역의 군현에 천정군이 보이는데 지금의 湧州이다.〕으로부터 추성부에 이르기까지 39역驛이 있다고 하였다.13)

또 『삼국사』에는, 백제의 말년에 발해・말갈・신라가 백제 땅을 나누었다고 하였다.14)〔이에 의거한다면 말갈과 발해가 다시 나뉘어져 두 나라가 된 것이다.〕 신라 사람들은, 북쪽에는 말갈이 있고, 남쪽에는 왜인倭人이 있으며, 서쪽에는 백제가 있으니 이것이 나라의 해독害毒이다 라고 하였다. 또 말갈 땅은 아슬라주阿瑟羅州에 인접해 있다15)고 하였다.

또 『동명기東明記』16)에서는, 졸본성卒本城17)의 땅은 말갈(혹은 지금

---

9) 이 장성은, 『사기』 권20, 「고구려본기」 제8의 영류왕榮留王 14년(631) 2월에 완성했다는 그 장성長城이다. 『사기』에 기재된 글을 간략하게 풀어서 옮기면 다음과 같다. "왕이 민중을 동원하여 장성을 쌓았는데, 동북쪽은 부여성扶餘城으로부터 동남쪽은 바다에 이르기까지의 천여 리이다. 무려 16년이 걸려 완성되었다."
10) 『군국지』는 당나라 사람 가탐이 쓴 지리서인데, 『사기』 지리지에 나오는 가탐賈耽 『고금군국지古今郡國志』가 이것이다.
11) 『사기』 권37, 잡지 6, '지리 4'에는 이 '추柵'자가 '책柵'으로 곧 추성柵城이 책성柵城으로 되어 있다.
12) 이 「지리지」는 『사기』 권35, 잡지 4, '지리 2'를 가리키는 것이다. 여기에 삭주 천정군 (정천군井泉郡이라고도 함)에 관한 기록이 있다.
13) 앞의 주11)에 나온 『사기』 권37, '지리 4'의 끄트머리에, "가탐 고금군국지운賈耽古今郡國志云…… 범삼십구역凡三十九驛"이라 하여 이 내용이 옮겨져 있다.
14) 『사기』 권28, 백제본기 6, '의자왕義慈王 20년' 끄트머리에 이 사실이 적혀 있다.
15) 『사기』 권35, 지리 2, 명주溟州조에는, "태종 5년(658) 당 현경唐顯慶 3년에, 하슬라 땅을 말갈에 연접케 했다.(以何瑟羅地 連靺鞨)"라고 되어 있다. 이 밖에도 『유사』에서의 아슬라阿瑟羅를 『사기』에서는 '하서량河西良'・'하슬라何瑟羅'라 하고 있는데, 이곳은 지금의 강원도 강릉이다.
16) 『동명기』는 고려의 학자 이규보李奎報(1168~1241)가 『동명왕편東明王篇』을 지으면서

의 동여진)과 이어졌으며, 신라 제6대 지마왕祇麻王 14년 을축(125)에 말갈 군사가 대거 북쪽 국경으로 들어와 대령大嶺의 성책을 넘어 니하泥河를 건넜다18)고 하였다. 『후위서後魏書』19)에는 말갈을 물길勿吉이라고도 하였으며, 『지장도』에는 읍루挹婁와 물길은 모두 숙신肅愼20)이라고 하였다.

흑수黑水21) 옥저沃沮22)

동파東坡의 『지장도』를 보면 진한辰韓의 북쪽에 남과 북의 흑수(南黑水·北黑水)가 있다.

살피건대, 동명제東明帝가 나라를 세운 지 10년(B.C.28)에 북옥저北沃沮를 멸망시켰으며,23) 온조왕(백제 시조) 42년24)에 남옥저의 20여

그 저본으로 삼았던 『구삼국사기舊三國史記』의 「동명왕본기東明王本紀」를 가리키는 것이라 할 수 있다.
17) 졸본성은 고구려의 발상지인 졸본부여卒本扶餘의 왕성이며, 지금의 혼강渾江 유역에 있는 환인桓仁 지방일 것으로 학계에서는 보고 있다. 이에 대한 이설異說도 없지 않다.
18) 『사기』권1, 「신라본기」1, 지마니사금祇摩尼師今 14년(125)의 정월과 7월 쪽에 보이고 있다.
19) 제나라 위수(齊魏收) 찬, 『위서魏書』를 『후위서後魏書』라 한 것인데, 후위는 중국 남북조시대의 북위北魏를 말한다.
20) 숙신은 지금의 송화강松花江 유역 특히 길림吉林·장춘長春을 중심으로 한 중국 동북지방에 거주하였던 퉁구스 계통의 종족이었다.
21) 흑수는 지명이기도 하지만 말갈을 거주지역 중심으로 나눈 7부 말갈 중의 한 부족 이름이기도 하다. 이 흑수부는 주로 흑룡강黑龍江과 송화강의 합류지역을 중심으로 하는 흑수지역에 거주하였다.
22) 옥저는 본디 지금의 강원도 북부와 함흥지방에 있었던 조그마한 나라였는데, 일찍이 고조선에 속해 있었으나 한사군漢四郡 설치 후에 낙랑군의 동부도위 7현縣의 하나로 편입되었다가 나중에 고구려의 영토가 되었다. 이 흑수와 옥저는 『유사』 원문에는 말갈에 이어 줄을 바꾸지 않고 있으나, 실은 별개의 항목이며 이 두 명칭은 소항목의 제목이다.

집이 백제[25]에 항복해 왔다. 또 혁거세왕 52년에 동옥저가 와서 좋은 말을 바쳤다[26]고 하였으니, (남 북옥저 외에) 동옥저도 있었던 것이 된다.『지장도』에는 흑수는 장성의 북쪽에 있고, 옥저는 장성의 남쪽에 있다고 하였다.

---

23) 『사기』 권13,「고구려본기」 1, 시조 동명성왕 10년 11월조에 보인다.
24) 『사기』 권23,「백제본기」 1, 시조 온조왕 쪽에는 동왕의 42년이 아닌 43년(A.D.25)의 일로 되어 있다.
25) 이『유사』의 원문(南沃沮二十餘家 來投新羅)에는 '신라新羅'로 되어 있으나, 바로 앞 주24)에서 보인 백제 온조왕 43년에 있었던 일이므로 '백제百濟'가 있어야 할 자리에 '신라' 두 자가 잘못 들어간 것임이 틀림없다고 하겠다.
26) 『사기』 권1,「신라본기」 1, 시조 혁거세왕 53년(B.C.5)에 있었던 일로 보이므로, 이 원문의 52년은 53년의 오자인 듯하다.

Ⅱ. 내용 살펴보기

이 항목의 제목은 '말갈靺鞨과 발해渤海'로 되어 있으나 실은 발해가 중심이 되어 있다고 할 수 있다. 그러나 이 밖에도 이 항목 안에는 읍루挹婁와 숙신肅愼도 보이고, 또 흑수黑水와 옥저沃沮도 나오는데 이들은 별도의 항목 같으면서도 하나의 항목 속에 들어 있다.

여기에서는 이들 나라 또는 부족에 관하여 국내외의 현존 고전사서古傳史書들에서 전하는 바를 찾아 간요하게 살펴보고자 한다. 옛적으로부터의 시대순으로 살피지 않고 이 『유사』에 나오는 차례에 따라 말갈·발해·읍루·숙신·흑수·옥저의 순서로 보고자 한다. 그리고 『유사』에서는 둘씩둘씩 연결지어서 다루고 있으나 여기에서는 둘씩 묶되, 내용의 성격상 두 단으로 나누어 1에서 말갈과 발해, 2에서 읍루·숙신·흑수·옥저의 차례로 각각 살펴보기로 한다.

1. 말갈·발해

1) 말갈과 율미(속말)말갈

『유사』의 본문에는 "『통전通典』 운云"으로 시작하면서, 발해가 먼저 나오고 있으나 그에 앞선 제목에서 말갈이 먼저 나와 있으므로 말갈부터 살펴보기로 한다.

(1) 사전史傳에 보인 말갈

『유사』에는 『통전』과 『사기』(『삼국사기』를 『三國史』라 하였음)를 주로 하여 말갈을 언급하였으므로, 그 밖의 옛 전거들에서 말갈에 관하여 찾아보기로 한다. 말갈을 한 항목(一傳)으로 삼아 전하고 있는 중국의 사서史書 가운데 대표적으로 『위서魏書』·『북사北史』·『수서隋書』의 세 가지를 들 수가 있다. 그 중에서 『위서』와 『북사』에는 '물길국勿吉國'이라 하였고 『수서』에만 '말갈靺鞨'이라 하였는데, 여기에서는 비교적 간요하게 기재된 것으로 보이는 『수서』에서 중요한 앞 부분을 옮겨보고 『위서』와 『북사』에서는 각각 특징있는 부분만을 뽑아 보기로 한다.

말갈은 고구려(원문은 高麗)의 북쪽에 있으며, 읍락邑落에는 모두 추장酋長이 있었으나 서로간에 하나로 총괄하지는 않았다. 이들(말갈)에는 다음의 일곱 가지가 있었다.
첫째는 율미부栗末部27)라 일컬었으니, 고구려와 가까이 인접해 있었다. 수천 명의 날랜 군사가 있어서 매우 굳세고 용감하였으며, 자주 고구려의 안쪽까지 침범하였다.

두 번째는 백돌부伯咄部라 하였는데, 율미부의 북쪽에 있으며 용감한 군사가 7천 명이나 되었다.

세 번째는 안차골부安車骨部인데, 백돌부의 동북쪽에 있다. 네 번째의 불날부拂捏部는 백돌부의 동쪽에 있으며, 다섯 번째 호실부號室部는 불날부의 동쪽에 있다.

여섯 번째의 흑수부黑水部는 안차골부의 서북쪽에 있으며, 일곱 번째는 백수부白水部[28]인데 율미부의 동남쪽에 있으며, 날랜 군사가 모두 3천 명에 불과하였다. 흑수부는 매우 굳세고 건강하였으며, 불날부의 동쪽으로부터는 화살이 모두 돌촉이었다. 이들은 곧 옛적의 숙신씨肅愼氏였다.

거처하는 곳은 산과 물을 많이 의존하였으며, 우두머리(渠帥)를 대막불만돌大莫弗瞞咄이라 하였고, 동이東夷족 중에서 강국이었다. 그 땅이 축축하여 흙을 언덕처럼 쌓아 거기에 구멍을 뚫어 살았는데, 입구가 위로 향해 있어서 사다리로 출입하였다.[29]

『위서』(『유사』에서는 『後魏書』라 함)에는 말갈이란 말은 없고 물길勿吉이라고만 쓰고 있다.

물길국勿吉國은 고구려의 북쪽에 있으며 옛 숙신국肅愼國이다. 읍락邑落에는 각각 어른(長)이 있으나 서로간에 하나로 총괄하지는 않았다. 그 사람들이 굳세고 사나워서 동이족 가운데 가장 강하였다. 말씨는 독특하게 이상하였으며, 이웃 두막루豆莫婁 등의 나라를 경멸하였고 여러 나라들 또한 고통거리로 여겼다.[30]

---

27) 앞의 주2)와 같다.
28) 『북사』권94, 열전 82, 물길국勿吉國에서는 이 일곱 번째 '백수부'를 '백산부白山部'라고 하였다.
29) 『수서』권81, 열전 46, 동이東夷 말갈靺鞨.
30) 『위서』권100, 열전 88, 물길전勿吉傳.

라고 시작되어 그 내용이 『수서』에서와 비슷하다. 출입구가 위로 나 있어서 사다리를 이용한다거나, 여자들은 베옷을 입고 남자들은 짐승의 가죽옷을 입었으며, 오줌으로 세수를 하는 등의 생활풍습을 간략하게 전하고 있다. 그러나 『수서』에 있는 일곱 가지(7種)의 말갈에 관한 언급은 없다.

『북사』31)에도 『위서』와 같이 물길국이라 하고 있다. "물길국은 고구려의 북쪽에 있다.(勿吉國在高句麗北)"라고 시작한 첫마디는 『위서』와 똑같다. 고구려를 '고려高麗'라 하지 않고 '고구려高句麗'라 한 것도 두 경우가 같다. 그러나 바로 그 다음에 "혹은 말갈이라 한다.(一曰靺鞨)"라고 한 것은 『위서』(舊肅愼國也)와 전혀 다르다. 그러면서도 그 다음부터는 『위서』와 똑같이 나가다가 또 중간에서 다른 점들을 보이고 있다. 특히 『위서』에는 없고 『수서』에서 본 바 있는 일곱 가지 말갈에 관한 것이 들어 있는데, 그 첫 번째가 율말부栗末部라 하였다. 『위서』에서와 같이 그곳 사람들이 오줌으로 손과 얼굴을 씻는다고 하면서도 『위서』에 없는 "여러 동이족 중에서 가장 더럽다.(於諸夷最爲不潔)"라고 강조하였다.

그 밖에 『당서唐書』에서도 말갈을 전하고 있다. 위의 3서(『수서』・『위서』・『북사』)에서는 모두 말갈(물길)을 동이東夷에 넣고 있는데, 신新・구舊의 『당서』에서는 다같이 말갈을 북적北狄 쪽에서 다루고 있다. 『구당서』에는 '말갈'과 '발해말갈渤海靺鞨'이 따로 각각 한 항목씩 들어 있다. 『신당서』에는 '흑수말갈黑水靺鞨'과 '발해'의 두 항목으로

---

31) 앞의 주28)과 같음.

나뉘어 들어 있으나, 모두 말갈에 관하여 어느 정도 언급되어 있다.

그러나 '흑수말갈'은 이 항목의 '흑수黑水' 쪽에서 보고, 또 '발해'와 『구당서』의 '발해말갈'은 바로 다음의 '발해' 쪽에서 살펴보기로 한다. 그러므로 여기에서는 『구당서』의 해당 '말갈전'만을 앞서의 『수서』와 『위서』 및 『북사』에서 본 '말갈(물길)'과 비교하면서 잠시 보고자 한다. 이 『구당서』에는 『수서』의 경우와 같이 '말갈'이라 일컫고 있는데, 다음과 같이 시작되어 있다.

> 말갈은 대체로 숙신肅慎의 지역이며, 후위後魏에서 말하는 물길勿吉이다. 경사京師에서 동북쪽으로 6천여 리에 있으며, 동쪽은 바다에 이르고 서쪽은 돌궐突厥에 인접해 있으며 남쪽은 고구려와 경계를 이루고 북쪽으로는 실위室韋와 이웃해 있다. 그(말갈) 나라에는 무려 수십부數十部가 있어서 각각 우두머리(酋帥)가 있었다.

여기에는 말갈 국내에 수십 종의 부족이 있었다고 하였다. 앞쪽의 『수서』와 『북사』에서는 일곱 가지(7部)가 있었다고 했는데 여기에서는 수십여 부가 있었다는 것이다. 그리고 이들 부족들 중에는 더러 고구려에 빌붙기도 하고 혹은 돌궐에 신속臣屬되기도 하였는데, 흑수말갈이 가장 북쪽에 있었으며 매우 굳세고 강건하였다고 하였다.

이 『구당서』의 기록은 앞의 3서(『隋書』·『魏書』·『北史』)에서 전하는 내용과 거의 비슷하다. 단지 이제 본 앞부분을 비롯한 몇 군데의 약간 다른 점과, 뒷부분에서 다른 부족과는 달리 유독 흑수부에 관하여서만 언급한 점이 다르다고 하겠다. 그리고 『구당서』에는 흑수부에 관한 언급으로 '말갈전'을 끝맺기에 앞서, 굳세고 용감하여 한때

강성하였던 말갈도 고구려가 멸망한 다음 대부분 그 세력이 약해져서 부족들이 흩어졌다가 발해에 편입되었음을 전하고 있다.32)

　말갈에 관하여 주로 중국의 현존 고전 사서에 전하는 바의 대강을 살펴보았다. 『유사』의 본 항목에서는 '삼국사운三國史云'이라 하여 『사기』에 보이는 말갈에 관한 부분 몇 군데를 옮겨 전하였는데, 이미 앞쪽에서 보았다.

(2) 율미粟末·속말粟末 문제

　일곱 말갈(7部靺鞨) 가운데 첫 번째가 율미부粟末部였다는 것을 『수서』에서 보았는데, 『북사』에서는 율말粟末부라 하였고, 『신당서』에서는 속말粟末말갈이라 하였다. 글자가 서로 비슷하면서도 각각 다른 까닭을 대강 살펴보고자 한다.

　이 항목의 맨 첫머리에서 보았듯이 "발해는 본디 율미粟末말갈이며, 그 추장 조영祚榮에 이르러 나라를 세우고 스스로 진국震國이라 일컬었는데, 선천先天년(712) 중에 비로소 말갈이란 이름을 버리고 오로지 발해라고만 일컫게 되었다."는 것이므로, 『통전』에서 인용하고 있는 『유사』의 이 글을 통해서 발해는 본디 율미말갈의 추장 조영이 세운 나라였음을 알게 된다. 이대로라면 발해국의 건국자 조영은 분명히 말갈인이라고 할 수 있다. 율미말갈의 추장이었다는 것이므로 틀림이 없다고 하겠다.

　『수서』에서 일곱 말갈(7部靺鞨) 가운데 율미부가 그 첫 번째였다

---

32) 후진後晉 유후劉昫 찬, 『구당서』 권199 하, 열전 149, 북적전北狄傳.

는 것은 앞에서 이미 보았다. 그리고 『신당서』에는, "발해는 본디 속말말갈인데, 고구려에 붙여있던 자로 성이 대씨였다."라고 하였다.33) 여기서 '붙여있던 자'라고 한 '부附'는 '부용附庸'이라는 뜻으로 '따르다' '의지하다' '기대다' 등의 뜻으로도 쓰이는 말이다. 그런데 그 대씨(大氏)라는 부용자附庸者가 누구라는 것을 밝히지 않은채 한참동안 서술이 전개되다가 갑자기 사리걸걸중상舍利乞乞仲象이라는 이름이 나온 뒤에 그 아들이라는 조영祚榮이 발해를 건국한 이야기가 나옴으로써 비로소 그들 부자가 그 '고구려에 붙여있던 자'임을 알게 되지만, 『신당서』에서는 끝까지 조영의 성이 대씨라는 언급이 없다.

이러한 문제(대조영과 발해)에 관해서는 다음의 '발해' 주제 항목에서 볼 것이므로 그쪽으로 미루고, 여기에서는 지금 해당되는 문제만을 잠시 언급하기로 한다. 다시 말해서 대조영이 고구려인이냐 말갈인이냐 하는 것은 다음 항목에서 밝힐 문제이고, 여기에서는 우선 율미栗末와 속말粟末에 관해 보기로 하자.

방금 본 바와 같이 『유사』 원문에는 분명히 율미말갈栗末靺鞨로 되어 있다. 이를 저본인 『영인본』34)에서는 윗주(頭註)를 붙여 "속말지와粟末之訛" 곧 '율미栗末는 속말粟末의 잘못된 것'이라고 하였다. 또 『삼국유사고증三國遺事考証』에서는 말갈을 속말粟末 등 7부로 나누어져 있었다고 하면서, 『유사』의 "발해본율미말갈渤海本栗末靺鞨"은 『신당서』의 "발해본속말말갈渤海本粟末靺鞨"에서 인용한 것이라고 하여35) 아

---

33) 『신당서』 권219, 열전 144, 북적전. "渤海本粟末靺鞨 附高麗者姓大氏."
34) 민족문화추진회, 『삼국유사』(영인본) 권1, 말갈발해. 첫줄 머리.
35) 三品彰英 유찬遺撰, 『삼국유사고증』 上, p.354.

예 '율미'는 '속말'의 오자로 취급해 버렸다.

그러나 『신당서』나 『구당서』에는 7부말갈이 아니고 수십부數十部가 있다고 하였다. 정작 7부말갈七部靺鞨설은 앞쪽에서 이미 본 바와 같이 『수서』와 『북사』에 전해져 있는데, 그 7부설에 의한 첫 번째가 『수서』에서는 '율미粟未'이고 『북사』에서는 '율말粟末'이었다. 이로 미루어 앞쪽 주2)에서도 밝힌 바가 있지만 『유사』인용 『통전』에서의 이 '율미粟未'도 '속말粟末'의 잘못된 글자라고만 쉽게 취급해버려서는 안 되리라고 본다.

다시 말한다면 『통전』에서 쓰고 있는 율미는 『수서』에서도 쓰고 있으며, 『북사』에는 이와 비슷한 율말粟末을 쓰고 있다. 그러므로 '율미粟未'는 『통전』이나 『유사』의 오자도 아니고 『수서』에서처럼 그대로 율미이며, 또한 『북사』의 율말과도 비슷하다고 할 수가 있을 것이다. 아울러 '속말粟末'만이 바른 것이 아니고 또한 '율미'로도 쓰고 또 '속말'로도 썼던 것이 아니었던가 싶다.

이는 흡사 말갈靺鞨을 물길勿吉이라고도 하는 것과 같으니, 『수서』와 『당서』에는 말갈이지만 『위서』와 『북사』에는 물길이며, 특히 『북사』에서는 '물길국勿吉國'이라 하면서도 또한 '말갈국靺鞨國'이라고도 한다 하였다. 그들은 물길과 말갈 중 어느 것이 옳고 어느 것은 그르다 하여 취하고 버리는 일이 없었다. 그러한 예는 국내외의 옛 사전 고사史傳古事에서 허다하게 볼 수 있는 일이라 할 수 있다.

여기에 비슷한 사례 한 가지를 더 들어본다면 가라加羅와 가락駕洛의 경우라고 하겠다. 현존 「광개토대왕비廣開土大王碑」를 비롯하여, 『사기』·『송서宋書』·『일본서기日本書紀』 등 국내외 사료에서 '가라加羅'만 보일 뿐 '가락駕洛'은 찾아볼 수가 없다. 가락은 오직 『유사』에서만 보이고 있는데, 확실한 역사적 근거인 「광개토왕비문」 및 국내 정사인 『사기』와 해외의 이름있는 사서들에 안 보인다는 이유로 '가락은 틀린 이름이라하여 '가라'로 고쳐 쓰는 학자는 여지껏 없는 줄로 알고 있다. 그러한 사례는 추모鄒牟와 주몽朱蒙 등 셀 수 없이 많다.

더구나 '율미栗末' 같은 경우는 『신당서』보다 더 고전인 『수서』 등에 엄연히 보이고 있으므로, 말갈이 옳으냐 물길이 옳으냐, 가라국이 옳고 가락국은 틀리므로 고쳐야 한다는 등의 시비를 하지 않고, 고전에 전해오는 그대로 물길·말갈과 가라·가락을 경우에 따라 써오듯, 율미栗末·속말粟末·율말栗末도 그 고전이 전하는 그대로 쓰는 것이 합당하다고 할 것이다.

2) 발해渤海와 건국자 대조영大祚榮

신라 통일기(699년)에 건국한 발해는 '고조선古朝鮮' 이후의 고대국가를 다루고 있는 『유사』의 이 시점에서는 아직도 까마득한 신생국가이다. 그러나 옛 숙신肅愼·읍루挹婁에 이어진 말갈을 바탕으로 하여 세워진 국가이므로 그 시대를 껑충 뛰어 이 자리에 오른 것이라고 하겠다.

앞쪽 말갈의 경우처럼 발해에 관해서도 이 『유사』에서는 『통전』과 『사기』에 전하는 바를 인용하고 있으며, 또한 가탐賈耽의 『군국지郡國志』까지도 참고하였음을 볼 수 있었다. 국내외의 현존자료 중에서 발해를 전하고 있는 대표적인 사서史書는 신·구의 『당서唐書』라고 할 수 있다. 이들 두 『당서』(『오대사 五代史』 포함)를 통하여 발해에 관한 대강을 살펴봄으로써 『유사』에서 보이고 있는 발해를 역사적으로 이해하는데 조금의 보탬이라도 되게 하고자 한다. 그래서 여기에서는 편의상 먼저 해외, 곧 현전 중국사서(『구당서』・『신당서』・『오대사』)에서 전하는 바를 보고, 다음에 국내 사서에서 전하는 관계 사료를 살펴보고자 한다.

(1) 중국 사서에 전하는 발해

『구당서』에는 앞의 말갈의 경우와 마찬가지로 발해에 관하여서도 동이전東夷傳이 아닌 북적전北狄傳에서 이를 수록하고 있다. 잠시 언급한 바가 있지만 이 『구당서』에는 '말갈전'을 따로 두고 그 다음에 '발해말갈渤海靺鞨'이라는 제목으로 발해를 전하고 있다. 이 또한 중요한 부분을 여기에 옮겨 본다.

① 『구당서舊唐書』

대조영大祚榮은 본디 고구려에서 갈라져 나온 부족이다. 고구려가 망하자 조영은 가속을 거느리고 영주營州에 옮겨가 살았다. 만세통천년萬歲通天年(696)에 거란契丹의 이진충李盡忠이 모반하자, 조영은 말갈의 걸사비우乞四比羽와 각기 무리를 거느리고 동쪽으로 망명해가서 보루를 막고 굳게 자리 잡고 있었다. 진충이 죽은 뒤 당唐(실은 周)나라의 측천무후則天武后가 장군 이해고李楷固를 시켜 그 나머지 무리들을 토벌하게 하였으므로 먼저 걸사비우를 깨뜨려서 참살하고 조영이 있는 쪽으로 공격하였다. 조영은 고구려 및 말갈의 무리들과 힘을 합쳐 당의 군사를 막아 크게 깨뜨리니 대장군 이해고는 간신히 몸을 빼쳐 달아났으며, 측천무후는 조영의 강맹한 기세를 꺾을 수가 없었다.

조영은 동모산東牟山을 근거로 하여 성을 쌓고 살았는데, 그는 무용이 뛰어나고 군사작전에 능하여서 말갈의 민중과 고구려의 유민들이 많이 그에게로 모여들었다. 그리하여 성력聖曆(698~699) 연중에 자립하여 나라 이름을 진국振國36)이라 하고 왕이 되었다. 사신을 보내어 돌궐突厥과 통교하였다. 그 나라(振國)는 영주營州의 동쪽 2천리에 있으며, 남쪽은 신라와 서로 인접해 있고 동북쪽은 흑수말갈黑水靺鞨에 이르고 있다. 그 지방은 2천여리이며, 십만여 호가 편입되어 있었고 강한 군사도 수만 명이었다.

풍속은 고구려 및 거란과 같았으며, 문자와 쓰고 기록하는 일도 있었다. 당의 중종中宗이 즉위하고는 사신을 보내어 서로 왕래가 있었고, 조영은 아들을 당나라에 보내어 입시하게 하였다. 당의 예종睿宗은 선천先天 2년(713)에 사람을 보내어 조영을 좌효위원외대장군 발해군왕左驍衛員外大將軍渤海郡王으로 책봉하였으며, 거기에 홀한주忽汗州까지 통솔하게 하여 홀한주 도독都督이라는 직위까지 더 보태주었다. 그로부터 해마다 당나라에 사신을 보내어 조공하였다.

개원開元 7년(719)에 대조영이 세상을 떠나니 당의 현종玄宗은 사신을 보내어 조문하고는 그 아들 계루군왕桂累郡王 대무예大武藝를 세워 왕이 되게 하였으며, 그 부왕을 이어 좌효위대장군 발해군왕 홀한주도독左驍衛大將軍渤海郡王忽汗州都督으로 삼았다.

개원 25년(737)에 무예왕이 병들어 죽고, 그 아들 흠무欽茂가 즉위하니 당 조정에서는 흠무를 발해군왕 좌효위대장군 홀한주도독으로 책봉하였다. 흠무는 대력大曆 2년(766)에서 10년(775)에 이르는 동안 자주 당 조정에 사신을 보내어 조공을 바쳤는데 어떤 때에는 한 해에 두세 번씩 보내기도 하였다.

---

36) 『신당서』에는 '진국震國'이라 하였다. 또 『유사』 원문에는 '진단震旦'이라 하였으나 이는 '진국震國'의 잘못이라 하여 앞에서 보았다.

정원貞元 11년(795) 2월에 당에서 사신을 보내어 대숭린大崇璘을 발해 군왕으로 책봉하였으며, 14년(798)에 은청광록대부검교사공銀靑光祿大夫檢校司空을 더하여 발해군왕으로 책봉하였다. 원화元和 4년(809)에 숭린의 아들 원유元瑜를 은청광록대부검교비서감 홀한주도독 발해국왕으로 삼았다.

원화 13년(818)에 지국무知國務 대인수大仁秀를 은청광록대부검교비서감도독 발해국왕으로 책봉하였으며, 15년(820) 윤정월에 대인수에게 금자광록대부金紫光祿大夫 검교사공을 더하였다. 대화大和 5년에 국왕 대인수가 죽음에 권지국무權知國務 대이진大彝震을 은청광록대부검교비서감도독 발해국왕으로 책명하였다. 개성開成(836~840) 뒤에도 또한 사절의 왕래와 조공이 끊이지 않았다.37)

이 『구당서』에는 항목명이 '발해말갈'이지만 『신당서』에는 그대로 '발해'이다.

②『신당서新唐書』

발해는 본디 속말말갈粟末靺鞨이다. 고구려에 의지하던(붙여있던) 자로 성이 대씨大氏였는데, 고구려가 멸망하자 무리를 이끌고 읍루挹婁의 동모산東牟山으로 가서 지냈다. 그 지방은 영주營州에서 동쪽으로 2천리였으며, 남쪽에는 신라를 경계로 하고 북쪽에는 니하泥河를 경계로 삼았다. 동쪽은 바다에 닿고 서쪽은 거란과 인접하였다. 성곽을 쌓고 살았는데, 고구려에서 이탈한 백성들이 점점 모여들었다.

만세통천萬歲通天 연중(696)에 거란의 진충盡忠이 영주 도독을 살해하고 모반하자, 사리걸걸중상舍利乞乞仲象이란 자가 말갈의 추장 걸사비우乞四比羽 및 고구려의 유민들과 함께 동쪽으로 달아나 요수遼水를 건너 태

---

37) 앞에 나온 『구당서』, 북적전, 발해말갈 쪽.

백산太白山의 동북쪽에 성채를 만들고 오루하奧婁河에 장벽을 쌓아 보루로 삼아서 굳게 자리를 잡았다.

측천무후(당시 중국의 여황제)가 걸사비우를 허국공許國公으로 삼고, 걸걸중상을 진국공震國公으로 삼아서 조정을 배반한 죄를 사해주려고 하였다. 걸사비우가 무후의 책명을 받지 않았으므로 무후는 옥검위대장군玉鈐衛大將軍 이해고李楷固와 중랑장 색구索仇를 시켜 걸사비우를 쳐서 죽이게 하였다. 그때 걸걸중상이 죽자 그 아들 조영祚榮이 나머지 무리를 이끌고 달아났다. 이해고가 끝내 천문령天門嶺을 넘어서 추격하니 조영은 고구려와 말갈의 군사로 막아 싸웠으므로, 해고는 패배하여 돌아갔다. 이에 거란이 돌궐을 따라 길을 끊었으므로 당의 군사는 토벌을 할 수가 없었다.

조영은 곧 걸사비우가 거느렸던 무리들과 아울러서 나라를 세우고 스스로를 진국왕震國王이라 일컬었다.38)

발해의 건국에 이르기까지만을 옮겨보았다. 여기까지의 내용 윤곽은 고구려 멸망 이후 발해 건국에 이르는 동안의 사실이라는 점에서 『구당서』와 다름이 없다고 하겠으나, 이제 본 것처럼 그 기재 내용에는 적지 않은 차이점을 보여주고 있다.

③ 양『당서唐書』와『오대사五代史』내용 검토

여기에서는 먼저 대조영의 부족과 그 아버지에 관하여서부터 보기로 하자.

앞쪽『구당서』의 경우 맨 먼저 대조영을 들고는 "본디 고구려에서 갈라진(나뉘어진) 부족(종족)이다.(本高麗別種也)"라고 하였다. '별종別

---
38) 앞에 나온 『신당서』, 북적전, 발해 쪽.

種'은 흔히 글자 그대로 옮겨서 '다른 종류' '딴 종류'로들 쓰겠지만, 이 경우 '대조영은 고구려족과 다른 종족(고구려족이 아닌 딴 부족)'이라는 뜻이 아니다. 여기서의 별別은 나눌 별자로서 '나누다' '몇 부분으로 가르다' '따로 떨어지다'의 뜻이기 때문에, 조국 고구려가 멸망하자 다른 부족(粟末靺鞨)이 사는 지방에 가서 살았지만 고구려에서 갈라져 나온 부족(종족)이라는 뜻으로 그렇게 쓴 것이라고 하겠다.

그런데 『신당서』의 경우는 처음 시작머리에, "발해는 본디 속말말갈이며, 고구려에 의지하던(따르던, 붙어있던) 자로 성이 대씨였다.(渤海 本粟末靺鞨 附高麗者姓大氏)"라고 하였으며, 대씨 성을 가진 그(附高麗者)가 누구인지 한참동안 그 인물의 이름이 나오지 않고 이야기가 전개되어 있다. 즉 고구려가 멸망한 뒤 (그는) 무리를 거느리고 읍루挹婁의 동모산에 가서 살다가 거란의 진충이 영주도독을 죽이고 중국 조정에 반기를 들었을 때 비로소 이름이 불쑥 드러나는 사리걸걸중상舍利乞乞仲象이 바로 조영祚榮의 아버지라는 사실이 한참 뒤에야 밝혀지게 된다.

그러므로 이 문제를 『구당서』와 비교해 보면, 『구당서』에는 처음부터 "대조영은 본디 고구려에서 나뉘어진 부족이다.(大祚榮者 本高麗別種也)"라고 시작하면서, 그 성과 이름을 먼저 들고 다음에 그가 속한 종족을 밝혀놓았다. 그리고 여기에는 전혀 그 아버지의 이름이 나오지 않는다. 반면에 이제 본바와 같이 『신당서』에서는 "발해가 본디 속말말갈"이었다고 전제한 다음, 아무 설명도 없이 불쑥 "고구려에 의지했던(붙어있던) 자로 성이 대씨였다."라고만 하였다.

그 다음의 서술 전개가 긴 문장이 아니면서도 세련되지 못하고 애매한 편인데, 그 가운데에 세 사람의 인물(피살된 營州都督 제외)이 등장한다. 거란의 진충(『구당서』에는 李盡忠)·사리걸걸중상·말갈추장 걸사비우인데, 이 중에서 한 사람은 거란인이고 또 한 사람은 말갈추장으로 그 종족 신분이 드러나 있지만, 유독 걸걸중상만 소속이 밝혀져 있지 않아서 이 사람이 앞에서 전제한 그 대씨大氏가 아닐까 하는 짐작만은 가능하게 한다고 하겠다. 그 다음에 그가 조영祚榮의 아버지라는 사실이 드러남으로써 확실해졌다고 할 수 있다.

그러나 『신당서』의 이 발해전渤海傳 안에는 한 마디도 그들 부자의 성이 '대씨大氏'라는 말(성과 이름을 붙여쓴 사실)이 안 보인다. 다만 『구당서』에서 처음부터 '대조영大祚榮'이라 하였고 그 자손들도 이름 앞에 '大'라는 성을 붙이고 있으므로, 조영 곧 그 아버지 사리걸걸중상의 성이 대씨임을 확인할 수가 있게 된다.

사실 조영의 아버지임이 밝혀지지 않았더라면 사리걸걸중상이 대씨 성을 가진 고구려 사람이었음을 알기가 어려웠다고 하지 않을 수 없다. 이제 본 바와 같이 "본디 속말말갈이며 고구려에 붙어있던(의지했던) 자로 성이 대씨였다.(本粟末靺鞨 附高麗者 姓大氏)"라고 한데다가 그 이름이 전혀 고구려 사람으로 보기 어려운 사리걸걸중상이기 때문이다. 함께 등장한 거란인 진충盡忠은 성이 이씨李氏였고 말갈 추장은 이름이 걸사비우乞四比羽였으며, 사리걸걸중상은 또 걸걸중상乞乞仲象이라고도 하였는데, 또한 앞에서 "본디 속말말갈이며 고구려에 붙어있던 자"라고 하였으므로, 걸걸중상이 걸사비우와 '걸乞'자도 같으니 다같이 말갈인으로 보기가 쉽다고도 할 수 있다.

어쨌든 그가 대조영大祚榮의 아버지이므로 대씨 성이 틀림없으니

말갈과 발해 119

그 이름에 성을 붙이면 대사리걸걸중상大舍利乞乞仲象이 된다.『신오대사新五代史』39)에는 대조영의 아버지를, "고구려에서 갈라져 나간 부족인 대걸걸중상(高麗別種 大乞乞仲象)"이라 하였다. 여기서는 사리걸걸중상의 앞 두 자 '사리舍利'를 빼고 성씨를 붙인 듯하다. 이에 이어서『오대사』에는 대조영의 건국(立國)에 관하여,

　　측천무후가 장수를 보내어 걸사비우(말갈추장)를 쳐서 죽였으며 걸걸중상 또한 병으로 죽었으므로, 중상의 아들 조영이 자립하여(나라를 세우고) 걸사비우의 무리까지 병합하여 그 민중이 40만 명이었으며 읍루에 웅거하였다.(武后遺將 擊殺乞四羽 而乞乞仲象亦病死 仲象子祚榮立 因幷比羽之衆 其衆四十萬人 據挹婁)

라고 간략하게 적고 있다.『오대사』의 발해전 자체가 매우 간략하지만 이 부분 또한 극히 간요하게 요약되어 있다.

　대체적으로『신당서』에서의 발해국 흥기의 기록은 오히려『구당서』또는『오대사』보다도 모호한 면이 있다고 할 수 있다. 그 문제 이하의 기록은『신당서』쪽이『구당서』보다 전반적으로 약간 분량이 많은 편이기도 하지만 조금 자세한 부분도 없지가 않다. 그러나 이들 두『당서』에서는 모두 발해(물론 말갈도)를 북적전北狄傳에서 다루고 있다. 말할 것도 없이 앞쪽에서 본『수서』나『위서』·『북사』에서는 모두(그때는 시기적으로 발해가 건국되기 전이므로 발해국의 전신인 粟末·粟末靺鞨 포함) 말갈(물길)을 동이족 쪽에 고구려·백제·신라·말갈의

---

39) 송宋 구양수歐陽修 찬,『오대사』권74, 사이부록四夷附錄 3, 발해.

차례로 수록하였다. 그리고 다같은 '북적전'이면서도 『구당서』에는 '동이전'의 뒤에 넣었는데, 『신당서』에서는 '북적전'을 '동이전'의 앞편에 넣고 있는 점이 다르다.

(2) 국내 사서에 보인 대조영

① 신라고기新羅古記

발해의 건국자 대조영이 고구려 사람이었다는 분명한 기록은 앞쪽에서 본 이 『유사』의 발해 항목에 주석글로 나왔던 '신라 고기'에서의 글이라 할 수 있다. 이 『신라 고기』가 신라의 옛 기록(古記)인지 글자 그대로 『신라 고기』인지는 정확하게 알 수는 없으나, 여기에는 분명히 "고구려의 이전 장수 조영은 성이 대씨이다. (고구려의) 남은 병력을 모아 태백산 남쪽에 나라를 세우고 국호를 발해라 하다."라고 하였다.

이미 본 바이지만 『유사』에서 인용하고 있는 본문인 『통전』의 인용문에서는 "발해는 본디 율미栗末말갈이며, 그 추장 조영에 이르러 나라를 세우고 진단震旦이라 하였다.(나중에 발해라 일컬었다)"라고 하였는데, 여기에서는 대조영이 고구려인이었다는 말이 전혀 없다. 이 기록대로라면 대조영은 율미말갈栗末靺鞨인으로 볼 수 있도록 되어 있다. 『구당서』에서는 "대조영은 고구려의 별종別種이다."라고 하였고, 『신당서』에서는 "본디 속말말갈粟末靺鞨이며, 고구려에 붙어 있던 자(附高麗者)로 성이 대씨였다."라고 하였다. 이러한 중국 쪽의 모호한 자료들에 비한다면 '신라고기新羅古記'에서 전하는 바가 간략하면서도 분명하게, '발해의 건국자 대조영은 고구려의 구장舊將이었다'라고 밝혔음을 알 수가 있다.

② 최치원崔致遠의 글(「謝不許北國居上表」)

당나라의 소종昭宗 건녕乾寧 4년(신라 孝恭王 원년, 897)에 발해가 당의 조정에 청하기를, 발해의 서열을 신라의 위에 있게 해달라고 하였다. 그러나 당 조정에서는 발해의 청을 들어주지 않았다. 그 일을 신라에서는 고맙게 여겨 최치원으로 하여금 「발해(北國)가 신라의 윗자리에 있도록 해달라는 청을 허락하지 않았음을 사례하는 표문(謝不許北國居上表)」을 짓게 하였다. 이 글 가운데에서 발해와 그 개국주 대조영에 관한 부분만을 옮겨본다.

신臣이 삼가 살피건대, 발해의 원류는 고구려가 망하기 전에 본디 사마귀만한 부락으로 말갈에 소속되어 있었습니다. 그 무리가 번성해지자 이름을 율말소번栗末小蕃이라 하였으며 일찍이 고구려를 좇아 따랐는데, 그 수령 걸사우乞四羽(『唐書』 등엔 乞四比羽)와 대조영大祚榮 등이 측천무후則天武后가 다스릴 때에 영주營州로부터 죄를 짓고 도망하여 황폐한 땅을 점거하고는 비로소 진국振國이라 일컬었습니다.

그때 고구려의 패잔병으로 물길勿吉의 잡류인 효음梟音은 백산白山에서 무리들을 불러 모으고, 치의鴟義는 흑수黑水에서 크게 떠벌려서 처음은 거란과 악행하고 이어 돌궐과 통모하여 만리 벌판에 곡물을 가꾸면서 여러 번 요수遼水를 건너는 수레를 막았으며, 10년이나 오디(桑椹)를 먹다가 늦게야 한漢(곧 唐을 가리킴)의 깃발에 항복하였나이다.

처음 도읍을 세우고 살면서 이웃되기를 청해왔으므로, 그 추장 대조영에게 비로소 신라의 제5품인 대아찬大阿餐의 벼슬을 주었습니다. 그 뒤

선천先天 2년(713)에 이르러 바야흐로 대조大朝(당나라 조정)의 은총을 받아 발해 군왕渤海郡王으로 봉해졌던 것입니다.40)

최치원의 이 「사불허북국거상표謝不許北國居上表」는 신라인에 의해 쓰여진 현존 유일의 발해 및 대조영에 관한 자료 글이라 할 수 있다. 특히 신라 조정에서 발해 초창기에 그 개국주 대조영에게 신라 17관등 중의 다섯 번째인 대아찬을 제수하였다는 한마디는 매우 희귀한 자료가 아닐 수 없다. 그러므로 전문 가운데에서 발해와 대조영에 관한 직접적인 역사 부분만을 옮겨본 것이다.

③ 『제왕운기帝王韻紀』

『제왕운기』에는 맨 끄트머리에 다음과 같이 발해를 읊어 전하고 있다.(괄호안의 글은 찬자의 주석글이다.)

고구려의 옛 장수 대조영은, 태백산 남쪽의 성에 웅거하였네.
(지금의 남책성南柵城이다. 『오대사五代史』41)에 이르기를, 발해는 본디 속말말갈粟末靺鞨이라 하였으며 영주營州의 동쪽에 있었다.)
주周나라 측천무후 첫 갑신년42)에,

---

40) 최치원, 「사불허북국거상표」, (『동문선東文選』 권33, 표전表箋)
41) 『오대사』에는, 송宋 설거정薛居正 등찬等撰, 『구오대사舊五代史』(150권)와 송宋 구양수歐陽修 찬撰, 『오대사』(74권)의 두 가지가 있는데, 여기에서는 이 후자의 『오대사』를 가리킨다. 『구오대사』뿐 아니라 이 『오대사』(『新五代史』라고도 함)에도 "발해본속말갈渤海本粟末靺鞨"이란 말이 없다. 여기에는 "발해본호말갈渤海本號靺鞨 고려지별종야高麗之別種也"라고 시작되어 있을 뿐이다. 아마 『신당서』의 발해전 시작글(渤海本粟末靺鞨)을 착각해 옮긴 듯하다.
42) 원문은 '어주측천원갑신於周則天元甲申'인데, '주측천周則天'은 대주성신황제大周聖神皇帝라 일컬었던 중국역사상 오직 하나뿐인 여황제 곧 이른바 측천무후則天武后를 가리키

(신라가 고구려를 멸한 지 17년이다.)

나라를 세우고는 발해라 이름했다.

우리(고려) 태조 8년 되는 을유의 해(925)에, (후당後唐의 장종莊宗 동광同光 원년43)이다.)

온 나라 이끌고서 서울 찾아들었네.

누가 능히 이를 알려 먼저 왔던고,

예부경과 사정경 그들이었네.

(예부경 대화균禮部卿大和鈞, 사정경 좌우장군 대리저司政卿左右將軍大理著, 장군 신덕將軍申德, 대덕 지원大德志元 등 6백 호가 귀화해왔다.)44)

발해의 역사는 이백마흔 두 해,

그동안 몇몇 임금 대업을 잘 지켰나.

이 『제왕운기』의 발해 시작글인 "고구려의 옛 장수 대조영"의 원문은 "전려구장 대조영前麗舊將大祚榮"인데 이는 방금 앞쪽 『유사』 인용의 '신라고기'에서 "고려구장 조영 성대씨高麗舊將祚榮姓大氏"와 몇 글자의 차이만 있을 뿐 똑같은 뜻 말이라고 할 수 있다. 신라 때의 글에서 '고려구장高麗舊將'의 고려 곧 고구려가 고려 때의 『제왕운기』에

는 것이며, '원갑신元甲申'은 그 원년인 광택光宅 원년 갑신(684)으로 신라 신문왕神文王 4년이며 고구려 멸망 17년째가 되는 해이다. 여기에서는 이 갑신년에 발해가 건국된 것으로 하고 있으나 어디서 근거했는지를 알 수가 없다. 앞의 주6)에서 이미 밝힌 바와 같이 『구당서』(권199, 北狄傳 渤海靺鞨)에는 성력聖曆 연중(698~699)에 발해가 세워진 것으로 보이고 있다. 성력 2년(699)은 기해己亥이며 신라 32대 효소왕孝昭王 8년이다. 현재 발해의 건국년이 밝혀진 고전은 『구당서』 외에는 보기가 어렵다.
43) 고려 태조 8년 을유乙酉(925)는 후당後唐의 동광同光 원년이 아니고 동광 3년이 옳다.
44) 『고려사』 권1, 세가世家 권1의 태조太祖 8년 9월조에, 발해의 장군 신덕申德 등 500명이 투항해 온 것을 비롯해서 예부경·사정司政 및 공부경工部卿 등 대신과 장군들이 백성들을 이끌고 고려에 귀화해 온 사실을 전하고 있다. 그리고 이어서 대조영의 발해 건국과 마지막 왕인 대인찬大諲譔의 망국에 이르기까지 극히 간략하게 보이고 있는데, 『제왕운기』의 이 내용과 거의 같다.

서는 '전려前麗'(현재 高麗 이전의 고구려라는 뜻)가 되기 때문이다.

다시 말해서 『제왕운기』 하권에 들어있는 「동국군왕개국년대東國君王開國年代」는 처음 단군檀君의 고조선으로부터 시작하여, 이 발해에서 끝나고 있다. 지금까지 발해의 역사를 전하고 있는 신구의 『당서』 등 중국 사서에는 거의 모두가 발해를 말갈계통의 국가로 보고 북적北狄의 한 부류로 취급하였다. 그러나 『유사』 인용의 '신라고기'와 이 『제왕운기』에는 다 같이 발해의 건국자를 '고구려의 옛 장수(舊將) 대조영'이라 하였으며, 특히 이 『제왕운기』에서는 발해를 고조선에서 고려 이전에 이르기까지의 동국東國(우리나라)에 이어온 왕국 중에서(고려 이전) 마지막 왕국으로 다루고 있음을 눈여겨 보게 하고 있다 할 것이다.45)

---

45) 발해에 관한 학계의 연구는 근래에 와서 더욱 활기를 띠는 것 같으며, 그 성과로는 국사편찬위원회에서 1996년에 간행한 『한국사』 10 「발해」와, 한국사연구회의 122호 특집인 『발해사의 연구현황과 과제』(2003), 그리고 동북역사재단편의 『발해의 역사와 문화』(2007) 및 방학봉, 『발해불교연구』(1998, 연변대학교) 등의 많은 논저가 간행 발표되고 있다.

2. 읍루·숙신, 흑수·옥저

1) 읍루挹婁와 숙신肅愼

이 『유사』에서는 『지장도指掌圖』를 인용하여 "읍루와 물길은 모두 숙신이다.(挹屢與勿吉皆肅愼也)"라고 하였다. 이보다 훨씬 앞선 『후한서後漢書』에는,

읍루는 옛 숙신의 나라이다. 부여의 동북쪽 천여리에 있으며, 동쪽은 큰 바다의 물가이며, 남쪽은 북옥저와 인접해 있다.46)

라고 하였다. 『삼국지三國志』에도 읍루를 전하고 있는데 전반적 내용은 『후한서』에서 전하는 바와 같으나, "부여의 동북쪽 천여 리에 있으며(在夫餘東北千餘里)"라고 첫머리에 시작된 것이 다르다. 『후한서』의 첫머리에 나왔던 "고숙신지국야古肅愼之國也"와 같은 뜻의 "옛적의 숙신씨의 나라이다.(古之肅愼氏之國也)"라는 말이 이 읍루전挹婁傳 전체의 후반부에 들어 있다.47) 또 『진서晋書』에는 '읍루전'이 따로 없고 숙신전肅愼傳에, "숙신씨는 일명 읍루이다.(肅愼氏一名挹婁)"라고 하였다.48)

---

46) 『후한서』 권115, 동이전, 읍루. "挹婁 古肅愼之國也." 『유사』에는 '읍루挹屢'로 되어 있으나, 이 『후한서』를 비롯하여 다음에 보게 될 『삼국지』나 『진서』 등 중국의 옛 문헌에는 모두 '挹婁'라 하여 '婁'로 되어 있다.
47) 『삼국지』 권30, 「위지」 권30, 오환烏丸·동이등전東夷等傳의 읍루挹婁.
48) 『진서』 권97, 열전 67, 사이전四夷傳, 숙신씨肅愼氏 쪽.

이들 옛 자료들을 통하여 읍루가 곧 숙신이었음을 알 수가 있다. 앞의 말갈(물길) 쪽에서 본 바가 있는 『위서魏書』에는, "물길국은 고구려의 북쪽에 있으며 옛 숙신국이었다.(勿吉國 在高句麗北 舊肅愼國也)"49)라고 하였다. 『수서隋書』에는 말갈전의 첫머리에는 보이지 않고 가운데 쪽으로 들어가면서 "즉 옛적의 숙신씨였다.(卽古之肅愼代也)"라고 하였으며,50) 또 『구당서舊唐書』에는 그 첫머리에 "말갈은 옛 숙신의 땅이며, 후위에서는 물길이라 하였다.(靺鞨 蓋肅愼之地 後魏謂之勿吉)"라고 하였다.51) 이들 『위서』·『수서』·『구당서』에는 읍루가 언급되지 않았으나, 말갈(물길)이 과거의 숙신이었음을 밝혔다.

이상의 자료들을 통해서 말갈(물길)은 옛 숙신이었고, 또한 읍루였음을 알 수가 있다.

2) 흑수黑水

앞의 말갈 쪽에서 흑수도 이미 보았다. 중국 고사서古史書들에 의하면 흑수는 7부部 말갈 중의 하나이며, 말갈 가운데 가장 북쪽에 위치하면서 또한 그중 강건하고 용감한 부족이라고 하였다. 그러한 흑수에 관해 현전하는 고문헌들을 대충 본 셈이기는 하나, 모두 말갈전靺鞨傳에 그 일부로 들어가 있음을 보았다. 그들 흑수를 전하는 사서 가운데 가장 후대에 속하면서도 그 항목명을 '흑수말갈黑水靺鞨'이라 내세우고 있는 『신당서』에서 그 요긴한 부분을 간추려 옮겨보기로

---

49) 『위서』 권100, 열전 88, 물길 쪽.
50) 『수서』 권81, 열전 46, 동이 말갈.
51) 『구당서』 권199 하, 열전 149, 북적전, 말갈.

한다.

　흑수말갈은 숙신의 땅에 있었는데, 또한 읍루라고도 한다. 원위(북위) 시대에는 물길勿吉이라 하였다. 수십부로 나뉘었는데, 각기 추장이 있어서 독자적으로 다스렸다. 그 중에서 이름이 드러난 부는 속말부粟末部인데 가장 남쪽에 있으며, 동북쪽에는 골돌부汨咄部이고 또 다음에 안거골부安居骨部이며, 더 동쪽은 불날부拂涅部이다. 안거골부의 서북쪽은 흑수부黑水部이며, 속말부의 동쪽은 백산부白山部이다. 각부의 사이는 먼 경우가 삼사백리이고 가까운 경우는 이백리이다. 백산부는 본래 고구려에 신속臣屬되어 있었으나 당의 군사가 평양을 차지하게 되자 그(백산부) 민중이 많이 당나라에 들어가 살았으며, 골돌부와 안거골부 등은 모두 흩어져 이렇다 할 움직임이 없고 대부분은 발해에 병합되었다.
　오직 흑수만이 완전히 그 강역을 지켰는데, 모두 16부락으로 나뉘어 남흑수와 북흑수로 일컬었다. 흑수부黑水部는 가장 북쪽에 있으면서 강건하고 보전步戰을 잘하였다.52)

　이 『신당서』에는 앞머리 제명만 '흑수말갈'이지 그 시작부터 끝까지가 앞쪽에서 본 바 있는 『위서』・『수서』 등에서 전하는 말갈靺鞨(勿吉)의 내용과 거의 같다. 아마 흑수부가 끝까지 남아서 그 지방을 지켰기 때문에 말갈 전체를 대표하는 부족으로서 그 명칭을 '흑수말갈'이라 붙인 듯하다.

---

52) 『신당서』 권219, 열전 144, 북적, 흑수말갈. "黑水靺鞨 居肅愼也 亦曰挹婁……."

3) 옥저沃沮

『유사』에서 전하고 있는 옥저에 관한 사실들 외의 사전史傳에서 전하는 기록들을 대충 옮겨서 살펴보고자 한다. 『후한서』에 보이고 있는 필요한 부분만을 추려서 옮겨본다.

동옥저東沃沮는 고구려 개마대산蓋馬大山의 동쪽에 있다. 〔개마현의 이름은 현도군에 속해 있다. 그 산은 지금 평양성의 서쪽에 있으며, 평양은 곧 왕험성이다.〕 동쪽의 끝은 큰 바다이며, 북쪽은 읍루와 부여이고, 남쪽은 예맥과 인접해 있다. 그 땅은 동서쪽은 좁고 남쪽과 북쪽은 길어서 가히 천리 정도가 된다. 토질이 비옥하며 산악을 등지고 바다를 향해 있는데, 전답에 오곡을 심으면 잘되었다.

읍락邑落에는 우두머리(長帥)가 있으며, 사람들은 성질이 곧고 굳세며 용감하였다. 창을 들고 보전步戰에 능하였으며, 언어와 음식과 거처 및 의복은 고구려와 비슷하였다. 장례 지낼 때에는 길이가 10여 장丈이나 되는 큰 나무 덧널〔大木椁〕을 만들어 머리쪽 한 군데를 통하게 하여 문으로 삼았는데, 사람이 죽으면 먼저 시체를 땅에 묻어 가매장하였다가 피부와 근육이 다 썩어 없어지면 뼈만 추려 모아 그 널〔椁〕 속에 둔다. 집안사람들이 모두 한 널을 쓰며, 나무를 새겨 신주로 삼는데 죽은 사람에 따라 그 수대로 한다.

한의 무제武帝가 조선을 멸하고 옥저 땅을 현도군玄菟郡으로 삼았다. 나중에 이맥夷貊의 침략으로 현도군을 고구려 서북쪽으로 옮겼으며, 다시 옥저를 현縣으로 삼아 낙랑樂浪의 동부도위東部都尉에 예속되게 하였다. 광무제光武帝 때 이르러 도위관都尉官을 없애고 나중에 모두 거수渠帥를 봉하였으며 옥저를 후侯로 삼았으나, 그 땅이 작아서 큰 나라들 사이에 핍박받았으므로 드디어 고구려에 신속臣屬되었다. 고구려에서는 다시 그 중 대인을 두고 사자使者로 삼았다.

또 북옥저北沃沮에는 1명의 구루溝婁를 두었는데, 남옥저와는 8백여 리의 상거였다. 그 습속은 모두 남쪽과 같았다. 경계의 남쪽은 읍루挹婁와 인접하였는데, 읍루인들은 배를 타고 노략질하는 것을 즐겼으므로, 북옥저에서는 읍루를 두려워하여 여름이면 언제나 뱃길을 통하지 못하도록 막았다.53)

위에서와 같이 '동옥저'가 주제이지만 북옥저도 있고 남옥저도 있었음을 알 수가 있다. 전체 옥저의 중심이 되고 대표되는 옥저가 동쪽에 위치하였기 때문에 '동옥저'라고 하였던 것이라 할 수가 있다.

『삼국지』의 「위지」 권30에도 '동옥저'를 전하고 있는데, 앞에서 본 『후한서』에서 전하는 내용과 거의 같다.

---

53) 『후한서』, 동이전, 동옥저. "東沃沮 在高句麗蓋馬大山之東……."

이서국伊西國·다섯 가야伽耶

Ⅰ. 원문과 새김글
 1. 원문
 2. 새김글

Ⅱ. 내용 살펴보기
 1. 이서국의 문제점
   1) 전거
   2) 겹쳐진 이서국의 신라 침공 시기
 2. 5가야와 그 국명
   1) 서주序註의 내용풀이
   2) 5가야의 열거 그 밖의 사전史傳
   3) 가야의 국명 문제
   4) 가야가 통칭이 된 까닭과 그 시기

Ⅰ. 원문과 새김글

1. 원문

伊西國

弩禮王十四年 伊西國人來攻金城 按雲門寺古傳諸寺納田記云貞觀六年壬辰 伊西郡今郚村零味寺納田 則今郚村今淸道地 卽靑道郡 古伊西郡也1)

五伽耶

－按 駕洛記賛云 垂一紫纓 下六圓卵 五歸各邑 一在玆城 則一爲首露王 餘五各爲五伽耶之主 金官不入五數當矣 而本朝史略 並數金官 而濫記昌寧誤－

阿羅(一作耶)伽耶(今咸安) 古寧伽耶(今2)咸寧) 大伽耶(今高靈) 星

---

1) 『유사』 저본에는 '일一'로 되어 있으나, 거의 대부분의 간행본에서 '일一'을 떼어버리고 끝자를 '군郡'으로 하고 있다. 이 저본(『영인본』)의 두주頭註에는 "이는 아마 야也자의 잘못인 것 같다.(恐是也字之訛)"라고 하였다. '야也'자가 들어갈 곳에 '일一'자가 잘못 새겨진 듯하다.
2) 저본에는 '본本'으로 되어 있으나 앞뒤 글의 사례에 따라 '금今'자로 고쳤다.

山伽耶(今京山 一云碧珍) 小伽耶(今固城) 又本朝史略云 太祖天福五年庚子 改五伽耶名 一金官(爲金海府) 二古寧(爲加利縣) 三非火(今昌寧 恐高靈之訛) 餘二阿羅星山(同前 星山或作碧珍伽耶)

2. 새김글

이서국

　노례왕弩禮王 14년(AD.37)에 이서국伊西國 사람들이 금성金城(신라 왕성)을 공격해 왔다.3)

　운문사雲門寺에 예부터 전해오는 「제사납전기諸寺納田記」를 보면, 정관貞觀 6년 임진(632)에 이서군伊西郡 금오촌今郚村의 영미사零味寺에서 전답을 바쳤다고 하였다. 즉 금오촌은 지금의 청도靑道 땅이며, 청도군은 곧 예전의 이서군이다.

다섯 가야

　　－『가락기駕洛記』4)의 찬贊5)을 살펴보면,
　　한 줄의 자주빛 끈이 드리워져

---

3) 여기에는 신라 제3대 노례왕 14년(A.D.37)의 일로 되어있으나, 『사기』의 「신라본기」에는 제14대 유례왕儒禮王 14년(297)의 일로 보이고 있다. 똑같은 사건이 무려 260년이나 차이가 나는 셈이다. 이『유사』의 나중에 나오게 되는 '미추왕죽엽군味鄒王竹葉郡 이야기에서도 이 일이 제14대 유례왕 때에 있었던 일로 되어 있다. 다음의 살펴보기에서 자세히 검토해 보기로 한다.
4) 이『가락기』는 본『유사』권2의 「기이紀異」편 맨 뒤에 붙여져 있는『가락국기駕洛國記』를 줄여 쓴 것이다.
5) 『가락국기』에는 따로 찬贊이라고 제목 붙인 대목이 없으나, 수로왕과 가락국의 역사를 서술한 글의 끝(수로왕 이후 역대 王曆의 앞)에 '명왈銘曰'이라 하여 읊음글(頌讚文)이 있는데 여기에 인용하고 있는 구절이 그 가운데 들어 있으므로 '찬贊은 이 글(銘曰)을 가리킨 것임을 알 수 있다. 다만「가락국기」의 '명왈'에서는 '下六圓卵'(여섯 개 둥근 알이 내려왔네) 이 '垂一紫纓'(한 줄의 자주빛 끈이 드리워져)의 앞에 있어서 그 순서가 바뀌어 있는 차이가 있을 뿐이다.

여섯 개 둥근 알이 내려왔네.

다섯은 각기 도읍으로 돌아가고

하나는 이 도성에 남아 있었다.

라고 하였다. 이는 곧 하나는 수로왕首露王이 되고 나머지 다섯은 각각 다섯 가야(五伽耶)의 임금이 되었으므로, 금관金官(곧 수로왕의 駕洛國)이 다섯 가야의 헤아림에 들어가지 않는 것이 마땅하다. 그런데도 『본조사략本朝史略』6)에서 금관가야를 (다섯 가야와) 아울러 헤아리고 창녕昌寧까지도 더 보태어 기록하였음은 잘못된 것이다.7) −

아라[야라고도 씀]가야阿羅(耶)伽耶[지금의 함안咸安]·고녕가야古寧伽耶[지금의 함녕咸寧]·대가야大伽耶[지금의 고령高靈]·성산가야星山伽耶[지금의 경산京山, 벽진碧珍이라고도 함]·소가야小伽耶[지금의 고성固城] 이상이 다섯 가야이다.8)

또 『본조사략』에는, 태조의 천복天福9) 5년 경자(940)에 다섯 가야의 이름을 고쳤는데, 첫째 금관金官[김해부金海府가 되다], 둘째 고녕古寧[가리현加利縣이 됨], 셋째 비화非火[지금의 창녕昌寧이지만 아마 고령高靈의 잘못인 듯]10)이며 나머지 두 가야는 아라阿羅와 성산星山이라 하였다.[아

---

6) 『본조사략』은 현재 다른 자료에서는 보기가 어렵고 여기에서만 그 이름을 볼 수가 있는데, 아마도 고려 때(『유사』 찬술 이전)에 쓰여진 역사기록이라고 할 수 있으나, 그 자세한 것은 알 수가 없다.
7) 여기까지의 대목은 찬자(一然)가 '오가야五伽耶'를 다루기에 앞서 『본조사략』에 보이고 있는 다섯 가야가 잘못된 것임을 지적하여 밝힌 글이다.
8) 이 다섯 가야가 본디의 다섯 가야(수로왕의 가락국 또는 금관가야를 포함하면 여섯 가야六伽耶)임을 알 수 있다.
9) 천복天福은 중국 오대五代의 후진後晋 고조의 연호이지만, 고려를 건국하면서 연호를 천수天授라 하였던 태조(王建)가 그 16년에 천수 연호를 버리고 중국의 연호를 쓰기 시작하였기 때문에 그의 즉위 23년(940)이 천복 5년이 된다.

라가야와 성산가야는 앞쪽에서와 같으며, 성산가야는 벽진가야碧珍伽耶라고도 한다.]11)

---

10) 비화非火를 지금의 창녕이라고 했으면서도 고령의 잘못인 것 같다고 한 것은 대가야大伽耶를 두고 한 말인 듯하다. 비화는 비자화比自火·비자벌比自伐·비사벌比斯伐이라고도 일컬어졌던 지금 경남 창녕의 옛 이름이며, 고령에 있었던 옛 가야는 비화가야가 아닌 대가야大伽耶이다.
11) 가야伽耶나라에 관해서는 다음의 살펴보기에서 좀더 자세히 보기로 한다. 이 항목 안의 괄호속 글들은 모두 찬자의 주석이다.

Ⅱ. 내용 살펴보기

이서국伊西國과 다섯 가야(五伽耶)는 원래 따로따로 된 항목이다. 그러나 두 항목이 각각 단편이므로 편의상 한 묶음으로 하였다. 다만 각 항목의 내용은 별개의 원 모습 그대로 다루었다.

1. 이서국의 문제점

1) 전거

이서국에 관한 해외의 자료는 현재로서는 찾아볼 수가 없다. 이서국에 관해 전하고 있는 현존 전거典據는 이 『유사』와 『사기』뿐이라고 할 수 있다.

『사기』의 유례니사금儒禮尼師今 쪽에 전하고 있는 이서국 관계의 글을 옮겨 본다.

> 14년(297) 봄 정월.
> 이서고국伊西古國이 금성(신라 왕성)에 쳐들어왔다. 신라에서는 크게 군

사를 동원하여 막았으나 물리칠 수가 없었다. 그때 갑자기 낯선 군사들이 나타났는데, 그 수를 셀 수가 없었으며 그들은 모두 댓잎(竹葉) 귀걸이를 하고 있었다. 그들은 신라 군사와 함께 싸워 적병을 물리쳤으며, 그 뒤 곧 어디로 갔는지 자취를 알 수가 없었다. 그런데 수많은 댓잎이 죽장릉竹長陵(제13대 미추왕의 능을 가리킴)에 쌓여있는 것을 보았다. 그래서 국민들은 선왕先王 곧 미추왕의 음덕에 의한 군사의 힘이 전투를 도운 것이라고들 하였다.12)

그리고 『사기』의 이 유례니사금 첫머리 왕명 바로 밑에는, "고기古記에는 제3·제14 두 임금의 이름(諱)이 같다. 유리儒理 혹은 유례儒禮라고 하니 누가 옳은지 모르겠다."라는 주석을 붙여놓았다. 이는 이 항목의 문제를 푸는 데 참고가 될 것으로 본다.

또 『유사』의 미추왕 죽엽군味鄒王竹葉軍 쪽에도 이와 거의 같은 이야기를 전하고 있다. 제13대 왕인 미추왕이 세상을 떠나고 그 다음 왕(14대)인 유리왕儒理王 대에 이서국 사람들이 그 성에 쳐들어왔으며, 신라 군사들이 고전하고 있을 때 댓잎 귀걸이를 한 낯선 군사들이 나타나 적병을 격퇴하고 사라졌는데, 미추왕릉 앞에 댓잎이 쌓여있었다는 것이다.13)

그런데 같은 『유사』이면서도 이보다 앞서의 제3 노례왕弩禮王 쪽에는, "건무建武 18년(노례왕 19년·42)에 이서국을 쳐서 멸망시켰다."라고 하였다.14)

---

12) 『사기』 권2, 「신라본기」 2, 유례니사금 14년 춘정월春正月.
13) 이 이야기는 『유사』의 본전(未鄒王 竹葉軍)에서 자세히 다루기로 한다.
14) 『유사』 권1, 「기이」 2~3, 노례왕. "建武十八年 伐伊西國滅之."

이상의 (본 '伊西國' 포함) 네 가지 곧 『사기』에서의 한 가지, 『유사』 쪽에서 세 가지가 현재 전하는 이서국 관계 사실史實의 전거 모두라고 할 수가 있다.

2) 겹쳐진 이서국의 신라 침공 시기

앞의 전거에 의하면 이서국에 관한 사건들이 많지도 않으면서 상당히 혼란스럽다. 우선 『유사』에서의 수록 순서대로 본다면, 이 '이서국伊西國' 항목에서 신라 제3대 노례왕 14년(A.D.37)에 이서국인의 금성 침공을 받았고, 그 19년(A.D.42)에는 노례왕이 이서국을 쳐서 멸망시켜 버렸다. 그 14년에 신라의 금성까지 침공해 왔기 때문에 5년 뒤인 19년에 이서국을 신라가 멸망시켰다는 것이므로, 여기까지는 하나도 이상할 것이 없다. 그러나 그 다음의 『유사』에서 전하고 있는 '미추왕 죽엽군' 쪽에서는 신라 제14대 유리왕 때에 이서국인이 신라의 금성을 공격해왔다(伊西國人來攻金城)는 것이다.

제3대 노례왕 19년에 신라에 의해 이미 멸망되었다는 이서국이 어째서 그 250여 년 뒤인 유리왕 때(『사기』에서는 儒禮王 14년·297)에 다시 신라의 금성을 침공해 왔다는 것인가? 같은 저서인 『유사』에서 이렇게 이해가 잘 안 되는 기록을 보여주고 있을 뿐만 아니고, 정사인 『사기』에서까지도 이 사실(이서국인의 침공과 죽엽군의 이야기)을 전하고 있다. 지금 이(伊西國) 항목에서는 이서국인의 금성 내공來攻 사실만 전할 뿐, 죽엽군 이야기도 없고 그 연대 차이가 무려 260년 가까이나 나므로, 전혀 다른 별개의 사실로 볼 수도 있을 것이다.

그러나 『유사』에서의 두('伊西國'과 '味鄒王 竹葉軍') 경우가 모두 "이서국인래공금성伊西國人來攻金城"으로 글자 한 자 틀리지 않고 똑같음을 보게 된다. 다만 '이서국伊西國' 쪽에서는 이서국인의 내공來攻 사실만을 적었을 뿐이므로, 전투의 상황과 결과에 관해서는 전혀 언급이 없다. 그리고 『사기』 유례니사금 쪽의 경우는 "이서고국래공금성伊西古國來攻金城"이라 하여 『유사』의 경우와 '고국古國'과 '국인國人'의 차이만 있을 뿐 그 뜻은 똑같다. 그 다음에 이어지는 전투상황과 이병異兵 곧 죽엽군의 출현과 그 도움으로 승리하게 되고 낯선 군사(異兵)들이 귀에 걸었던 댓잎(竹葉)이 미추왕릉 앞에 쌓여 있었다는 사실들이, '미추왕 죽엽군' 쪽과 역시 글자 몇 자의 차이만 있을 뿐 그 내용은 또한 모두 같다.

그런데 『유사』의 죽엽군 이야기에는 "제14대 유리왕 때(第十四儒理王代)"라고 하여 그 연대가 밝혀져 있지 않고, 『사기』 쪽에서는 유례왕 14년의 일로 되어 있다. 오히려 『유사』에서는 '이서국伊西國' 쪽에서 이서국인이 내공한 해를 노례왕 14년으로 하고 있다. 왕이 다르므로 연대 차이는 무려 260년이나 나지만 14년은 공교롭게도 같다. 그뿐만 아니고 자세히 살펴보면 비록 제3대와 제14대라는 전혀 다른 왕이면서도 두 왕의 이름이 같다는 점에서 어떤 실마리를 찾을 수가 있을 것같이 보인다.

『유사』의 노례왕 쪽에 보면 "노례왕의 이름을 유례왕이라고도 한다.(朴努禮尼師今 一作儒禮王)"라고 하였다. 그리고 제14대 유리왕은 『유사』의 「왕력」 표에는 '제십사第十四 유례니사금 儒禮尼師今'이라 하고 있다. 그렇다면 제3대왕인 노례왕을 유례왕이라고도 하고 또 제14대 유리왕을 유례왕이라고도 한다는 것이므로, 결국 제3대 왕과 제14대 왕의 이름이 유례왕으로 같은 것이 된다.

『사기』에서는 앞에서 본바와 같이 신라 제3대왕이 유리니사금이며, 제14대 왕이 유례니사금이다. 그런데 이 유례니사금 밑에 주석을 달아,

> 고기에는 제3대와 제14대 두 임금의 이름이 같다. (둘다) 유리 혹은 유례라 하였으니, 어느 것이 옳은지 모르겠다.15)

라고 하였다. 『사기』에서 전하는 경우와 이 『유사』에 보이고 있는 두 (제3·제14대) 왕의 이름들이 서로 뒤섞여 있어서 자칫 혼돈하기가 쉽게 되어 있다.

다시 말해서, 『사기』에서는 분명히 제3대는 유리왕이고, 제14대는 유례왕이므로 여기에는 아무런 문제가 없다고 할 수 있다. 그러나 『유사』에서 제3대 노례왕을 유례왕이라고도 하며, 제14대 임금을 「기이」편에서는 유리왕이라 하고 「왕력」편에서는 유례왕으로 하고 있다. 여기에서 문제가 생기게 된 것이라고 하겠다.

이에 의한다면 『사기』에서의 제3대 왕명과 『유사』에서의 제14대 왕 이름(「기이」편)이 글자 하나 틀리지 않고 똑같이 유리왕이며, 『유사』에서의 제3대 왕명(一作 儒禮王)과 『사기』에서의 14대 왕명이 또한 유례왕으로 같다. 그리고 『유사』에서의 「왕력」편에 의한 제14대

---

15) 『사기』 권2, 「신라본기」 2, 유례니사금 입立 아래 주註. "古記 第三 第十四 二王同諱 儒理 或云 儒禮 未知孰是."

왕 이름 유례왕은 『사기』의 유례왕과 대수代數도 같고 왕명도 똑같게 된다. 그러나 여기에도 문제가 있으니, 『유사』에서 제14대 왕명을 「왕력」에서 유례왕이라 하였는데, 이제 본바와 같이 같은 『유사』의 「기이」편 제3대 노례왕 쪽에서 제3대 왕을 또 유례왕이라고도 한다는 것이기 때문이다.

그러므로 결국 한마디로 말해서 『유사』에서는 제3대 왕과 제14대 왕의 이름이 같은 것으로 되어 있다. 이는 앞에서 본 『사기』의 유례 니사금 쪽 주석의 "고기에는 제3대 왕과 제14대 왕의 이름이 같다."라고 한 그 『고기』에 전하는 그대로를 『유사』에서 옮겼기 때문인 듯하다. 그와 같이 왕명이 같은 까닭으로 인해서 『유사』에서는 혼돈을 일으켜 동일한 사안을 이름이 같은 두 왕의 이름 아래에 다같이 각각 넣었기 때문에 그와 같은 결과가 생긴 것이 아니었을까 싶다.

그렇게 본다면 제3대 왕과 제14대 왕의 이름에 모순이 없는 『사기』에서는 그 이중적 기록을 볼 수가 없고, 오직 『유사』에서만 보게 되므로 잘못은 당연히 『유사』 쪽에 있다고 할 수 있다. 따라서 『사기』에 전하는 제14대 유례왕 14년(297)의 일이 옳으며, 제3대 노례왕 곧 유례왕(一作 儒禮王) 14년(A.D.37)의 일은 잘못된 것으로 볼 수가 있다.

또한 『유사』 쪽의 제3대 왕 때에는 '이서국인래공금성伊西國人 來攻 金城' 8자만이 있고, 그 뒤에 이어지는 이야기의 전개가 전혀 없다. 반면에 같은 『유사』이면서도 '미추왕 죽엽군' 쪽에서는 『사기』에서와 같이 제14대 유리왕(또는 儒禮王) 때에(14년이라 명시되지 않은 점이 『사기』와 다를 뿐) 있은 일로 되어 있으며, 죽엽군의 이야기 전개도 『사기』의 경우와 흡사하다. 그러므로 의심할 여지없이 제3대 노례(유례)왕 때의 일이 아니고, 제14대 유리(유례)왕 14년의 일로 보는 것이 옳다고 하겠다.

그렇게 본다고 하더라도 한 가지 문제는 남는다. 이 『유사』의 신라 제3대 노례왕 19년(A.D.42)에 이서국을 쳐서 멸망시켰다는 그 역사성 문제이다. 노례(유례)왕 14년에 이서국인이 금성에까지 쳐들어왔기 때문에 신라에서는 그 5년 뒤(왕의 19년)에 이서국을 쳐서 멸망시켜버렸다고 한다면 그 시기의 순서로 보아서도 무리는 없다고 할 수 있다. 그런데 제14대 유리(유례)왕 14년에 이서국인이 금성에 쳐들어온 것이 옳다고 한다면, 이미 250여 년 전인 제3대 노례(유례)왕 19년에 멸망시킨 그 이서국은 어떻게 해석해야 하는가 하는 문제가 남는다고 할 것이다.

이러한 문제들은 그 해당 항목('第三 弩禮王', '味鄒王 竹葉軍')들에서 자세히 살펴보아야 할 문제이지만, 이 '이서국'이 하나의 항목으로 앞에 나와 있기 때문에 관련 범주로서 부득이 살펴보지 않을 수가 없었다. 물론 나중에 보게 될 그 항목들에서도 그 항목의 성격상 다시 살펴보지 않을 수가 없으므로, 다소 중복되는 경우를 피할 수는 없다고 할 것이다.

2. 5가야와 그 국명

'오가야五伽耶'는 다섯 가야 곧 가야伽耶라 일컫는 다섯 나라를 가리킨다. 나라의 이름이란 각각 그 나라마다의 개성과 특징을 드러내고 있기 때문에 다른 나라들과 구별되는 일컬음을 갖고 있는 것이 상례이다. 그런데 여기의 다섯 나라는 모두 그 나라 이름들의 끝엣말을 다 같이 가야라는 일컬음으로 쓰고 있다.

그리고 이 5가야의 제목 바로 밑에 달아놓은 주석글 머리에 가락駕洛이라는 국명이 보이고 있다. 이 가락과 가야는 다른 나라 이름인가 아니면 같은 일컬음인가? 가야는 무슨 뜻을 지녔으며, 가락은 또한 왜 가락이라 하였을까?『가락국기駕洛國記』의 본문에는 가락국을 가야국이라고도 한다고 하였다. 이런 연유들로 해서 가야의 국명에 관한 수수께끼를 푸는 일도 중요하다고 할 것이다.

이 5가야의 항목은 다른 경우와는 특이하게 본문격인 주된 글줄에 서술문이 하나도 없고, 다섯 가야국의 이름만을 열거하고 있을 뿐이다. 그러면서도 그 앞에 5가야의 제목 아래에 붙여 써놓은 주석에는 여섯 가야(제목에 맞추어 5가야)의 연기緣起를 극히 간략하게나마 언급하고, 또 이 항목을 설명하는 약서略序와 같은 일면을 보여주고 있다. 그래서 이 주석을 편의상 서주序註라고 이름붙일 수도 있을 것 같다.

그래서 이 단원에서는 세 갈래로 분단을 지어 먼저 서주序註의 내용을 풀이해 보고, 다음에 본문격인 5가야의 열거에 관해 살펴보기로 하며, 끝으로 현존하는 국내외의 자료들을 통하여 가야의 국명에 관한 문제를 가급적이면 간략하게 살펴서 정리해 보기로 한다.

1) 서주序註의 내용풀이

이 항목에서는 주제인 5가야를 시작하면서 제목 밑에 주석을 달아

『가락국기』의 읊음글(銘曰) 일부를 인용하여 서두로 삼고, 다섯 가야의 연기緣起 및 그 서문격으로 간략하게 적어 놓았다. 앞의 본문(새김글) 주5)에서 잠시 언급한 바가 있지만, 여기에 "가락국기 찬운駕洛國記贊云"이라 하여,

> 한 줄의 자줏빛 끈이 드리워져
> 여섯 개 둥근 알이 내려왔네.
> 다섯은 각기 도읍으로 돌아가고
> 하나는 이 도성에 남아 있었다.
> 垂一紫纓 下六圓卵 五歸各邑 一在玆城

라고 읊은 이 글은, 『가락국기』의 '명왈銘曰' 가운데 한 대목에서 추려 옮긴 글이다.16)

여하튼 『유사』의 찬자는 여기에서 다섯 가야의 연기를 간략하게 보이고자 한 것이라 할 수 있다. 가락국駕洛國의 시조 수로왕首露王의 탄생설화는 나중에 해당 『가락국기』에서 보게 되지만, 우선 여기에서는 위의 읊음글(銘曰)에서 찬자가 인용하고 있는 "수일자영垂一紫纓 하육원란下六圓卵 오귀각읍五歸各邑 일재자성一在玆城"에 해당하는 그 부분의 이야기만을 『가락국기』의 원문에서 간략하게 간추려 옮겨 보고자 한다.

---

16) 이 『유사』 권2, 「기이」 2의 맨 뒤쪽에 들어있는 『가락국기駕洛國記』의 '명왈銘曰'은 "원태조계元胎肇啓 이안초명利眼初明"으로 시작되어 있는데, 그 가운데 다음과 같은 대목에서 이 '찬운贊云'의 글귀를 초록한 것이다. "風吹雲卷 空碧天青 下六圓卵 垂一紫纓 殊方異土 比屋連甍 觀者如堵 觀者如羹 五歸各邑 一在玆城 同時同迹 如弟如兄." 이 원문에는 '하육원란下六圓卵'이 '수일자영垂一紫纓'의 앞에 놓여 있다.

후한의 세조世祖 광무제光武帝 건무建武 18년 임인(A.D.42) 삼월 삼짇 날에 구지봉龜旨峯에 이상한 소리의 기적이 났다. …… 그 지방을 다스리는 추장인 9간(九干)과 2·3백명의 무리가 거기에 모여 있었는데, "하늘님(皇天)의 명에 따라 이곳에 새 나라를 세워 임금이 되기 위해 내려왔다."는 목소리의 주인공 말에 따라 9간 등은 노래 부르고 뛰면서 춤을 추었다. 오래지 않아 하늘로부터 자주 끈이 내려와 땅에 닿으므로 살펴보니 그 끈의 끝에 붉은 보자기에 싸인 금합(金合子)이 있었다. 그 합자 안에는 해처럼 둥근 황금빛 알이 여섯 개가 들어 있었다. 모두들 보고 놀라고 기뻐하며 절을 백 번이나 하였다.

이튿날 아침에 무리들이 다시 모여 그 합자를 열어보니 여섯 알이 모두 용모가 매우 빼어난 동자가 되어 있었다. 동자들은 나날이 자라서 한 열흘이 지나니 키가 아홉 자나 되는 대장부가 되었다. ……임금이 되어 수로首露라 이름하고, 나라를 대가락大駕洛이라 일컬었다. 또 가야국伽耶國이라고도 불렀는데, 여섯 가야(六伽耶)의 하나이다. 나머지 다섯 사람은 각각 돌아가서 다섯 가야의 주인이 되었다.17)

위의 이야기는 바로 가락국의 시조 수로왕의 탄생신화이며 또한 건국설화이다. 그러면서도 여섯 둥근 황금빛 알에서 태어난 여섯 동자 곧 여섯 가야(6伽耶)의 건국주建國主들의 탄생 이야기도 곁들어 있는 것이다. 그러나 여섯 동자 곧 6가야의 시조 임금 중에서 가락국의

---

17) 위 『가락국기』의 본문 전반부. "開闢之後 此地未有邦國之號……後漢世祖光武帝 建武十八年壬寅三月 禊浴之日 所居北龜旨 有殊常聲氣呼喚 ……又曰 皇天所以命我者 御是處惟新家邦 爲君后 爲玆故降矣……九干等如其言 咸忻而歌舞 未幾仰而觀之 唯紫繩自天垂而着地 尋繩之下 乃見紅幅裏金合子 開而視之 有黃金卵六圓如日者 衆人悉皆驚喜 俱伸百拜……翌日平明 衆庶復相聚集開合 而六卵化爲童子 容貌甚偉……日日而大 踰十餘晨昏 身長九尺……其於月望日卽位也 始現故諱首露 或云首陵 國稱大駕洛 又稱伽耶國 卽六伽耶之一也 餘五人各歸爲五伽耶主."

수로왕과 그 나라에 관한 이야기가 주된 내용이므로, 수로왕 외의 다섯 가야 시조왕들의 건국 및 그(各歸爲五伽耶主) 후의 역사 이야기는 여기(가락국기)에서 전혀 볼 수가 없다.

그러므로 제목 그대로 다섯 가야라고 하면 말할 것도 없이 금관가야金官伽耶, 곧 가락국은 거기에 들지 않고 그 밖의 다섯 가야만이 해당한다는 것을 찬자는 여기에서 밝히고 있다. 그러기 때문에 『본조사략本朝史略』에서 금관가야를 5가야의 첫 번째에 넣고 또 창녕昌寧, 곧 비화非火가야를 거기에 포함시키고 있는 것은 잘못된 것이라고 지적하였다. 아마도 찬자가 이 항목에서 5가야를 열거한 까닭도 『본조사략』에서 전하는 5가야의 잘못된 점을 지적하고 또 바로잡기 위함이었다고 할 수가 있을 것이라 본다.

2) 5가야의 열거 그 밖의 사전史傳

이제 언급한 것처럼 이 항목의 본문격인 이 대목은 아무런 서술문도 곁들이지 않고 다섯 가야의 이름들만 열거하고 있다. 다만 그 국명들에 당시(고려 때)의 현 위치만 밝혀놓았다.

당시 고려의 함안咸安(지금의 경남 함안군) 지방에 있었던 아라(야)가야阿羅(耶)伽耶, 함녕咸寧(지금의 경북 상주시 咸昌邑, 또는 경남 진주로 견주는 견해도 있음) 지방에 위치했던 고녕가야古寧伽耶, 고령高靈(지금의 경북 고령군) 지방에 자리했던 대가야大伽耶, 벽진碧珍이라고도 하는 경산京山(지금의 경북 星州郡) 지방에 있었던 성산가야星山伽耶, 고성固城(지금의 경남 固城郡) 지방에 위치했던 소가야小伽耶. 이상이 6가야 가운데 금관가야 곧 가락국을 제외한 다섯 가야(5伽耶)라고 하였다.

이 다섯 가야국을 열거한 다음에 찬자는 『본조사략』에서 전하고 있는 고려 태조 천복天福 5년(940)에 고쳤다는 다섯 가야의 이름(五伽耶名)을 옮겨 전하고 있다. 이 고쳐진 다섯 가야의 이름들도 앞의 원문과 새김글에서 이미 나왔기 때문에 여기에서는 다시 옮기지 않기로 한다. 다만 종래의 5가야설과 다른 점만을 본다면, 여기에는 1·2의 순번을 붙여놓았는데 그 1번의 금관金官가야와 3번의 비화非火가야가 새로 들어가 있고, 그 대신 앞의 5가야에 들어있는 대가야大伽耶와 소가야小伽耶가 빠져 있다.

찬자가 그 서주序註에서 언급한 바가 있지만, 6가야가 아닌 5가야라고 할 경우에는 당연히 가락국(금관가야)은 들어가지 않아야 하는데, 『본조사략』에는 그 첫 번째에 들어가 있다. 찬자의 뜻은 금관가야 곧 가락국 외의 가야들을 5가야라고 하기 때문에 거기에 금관가야가 들어갈 수가 없으며, 금관가야가 거기에 들어가게 되면 6가야가 된다는 것이다. 그리고 현재 창녕의 비화非火가 5가야에 들어가 있는 것도 옳지가 않으니, 아마도 거기에 고령의 대가야가 들어가야 옳을 것이라고 찬자는 본 것 같다. 그래서 '비화'의 밑에 주를 달아 "(비화는) 지금의 창녕인데, 아마도 고령(大伽耶)의 잘못인 듯하다."라고 하였던 것으로 볼 수가 있다.

『유사』 찬자는 『본조사략』에서 보이고 있는 그와 같은 5가야설에 모순이 있기 때문에 이를 바로잡기 위하여 전래의 5가야 이름을 열거하여 이에 대비시켜 본 것이라 할 수 있다. 그러나 이들 가야국에 관한 자료들을 전혀 수집하지 못한 탓이었는지는 모르겠으나 간략한 서술문 하나도 곁들이지 않은 것이 매우 아쉬운 일이라 하지 않을 수가 없다.

이상의 5가야(또는 6가야)에 열거된 지명 및 국명들의 몇 군데가 『사기』 지리지에 보이고 있으므로 가야의 명칭이 드러나 있는 지명만을 수록 순서에 따라(관계부분 위주로) 초록해 보려고 한다.

① 고녕군古寧郡은 본디 고녕가야국古寧伽耶國이었으나, 신라가 점령하여 고동람군古冬攬郡 또는 고릉현古陵縣으로 삼았다. 경덕왕景德王이 지금의 함녕군咸寧郡으로 이름을 고쳤다.[18]

② 김해소경金海小京은 옛 금관국(古金官國)이며, 또한 가락국駕洛國이라고도 하고 또는 가야伽耶라고도 한다. 시조 수로왕首露王으로부터 10대 구해왕仇亥王에 이르러 양나라의 중대통中大通 4년 신라 법흥왕法興王 19년(532)에 백성들을 거느리고 항복해왔으므로, 그 땅을 금관군金官郡으로 삼았다. 문무왕文武王 20년 영융永隆 원년(680)에 소경小京으로 하였고, 경덕왕이 이름을 고쳐 김해경金海京이라 하였으며, 지금은 금주金州이다.[19]

③ 함안군咸安郡은 아시량국阿尸良國 또는 아나가야阿那伽耶라고도 하였는데, 법흥왕이 큰 군사(大兵)로써 멸망시켜 그 땅을 군郡으로 삼았다. 경덕왕이 이름을 고쳐 지금의 함안군으로 하였다.[20]

④ 고령군高靈郡은 본디 대가야국大伽耶國이다. 시조 이진아시왕伊珍阿豉王(또는 內珍朱智라고도 함)으로부터 도설지왕道設智王에 이르기까지 무려 16세世 520년 동안이었다. 진흥대왕眞興大王이 쳐서 멸망시키고는 그 땅을 대가야군大伽耶郡으로 하였다. 경덕왕이 이름을 고쳐 지금의 고령군

---

18) 『사기』 권34, 잡지 3, 지리 1, 고녕군.
19) 『사기』 위와 같음. 김해소경.
20) 위와 같음. 함안군.

으로 하였다.21)

이 밖에도 고성군固城郡과 성산군星山郡은 각각 소가야小伽耶와 성산가야星山伽耶가 있었던 고을이었으나,『사기』의 이「지리지」에는 '가야'라는 명칭이 거기에 나와 있지 않았기 때문에 초록에는 빠지게 되었다.

이「지리지」를 통해서 중요한 사실을 만나게 되는데, 그것은 대가야에 관한 기록이라 할 수 있다. 앞에서『유사』의 5가야 서주를 통하여 가야나라 시조들의 극히 간략한 연기를 보았지만, 가락국(금관가야)의 시조 수로왕을 제외하고는 아무도 그 이름과 나라 다스린 역사에 관해 한 마디도 밝혀진 바가 없었다. 그런데 이제『사기』의「지리지」에 몇몇 가야국의 지명地名만이 나와 있는 가운데에서 오직 대가야국의 역사 한 줄을 극히 간략하나마 볼 수 있게 된 것이다.

방금 고령군 쪽에서 본 바이지만, 대가야국의 시조는 이진아시왕伊珍阿豉王 혹은 내진주지內珍朱智라고도 하는 임금이었음을 알게 된다. 물론 대가야국이 6가야의 하나이므로 그도 여섯 둥근 황금알에서 태어났다는 여섯 동자 중의 하나임에는 틀림이 없다고 하겠다. 그러나 이와는 전혀 다른 대가야의 시조 탄생 및 그에 관련된 사전史傳을『여지승람輿地勝覽』에서 전하고 있다. 여기에 옮겨본다.

　　최치원의「석이정전釋利貞傳」에 의하면 이러하다. 가야산伽倻山의 산

---

21) 위와 같음. 고령군. "本大加耶國 自始祖 伊珍阿豉王(一云 內珍朱智) 至道設智王 凡十六世 五百二十年 眞興大王侵滅之 以其地爲大加耶郡."

신인 정견모주正見母主가 천신天神 이비하夷毗訶의 감응으로 대가야왕 뇌질주일惱窒朱日과 금관국왕 뇌질청예惱窒靑裔 두 사람을 낳았다. 곧 뇌질주일은 이진아시왕伊珍阿豉王의 별명(別稱)이며, 청예는 수로首露왕의 별명이라 하였다. 그러므로 『가락국고기駕洛國古記』의 여섯 알(六卵)에서 태어났다는 설화는 모두 허황되고 괴탄해서 믿을 것이 못된다.

또 「석순응전釋順應傳」에는 대가야국의 월광태자月光太子는 정견正見의 10세손이며, 그 아버지 이뇌왕異腦王이 신라에 구혼하여 이찬夷餐 비지배比枝輩의 딸을 아내로 맞아들여 월광태자를 낳았다. 곧 이뇌왕은 뇌질주일의 8세손이 된다.[22]

이에 의하면 6가야 또는 5가야 시조의 탄생설화는 모두 거짓말이 되고 만다. 여기에는 아예 『가락국기』에서 전하는 9간干도 없고, 구지봉龜旨峯의 신화도 없다. 따라서 하늘에서 드리운 자주끈을 타고 내려온 여섯 개의 둥근 황금 알도 없고, 6가야의 시조가 된 여섯 동자도 없다.

다시 말해서 『가락국기』가 6가야의 중심을 가락국(金官伽耶)으로 하고 있는 것이라고 한다면, 이 대가야의 시조신화는 오직 대가야를 주主로 하고 있는 것이라 할 수 있다. 여기에는 대가야국 외에 다른 가야의 존재는 언급도 없고 단지 가락국의 이름만이 등장하고 있으나, 그것도 정견모주正見母主가 낳은 두 사람 중에서 대가야 시조 이진아시왕伊珍阿豉王 곧 뇌질주일惱窒朱日을 맏이로 하고, 가락국왕 뇌

---

22) 『신증동국여지승람』 권29, 고령현高靈縣. "本大伽倻國 自始祖伊珍阿豉王(一云 內珍朱智) 至道設智王 凡十六世 五百二十年(按崔致遠 釋利貞傳云 伽倻山神正見母主 乃爲天神夷毗訶之所感 生大伽倻王惱窒朱日 金官國王惱窒靑裔二人 則惱窒朱日爲伊珍阿豉王之別稱 靑裔爲首露王之別稱 然與駕洛國古記 六卵之說 俱荒誕不可信.)"

질청예惱窒靑裔 곧 수로왕을 두 번째로 하고 있다. 뿐만 아니라 여기에는 여섯 가야라는 상관관계도 전혀 보이지 않는다고 할 수 있다.

어쨌든 『사기』「지리지」와 『여지승람』 고령현 쪽에서 보여주고 있는 대가야에 관한 사전史傳은 내용이 간략하고 단편이기는 하나 가야의 역사를 이해하는데 매우 중요하고도 귀한 자료라고 할 수가 있다. 가야라는 끝 이름을 썼던 나라들 가운데 유독 『가락국기』만이 남아 전하는 현 시점에서 대가야사의 편린이라도 알 수가 있다는 것은 참으로 다행한 일이라 하겠다. 16대 520여 년을 이어오던 대가야는 신라 진흥왕 23년(562)에 나라를 잃었다.23)

3) 가야의 국명 문제

지금까지 『유사』에서 전하는 '고조선古朝鮮 이후'의 크고 작은 동방국가들을 보아왔다. 국호 면에서 본다면 왕조가 바뀌면서도 나라 이름은 바뀌지 않은 경우(古朝鮮-魏滿朝鮮)가 있으며, 그 위치와 부족에 따라 나라 이름을 따로 붙이면서도 끝 호칭을 같이하는 경우(馬韓·辰韓·卞韓)가 있고, 또 하나의 나라이면서도 방위와 지명에 따라 구분해서 일컫는 경우(栗末靺鞨·黑水靺鞨·南北黑水·東·南·北沃沮) 등이 있었다. 지금 여기에서 보이고 있는 6가야·5가야는 그 두 번째 경우와 비슷하다고 할 수 있다.

앞에서 잠시 언급하였지만 이 『유사』의 5가야 본문에서는 다섯 나라들 이름에 모두 가야伽耶가 붙어 있다. 그러면서도 그 서주序註의

---

23) 『사기』 권4, 진흥왕 23년 쪽 및 동 권44 「열전」 4, 사다함斯多含.

첫머리에 『가락기駕洛記』를 들고 있다. 그냥 『가락기』라는 서명만으로 볼 때에는 가락이 가야와 아무 상관이 없는 것으로 여길 수도 있다. 그러나 "여섯 중에 하나는 수로왕首露王이고 나머지 다섯이 각기 읍성으로 가서 각각 5가야의 주인이 되었으므로, 다섯 가야라고 할 경우 금관金官은 거기에 들어가지 않는다."라고 한 것을 통하여 수로왕의 나라 가락駕洛이 금관가야金官伽耶임을 알 수가 있다.

『가락기』(곧 『駕洛國記』)에 보면 수로왕이 즉위하여 나라를 세운 대목에서, "나라를 일컬어 대가락大駕洛이라 하였는데, 또 가야국伽耶國이라고도 하였다. 곧 여섯 가야의 하나(六伽耶之一也)이다. 나머지 다섯 사람은 각각 돌아가 다섯 가야의 주인이 되었다.(各歸爲五伽耶主)"라고 하였다. 이 부분의 인용글은 이미 앞에서 나왔지만, 이 글대로라면 대가락(가락)은 곧 가야국이며 여섯 가야 중의 하나이므로 앞의 다섯 가야국의 예에 따라 대가락(또는 가락) 가야(駕洛伽耶)라고 할 수도 있을 것이라 하겠다. 그러나 가락가야라고 쓴 사례는 볼 수가 없고 『사기』의 김유신전(金庾信傳 上)에는 '남가야南加耶'라 하고 있는데, 이는 『일본서기日本書紀』에 나오는 '남가라南加羅'와 같다고 하겠다. 물론 금관가야라고도 일컬었다.

앞서 『사기』 「지리지」의 '김해소경金海小京' 쪽에서 본 바 있는 '고금관국古金官國' 밑에 주를 달아 "일운一云 가락국伽落國 일운一云 가야伽耶"라고 하였다. 여기에는 『유사』의 '가락駕洛'을 '가락伽落'이라 하였음을 알 수 있다. 아마 『사기』 전체를 통하여 가락국을 '가락국伽落國'이라 한 예는 여기뿐이며, 그 밖의 현존 어느 문헌에서도 '駕洛'을

'伽落'이라 쓴 경우는 찾아보기가 힘들 것이라고 본다.24) 그뿐 아니고 가야도 『유사』에서는 꼭 '가야伽耶'로 쓰고 있지만 『사기』에서는 한결같이 '가야加耶'로 쓰고 있는데, 여기 한군데에서만 『유사』에서와 같이 '가야伽耶'로 쓰고 있다고 할 수 있다.25)

『사기』에서 쓰고 있는 '가야加耶'의 용례는 일찍부터 보이고 있다. 아마도 『사기』에서 가장 먼저 '가야加耶'(金官國)를 보여주고 있는 사례는 신라 제4대 탈해왕脫解王 때의 일이라고 할 수 있을 것이다. 금관국金官國의 명칭은 탈해왕의 즉위년(A.D.57)26) 쪽에 나와 있으나, '가야加耶'라는 일컬음은 탈해왕의 21년(A.D.77)에 처음 보인다고 할 수 있다. 이 해 8월에 길문吉門 아찬阿湌이 가야병加耶兵과 황산진구黃山津口에서 싸웠다는 사실이다.27) 이로부터 대가야가 멸망한 진흥왕 23년(562)에 이르기까지 「신라본기」에는 수없이 가야加耶가 나오고

---

24) 『사기』권41, 「열전」제1의 김유신전 상에는 『사기』에서 볼 수 있는 또 하나의 가락駕洛(伽落 아닌) 명칭을 보여주고 있다. 여기에는 김유신의 12세조가 되는 수로왕이 처음 구지봉에 올라가 가락駕洛 9촌村을 바라보고는 그 땅에 이르러 나라를 세우고 '가야加耶'라 이름하였으며, 고쳐서 금관국金官國이라 하였다는 것이다. 그러므로 『사기』로서는 유일하게 『가락국기』 그대로 '駕洛'이라 쓴 사례라고 할 수 있다.

25) 『사기』가 『유사』보다 훨씬 앞선 서책이므로, '가야伽耶'를 『유사』에서와 같이(그대로) 썼다고 하는 것은 많이 어폐가 있는 것으로 보기가 쉽다. 그러나 '伽耶'로만 일관되게 적어왔던 『사기』에서 여기 한군데에서만 '伽耶'라 쓰고 있으니, 이는 『유사』에서 주로 쓰는 '伽耶'를 닮아있다는 것이기 때문이다. 실은 『유사』 자체는 『사기』보다 훨씬 늦지만 거기에서 수록하고 있는 『가락국기』駕洛國記(고려 제11대 文宗의 大康年間 1075~1083에 찬술됨)는 『사기』 편찬(제17대 仁宗 때 1123~1146)보다 앞서 있은 것이 사실이다. 이 『가락국기』에는 앞에서 본 "又稱伽耶國 卽六伽耶之一也……五伽耶主" 등의 글을 전하고 있다.

26) 『사기』권1, 「신라본기」, 1, 탈해니사금. "初至金官國海邊 金官人怪之."

27) 위와 같음. 21년 쪽. "阿湌吉門與加耶兵 戰於黃山津口."

있음을 보게 된다. 『사기』에는 「신라본기」 외에도 「잡지雜志」(樂志·地理志) 및 「열전列傳」의 여러 곳에서 가야加耶의 이름을 보이고 있다.

그런데 『사기』에는 가야를 가라加羅라고도 쓴 사례를 보이고 있다. 현재 『사기』에서 가장 먼저 보이고 있는 가라의 기록은 신라 제10대 나해왕奈解王 14년(209)의 일이라 할 수 있다. 즉 "나해왕 14년 7월에 포상 8국浦上八國이 가라加羅를 치려고 꾀하였으므로, 가라의 왕자가 와서 구원을 청하였다."[28]는 사실이다. 물론 이때 신라에서 태자 등에 명하여 6부의 군사를 이끌고 가서 크게 승리를 거두고 가라국을 구했었다.

그러나 이보다 앞서 나해왕 6년(201) 2월에 가야국이 화해를 청하였다(加耶國請和) 하였고, 그 뒤 17년(212) 3월에는 가야에서 왕자를 보내어 질자로 삼았다(加耶送王子爲質)라고 보인다. 가라加羅라고 쓴 14년과는 연대적으로도 그 사이가 앞뒤로 얼마 멀지 않지만 서로 사건의 성격을 연결지어 보아도 가라와 가야는 같은 나라임을 짐작 가능하게 하고 있다. 이 밖에 「신라본기」에는 '가라加羅'의 용례를 볼 수가 없다.

『사기』에서 또 '가라加羅'가 보이기는 「열전」에서이다. 이사부전異斯夫傳에는 "가야를 가라라고도 한다."[29]라고 하였고, 사다함전斯多舍傳에도

> 진흥왕이 이찬 이사부에게 명하여 가라국(또는 가야국)을 습격하게

---

28) 『사기』 권2, 「신라본기」 2, 나해왕. "十四年 秋七月 浦上八國謀侵加羅 加羅王子來請救."
29) 『사기』 권44, 「열전」 4, 이사부. "加耶 或云 加羅."

하였을 때, 사다함은 나이 열대여섯 살이었는데 그 전투에 종군하기를 청하였다. 진흥왕은 그가 어리다 하여 종군을 허락하지 않았다. 그러나 자꾸만 청하고 그 뜻이 확고하므로 허락하여 귀당비장貴幢裨將을 삼아 종군케 하였다. ……그는 원수元帥에게 청하여 휘하의 병사들을 이끌고 먼저 전단량旃檀梁으로 들어갔다.(전단량은 성문 이름인데 가라 말(加羅語)로 문을 梁이라고 한다)…… 왕이 승리의 전공을 기려 가라의 볼모 3백 명을 (사다함에게) 내려주니, 그것을 받고는 한 사람도 남기지 않고 모두 놓아주었다.30)

라고 하여, 가야加耶 곧 가라加羅로 보이고 있다. 이 사다함의 전공戰功 이야기는 진흥왕 23년 쪽에도 나와 있지만 거기에는 가야만 보이고 가라는 안 보인다.

그 밖에 또 '임나가량任那加良'이라는 특이한 용례를 『사기』에서 보게 된다. 곧 「열전」의 강수전强首傳에는 다음과 같은 이야기를 전하고 있다.

강수는 중원경의 사량 사람이다. …… 태종대왕이 즉위하였을 때 당나라의 사신이 황제의 조서를 전하였다. 그 글 가운데 이해하기 어려운 곳이 있어서 왕이 그를 불러 물었더니, 왕의 앞에서 한번 보고는 풀이하여 설명하는데 하나도 막힘이 없었다. 왕이 몹시 기뻐하여 늦게 만난 것을 아쉬워하며 그의 성명을 물었다. 그는 대답하기를 "소신은 본디 임나가량 사람(任那加良人)입니다."라고 하였다.31)

---

30) 위와 같음. 사다함. "眞興王 命伊飡異斯夫 襲加羅(一作 加耶)國 時斯多含年十五六 請從軍……先入旃檀梁(旃檀梁 城門名 加羅語 謂門爲梁云)……王策功賜 加羅人口三百."
31) 『사기』 권46, 「열전」 6, 강수. "中原京沙梁人也……及太宗大王卽位……對曰 臣本任那加

이 임나가량이라는 나라 또는 지명을 여기 말고는 다른 데에서 찾아보기가 어렵다. 다만 임나와 가량을 연결짓지 않고 따로 떼어서 쓰인 사례는 볼 수가 있다.

가량加良이라는 칭호는 『사기』의 진흥왕 15년(554) 쪽에 유일하게 보이고 있다. 즉 진흥왕 15년 7월에 백제 왕 명농(明禮, 곧 聖王)이 가량과 더불어 신라의 관산성管山城을 침공해 왔다[32]는 사실에서 볼 수가 있다. 아마도 이것이 『사기』나 『유사』는 물론 현재 '가량'을 알게 하는 유일한 자료라고 할 수가 있을 것이다. '가량'은 발음상에서 볼 때 가라와 가락의 중간 음과 비슷하기도 하지만 아마도 '가라'와 같은 말로 쓰인 듯하다.

가라·가락·가야·가량이 같은 뜻의 말이라고 한다면 이 가량은 6가야(5가야) 중에서 어느 가야에 해당될 것인가? 금관가야라고도 일컬었다는 가락은 법흥왕 19년에 멸망하였고, 아라가야도 법흥왕에 의해 멸망되었다는 것이므로 그 밖의 가야들도 대부분 그 무렵에 망하였을 것으로 볼 수 있다. 진흥왕 23년에 멸망할 때까지(특히 가락국 멸망 후) 가야를 대표하고 또 그 가야의 대명사 격이었다고 할 수 있는 가야가 대가야였다고 할 수 있다.

영향력 있는 가야들이 거의 다 사라진 진흥왕 15년에 백제와 더불어 신라에 쳐들어왔던 '가량加良'은 틀림없이 고령에 자리했던 대가야였다고 할 것이다. 그때 백제를 패배시킨(그 싸움에서 聖王이 전사했다) 신라는 8년 뒤인 23년에 대가야를 정복함으로써 가야의 왕국들

良人."
[32] 『사기』 권4, 「신라본기」 4, 진흥왕 15년 쪽. "秋七月……百濟王明禮與加良 來攻管山城"

은 모두 신라의 땅으로 흡수되었다. 그러므로 이때의 가량은 대가야였을 것으로 볼 수가 있다.

　임나任那라는 국명은 『사기』나 『유사』에서 찾아보기가 어렵다. 이들 사서史書의 간행보다 앞선 신라계新羅系의 자료 중에서 봉림사 진경대사비鳳林寺眞鏡大師碑에는 유일하게 임나의 국명을 전하고 있다. 이 비문에 의하면 "진경대사 심희審希(855~923)는 속성이 신김씨新金氏로서 그 선조가 임나任那의 왕족이며, 그 먼 할아버지(遠祖)가 흥무대왕興武大王이다."라고 하였다.33)

　흥무대왕은 삼국통일의 제일 공로자인 김유신(595~673)을 일컫는 것이며, 신김씨는 당시 신라의 왕족인 김씨(雞林金氏)가 아닌 가락국 왕족인 수로왕 자손(金海金氏)을 가리키는 말이다. 그러므로 진경대사 심희의 조상 나라이며 흥무대왕 김유신의 고국이었다는 임나任那는 바로 『사기』에서의 금관국이며 『유사』에서의 가락국임을 알 수가 있다.

　그렇다면 강수强首가 말한 임나가량任那加良은 금관가야 곧 가락국이라고 할 수 있게 된다. 그러나 가량이란 말을 썼던 진흥왕 15년에는 금관국(가락)은 벌써 없어진 뒤였으며, 그때의 가량은 대가야를 지칭한 것이었음을 이미 보았다. 그렇다면 대가야를 임나가량이라 하였다는 것인가? 그렇지는 않은 것 같다. 왜냐하면 가량加良은 『사기』 「열전」의 이사부와 사다함전에 보인 '가라加羅'와 같은 말로 보아야 하며 동시에 가야加耶와도 같은 말이므로, 대가야나 금관가야나

---

33) 「봉림사진경대사보월능공탑비鳳林寺眞鏡大師寶月凌空塔碑」(『금석총람金石總覽』 상, p.98). "大師諱審希 俗姓新金氏 其先任那王族……遠祖興武大王."

어느 일정한 나라에만 국한시킨 호칭이 아닐 것이기 때문이다. 앞에서도 보았지만 가락국(금관가야)을 가라국 또는 가야국으로도 일컬을 수 있듯이 가량 또한 그와 같이 붙여 부를 수가 있을 것이라고 본다. 아울러 임나가량任那加良은 임나가라任那加羅 또는 임나가야任那加耶라고도 할 수가 있다는 것이다.

그와 같이 가량은 가라・가야와 같은 호칭으로 볼 수 있으나, 임나는 현재 신라 자료로서 유일하다고 할 수 있는 「진경대사비문」에서 그의 선조가 임나의 왕족이며 그 원조遠祖가 흥무대왕 곧 김유신이라고 분명하게 밝혀져 있으므로, 의심할 여지가 없이 임나 곧 가락국(금관국)이라고 할 수가 있다. 그러므로 임나가량任那加良은 당연히 임나가라・임나가야라고도 쓸 수가 있다는 것이 된다.

국내의 옛 자료 중에서 임나가라의 명칭을 보여주고 있는 귀중한 사례史例 하나가 남아 전해지고 있다. 다름 아닌 고구려 제19대 광개토왕廣開土王(391~413)의 능비문陵碑文이다. 그 다음의 장수왕長壽王 2년(414)에 세운 이 광개토왕 능비에는 다음과 같이 가라 관계의 기록을 보이고 있다.

"追至任那加羅從拔城……安羅人戍兵拔新羅……安羅人戍兵滿"[34]

여기에 보인 임나가라는 앞쪽에서 본 임나가량과 같은 국명으로 볼 수가 있다. 가라가 곧 가량이라면 임나가량 또한 임나가라일 것이

---

[34] 『금석총람』 상, p.3 및 최남선 편, 『신정新訂 삼국유사三國遺事』 부록, p.4.

기 때문이다. 여기에 나오는 안라安羅도 아마 지금의 함안에 있었던 아라가야 또는 아시량국阿尸良國・아나가야阿那加耶와 같은 나라가 아니었을까 싶다. 장수왕 2년(414)에 세워졌다는 이 광개토대왕비는, 신라의 강수가 태종무열왕(654~661) 앞에서 스스로 '임나가량인任那加良人'이라고 하였다는 때보다 250여 년을 앞섰으며, '임나任那'가 김유신의 조상나라(駕洛・金官國)임을 밝힌 진경대사비를 세운 해(924)보다는 510년이나 앞서 있었다. 그 오랜 비문에 이미 나와 있었던 임나가라의 이름이 그보다도 7・8백년 훨씬 뒤에 나온 『사기』와 『유사』에는 전혀 보이지 않았던 것은 그때 광개토왕비를 보지 못했기 때문이었을 것이다.

그 밖에 중국의 문헌에서 가야계통의 국명을 보이기는 『송서宋書』부터라고 할 수 있다. 『송서』와 『남제서南齊書』 및 『남사南史』 등에는 '임나任那'와 '가라加羅'가 이어져 나와 있으나 거기에 나온 나라의 수에는 각각 다른 나라로 헤아려져 있다. 특히 『남제서』에는 '가라국加羅國'전이 들어 있다. 이 '동남이전東南夷傳'에는 신라전이 없고 고(구)려・백제에 이어 가라가 들어 있는데, 전체 분량이 두어 줄 남짓으로 간략하다.

　　가라국은 삼한의 종족이다. 건원 원년에 국왕 하지荷知가 사신을 보내왔다. ……보국장군 본국왕을 제수하다.(加羅國 三韓種也 建元元年 國王荷知使來獻 詔曰 …… 可授輔國將軍本國王)35)

---

35) 『남제서』 권58, 열전 39, 만전蠻傳 동남이東南夷 가라국.

라고 되어 있는데, 제齊나라의 건원 원년(479)은 당시 가야나라들 중에서 유일하게 왕력王曆이 밝혀져 있는 가락국의 제8대 질지왕銍知王의 29년에 해당된다. 하지왕荷知王과 질지왕이 동일인물이라고 한다면 왜 '하荷'자와 '질銍'자의 차이가 났는지 알 수가 없으나, 그 시대가 같은데다 지知자까지도 같으므로 만약에 동일 왕명이라면 이 가라국은 틀림없는 가락국이 된다고 할 수가 있을 것이다.

그리고 일본의 옛 사서에서도 가라 관계의 자료를 적지 않게 보여주고 있다. 제일 먼저 보이는 것이 임나국에 관해서인데, "숭신천황崇神天皇 65년(B.C.33) 7월에 임나국任那國에서 사신 '소나갈질지蘇那曷叱知'를 보내어 조공朝貢하였다."는 사실이다.36) 그러나 『일본서기日本書紀』의 기록 자체가 허황된 것이 많지만 이 이야기는 『일본서기』를 지을 당시 일본의 위상을 높이기 위해 임나국에서 조공해 왔다는 역사를 날조하기 위하여 조작한 사실이다. 얼마나 엉터리 날조냐 하면 일본의 숭신왕(崇神天皇) 65년은 B.C.33년인데, 그때 일본에 조공 사신을 보냈다는 임나가 가락국이 아닌 대가야라고 하더라도 당시 가야계통의 나라는 아무곳에도 세워지지 않았기 때문이다.

이른바 6가야의 맹주盟主격인 수로왕의 가락국 건국이 AD. 42년이므로 그 나라가 세워지기 70여 년 전에 사신을 일본에 보내어(사신의 이름까지도 지어서) 조공했다는 것이니 참으로 어처구니없는 역사 허구라 하지 않을 수 없다. 이는 아마도 실제 초창기의 일본 곧 왜국倭國이 임나 또는 가라의 영향을 많이 받았기 때문에 그와 같이 터무니없

---

36) 『일본서기』 권5, 숭신천황 65년 7월조.

는 허구의 역사가 만들어졌던 것이 아닌가 여겨진다.

그로부터 『일본서기』에는 의부가라意富加羅 · 남가라南加羅 · 안라安羅 · 다라多羅 · 가라加羅 등 가야 계통의 국명들을 보이고 있다. 『일본서기』의 기록들을 종합해서 검토해보면 임나는 대가야를 가리키는 것으로 보이고 있다.37) 국내 기록(「광개토왕릉비」 · 『사기』 강수전 · 「진경대사비문」 등)을 통해서는 임나 또는 임나가라가 지금의 김해지방에 위치했던 가락국(金官伽耶)을 지칭하는 것으로 보이는데, 중국 옛 기록과 『일본서기』 등에는 임나와 가라가 각각 다른 나라로 보이고 있고 특히 『일본서기』 쪽에서는 임나를 지금의 고령 지방에 있었던 대가야로 보게끔 전하고 있다.

안재홍은 임나에 관해 다음과 같이 풀이하였다.

    임나任那는 금어今語 '님내'의 고형古型으로 '임나국任那國'이면 종주국宗主國, 임나가라任那加羅이면 종주가라宗主加羅, 즉 '주가가라主家加羅'를 의미함이니 임任은 임의 사음寫音으로 주주를 이름임은 두 말이 없고 나那는 고구려 오부五部의 명칭 환나桓那 · 연나椽那 등의 나那와 같이 현대어 '아모개내' 하는 내 혹 네의 표음表音일시 분명하다. 함안咸安인 가라加羅는 고대 이래以來 형승形勝의 땅에 있어 혹 어른 가라加羅로 되고 다시 님내 혹 님네 가라加羅로 되어 장상가라長上加羅로, 종주가라宗主加羅로 전후前後에 뻗히어 항상 저 김해가라金海加羅와 백중伯仲하는 국격國格을 가졌던 것을 알 것이다. 임나任那는 즉 종장宗長 · 종주宗主 또는 주가主家의 어의語義로 되는 것이다.38)

---

37) 『일본서기』 권6, 수인천황垂仁天皇 2년조. 여기에는 '의부가라意富加羅'(大加羅)가 곧 '미마나국彌摩那國'(任那國)이라고 하였다.
38) 안재홍, 『조선상고사감朝鮮上古史鑑』 상上, p.309.

그는 임나任那를 요즘 말의 '님네'라 하여 어른·장상長上·종장宗長·종주宗主·주가主家로 보았다. 참으로 탁견이라 하지 않을 수가 없다고 하겠다. 그러나 앞에서 보았듯이 국내의 자료에서는 가락국(南加耶 또는 金官國)을 임나로 보이고, 일본 자료에서는 대가라大加羅를 임나로 해석하였는데, 그는 어디에 근거하였는지 그 전거를 밝히지도 않고 함안가라를 '어른가라·님네가라·장상 또는 종주가라'라 하여 "항상 저 김해가라와 백중하는 국격을 가졌다."고 하였다. 이 점이 좀 모호하여 옥의 티와 같다고 할 수가 있을 것이다.

4) 가야가 통칭이 된 까닭과 그 시기

지금까지 이 항목의 주제인 5(6)가야에 관하여 살펴보았다. 현재 국내의 가야 관계 자료로서는 가장 오래된 「광개토대왕비」와, 가야伽耶(加耶) 그리고 가락국의 이름을 전하고 있는 『사기』와 『유사』의(『駕洛國記』포함) 편찬 시기(고려시대) 이전의 해외 사료들(『宋書』·『南齊書』및 『日本書紀』등)에는 가야나 가락의 명칭을 전혀 볼 수가 없었다. 반면에 『유사』에서는 『사기』에까지도(극히 드물지만) 보이고 있는 임나와 가라(經說을 인용하여 呵羅國이 한번 나옴)의 국명이 전연 보이지 않는다.

『사기』에서는 임나가량任那加良이 딱 한번 나오고 가락伽落과 가락駕洛이 각각 한번씩 보이며 가라加羅가 두어 군데 보이고는 모두가 가야加耶로 통일하다시피 쓰고 있으며, 『유사』에서는 가락駕洛과 가야伽耶만을 쓰고 있다. 이를 통해서 볼 때 가라加羅·가량加良·가락駕

洛은 같은 말인데 지방 어음語音에 따른 표기의 차이로 그렇게 기록된 것으로 볼 수가 있다. 단지 고구려나 중국 일본 등지에서는 한문으로 가라加羅라고 쓴 것이 전해져서 그렇게 된 것이므로, 그 자료들에는 가랑加良과 가락駕洛이 보이지 않았다고 할 수 있을 것이다.

가야伽(加)耶 또한 가라加羅·가락駕洛과 같은 뜻의 호칭이라 할 수 있으나, 그 쓰인 시기가 가라加羅 사용보다 후대에 속하므로 국내외의 고사료古史料에는 빠졌을 것이라고 여겨진다. 말하자면 '가락과 '가야로 쓰고 있는 『사기』와 『유사』(「가락국기」 포함)의 편찬시기인 고려시대(통일 이후의 신라 때까지 그 시대 범주로 삼을 수 있음) 이전의 「광개토왕비」를 비롯한 중국 및 일본의 사료들에서는 당시 가야의 호칭이 등장하지 않았기 때문에 기록되지 않았다고 할 수가 있다는 것이다. 가야보다는 오래 전부터 써왔던 것으로 보이는 가락駕洛은 그 지방의 전통호칭으로 줄곧 써왔기 때문에 그 밖의 명칭인 가라伽羅나 임나任那는 거기(「駕洛國記」)에 기록을 아예 하지 않은 것으로도 볼 수가 있다. 그러나 가야는 그때(「가락국기」 편찬 당시) 이미 국명으로 일반화되어 있었기 때문에 가락駕洛과 아울러 기재되었을 것이라고 할 수 있을 것이다.

여러 가지 역사적 정황으로 미루어 가야伽耶라는 명칭은 「광개토왕비」나 『송서』·『남제서』·『일본서기』 등에 임나任那·가라加羅·안라安羅 등의 국명이 등재된 훨씬 뒤의 어느 때 쯤에, 불교적 용어가 우리 사회에 무리없이 적응 동화되면서 자연스럽게 불리워졌던 것이 아니었던가 싶다. 즉 불전佛典에 보인 가야의 성읍명城邑名 또는 지명이 관련되어 있는 것으로 볼 수 있지 않을까 하는 것이다.

불교경전을 통해 보게 되는 가야伽耶(Gayā)는 인도 갠지스강의 한 지류인 니련선하尼連禪河(Nairañjana) 주변에 있던 마가다국摩伽陀國의 성읍城邑 이름이다. 그 근처에 가야산伽耶山(象頭山)이 있다. 가야는 코끼리를 뜻하는 말인데 그 산이 코끼리의 두상과 흡사하므로 가야산을 한자로 번역해서 상두산象頭山이라 한다. 이 가야지방은 석존釋尊이 수도하고 성불한 지역이며, 또 천여 명의 제자를 거느린 가섭迦葉 삼형제의 기존 종교집단을 교화하여 비로소 불제자佛弟子로 삼은 우루벨라 마을도 이곳에 있다.39)

그와 같이 가야의 이름이 불교경전에서 근거한 것이 사실이라고 한다면 아무리 일잡아도 그 (가락·가야) 지역에 불교가 전해져서 국가적으로나 일반사회에 무리없이 적응된 다음부터의 일이었다고 할 것이다. 『유사』에 수록되어 있는 『가락국기』나 '금관성 바사석탑金官城婆娑石塔' 쪽에 의하면, 가락국 시조 수로왕의 부인 허황후가 인도의 아유다국阿踰陀國에서 배에다 바사석婆娑石의 탑을 싣고 머나먼 바닷길에 풍랑을 헤치고 건너온 뒤에, 이 땅에는 아직 불교가 전해지지 않아서 절 짓고 불법 받드는 일이 없었다가 제8대 질지왕銍知王 2년(452)에 비로소 왕후사王后寺 등의 절을 세우고 불교를 신봉한 것으로 보이고 있다.40)

---

39) 이에 관한 전거로는 『불본행집경佛本行集經』·『묘법연화경妙法蓮華經』·『대승가야산정경大乘伽耶山頂經』 등 거의 모든 불전에서 보이고 있으므로 일일이 다 열거할 수가 없다.

40) 『유사』 권3, 「탑상塔像」 4, 금관성 바사석탑. "金官虎溪寺婆娑石塔者……首露王之妃許皇后……自西域阿踰陁國所載來……同御國一百五十餘年 然于時 海東未有創寺奉法之事 蓋像敎未至而土 人不信伏故 本記無創寺之文 逮第八代銍知王二年壬辰 置寺於其地 又創王后寺."

가락국 및 그 지방에 언제부터 불교가 전해졌는지는 분명한 기록이 없어서 알 수가 없으나, 국가적으로 절을 세우고 불교를 신봉한 것은 질지왕 2년(452) 이후의 일이었다는 것이다.[41] 그러므로 불교 경전 상에 보인 가야의 명칭을 옮겨와서 가라加羅와 (『사기』에서는 駕洛까지도) 자리를 바꾸어 나라 이름으로 삼았다면 그 시기는 당연히 질지왕 2년 이후의 일로 보는 것이 옳다고 하겠다. 그리고 앞에서 보았지만 신라시대의 초기인 제4대 탈해왕 때부터 보이고 있는 금관국金官國이나 가야加耶의 일컬음도 그 당시의 호칭이 아니라 훨씬 후대(통일신라 후기나 고려 초기)에 와서 통용되었던 것을 『사기』 편찬자들이 당시의 통칭을 그대로 썼기 때문이라고 할 수 있을 것이다.

아마도 금관이란 명칭은 가락국 멸망 후 그곳을 금관군金官郡으로 삼았고 고려 때 금주金州 또는 금관주金官州[42]라 하였다는 사실 등으로 미루어, 가야계통의 지역 국가(6伽耶)들 이름인 임나·아라·고녕·성산 등과 같이 그 지역 국가 명으로(駕洛이 伽耶와 같은 전체적 통칭의 성격이었다면) 일컬었던 것이라 할 수 있을 것 같다. 필자는 가야의 나라 이름에 관해 십수년 전에 논문(「伽耶의 國名과 佛敎와의 관계」)[43]을 쓴 일이 있다. 어쨌든 여기에서는 가야에 관하여 이 정도에서 그치기

---

41) 가락국의 불교에 관한 필자의 논문으로는 「가락불교의 전래와 그 전개」(『불교학보』 27집, 동국대학교 불교문화연구원, 1990)가 있다.
42) 앞에서 보았지만 『사기』 지리지 '김해소경金海小京' 쪽에서는 신라 법흥왕 19년에 금관국 구해왕仇亥王이 항복해왔으므로 그 땅을 금관군으로 삼았으며, 문무왕 때 소경小京, 경덕왕 때 김해경金海京으로 고쳤고, 지금(高麗 때)은 금주이다라고 하였으나, 『가락국기』 제목 아래에 "문종조文宗朝 대강연간大康年間에 금관지주사金官知州事 문인 소찬文人所撰"이라고 되어 있으므로 고려 문종 때에 금관주였음을 알 수 있다.
43) 김영태, 「가야의 국명과 불교와의 관계」(『가야문화』 제6호, 가야문화연구원, 1993).

로 하며,44) 끝으로 안재홍의 「육가라국 소고六加羅國小考」 중 그 총설 일부를 참고로 옮겨보고자 한다.

〔참고〕

加羅의 語原과 그 總說

加羅의 명칭은 古來 자못 어수선한 訟案으로 되어 있으되 누구나 아직 단안을 내리지 못한 者이다. 그 명칭이 駕洛國으로 비롯하여 伽耶, 加羅, 加囉, 迦羅, 呵囉, 柯羅 等으로 쓰고, 金海인 大伽耶에 限하여 金官의 名稱이 있고 杜氏 通典에 "隋文帝時 其王 姓金名眞平 襲加羅 任那諸國滅之"의 文이 있고, 우리의 古文獻에도 高句麗 永樂好太王碑文에 '任那加羅'가 있음을 비롯하여 新羅의 任强首傳에 '任那加良'을 傳한 等이 있다. 任那의 國名起原은 下文으로 밀어두고 駕洛을 加羅로 씀이 要컨대 모두 '가라'의 寫音이니 가라는 古語 가람의 뜻으로 八加羅(혹 九加羅)의 諸國이 主로 洛東江의 右岸에 있어 당시 江河種族으로서의 稱號를 가짐에 依함이다. 이제 一考하건대 江과 浦는 上代에서 그 語音을 같이 하던바로 어느거나 '개' 혹 '가람'으로 하던 바이니…… 그리고 高麗史 地理志에 杆城은 "一云 加羅忽"이오 '水城'이란 別號를 가졌으니 杆城의 邑治가 北川 南川 두 사이에 있어 河川因緣의 깊음으로 이 명칭이 있음일 것이요 '加羅'가 '水'卽 '河川'의 表音字임을 立證할 것이다. …… 드디어 '가라'人 卽 '江人' 또는 河川種族의 칭호를 띠게 된 것이요 因하여는 不例·拘邪 그대로인 '불'·'가라'로 일컫기도 할 것이니 ① 羅, 耶 혹 邪의 吏讀文上의 用例가 대개 '라 혹 '나로서 一致됨과, ② 佛敎輸入 이후 佛陀伽耶等 그 地名 語彙가 震方地名上에 준 영향과, ③ 江의 義가 '개울'로

---

44) 최근 들어 가야 및 그 문화에 대한 연구가 매우 활발한 편이다. 1988년에 창간호를 낸 『가야문화』(伽耶文化硏究院, 발행인 金完基)는 사계의 유수한 학자들이 참여하여 매년 알찬 연구논문을 발표하여 현재에 이르고 있으며, 그 밖의 논저로는 윤석효의 『신편 가야사』 등 다수의 저술들이 간행되고 있다.

또 '개'로 차차 바뀜에 따라 伽耶의 音 '가야가 '개'의 發音과 비슷한 관계 등에 의하여 加羅를 혹 伽耶로 쓰게 되고 더욱 山名에서 이를 後世까지 머물게 된 者 많음에 이른바 일 것이다.

【註】
加羅·迦羅 等字도 佛敎文獻에 因緣이 깊은 바이니 迦毘羅城主의 加羅에도 그렇고 拘尸那加羅·補特伽羅 等에서 더욱 그러하며 伽耶迦葉·佛陀伽耶 等은 人名 地名으로 아울러 有名한 者이니 上代의 文獻이 모두 佛敎의 影響에서 많이 浸染되었음을 알 것이다.

現代의 通用口語가 伽耶山 伽耶谷 등으로 거의 개산 개실로서 發音되는 것은 識者가 잘 아는 바일 것이다. 以下 특히 六加羅를 各論함에 依하여 더욱 그 全貌가 判明되려니와 그들은 洛東江에 依하여 河川航行에 從事하고 멀리는 江口로부터 海洋方面에도 달려서 일찍부터 上代 日本에까지 交通하는 자못 活潑한 種族으로 되었던 것이요 이에 인하여 彼方에서도 韓土에 대하여 'カラ'의 稱號를 通用하게 되었고 唐과의 交通이 빈번하여짐에 미쳐서는 唐을 또한 'カラ'라고 하여 'カラ'라는 말이 그들 前代 外國에 대한 칭호를 代表하게까지 되었다. 要컨대 魏志 弁辰傳에 弁辰拘邪國이 즉 弁韓加羅國의 異字요 同 '倭人傳'에 拘邪韓國이 加羅韓의 異字요 同 馬韓辰王의 '優呼' 文字中에 '不例·拘邪'는 부리·가라(불·가라)의 表音이니 複合된 名詞로 된 것이다. 加羅는 卽 '三韓'의 一로서 弁韓의 異稱인 것이다.45)

---

45) 안재홍, 『조선상고사감』 상. 八. 육가라국소고六加羅國小考. 一. 가라의 시원과 그 총설 (pp.301~304).

북부여 北扶餘

Ⅰ. 원문과 새김글
　1. 원문
　2. 새김글

Ⅱ. 문제점 살펴보기
　1. 해모수解慕漱와 그 아들
　2. 동부여東扶餘로 옮겨간 연유

Ⅰ. 원문과 새김글

1. 원문

北扶餘

　古記云　前漢書宣帝神爵三年壬戌四月八日　天帝降于訖升骨城(在大遼醫州界) 乘五龍車 立都稱王 國號北扶餘 自稱名解慕漱 生子名扶婁 以解爲氏焉 王後因上帝之命 移都于東扶餘 東明帝繼北扶餘而興 立都于卒本州 爲卒本扶餘 即高句麗之始(見下)

2. 새김글

북부여

『고기古記』1)에는 이러하다.

전한前漢2)의 선제宣帝 신작神爵 3년 임술(B.C.59)의 4월 8일에 하늘임금의 아들(天帝子)3)이 흘승골성訖升骨城4)〔대요大遼의 의주醫州의 지경에 있다.〕에 다섯 용의 수레(五龍車)를 타고 내려왔다. 그곳에 도읍을 세우고 임금이 되어 나라 이름을 북부여北扶餘라 하였으며, 스스로 이름을 해모수解慕漱라 일컬었다. 아들을 낳아 부루扶婁라 이름하고 해解를 성씨로 삼았다.

왕5)은 뒤에 상제上帝(곧 하늘임금)의 명령으로 도읍을 동부여로 옮

---

1) 여기서의 『고기』는 『구삼국사기舊三國史記』의 「고구려본기」 혹은 그 관계의 인용 고기록이 아닌가 싶다.
2) 저본의 원문은 "전한서선제前漢書宣帝"로 되어 있으나, 글 흐름으로 보아 '서書'는 잘못 들어간 글자이므로 빼고 새겼다.
3) 역시 저본의 원문은 '천제天帝'로만 되어있으나, 다음에 보게 될 고구려 쪽에서도 "천제의 아들 해모수(天帝子解慕漱)"라 하였지만 이야기 내용으로 보아도 '자子'가 빠진 것으로 볼 수 있으므로, '하늘임금의 아들(天帝子)'이라 새겼다.
4) 흘승골성을 이병도는 승흘골升訖骨(솔꼴)성으로 보아야 한다고 하였다.(『한국사 - 고대편』, p.229 및 그의 『역주 삼국유사』, p.188) 『유사』 찬자는 이 흘승골성 밑에 주석을 달아 "대요大遼의 의주醫州界에 있다."라고 하였으며, 현재 학계에서는 이곳을 지금의 중국 요녕성遼寧城 환인현桓仁縣의 오녀산성五女山城일 것으로 보려고들 한다.
5) 이 왕은 누구를 가리키는지 원문에서는 모호하다. 해모수가 왕이 되어 국호를 북부여라 하였으며 아들 해부루를 낳았다고 한 다음에, 느닷없이 "왕은 나중에 상제의 명으로(王後因上帝之命)"라고 하였으므로, 여기서의 왕은 북부여 최초의 왕인 해모수를 가리키는 것으로 보기가 쉽다. 그러나 다음 항목의 '동부여'에서는 북부여 왕 해부루가 천제의 명에 따라 동부여로 옮겨간 것으로 보이고 있으며, 또 그 다음의 '고구려' 항목에서도 "북부여 왕 해부루가 그 땅을 피하여 동부여로 갔다.(北扶餘王解扶婁 旣避地于東扶

겨갔다.6) 동명임금(東明帝)7)이 북부여를 이어서 일어나 졸본주卒本州8)에 도읍을 세우고 졸본부여라 하였으니, 곧 고구려의 비롯이다.9) 〔아래에 보인다.〕

餘)"라고 하였으므로, 여기서의 왕은 해부루를 가리키는 것이 틀림없다고 하겠다.
6) 『사기』 「고구려본기」의 '시조 동명성왕始祖東明聖王' 쪽에서는 해부루왕이 동부여로 옮겨간 뒤 그 옛 도읍에는 어디서 왔는지 알 수 없는 사람이 스스로 천제의 아들 해모수라 일컬으며 와서 도읍하였다(其舊都有人 不知所從來 自稱解慕漱 來都焉)라고 하였으니, 부루왕의 아버지가 해모수라는 이 항목의 내용과는 전혀 다른 이야기라 할 수 있다.
7) 동명제東明帝는 동명왕·동명성왕東明聖王이라고도 하며, 이른바 고구려 시조왕 고주몽高朱蒙을 가리킨다.
8) 졸본주는 앞의 '말갈 발해'쪽의 주17)에 나온 졸본성卒本城과 같다.
9) 저본의 원문은 '고구려지시高句麗之始'이며, 그 밑에 '견하見下'라고 주석이 붙여져 있다. 그러나 거의 대부분의 역주본들에는 '시始' 다음에 '조祖'를 붙여 '고구려지시조高句麗之始祖'(『삼국유사고증』 상, p.374 등)라고 하였는데, 이는 세로 쓰기(縱書)의 원문 분주分註인 '하견下見' 곧 '견하見下'를 '조祖'의 잘못 써어진 글자로 보았기 때문인 듯 하다. 그래서 그러한 경우에는 '견하見下'라는 주가 없다. 그런데 '견하見下'의 주를 그대로 옮겨 쓴 번역자들 마저도 "고구려의 시조이다.〔아래에 보인다(또는 '아래에 나타난다')〕"라고 두 가지를 겹쳐 쓰는 경우도 있다. 그러나 이 동명제 이하의 글은 고구려의 시조를 밝히려는 것이 아니고, 동명왕이 북부여를 이어 졸본부여를 세운 것이 곧 고구려의 시작이었다는 뜻을 보인 것이라 할 수 있다. 그에 연관되는 사연이 다음 항목(동부여, 고구려)에 나오므로 '견하見下'라고 한 것이라 하겠다.

II. 문제점 살펴보기

　이 항목의 본문 끝에 붙여진 주석인 '견하見下'는, 다음 항목(동부여와 고구려)에도 관련된 내용이 보이고 있으니 참고로 살펴보라는 뜻이 함축되어 있는 것으로 보인다. 실제 이 항목 북부여北扶餘에 담긴 내용은 다음의 '동부여東扶餘'를 봄으로써 이해가 쉽게 되며 또 그 다음의 '고구려高句麗' 항목에까지 연관성이 있다. 그러나 나뉘어진 항목 이대로 각각 살펴보고자 한다.
　이 항목에서 문제가 되는 것은 우선 해모수와 그 아들 부루에 관하여서라고 할 것이다. 그 다음은 상제의 명에 의하여 동부여로 옮겨갔다는 이도移都 사실이라 할 수 있다.

1. 해모수와 그 아들

　이 항목의 원문에는 분명히 '흘승골성訖升骨城에 내려온 천제天帝가 스스로 이름을 해모수解慕漱라 하였다'는 것으로 되어 있다. 앞 주에서도 밝힌 바가 있는 다음다음의 고구려 항목에는, "스스로 말하기를 천제의 아들 해모수라고 하다.(自言天帝子解慕漱)"라고 하였다. 이

뿐 아니라 여러 가지 정황으로 보아 해모수는 '하늘임금(天帝)'보다는 '하늘임금의 아들(天帝子)'로 보는 것이 옳을 듯하다.
 앞의 '고조선古朝鮮' 쪽에서 잠시 인용한 바가 있지만 이병도는,

> 환桓과 해모解慕는 다 '곰'(고마)의 사음寫音이요, 웅雄은 '숫'으로 훈독訓讀, 漱는 '수'로 음독音讀하여 남성을 의미한 실상 동일인명同一人名이라 한다.

라는 자산自山 안확安廓의 설을 받아들여, "환웅桓雄 곧 해모수解慕漱를 천제자天帝子라 혹은 천왕天王 혹은 천왕랑天王郎이라 한다." 하였다.10)

 그러한 해모수가 하늘에서 내려와 북부여국의 왕이 되었으며, 아들을 낳아 이름을 부루扶婁라 하고 성을 해씨解氏라 하였다는 것이다. 안자산과 이병도의 설대로 해모수가 환웅과 같은 이름으로 동일한 하늘 아들 곧 환웅이 해모수라고 한다면, 부루는 환웅(해모수)에게는 또 하나의 아들이 되므로 앞서의 단군과는 형제가 된다고 하겠다. 해모수가 아들을 낳았다고만 되어 있고, 웅녀熊女(단군 어머니)한테서 태어난 것으로 보이고 있지 않으므로 단군과는 이복형제라고 할 수가 있을 것 같다. 그러나 그렇게 간단한 문제만은 아니다.
 다음다음 항목인 '고구려' 쪽에 보면, 해모수의 아들인 북부여 왕 해부루解扶婁11)가 단군의 아들로 보이고 있다. 그 항목에서 자세히

---

10) 이병도, 앞의 책, p.73, 74.
11) '북부여' 쪽에서는 解扶婁라 하였으나, '동부여'와 '고구려' 쪽에서는 解夫婁라 쓰고

보겠지만 지금 여기에 걸려 있는 문제이므로 그 부분만을 옮겨본다.

『단군기壇君記』에 이르기를, 단군이 서하西河 하백河伯의 딸과 가까이 하여(사랑하게 되어) 아들을 낳으니 이름을 부루扶婁라 한다 하였다. 지금 이 기록에 의거하면 해모수가 하백의 딸과 사통한 뒤에 주몽朱蒙을 낳았다고 하였으며, 『단군기』에는 아들을 낳아 부루라고 이름하였다 하였으니, 부루와 주몽은 어머니가 다른 형제이다.12)

이 주석 글에 의한다면 찬자는 해모수와 단군을 동일인으로 보고 있음을 알게 된다. 그래서 부루와 주몽이 어머니가 다른(異母) 형제라고 본 것이라 하겠다. 말하자면 이 항목(北扶餘)에서 해모수가 부루의 아버지로 보이고 있는데, 『단군기』에서는 부루가 단군의 아들로 되어 있으므로, 부루의 아버지 해모수는 곧 단군이며 따라서 주몽의 아버지 해모수가 곧 단군이 되기 때문에 부루와 주몽은 어머니가 다른 형제(異母兄弟)가 된다고 한 것이라 할 수 있다. 그러한 까닭으로 이 『유사』의 앞쪽 「왕력王曆」 편에서도 동명왕東明王 쪽에 주몽을 '단군의 아들(壇君之子)'이라고 한 것이라 하겠다.13)

그런데 『유사』와 비슷한 시대의 이승휴 찬인 『제왕운기』에는 단

있다. 곧 '扶'와 '夫'의 차이가 있다.
12) 이 부분은 다음다음의 '고구려' 항목에서, 『사기』(「고구려본기」)에 있는 동명성왕의 이야기를 초록해 옮긴 가운데에 『유사』 찬자가 『단군기』를 이끌어와서 부루와 주몽의 출생을 견주어본 주석 글이다. 그 해당 항목에서 자세히 볼 것이므로 여기에서는 요긴한 부분의 원문 인용을 생략하였다.
13) 이에 관해서는 앞 책 「왕력」 편 고구려 '제일 동명왕' 쪽에서 이미 살펴본 바가 있다.

군의 아들 부루에 관해 다음과 같이 보이고 있다.

> 『단군본기』에는, (단군이) 비서갑의 하백 딸과 결혼하여 아들을 낳았으니 이름이 부루이다.(檀君本紀曰 與非西岬河伯之女 婚而生男 名夫婁)[14]

이 또한 이제 본 『유사』 찬자의 주석 글에 나온 『단군기』와 같은 내용이라 할 수 있다. 그러나 여기에는 약간의 차이가 있다. 우선 한쪽은 『단군기』이고 또 한쪽은 『단군본기』이며, 한쪽에는 '서하 하백의 딸(西河河伯之女)'이라 하고, 또 한쪽은 '비서갑 하백의 딸(非西岬河伯之女)'이라 하였다. 그리고 『유사』 쪽에서는 "하백의 딸과 사랑하게 되어(또는 가까이하여) 아들을 낳으니 이름을 부루라 하다.(河伯之女要親 有産子 名曰夫婁)"라 하였고, 『제왕운기』 쪽에서는 "결혼하여 아들을 낳았으니 이름이 부루이다.(河伯之女 婚而生男 名夫婁)"라고 하였다.

한쪽은 '가까이 지내어' 또는 '사랑하게 되어(要親)'이고, 한쪽은 '혼인(결혼)하여(婚而)'이며, 또 아들을 낳은 것도 원문으로 "유산자명왈부루有産子名曰夫婁"와 "생남명부루生男名夫婁"로 각각 약간의 차이가 난다. 이는 『단군기壇君記』와 『단군본기檀君本紀』의 차이인지 아니면 같은 원전인데 옮긴 이(移記者)의 붓에 따라 달라진 것인지 모를 일이다.

어쨌든 고전에 나타난 그대로를 볼 때 해모수는 하늘임금(天帝)의 아들이고, 단군은 하늘임금(天帝桓因)의 서자인 환웅(桓雄天王)의 아

---

14) 『제왕운기帝王韻記』 권하. "各自稱國相侵凌 …… 先以扶餘." 아래에 붙여놓은 주석의 첫머리 부분.

들로 태어났었다. 그러므로 환웅과 해모수를 별개의 인물로 본다고 하더라도 그 둘은 다 같이 하늘임금(天帝)의 아들이 되기 때문에 형제간이 된다고 할 수 있다. 그렇게 본다면 인간의 촌수로 따져서 해모수는 단군의 삼촌이 되며, 아울러 해모수의 아들 부루와 주몽은 단군에게 있어서는 사촌동생인 셈이 된다고 하겠다.

앞에서 본 바가 있지만 해모수와 환웅을 동일인물로 보려는 학자도 있었다. 곧 환桓과 해모解慕는 모두 '곰'(고마)의 사음寫音이요, 웅雄은 '숫'의 뜻으로 읽고(訓讀하고) 수漱는 '수'로 음독音讀하여 남성을 의미한 실상 동일 인명으로 보았었다.

그러나 그보다 하늘님과 해님을 동일시했던 당시에 있어서 환桓은 하늘의 변음이며 해解는 태양을 나타낸 말이라고 본다면, 웅雄 곧 숫(漱)은 남성(사람에 견줄 때는 男子·아들) 또는 용감한 승자勝者의 뜻으로도 풀이되므로 환웅은 '하늘님의 아들', 해모수는 '햇님의 아들'을 일컫는 말이 된다고 할 수 있기 때문에, 훗날 한문으로 쓰면서 환웅桓雄과 해모수解慕漱를 모두 '天帝(之)子'라 하였던 것으로 볼 수가 있지 않을까 싶다.(이 문제는 高句麗 쪽에서 좀 더 살펴볼 생각이다.)

다시 말해서 만약에 해모수와 환웅이 같은 인물이었다면 단군과 해부루와 고주몽은 모두 한 아버지의 아들로 형제가 된다. 그러면서도 각각 어머니가 다르게 보이고 있으므로, 그들이 틀림없는 형제라 하더라도 어머니가 다른 이복異腹형제가 된다고 할 수 있을 것이다. 그러나 천제의 아들(天帝子)이라고 해도 하나뿐이 아닐 것이며 또 여러 가지 역사적 정황으로 보아 부루와 주몽을 단군의 동생으로 보기는 문제가 많다.

우선 『단군기』에서는 부루를 단군의 아들이라고 하였었다. 이(『단군기』)를 위주로 본다면 부루의 아버지는 단군이 되므로, 또 한쪽에서 아버지로 보인 해모수는 단군의 다른 이름으로도 볼 수가 있으며, 아울러 주몽의 아버지라는 해모수도 또한 단군과 동일 인물이 된다고 할 수도 있다. 그래서 「왕력」에서는 주몽을 '단군의 아들'이라 하였고, 『단군기』의 주석에서는 부루와 주몽을 이복형제라고 한 것이라 하겠다.

　나중에 고구려 쪽에서 자세히 보겠지만 『사기』의 「고구려본기」에 나오는 고주몽 이야기에 의하면, 부여 왕 해부루는 고주몽의 할아버지뻘이 된다. 부루왕의 양자 금와왕金蛙王이 주몽을 양아들로 키웠기 때문이다. 그렇게 보면 부루의 아버지 단군(또는 해모수)은 고주몽에게는 증조부가 되는 셈이다. 그와 같이 이 문제는 얽히고 설켜서 매우 복잡하다. 이러한 문제들은 아무래도 나중의 고구려 항목에서 좀 더 차분히 살펴보아야 할 것이라고 본다.

　끝으로, 여기에 이병도의 해모수 천강설화天降說話에 관한 견해의 일단을 참고로 옮겨 본다.

　　해모수解慕漱의 천강설天降說 내지 하백녀河伯女에 관한 설화는 이미 말한 바 환웅천왕桓雄天王 및 웅녀熊女에 관한 그것과 비슷하다. 비슷하다기보다도 바로 똑같은 설화가 분화된 것이라고 보고 싶다. 환웅·웅녀·단군의 관계는 즉 해모수(또는 金蛙)·하백녀·동명東明의 관계와 똑같은 것으로, 다소 명칭의 표현과 처소處所 등등의 지칭이 다를 뿐이다. 그러나 설화 내용으로 보면 도리어 환웅설화가 해모수설화보다 더 고형古形을 보유하고 있는 것을 알 수 있으니, 결국 전자가 고구려 시조 동명설

화에 부회附會된 것이라고 보아야 하겠다.15)

2. 동부여로 옮겨간 연유

북부여가 동부여로 옮겨간 연유에 대하여 원문에서는, "상제의 명에 의하여(因上帝之命)"라는 단 한마디를 보이고 있다. 물론 상제는 이 항목 첫줄에 나오는 하늘임금(天帝)이다. 하늘임금의 아들인 해모수가 나라를 세우고 그 아들 부루가 뒤를 이어 왕이 되었으니, 상제 곧 천제는 부루왕의 할아버지가 된다.

할아버지가 되는 상제의 명령이므로 어길 수가 없었겠지만, 할아버지 하늘임금이 땅위의 손자 왕에게 더 좋은 땅으로 옮겨가도록 지시하였다고도 볼 수가 있다. 다음 항목(東扶餘)에서는 그 내용이 나와 있지만 여기에는 한 마디의 설명도 없이 불쑥 '상제의 명으로' 도읍을 옮겨갔다고만 하였다. 그리고는 또 느닷없이 "동명제東明帝)가 북부여를 이어 일어나서 졸본주에 도읍을 세우고 졸본부여卒本扶餘라 하였으니 곧 고구려의 비롯이다."라고 하였다.

결국 동명제 고주몽의 홍기興起를 위하여 그 땅을 비우게 한 것으로 보이고 있다. 이는 곧 고구려의 홍기를 예고한 것이라고도 할 수가 있다. 따라서 북부여는 동부여의 전신이면서 졸본부여 곧 고구려 개국의 시발점이 됨을 드러내 보인 것이라고도 할 수 있을 것 같다.

사실 이 항목(北扶餘)은 다음 항목(東扶餘)과 내용이 이어져 있어서

---

15) 이병도, 앞의 책, p.218.

따로 나눌 필요가 없다고 할 수 있다. 동부여로 옮겨간 구체적인 이야기와 옮긴 뒤의 부여 역사가 간략하게나마 동부여 쪽에서 전해져 있기 때문이다. 그리고 북부여가 동부여로 가면서 비워놓은 그 땅에 나라(졸본부여)를 세워 대고구려를 이루게 한 고주몽 동명왕의 이야기도 동부여의 다음 항목인 고구려 쪽에 연결지어져 있다. 그러므로 이 항목은 비록 하나의 항목이기는 하나 실은 부여국 옛 역사의 서설이며, 대고구려국의 시원始源을 여는 출발점이 된다고도 할 수 있을 것이다.

동부여東扶餘

I. 원문과 새김글
　1. 원문
　2. 새김글

II. 문제점 살펴보기
　1. 살펴볼 문제들
　2. 천제天帝의 자손이라는 이유
　3. 부여 멸망(國除)의 문제
　4. 내외 사료에 보인 부여국

Ⅰ. 원문과 새김글

1. 원문

東扶餘

北扶餘王 解夫婁之相阿蘭弗夢 天帝降而謂曰 將使吾子孫立國於此 汝其避之(謂東明將興之兆也) 東海之濱有地 名迦葉原 土壤膏腴 宜立王都 阿蘭弗勸王 移都於彼 國號東扶餘 夫婁老無子 一日祭山川求嗣 所乘馬至鯤淵 見大石 相對淚流 王怪之 使人轉其石 有小兒 金色蛙形 王喜曰 此乃天賚我令胤乎 乃收而養之 名曰 金蛙 及其長 爲太子 夫婁薨 金蛙嗣位爲王 次傳位于太子帶素 至地皇三年壬午 高麗王無恤伐之 殺王帶素 國除

2. 새김글

북부여 왕 해부루의 대신 아란불阿蘭弗의 꿈에 하늘임금이 내려와서 말하기를, "내 자손으로 하여금 이곳에 나라를 세우게 하려 하니 너희는 여기를 떠나도록 하라.〔동명왕이 장차 일어날 조짐을 이른 것이다〕[1] 동쪽 바닷가에 가섭원迦葉原[2]이란 땅이 있으니 토질이 기름져서 왕성을 세울 만하다."라고 하였다. 아란불이 왕에게 권하여 그곳으로 도읍을 옮기고 나라이름을 동부여東扶餘라 하였다. 부루夫婁왕은 늙도록 아들이 없어서 하루는 산천에 제사하여 뒤를 이을 아들을 구하였는데, 그가 탄 말이 곤연鯤淵이란 곳에 이르러 큰 돌을 마주보면서 눈물을 흘렸다. 부루왕이 이상하게 여기고 사람을 시켜 그 돌을 굴리게 하였더니 거기에 금빛 개구리같이 생긴 어린아이가 있었다.

왕은 기뻐하여, "이야말로 하늘이 나에게 아들을 주신 것이다." 하고는 거두어 기루었으며 이름을 금와金蛙라 하였다. 그가 자라자 태자로 삼았으며, 부루왕이 세상을 떠나고 금와는 그 자리를 이어 임금이 되었다. 금와왕은 다음 왕위를 태자 대소帶素에게 전하였는데, 지

---

1) 이 부분은 『유사』 찬술자의 주석이다.
2) 가섭원은 『사기』 「지리지」에 나오는 하서량(라)河西良 또는 하슬라阿瑟羅, 『유사』에는 아슬라阿瑟羅의 소리가 옮겨진 것이라 하여 지금의 강원도 강릉江陵으로(동부여도 마찬가지로) 보는 이도 있다.(權相老 편 『韓國地名沿革考』 p.2에서 『東賽錄』을 인용한 부분). 그러나 신채호는 그의 유저 『조선상고사』(鍾路書院, 1948), pp.96~97에서, 가섭원을 '갈사나曷思那·가시라' 곧 북北 '가시라'라고 하여 지금의 중국 만주의 길림성吉林省 혼춘琿春이라고 하였다. 그 밖에도 이들과 다른 견해가 없지 않으나 아직 가섭원의 정확한 위치는 밝혀지지 않았다고 할 수 있다.

황地皇 3년 임오(A.D.22)에 고구려 왕 무휼無恤3)이 동부여를 쳐서 임금 대소를 죽이니 나라가 멸망하였다.4)

---

3) 무휼은 고구려 제3대 대무신왕大武神王의 이름이며, 제2대 유리왕瑠璃王의 셋째 아들로 혹은 대해주류왕大解朱留王이라고도 일컫는다.
4) 지황 3년은 대무신왕 5년(22)인데, 대소왕의 죽음과 부여의 사정은 『사기』 권14 「고구려본기」 2의 대무신왕 5년 쪽에 자세히 보이나, 이 해에 부여가 멸망한 것은 아니다.

Ⅱ. 문제점 살펴보기

1. 살펴볼 문제들

앞쪽에서 본 바와 같이 이 항목은 북부여(앞 항목)와 이어져 있다. 그래서 개국조開國祖(해모수)의 이야기가 앞 항목에 나왔으므로, 동부여에는 건국신화가 따로 없다.

북부여와 동부여는 옮겨간 지역의 위치에서 붙여진 구분이므로 실은 다같은 하나의 부여국이다. 그러나 이들 항목에서는 각각 "나라 이름을 북부여라 하다.(國號北扶餘)" · "나라 이름을 동부여라 하다.(國號東扶餘)"라고 그 국호를 따로따로 일컫고 있다. 이에 따른다면 북부여와 동부여는 분명히 국호가 다른 나라로 되어 있다고 할 수 있다.

예부터 그렇게 전해져 왔으므로 이『유사』에서도 그대로 항목을 나누어 전한 듯하다. 비록 그렇다고 하더라도 사실상 북부여와 동부여는 별개의 국가가 아닌 하나의 나라이며, 북쪽과 동쪽이라는 지역적 위치에 따른 구분에 지나지 않는다고 할 수 있다. 따라서 하나의 부여국을 옮겨가기 전과 후의 시기로 나누어 '전부여', '후부여'로 일컫는 것도 무방하다고 할 것이다.

　북부여가 동쪽으로 옮겨간 연유에 관해 앞 항목에서 잠시 본 바가 있지만 그 자세한 내막은 이 항목에 보이고 있다. 여기에 자세히 살펴볼 문제가 들어 있다. 곧 천제의 자손이 나라 세울 곳이므로 그곳을 피해 옮겨갔다는 것이다. 북부여 왕 해부루도 하늘임금의 자손인데 왜 피해가야 했는가? 먼저 이 문제를 살펴보기로 한다.

　다음으로, 이『유사』본문의 동부여 쪽 맨 끝에 '대소왕이 살해됨으로써 나라가 망한 것(殺王帶素國除)'으로 보이고 있는 문제이다. 실은 그 백년쯤 뒤에도 부여의 존재가 우리의『사기』에 보이고 있으며, 또한 그보다 백 년 가까운 더 뒤에까지도 중국의『후한서』에 보이고 있기 때문에 이 문제 또한 자세히 살펴보지 않을 수가 없다고 할 것이다. 끝으로, 이『유사』에서 보이고 있는 부여, 곧 '북부여'와 '동부여' 외의 국내외 사료史料에서 전해지고 있는 부여의 역사에 관하여 살펴보고자 한다. 이는 문제점의 대상이라기보다는 사료의 정리차원에서 본다고 할 수 있다.

2. 천제天帝의 자손이라는 이유

　본문에서 본 바와 같이 하늘임금의 아들인 해모수가 북부여를 세운 후 그 아들 해부루가 뒤를 이어 왕이 되었을 때, 부루왕의 신하 아란불의 꿈에 하늘임금이 나타나 "나의 자손이 이곳에 나라를 세울 것이니 너희는 여기를 떠나거라. 동쪽 바닷가에 가섭원이라 일컫는 기름진 땅이 있으니 거기에 도읍을 세울 만하다."라고 하였으므로,

아란불이 왕에게 권하여 그곳으로 도읍을 옮겨 국호를 동부여라 하였다는 것이다.

이 이야기를 두 단계로 나누어 볼 수가 있으니 첫째는 그곳을 떠나라는 천제의 명이며, 다음은 새로 가야 할 곳의 지시라고 할 수 있다. 그런데 문제는 이 명命에 있다. 이 부분이 바로 앞 항목에서 보았던 "하늘임금의 명으로 연유해서 도읍을 옮기다.(因上帝之命移都)"라는 말에 해당된다.

문제가 되는 이 명령(命)의 이유가 곧 "나(天帝)의 자손으로 하여금 이곳에 나라를 세우게 하고자 한다."는 것이다. 찬자는 그 아래에 주석을 달아 "동명왕東明王이 장차 일어날 징조를 이른다."라고 하였다. 그러므로 여기에서 말하는 천제의 자손이란 바로 동명왕 주몽朱蒙을 가리킨 것임을 알게 된다.

다시 말해서 하늘임금(天帝・上帝)이 자신의 자손이 세울 나라의 터를 확보하기 위하여 이미 왕국을 꾸미고 있는 북부여를 내쫓은 것이라고 할 수 있다. 그리고는 선심을 쓰듯이 "동해 가에 가섭원이라는 기름진 땅이 있으니 도읍을 세워 왕국을 이룰 만하다.(그리로 가서 나라를 새로 세우고 살아라)"라고 옮겨갈 곳을 지시해 주었다는 것이다.

새로 옮겨갈 가섭원이란 곳이 땅이 비옥하고 왕국을 꾸미기에 마땅한 곳이라면, 자신의 자손으로 하여금 가서 살게 할 일이지 어째서 이미 자리 잡고 있는 해부루왕으로 하여금 옮겨가게 하였을까. 아마도 북부여가 자리한 곳이 왕국의 터로는 더 훌륭하였기 때문에, 그곳을 빼앗고 그보다 덜 적합한 가섭원 쪽으로 내쫓은 것이 아니었을까 하는 생각도 해볼 수가 있다. 설령 새로 옮겨간 곳이 좋은 땅이었다고 하더라도 이 이야기에 드러난 그대로라면, 북부여 왕 해부루는 부왕 해모수로부터 물려받은 땅에서 쫓겨나 동쪽 바닷가로 옮겨가서 동부여의 왕이 된 것이라고 할 수가 있을 것이다.

그러나 여기에서는 무엇보다도 하늘임금의 자손(天帝子孫)이라는 문제에 초점을 두고자 한다. "나의 자손으로 하여금 이곳에 나라를 세우게 하고자 하니 너희는 여기를 떠나(피해) 가도록 하라."고 하였다는 하늘임금(天帝)은 곧 그곳을 쫓겨나게 될 해부루의 할아버지이기도 하다. 하늘임금의 아들 해모수가 바로 해부루의 아버지이기 때문이다.

그러므로 북부여(나중엔 동부여) 왕 해부루도 틀림없는 하늘임금의 자손이다. 그러나 앞의 북부여 쪽을 보지 않고 이 동부여 항목만을 끊어서 보게 된다면 해부루는 천제의 자손이 아닌 왕으로 보기가 쉽다. "나의 자손이 장차 나라를 세울 곳이니 여기에서 떠나거라."라고 하였다면, 현재의 왕인 해부루는 자기(天帝)의 자손이 아닌 것이 된다. 곧 "나(天帝)의 자손이 나라를 세울 곳이므로 (나의 자손이 아닌) 너희는 이곳을 떠나(피해) 가거라."라는 뜻의 말이 되기 때문이다. 다같은 천제의 자손이라면 이미 그 땅을 다스리고 있는 자손(해부루)을 남처럼 제쳐놓고, 아직 태어나지 않은 미래의 자손(고주몽)만을 자기(天帝)의 자손이라고 할 수가 있을까. 해부루가 틀림없는 천제자(天帝子) 해모수의 아들이라고 한다면 이 이야기에 나오는 천제의 말은 매우 모순된다고 할 수 있다.

앞 항목에서도 잠시 언급되었지만 해부루가 옮겨간 뒤의 북부여 땅에 나라를 세운 천제의 자손은 동명왕 고주몽이다. 그는 천제의 아들인 해모수의 아들로 태어났기 때문에 하늘임금의 자손이 된다. 해부루 또한 그보다 앞서 하늘에서 내려온 해모수의 아들로 태어나 부왕(해모수)의 뒤를 이어 북부여의 왕이 되었었다. 그러므로 오히려 해부루가 고주몽보다 훨씬 먼저 태어나 북부여의 왕이 된 천제의 자손임에 틀림이 없다. 『단군기』의 설에 따라 해부루가 단군檀君의 아들이었다고 하더라도 그 아버지 단군이 환인천제桓因天帝의 아들 환웅천왕桓雄天王이었으므로, 또한 어김없는 하늘임금의 자손이 된다.

  하늘임금의 명에 의해 해부루가 동부여로 옮겨갈 무렵에는 고주몽이 세상에 태어나지도 않았다. 그보다도 훨씬 뒤에 부루왕이 옮겨간 동부여에서 부루왕이 세상을 떠난 뒤에 태어났었다. 늙도록 아들이 없던 부루왕이 길에서 얻은 어린애(金蛙)를 길러 태자로 삼았고, 부루왕이 죽은 뒤 왕이 된 금와왕이 나중에 만난 여자(柳花)의 몸에서 주몽이 태어난 것으로 되어 있다.

  그러므로 천제의 자손(고주몽)이 나라를 세울 곳이기 때문에 다른 데로 옮겨가라는 천제의 명에 의해 다 같은 천제의 자손이면서도 해부루왕이 미리 그 땅(북부여)을 비우고 동부여로 피해 옮겨갔다는 따위의 이야기는 실제 사리에 맞지 않는다고 할 수 있다. 이는 다만 천손天孫 고주몽이 졸본부여에서 흥기하여 대고구려국을 건설한 위업偉業을 설화화한 고구려 중심의 건국신화로 해석해야만 이해가 가능한 문제라고 할 수가 있을 것이다.

3. 부여 멸망(國除)의 문제

"고구려 왕 무휼(大武神王)이 동부여를 쳐서 대소왕을 죽이니 나라가 멸망하였다.(高麗王 無恤伐之 殺王帶素國除)" 즉 부여의 왕 대소를 죽이니 나라가 멸망하다(없어지다)는 것이므로, 이대로라면 대소왕이 죽임을 당한 지황 3년 곧 대무신왕 5년(A.D.22)에 부여가 망한 것으로 볼 수가 있다. 그때의 사정을 『사기』 본문5)에서 필요한 부분만을 옮겨보면 대략 다음과 같다.

5년(A.D.22) 2월에 대무신왕大武神王은 부여국의 남쪽으로 진군하였다. 그곳 땅이 매우 진창이어서 왕은 평지를 골라 진영을 만들어 군졸들로 하여금 편안하게 쉬도록 하였다. 그것을 본 부여 왕은 온나라의 군사를 동원하여 고구려 군사가 방비없이 쉬고 있는 틈을 타서 엄습해 왔다. 말을 달려 고구려 진영 앞으로 쳐들어갔으나 진창에 빠져 나아갈 수도 물러갈 수도 없게 되었다. 이때 대무신왕이 장수 괴유怪由를 시켜 반격하게 하니 괴유가 부여 왕 대소의 목을 베었다. 부여 사람들이 그 왕을 잃고 기력이 꺾였으나, 굴복하지 않고 몇 겹으로 고구려군을 포위하였다. 양식이 떨어져 군사들이 굶주리게 되어 대무신왕은 괴로워하다가 짙은 안개를 틈타 간신히 탈출하였다. 대궐로 돌아온 왕은 신하들에게 말하기를, "내가 부덕하여 경솔하게 부여를 쳤다가 비록 그 왕은 죽였으나 그 나라는 멸망시키지 못하였으며, 또한 우리 군사의 손실이 많았으니 이는 나의 과실이다."라고 하였다.

---

5) 『사기』 권14, 「고구려본기」 2, 대무신왕大武神王 5년 쪽.

그해 4월에 부여 왕 대소의 동생이 갈사수曷思水가에 이르러 나라를 세우고 왕이 되었다. 이는 부여의 전왕이었던 금와왕金蛙王의 작은 아들인데, 그의 이름은 전하지 않는다. 처음에 그는 대소왕의 죽음을 보고는 장차 나라가 망할 것을 알고 따르는 사람 백여 명과 함께 압록곡에 이르러, 마침 해두왕海頭王이 사냥 나온 것을 보고 그 왕을 죽이고는 그 백성들을 취하여 거기에 비로소 도읍을 정하여 갈사왕曷思王이라 하였다.6)

그 해 7월에 부여 왕의 사촌동생이 부여 사람들에게 이르기를, "우리 선왕이 세상을 떠나고 나라 운이 다하여 백성들의 의지할 곳이 없어졌다. 왕의 동생은 달아나 갈사에서 도읍하였고, 나 또한 불초하여 나라를 다시 일으킬 수가 없구나."하고는 만여 명을 데리고 고구려에 항복해 왔다. 고구려 왕이 그를 왕으로 봉하고 연나부에 있게 하였으며, 그의 등에 낙문絡文이 있어서 낙씨絡氏라는 성을 내렸다.

이 『사기』의 본문에는 대소왕의 전사와 함께 부여까지 멸망한 것으로 보이고 있지 않다. 대소왕이 죽음을 당하자 곧 부여 군사들이 항복한 것도 아니고, 오히려 포위망을 더 굳혀서 고구려 군사들이 심한 고통을 당하다가 간신히 빠져나갔다. 대소왕의 아우가 나라를 버리고 달아나 갈사왕이 되고, 부여 왕의 종제從弟가 만여 명의 백성과 함께 고구려에 투항해 온 것 말고는 부여가 멸망(國除)되었다는 말은 찾아볼 수가 없다. 다만 부여 왕의 종제가 "우리 선왕께서 돌아가시고 나라 운이 다하여(我先王 身亡國滅)"라고 한 말 중에, 신망 국멸身亡國滅(몸이 망하고 나라가 멸하다)이라는 말이 있어서 '나라의 멸망(國滅)'

---

6) 위의 책 권15, 「고구려본기」, 태조대왕太祖大王 16년(A.D.68) 8월 쪽에 의하면, 갈사왕의 손자 도두都頭가 그 나라를 고구려에 바쳐 항복해 왔으므로, 태조왕은 도두를 우태于台로 삼았다고 하였다.

이라는 말로 볼 수도 있다. 그러나 실제 그 글자대로 왕의 몸이 죽고(身亡) 나서 나라가 멸망(國滅)한 것은 아니었다.

부여국이 그때 멸망하지 않고 존속하였다는 사실은 『사기』의 「고구려본기」에 전해져 있다. 고구려 제6대 태조왕太祖王은 그 어머니가 부여사람이었다.7) 태조왕의 25년(A.D.77) 10월에 부여에서 사신을 보내어 세 뿔 달린 사슴과 꼬리가 긴 토끼를 바쳤는데, 왕은 상서로운 물건으로 삼았다. 또 53년(105) 정월에 부여의 사신이 와서 호랑이를 바쳤는데, 몸길이가 1장 2척이나 되고 털 빛깔이 매우 아름다웠으며 꼬리가 없었다.8)

태조왕 69년(121) 10월에 왕은 부여에 행차하여 태후의 묘廟에 제사하였다. 11월에 왕은 부여로부터 돌아왔다. 그해 12월에 왕은 마한과 예맥의 군사 1만 여기를 통솔하고 진격하여 현도성玄菟城을 포위하였는데, 부여의 왕이 아들 위구이尉仇台를 보내어 군사 2만을 거느리고 한漢나라 군사와 힘을 모아 싸우게 하였으므로 고구려 군사가 크게 패배하였다. 이듬해(122) 왕은 또 마한과 예맥으로 더불어 요동遼東을 침공하였으나, 부여 왕이 군사를 보내어 요동을 구원하여 (고구려군을) 깨트렸다.9)

위와 비슷한 기록은 『후한서』에서도 보이고 있다. 후한後漢 안제安帝의 연광延光 원년(122) 2월에 부여 왕이 아들 위구이를 보내어 장병

---

7) 『사기』 권15, 「고구려본기」 3, 태조대왕(或云 國祖王). "이름이 궁宮이고 어릴 때 이름은 어수於漱이며, 유리왕瑠璃王의 아들 고추가古鄒加 재사再思의 아들이다. 어머니 태후는 부여인이다.(母太后 扶餘人也)"
8) 위와 같은 태조왕의 25년 10월 및 53년 정월 쪽.
9) 위와 같음. 태조왕 69, 70년 쪽.

을 거느리고 현도를 구원하여 고구려와 마한・예맥의 군사를 쳐서 깨트리게 하였다10)는 것이다. 그리고 이『후한서』의「동이전」에는 지황 3년(A.D.22, 殺王帶素 國除) 이후의 부여 사정을 대충 아래와 같이 전하고 있다.

　　후한 건무建武 25년(고구려 慕本王 2년・A.D.49)에 부여 왕이 후한(光武帝)에 사신을 보내어 조공을 바쳤다.
　　안제安帝의 영초永初 5년(111)에 부여 왕이 보병과 기병 7, 8천 명으로 낙랑樂浪에 쳐들어가 백성들을 살상하였다. 영녕永寧 원년(120)에 왕자 위구이尉仇台를 후한에 보내어 공물을 바치게 하였으며, 순제順帝 영화永和 원년(136)에 부여 왕이 직접 후한의 조정에 갔고, 환제桓帝의 연희延熹 4년(161)에 사신을 보내어 후한 조정에 하례하고 공물을 바치게 하였다.
　　영강永康 원년(167, 고구려 제8대 新大王 3년)에 부여 왕 부이夫台가 2만 명의 군사로 현도玄菟를 공격하였으므로 현도 태수 공손역公孫域이 격파하여 부여군 천여 명의 목을 베었다. 영제靈帝 희평熹平 3년(174)에 이르러 부여에서는 다시 후한 조정을 받들고 공물을 바쳤다. 부여는 본래 현도에 속하였는데, 헌제獻帝 때(190~220) 부여 왕이 원하여 요동에 소속되었다.11)

부여에 관한 이상의 단편적인 기록들은『유사』에서 보인, "고구려 왕 무휼(대무신왕)이 부여를 쳐서 대소왕을 죽이고 나라를 없앴다.(殺王帶素 國除)"라고 한 그 지황地皇 3년 곧 대무신왕 5년(A.D.22) 이후의 사실들이다.『사기』에서는 고구려 제6대 태조왕 70년(122)까지

---

10)『후한서』권5, 안제기安帝紀 5, 연광원년延光元年 2월.
11) 이 초록들은 모두『후한서』권115, 동이전의 '부여국' 뒷부분에 들어 있다.

부여의 존재가 보이고 있으며, 『후한서』에서는 후한의 마지막 황제인 헌제 때(190~220, 고구려 제9대 故國川王 12년에서 제10대 山上王 24년)까지 부여의 존재를 전하고 있다. 그러므로 『유사』에서 '國除(나라 없어지다, 나라 멸망하다)'라고 한 고구려 대무신왕 5년(A.D.22) 이후에도 『사기』에서는 꼭 백 년이 되는 해(태조왕 70년·122)까지 부여의 소식을 전하고 있으며, 『후한서』에서는 그 지황 3년(A.D.22)으로부터 2백년이 가까운 동안(後漢 獻帝 때·190~220년까지)에 부여가 존속한 사실을 보여주고 있는 것이라 할 수가 있다.

4. 내외 사료에 보인 부여국

이 『유사』 외에 부여의 역사를 전하고 있는 국내의 사전史傳으로는 『사기』와 『제왕운기』를 들 수가 있다. 『사기』에 전하는 내용은 앞쪽에서 대강 보았으며, 『제왕운기』[12]에는 『사기』와 『유사』에서 전하는 범주 안에서 극히 간략하게 보이고 있다. 이들 기록은 다음의 '고구려' 항목에서도 나오므로 거기에서 좀더 언급하기로 한다.

부여의 역사에 관해서는 국내의 사료보다도 해외의 현존 사료 곧 중국의 옛 사서史書를 통하여 어느 정도 전반적 윤곽을 파악할 수 있게 된다.

중국의 옛 사서 가운데 가장 먼저 부여의 이름을 보이고 있는 것은

---

12) 앞쪽 '북부여' 항목의 주14)에 잠시 보인 바와 같이 『제왕운기』 하권에는 부여에 관해서 단지 "선이부여先以扶餘"라는 한마디뿐이지만, 그 아래 주석을 붙여서 『단군본기檀君本紀』와 『동명본기東明本紀』를 인용하여 『사기』와 『유사』에서 전하는 내용 그대로를 옮기고 있다.

한漢 때의 『史記』13)라고 할 수가 있다. 그러나 거기에는 단지 부여가 연燕의 북쪽에 이웃해 있다고 하여 이름만 나와 있을 뿐, 그밖에는 아무런 언급이 없다. 부여에 관해 국내의 사료보다 좀 더 자세하고 구체적인 기록으로는 앞서 본 『후한서』와 『삼국지』 및 『진서』를 들 수가 있다. 그중에서 찬술시기로 볼 때 『삼국지』가 앞섰으나 왕조王朝의 순서로는 후한시대가 앞서 있다.

먼저 『후한서』14)에 전하는 부여국전夫餘國傳에서 중요한 부분을 옮겨보기로 한다.

> 부여국은 현도玄菟의 북쪽 천리에 있으며, 남쪽은 고구려, 동쪽은 읍루挹婁, 서쪽은 선비鮮卑에 인접해 있다. 북쪽에는 약수弱水가 있으며 지방 2천리는 본디 예濊 땅이다.
> 처음 북이색리국北夷索離國 왕이 출행하였는데(색索은 혹 탁橐으로도 쓰며 度와 洛의 반절음이라 함) 그 시녀(侍兒)가 임신을 하였으므로 왕은 대궐로 돌아와 시녀를 죽이려 하였다. 그러나 시녀가 말하기를, "전날에 하늘에서 크기가 달걀만한 기운이 저한테로 내려왔었는데, 그로부터 임신하였습니다."라고 하였다. 왕이 시녀를 가두었더니 나중에 남자아이를 낳았다. 왕은 갓난아이를 돼지우리에 버리게 하였는데 돼지가 입김을 불어넣어 죽지 않았으며, 또 마구간에 버리게 하였더니 말 또한 그렇게 하였다. 왕이 신기하게 여겨 제 어미더러 키우게 하였는데, 이름을 동명東明이라 하였다. 동명이 자라서 활을 잘 쏘았으므로 왕은 그 용맹함을 꺼려서 다시금 죽이려 하였으므로, 동명은 남쪽으로 달아났는데 엄사수掩㴲水 (지금 고구려 안에 개사수盖斯水가 있는데 이 강물일 것이다)에 이르러 활로 강

---

13) 『史記』 권129, 화식열전貨殖列傳 69. "燕……北鄰烏桓夫餘."
14) 『후한서』 권115, 동이전 75, 부여국.

물을 쏘니 물고기와 자라가 모두 모여 물 위에 떠올랐으므로 동명이 그것들을 타고 강물을 건너갔다. 그로 인하여 부여의 왕이 되었으며, 부여는 동이東夷의 지역에서 으뜸이 되었다.

 평평하고 넓은 땅에는 오곡이 잘 되고, 명마名馬와 붉은 옥과 담비·눌(豽, 표범 무늬를 한 짐승으로 앞발이 없음) 및 멧대추만한 큰 구슬 등이 산출되었다. 울짱을 둘러쳐서 성으로 삼고, 궁실과 창고와 감옥을 갖추었다. 그 나라 사람들은 체격이 크고 굳세어 용감하였으며 성품이 겸손하고 온후하였다. 남의 나라에 쳐들어가 노략질하는 일이 없었으며, 활과 화살 및 칼과 창을 무기로 삼았다. 말가(馬加)·소가(牛加)·개가(狗加) 따위 여섯 가축(六畜)의 이름을 따서 관명官名으로 삼았으며, 그 읍락邑落에는 모두 여러 가加에 소속되어 있었다. 섣달(臘月)에는 하늘에 제사하는 큰 모임(祭天大會)을 갖는데 연일 마시고 먹고 노래하였으니, 영고迎鼓라 이름하였다. 이때는 죄인에게 형벌을 중단하고 옥문을 열어 갖힌 죄인들을 풀어주었다. 군사 일으킬 일이 생기면 또한 하늘에 제사(祭天)하고 소를 죽여 발굽으로 그 좋고 나쁨(吉凶)을 점쳐 행하였다.(『위지魏志』에는 소발굽이 벌어져 있으면 흉하고, 발굽이 합쳐져 있으면 길하다 하였다.) 이 나라 사람들은 밤낮없이 노래를 좋아하여 노랫소리가 끊이지 않았다.

 『삼국지』의 「위지」 동이전15)에도 부여를 전하고 있는데, 여기에서는 『후한서』와는 달리 '부여국'이 아닌 '부여'로 시작되어 있다. 내용이야 물론 비슷하겠지만 첫머리 시작이, "부여는 장성의 북쪽에 있다.(夫餘 在長城之北)"라고 하여, 『후한서』의 "부여국은 현도의 북쪽에 있다.(夫餘國 在玄菟北)"로 시작되는 경우와 다르다. 6축畜의 이름으로 썼다는 관명도 앞쪽에서는 '마가·우가·구가'의 세 가지밖에 들지

---

15) 『삼국지』 권30, 「위지」 30, 동이전 부여.

않았는데, 여기에서는 '마가馬加·우가牛加·저가豬加·구가狗加·견사犬使·대사大使'의 여섯 가지를 다 열거하였다.

또 영고迎鼓에 관해서도 『후한서』에서는 섣달(臘月)에 제천대회祭天大會를 행하는 것으로 되어 있었는데, 여기에는 은정월殷正月에 제천하는 것으로 보이고 있다. 물론 납월이나 은정월은 같은 섣달이며, 그 행사 내용도 서로 비슷하게 전하고 있다. 그 밖에 그 나라의 습속에 관한 부분이 『후한서』보다 좀 자세하므로 대충 옮겨보기로 한다.

그 나라에서는 흰옷을 입는데, 흰 베로 만든 큰소매의 윗옷과 바지에 가죽신을 신었다. 도읍을 나설 때는 수놓은 비단 털옷에 대인大人은 여우나 삵괭이·검은 원숭이·희고 검은 담비 따위의 가죽옷을 덧입고 금·은으로 장식한 모자를 썼다. 역졸이 행차를 알리면 모두들 땅에 손을 짚고 무릎을 꿇었다.

형벌을 집행함이 매우 엄격해서 살인자는 사형시키고 그 집안 사람들을 모두 노비로 삼았다. 하나를 훔치면 열두 배를 물리게 하였으며, 간음한 남녀와 질투가 심한 부인은 모두 죽였고, 증오와 질투가 매우 극심하면 죽여서 그 시체를 나라의 남산 위에서 썩게 하였다. 형이 죽으면 형수를 아내로 삼게 하였으니 이는 흉노匈奴의 풍속과 같았다.

이밖에도 순장殉葬하는 풍습 등을 전하고 있는데, 전반적 내용들이 두 부여전夫餘傳 서로가 많이 비슷하다.

특히 여기에 눈여겨보지 않을 수 없는 것은 동명東明, 곧 고주몽의 이야기라고 할 수 있다. 『후한서』(夫餘國)의 경우에는 그 항목의 앞쪽에 이 이야기가 들어 있으나, 『삼국지』의 부여전에는 그 항목 본문이 끝나고 맨 뒤쪽에 주석으로 "위략왈魏略曰"이라 하여 덧붙이기처럼 붙여져 있다. 또 동명이 출생한 나라를 『후한서』 쪽에서는 '북이색리국北夷16)索離國'이라 하고, 『삼국지』 쪽에서는 '북방에 있는 고리국(北方有槀離之國)'이라 하였다.

그런데 문제가 되는 것은 이 두 부여전에서 전하고 있는 동명(고주몽)의 출생 및 건국설화가 고구려가 아닌 부여의 건국주 동명의 이야기로 되어 있다는 점이다. 즉 색리국(또는 槀離國) 출신의 동명(주몽이란 이름은 안보임)이 나라를 세워 부여의 왕이 되었다는 것이다. 이들 『후한서』와 『삼국지』의 '고구려전'에는 정작 건국주 동명(주몽)의 이야기가 한마디도 보이지 않는다.

그리고 또 『진서晉書』17)에는 앞의 두 경우와는 달리 '부여국'이라는 제목을 따로 두고 "부여국은(夫餘國在)"으로 본문을 시작하고 있다. 그러나 본문 내용은 앞의 두 책의 해당 항목을 많이 줄여서(주로 『후한서』 쪽을 많이 취한 듯) 옮기고 있으므로 특히 초록할만한 내용이 없다고 할 수 있다.

이상의 국내외 부여 관계 사서들을 통해서 볼 때 국내에서는 '扶餘'라 쓰고 있는데, 중국자료에서는 모두 '부여夫餘'로 쓰고 있음을 보게 된다. 곧 국내의 『사기』와 『유사』 및 『제왕운기』 등에서는 모두 '扶餘'이고, 중국의 『史記』를 비롯한 『후한서』·『삼국지』·『진서』 등에는 다같이 '夫餘'로 되어 있다. 그러나 가장 오래된 국내 사료인 「광개토왕비」18)에는 '夫餘'로 쓰고 있음을 보게 되는데, 아마도 고대에

---

16) 이 '북이北夷'는 북방北方의 잘못이라 할 수 있다.
17) 『진서』 권97, 열전 67, 부여국.
18) 「광개토왕릉비」(『조선금석총람』 상, p.3 등) "出自夫餘……路由夫餘."

는 중국처럼 '夫餘'로 썼으나 언제부터인가 '扶餘'로 쓰게 되어 고려 때에는 그대로 정착되어진 것이 아닌가 싶다.

끝으로 여기에 안재홍의 『조선상고사감朝鮮上古史鑑』 가운데에서 다음의 글을 참고로 옮겨본다.

〔참고〕

夫餘 즉 種族의 語義

夫餘와 百牙와 白과 平과 負兒等이 모두 孕을 의미하고 古語에서 生을 의미함이니 그 原音이 '버' 또는 '버어'임에 依하여 '배어'·'베어'·'비' 또는 '부어'로 轉訛한 것이요, 一轉하면 '버스'로 되어 '비스'·'부스' 등으로 전와하게도 되니 非西·比斯·別史·平史·不斯·比自·扶疎·夫蘇 등등이 그것이다. 現代에 ヘ へ의 聯隣語가 있으니 生이요, フエル가 있으니 殖 또는 孶殖으로 부어 혹 불어의 轉이요, 滿洲인 淸語에 富森이 있으니 孶生의 뜻이다. 버어의 百牙(白岳)와 부여의 夫餘는 그대로 生이요 또 種族이라는 뜻이니 白岳族으로도 되고, 더구나 白民 또는 夫餘族은 熟語된 지 오랜 터이나 實은 夫餘 그것이 스스로 種族인 것이다.

(一) 西語에 natio는 國民 혹 民族의 뜻이라. natura가 自然이란 말인 者와 함께 nasci 卽 남·낳는다로부터 轉化함인 것처럼 夫餘는 孕胎·生育·繁殖·旺盛 等의 含蓄的인 語意를 가진 者로 그 孶生産育의 전체를 이름이니 그는 곧 古代 震人이 自己인 種族을 일컫는 명칭이었다라고 봄이 타당하다.

(二) 現에 이 버어 語彙보다도 後進的言語인 國의 나라도 '生'의 '날'을 쫓았으니 生聚의 뜻이요, 또 太陽인 '날'에도 關聯됨이니 森羅萬象이 '날'인 太陽의 光熱의 威力에 依存함을 잘 알음으로써요, 그러나 '나'는 또 '自我'이니 天地의 大德이 '生生'에 있어 스스로 나얼(柰乙－生魄)을 도우되 먼저 나(我)인 個我의 意識이 싹터야 現世에 나리(降)어 理化하는 낳음(生)을 받음이요, 나로라는 自我意識의 確立 및 發展은 國家生成의 精神的 機軸인 것이니 이는

震方의 生活史觀이 말미암아 서는 바이다.

(三) 羅甸語의 Gens와 希臘語의 Ganas가 어느거나 그 第一義에서 血族을 意味하되 실은 Gigno·gignomai·ganamai 등 生함의 뜻에서 번진말임에 비추어보아 벼어 혹은 부여가 腹에서·孕에서·血族에서 그리고 氏族에서 種族으로까지 그 歷史發展의 階段過程을 따라 漸層的 發展擴充의 途程을 밟아온 것임은 이에 斷定하여 足할 바이다.19)

---

19) 안재홍, 『조선상고사감』 상, pp.92~94. 저자의 같은 책 하권(pp.7~64)에는 맨 먼저 첫 번째 단원으로 「부여조선고- 부여조선扶餘朝鮮의 사적史的 구명究明」이 수록되어 있다.

고구려高句麗

Ⅰ. 원문과 새김글
 1. 원문
 2. 새김글

Ⅱ. 내용 살펴보기
 1. 이 항목의 성격
 2. 국내 전래의 주몽설화들
   1) 금석문에 보인 추모왕鄒牟王
   2) 고전 문헌에 전하는 주몽설화
 3. 중국사서에 보인 동명(주몽)설화
   1) 부여의 건국자 동명왕
   2) 고구려 시조 고주몽
   3) 두 유형의 문제점
 4. 중국 왕조사에 보인 고구려
   1) 현도군에 속한 고구려현縣과 성城
   2) 『후한서後漢書』에 보인 고구려
   3) 『삼국지三國志』에 전하는 고구려
   4) 『위서魏書』에서의 고구려전
   5) 남조南朝의 사서史書에 보인 고구려
   6) 『북사北史』에 보인 고구려전
   7) 『수서隋書』에서 전하는 고구려
   8) 『당서唐書』에 보인 고구려전, 기타
 5. 국호 고구려와 고구려현縣

Ⅰ. 원문과 새김글

1. 원문

高句麗

　高句麗卽卒本扶餘也 或云今和州 又成州等 皆誤矣 卒本州在遼東界 國史高麗本記云 始祖東明聖帝 姓高氏 諱朱蒙 先是 北扶餘王解夫婁 卽避地于東扶餘 及夫婁薨 金蛙嗣位 于時得一女子於太伯山南優渤水 問之 云我是河伯之女 名柳花 與諸弟出遊時有一男子 自言天帝子解慕漱 誘我於熊神山下鴨淥邊 室中私之 而往不返(壇君記云 君與西河河伯之女要親 有産子 名曰夫婁 今據此記 則解慕漱私河伯之女 而後産朱蒙 壇君記云 産子名曰夫婁 夫婁與朱蒙異母兄弟也) 父母責我無媒而從人 遂謫居于此 金蛙異之 幽閉於室中 爲日光所照 引身避之 日影又逐而照之 因而有孕 生一卵 大五升許 王棄之與犬猪 皆不食 又棄之路 牛馬避之 棄之野 鳥獸覆之 王欲剖之而不能破 乃還其母 母以物裹之 置於暖處 有一兒破殼而出 骨表英奇 年甫七歲 岐嶷異常 自作弓矢 百發百中 國俗謂善射爲朱蒙 故以名焉 金蛙有七子 常與朱

蒙遊戲 技能莫及 長子帶素 言於王曰 朱蒙非人所生 若不早圖 恐有後患 王不聽 使之養馬 朱蒙知其駿者 減食令瘦 駑者善養令肥 王自乘肥 瘦者給蒙 王之諸子與諸臣將謀害之 蒙母知之 告曰 國人將害汝 以汝才略何往不可 宜速圖之 於是蒙與烏伊等三人爲友 行至淹水(今未詳) 告水曰 我是天帝子河伯孫 今日逃遁 追者垂及 奈何 於是魚鼈成橋 得渡而橋解 追騎不得渡 至卒本州(玄菟郡之界) 遂都焉 未遑作宮室 但結廬於沸流水上居之 國號高句麗 因以高爲氏(本姓解也 今自言是天帝子 承日光而生 故自以高爲氏) 時年二十二歲 漢孝元帝 建昭二年甲申歲 卽位稱王 高麗全盛之日二十一萬五百八戶

　珠琳傳第二十一卷載 昔寧禀離王 侍婢有娠 相者占之曰 貴而當王 王曰 非我之胤也 當殺之 婢曰 氣從天來 故我有娠 及子之産 謂爲不祥 捐圈則猪噓 棄欄則馬乳 而得不死 卒爲扶餘之王(卽東明帝爲卒本扶餘王之謂也 此卒本扶餘 亦是北扶餘之別都 故云扶餘王也 寧禀離乃夫婁王之異稱也)

2. 새김글

고구려

고구려는 곧 졸본부여卒本扶餘[1]이다. 어떤 이는 지금의 화주和州[2] 또는 성주成州[3]라고들 하나 모두 틀린 것이다. 졸본주는 요동의 경계에 있다.

『국사』의「고구려본기」[4]에는 이러하다.

시조 동명성제東明聖帝[5]의 성은 고씨高氏[6]이며 이름은 주몽朱蒙[7]이다. 이에 앞서 북부여 왕 해부루解夫婁가 이미 그 땅을 떠나 동부여로 옮겨갔으며, 부루왕이 세상을 떠나자 금와金蛙가 왕위를 이었다. 그때 (금와왕은) 태백산 남쪽 우발수優渤水에서 한 여자를 만났는데,

---

1) 졸본부여는 앞의 '말갈 발해' 항목의 주17)과, '북부여' 쪽의 주8)에 나왔음.
2) 화주는 지금의 함경남도 영흥永興이다.
3) 성주는 근래의 평안남도 성천成川 지방이다.
4) 원문은 '국사 고려본기國史 高麗本紀'인데, 이는『사기』권13,「고구려본기」제1의 '시조 동명성왕전東明聖王傳'을 가리키는 것이다.『유사』의 이 항목에서는 여기 (『사기』동명성왕전)에 전하는 바를 약간 줄여서 옮겨놓았기 때문에『사기』의 해당 내용 원문 그대로는 아니다.
5) 이 '동명성제'를『사기』에는 '동명성왕東明聖王'으로 하고 있다. 물론『유사』에서는『사기』에서 옮겼으므로 '성왕聖王'이라 써야 옳았을 것이다. 그러나『사기』에서는 당시 황제(帝)의 칭호를 쓰는 중국을 의식하여 왕이라 하였을 것이므로, 오히려 '동명제東明帝'나 '동명성제'라고 쓴『유사』쪽이 더 고전의 전통을 따른 것이 아니었을까 싶다.
6) 저본에는 '언씨言氏'로 되어 있으나 '고씨'의 잘못으로 보고 바로잡았음.
7) 주몽을「광개토왕릉비廣開土王陵碑」와「모두루묘지牟頭婁墓誌」에는 '추모鄒牟'라 하였으며,『사기』에는 주몽의 이름 아래에 주를 달아 "추모라고도 하고, 중해라고도 한다. (一云鄒牟 一云衆解)"라고 하였다.『유사』의「왕력」, '동명왕東明王' 아래에는 "이름이 주몽이며, 또는 추몽이라고도 한다.(名朱蒙 一作鄒蒙)"라고 하였다.

사연을 물었더니 여자가 (다음과 같이) 말하였다.

"저는 본래 하백河伯[8]의 딸로 이름을 유화柳花라고 하며 여러 동생들과 놀이를 나왔다가 한 남자를 만났습니다. 스스로 하늘임금(天帝)의 아들 해모수解慕漱라고 하면서 저를 꾀어 웅신산熊神山 아래 압록강가의 집 안에서 정을 통하고 간 뒤 돌아오지 않았습니다. 〔『단군기壇君記』[9])에는, "단군이 서하西河 하백의 딸과 가까이 하여[10] 아들을 낳으니 이름을 부루라 하다."라고 하였다. 지금 이 기록(『사기』「고구려본기」)에 의거하면 해모수가 하백의 딸과 정을 통한 뒤에 주몽을 낳았다고 하였으며, 『단군기』에는 '아들을 낳아 이름을 부루라 하다.'라고 하였으니, 부루와 주몽은 어머니가 다른 형제이다.〕[11] 부모님은 제가 중매도 없이 남을 따랐음(부모 몰래 외간 남자와 사통하였음)을 꾸짖고는 내쫓아 여기에 귀양살이하고 있습니다."라고 하였다.

금와왕은 이상히 여겨 유화를 깊숙이 방안에 가두었는데, 햇빛이 그 몸을 비추었다. 몸을 다른 쪽으로 피하면 햇빛은 또 쫓아와 비추었다. 그로 인해 잉태하여 다섯 되 들이 크기의 한 알을 낳았다. 왕은

---

8) 하백은 강물을 맡은 신神이다.
9) 『단군기』는 『단군고기壇君古記』・『단군본기壇君本紀』 등과 같은 문헌인지 알 수가 없다.
10) 원문은 "하백지녀요친河伯之女要親"인데, 이 '요친要親'은 여기에서 '가까이 지내다', '가까이 하다', '사랑하게 되다는 뜻으로 쓰이는 말이다. 그러나 일본학자가 쓴 『삼국유사고증』 상, p.382에서는 이 부분을 "단군은 서하의 하백의 딸 요친要親과의 사이에 아들을 낳아 부루라 이름하다."라고 번역하였으며, 또 같은 책 p.388에는 단군과 요친의 사이에 태어난 부루, 해모수와 유화 사이의 주몽 및 환웅桓雄과 웅녀熊女 사이의 단군을 대비하는 표를 작성하고, "단군・해모수・환웅의 3자와 요친・유화・웅녀도 동위등질적同位等質의 존재"라고 하여, '요친'을 하백의 딸 이름으로 보아 조금도 의심하지 않았다.
11) 이 부분은 『유사』 찬자의 주석이다.

그 알을 개와 돼지에게 던져주었으나 모두 먹지 않았고, 또 길에 버렸더니 소와 말이 피하였으며, 들에 버리니 새와 짐승이 (그 알을) 덮어 보호였다. 왕이 깨려 하였으나 깨뜨릴 수가 없었으므로 그 어미 (유화)에게 돌려주었다. 어미가 알을 물건으로 감싸고 따뜻한 곳에 두었더니 한 아기가 껍질을 깨고 나왔는데, 골격과 외양이 영특하고 기이하였다.

나이 겨우 일곱 살에 남달리 특출하고 영리하여 스스로 활과 살을 만들어 백 번을 쏘면 백 번을 다 맞히었다. 그 나라 속담에 활 잘 쏘는 이를 주몽朱蒙이라 하였으므로 (주몽이라) 이름하였다.

금와왕은 아들 일곱이 있었는데, 주몽과 놀이를 하게 되면 언제나 그 재주가 (주몽에) 미치지 못하였다. 맏아들인 대소帶素가 왕에게 말하기를, "주몽은 사람의 자식이 아니니 일찍이 조처하지 않으면 후환이 있을 것입니다."라고 하였다.

왕은 그 말을 듣지 않고 주몽에게 말(馬) 먹이는 일을 시켰다. 주몽은 좋은 말을 알아보고 먹이를 적게 주어 야위게 하고, 둔한 말은 잘 먹여 살찌게 하였다. 왕은 자신이 살찐 말을 타고 야윈 말은 주몽에게 주었다.

왕의 여러 아들과 신하들이 모의하여 주몽을 해치려고 하였는데, 주몽의 어머니가 그 사실을 알게 되어 아들에게, "이 나라 사람들이 너를 해코지하려 하니 너의 재주와 지략으로 어디 간들 뜻을 이루지 못하겠느냐? 어서 빨리 떠나거라."라고 하였다. 이에 주몽은 오이烏伊 등 세 사람12)과 벗이 되어 달아났다. 그들이 엄수淹水〔지금 어딘지 알 수가 없다.〕13)에 이르자 주몽은 강물을 향해 이르기를, "나는 천제天

帝의 아들이요 하백河伯의 손자14)인데, 오늘 도망가는 길에 쫓김을 당해 붙잡히게 되었으니 어찌하오리까?"라고 하였다. 이때 물고기와 자라가 떠올라 다리를 만들었으므로 그들이 건너가자 물고기들이 흩어지니 뒤쫓던 병마가 건너지를 못하였다.

주몽은 졸본주卒本州(玄菟郡의 경계)15)에 이르러 마침내 도읍을 정하였다. 그러나 궁궐을 지을 겨를이 없어서 우선 비류수沸流水의 위쪽에 초막을 짓고 살며 나라 이름을 고구려라 하였다. 이로 인해 성을 고高씨로 하였다. 〔본디의 성은 해解씨나, 지금 자신이 하늘임금의 자손으로 햇빛을 받아 태어났다고 하였기 때문에 스스로 고高를 성씨로 삼은 것이라고 한다.〕16)

이때 나이 22세17)가 되는 중국 한나라 효원제孝元帝 건소建昭 2년

---

12) 『사기』와 『동국이상국집東國李相國集』 권3 「동명왕편東明王篇」(李奎報 찬)에는 세 사람의 이름이 나와 있는데, 오이烏伊·마리摩離·협보陜父이다.
13) 여기에서는 엄수淹水라 하고 찬자는 주석을 달아 "지금 어딘지 알 수가 없다.(今未詳)"라고 하였으나 『사기』에는 '엄표수淹㴲水'로 되어 있고 그 밑에 "개사수라고도 하며 지금의 압록강 동북쪽에 있다.(一名 蓋斯水 在鴨淥東北)"라고 주석을 달았다. 『이상국집』의 「동명왕편」에는 '엄체淹滯'라 하고 주석을 달아 "일명개사수라고도 하며 지금의 압록강 동북쪽이다.(一名蓋斯水 今鴨淥東北)"라고 하였다. 후한 때의 『논형論衡』에는 '엄호수掩㴲水'라 하고 『후한서』에는 '엄사수淹㴲水'라 하였으며 『위략魏略』에는 '시엄수施掩水'라 하였고 『양서梁書』에는 '엄체수 淹滯水'라 하였다. 『제왕운기』에는 개사수蓋斯水를, "지금의 대녕강이다.(今大寧江也)"라고 주석을 달았다. 그러나 「광개토왕비」에는 '엄리대수奄利大水'라 하고 있다.
14) 여기에는 '하백의 손자(河伯孫)'로 되어 있으나, 『사기』에는 '하백의 외손자(河伯外孫)'로 되어 있다.
15) 괄호 안의 글은 졸본주에 대한 찬자의 주석인데, 『사기』에는 졸본주를 '졸본천卒本川'이라 하고 그 밑에 "『위서魏書』에는 흘승골성紇升骨城에 이르렀다고 하였다."라고 주석을 달았다.
16) 이 부분도 찬자의 주석인데, 주몽의 성에 대한 언급은 매우 중요한 자료라 할 수 있다. 특히 "천제의 자손으로 햇빛을 받고 태어났기 때문에 성을 고씨로 하였다.(自言是天帝子 承日光而生故 自以高爲氏)"라는 설은 다른 자료에서는 볼 수가 없다.

갑신(B.C.37)에 즉위하여 왕이라 일컬었다. 고구려가 전성하였을 때는 21만 5백8호戶였다고 한다.

『주림전珠琳傳』18) 제21권에는 (다음과 같이) 실려 있다.

옛날 영품리왕寧稟離王의 시녀가 임신하였는데 점장이가 점을 쳐 말하기를, "귀한 인물이며 왕이 될 것"이라고 하였다. 왕은 "그 아이가 내 자식이 아니니 마땅히 죽여야 한다."고 하였다. 시녀는 "기운이 하늘로부터 내려왔는데, 그로부터 임신하게 되었다."고 하였다.

아들을 낳게 되자 왕은 상서롭지 못하다 하여 돼지우리에 버리니 돼지가 입김을 불어주고, 마구간에 버리니 말이 젖을 먹여 죽지않게 하였다. (그 아이는 자라서) 마침내 부여의 왕이 되었다.〔곧 동명제東明帝가 졸본부여의 왕이 된 것을 말한 것이다. 이 졸본부여는 또한 북부여에서 갈라져 나온 나라였으므로 그를 부여 왕이라 한 것이다. 영품리는 부루왕의 다른 칭호19)이다.〕20)

---

17) 원문은 '연십이세年十二歲'로 되어있으나, 『사기』「고구려본기」에는 '연이십이세年二十二歲'로 되어 있다. 앞의 '이二'가 빠진 것으로 볼 수 있다.
18) 『주림전』은 당나라 서명사西明寺 승려 도세道世의 저술인 『법원주림法苑珠琳』을 가리키는 것이다. 여기에 인용한 영품리왕 이야기는 전체 백 권 가운데 21권의 「귀신편歸信篇」 제11의 '술의부述意部' 제1에 들어 있다. (『大正新修大藏經』 53, p.439 상단)
19) 여기에서는 영품리왕을 부루왕의 다른 칭호라고 하였으나, 이야기 내용으로 보아 부루왕보다는 금와왕金蛙王 쪽이 더 비슷하다고 할 수 있다.
20) 이 괄호 안의 글 또한 찬술자의 주석이다.

Ⅱ. 내용 살펴보기

1. 이 항목의 성격

항목 이름은 분명히 고구려高句麗로 되어 있으나 이 항목 전체를 통하여 고구려의 전반적 역사는 전혀 언급이 없다. 제목이 고구려일 뿐 내용은 고구려 개국시조 동명왕東明王 주몽朱蒙의 이야기로 일관되어 있다. 말하자면 이 항목은 그 자체가 대고구려국의 창건주인 동명성제 고주몽의 탄생신화 및 건국설화라고 할 수가 있다.

『유사』에서는 이 이야기를『사기』의 「고구려본기」에서 옮겨 실었다. 조금 줄였을 뿐이며 내용은 그대로이다.『유사』에서는 이 글을 옮기면서 그(인용문의) 맨 앞쪽에 "고구려는 곧 졸본부여이다."라는 찬자의 짤막한 글을 앞세웠고, 인용문이 끝난 뒤쪽에는 중국의 『법원주림法苑珠林』에 실린 이야기 한 토막을 붙여놓았다. 그리고 『사기』를 옮긴 글 속에는 '고高'자를 '언言', '사私'를 '지知' '수遂'를 '축逐', '이십이二十二'를 '십이十二' 등으로 틀린 글자가 더러 있으며, 또『유사』 찬자는 이 인용문 가운데『사기』에 없는 주석 글을 붙이기도 하였다.

동명성제 고주몽의 탄생 및 건국이야기로 일관되어 있는 이 항목에는 원 저본인『사기』「고구려본기」를 간추려 옮기면서『단군기壇君記』와『법원주림』의 일부 글을 인용하기도 하였다. 이들 기전記傳 외에도 현재 국내외에 동명왕 주몽의 이야기가 설화형태의 고전古傳으로 적잖게 전해져 있는 편이다. 그 설화들은 내용에도 약간의 차이점이 있고 고구려의 시조가 아닌 부여국의 시조로 전해진 경우도 없지 않으나, 주몽의 출생과 건국을 주제로 한 설화인 점에서는 모두가 공통점을 지닌 것은 틀림이 없다.

　여기에서는 먼저 이 항목의 성격과 같은 설화(주몽의 생애를 전하는 이야기)의 이전異傳들을 국내외의 사료에서 찾아 그 내용 대강을 살펴보기로 한다. 아울러 이들 고전과『유사』에서 전하는 내용에서 보게 되는 몇 가지 문제점도 각각 살펴볼 생각이다. 끝으로『유사』의 이 항목처럼 '고구려'라는 작은 항목 이름으로 해외(주로 중국)의 옛 사서史書에 전해져 있는 기록들의 중요한 대목을 대충 옮겨서 이(『유사』의 '고구려') 항목을 이해하는데 참고가 되게 할 작정이다.

　오늘날 볼 수 있는 동명왕 주몽설화를 살펴보는데 있어서 편의상 국내 자료와 해외 자료로 나누고, 국내의 자료부터 먼저 본 다음에 해외 자료 곧 중국의 옛 사서史書들에 전하는 바를 살펴보기로 한다.

2. 국내 전래의 주몽설화들

　이 항목의『유사』본문에 보인 동명왕 주몽의 이야기는 앞에서 본 바와 같이『사기』의「고구려본기」에 전하는 내용을 약간 줄여서 옮긴 것이었다. 그러나 이 본문의 새김글에서 간혹 필요한 부분에는 주석을 붙여 원 저본인『사기』쪽의 글을 이끌어 왔으므로『사기』에서 전하는 주몽설화의 내용을 대체적으로 개괄해서 본 셈이 된다. 그러므로 여기에서는『유사』를 포함한『사기』에서 전하는 바 외의 국내 현존 주몽설화에 관해서만 전반적으로 살펴보고자 한다.

주몽의 출생 및 건국에 관한 현존 국내 자료를 편의상 금석문류金石文類와 사전문헌류史傳文獻類의 두 갈래로 나누어서 살펴볼 수가 있을 것이다. 사료史料적인 중요성으로 보나 옛 시대의 차례로 보아 금석문쪽부터 먼저 보고, 다음에 사전문헌 쪽을 보는 것이 바른 순서일 것 같아서 금석문부터 보기로 한다.

현재 우리가 볼 수 있는 금석문에는 「광개토왕비廣開土王碑」와 「모두루묘지牟頭婁墓誌」(또는 「冉牟墓誌」)의 두 군데에서 주몽(鄒牟) 설화의 일면을 볼 수가 있다.

1) 금석문에 보인 추모왕鄒牟王

(1) 광개토왕릉비廣開土王陵碑

① 비문의 관계부분
광개토왕비로 통칭되는 이 비문은 최남선의 말을 빌리면,

진인震人(한국인)의 손에 건립된 최고最高의 석문石文. 고구려 평양천도平壤遷都 이전의 고도故都인 국내성國內城의 부근, 시방 만주국滿洲國

> 통화성通化省 집안현輯安縣[21] 동강東崗 비석가碑石街에 있다. 집안현은 우리 평안북도 강계군江界郡 만포진滿浦鎭의 건너편(對岸)에 해당하니 현성縣城이 곧 국내성의 유적이오, 현성이 있는(縣城所在의) 분지盆地를 우리 선인先人은 황성평皇城坪이라 일러왔다. 비는 고구려 최대의 영주英主인 제19대 광개토왕의 능역陵域에 세운 훈적기록勳績記錄이니, 그 장수왕長壽王 2년 갑인(414)의 건립에 속한다.[22]

라고 하였다.

현재 이 비문은 첫머리에서부터 시조 추모왕鄒牟王의 이야기로 시작되어 있다. 추모왕의 부분만을 한글로 풀어서 옮겨본다.

> 옛날 시조 추모왕께서 나라의 기틀을 이룩하셨다. 북부여로부터 출세하셨고, 천제天帝의 아들이며 어머니는 하백河伯의 딸이셨다.[23] 알을 깨고 세상에 나오시니 태어나면서 성스러운 덕을 갖추셨다.[24]……(어머니의) 분부에 따라 남쪽으로 내려가는 길[25]에 부여의 엄리대수奄利大水[26]

---

21) 이는 일제日帝 강점기의 지명이며, 지금은 중국의 길림성吉林省 압록강鴨綠江 우안右岸 집안현集安縣이다.
22) 최남선, 『신정新訂 삼국유사三國遺事』(이하 『신정본』) 부록 「고구려 광개토왕릉비 해제」(三中堂書店, 1943), p.3. 옛 문장이라 약간 쉬운 글로 옮겼다.
23) 원문은 '하백여랑河伯女郞'이다. 물론 하백의 딸이란 뜻이지만, 실은 이 '여랑女郞'의 '郞'은 남자에게 붙이는 글자이며 여자에게는 '娘'이라 쓰는 것이 통례라 할 수 있다. 그러나 예부터 '郞'을 여자라는 뜻으로도 썼다. 지금 쓰이는 사전들에는 '女郞'을 '남자와 같은 재주나 기질을 가진 여자' 또는 '창기娼妓'라 하였고, '女娘'은 '묘령의 여자·색시'라고 하였다.
24) 『조선금석총람』(이하 『금석총람』), 상, p.3 등 기존 금석문헌에는 이 부분 원문이 "剖卵降出生子有聖□□□□□"으로 되어 있으나, 최근에 나온 임기중 편저, 『광개토왕비 원석 초기탁본집성廣開土王碑原石初期拓本集成』(이하 『탁본집성』), p.377에는 "剖卵降世出生而有聖德□□□□"으로 되어 있다. 여기서는 이 『탁본집성』의 쪽을 취해 새겼다.

를 지나게 되었다. 왕이 나루에 이르러 말하기를, "나는 하늘님(皇天)의 아들이며, 어머니는 하백의 따님이시다."라고 한 추모왕은 "나를 위해 갈대27)를 이어주고 거북을 뜨게 하여지이다."라고 하였다. 그 소리에 응하여 곧 갈대가 이어지고 거북이 떠올랐다. 그래서 물을 건너게 되었으며, 비류곡沸流谷의 홀본忽本 서쪽 성서城西의 산 위에 도읍을 세웠다.28) (추모왕이) 세간의 왕위를 즐거워하지 않게 되자 하늘에서 황룡을 내려 보내어29) 왕을 맞이하게 하니, 추모왕은 홀본의 동쪽 언덕에서 황룡을 타고30)

---

25) 『금석총람』 등에는 앞 글(有聖□□□□□)에 이어 "命駕巡車南下路"로 되어 있고, 『탁본집성』에는 "有聖德□□□□命駕巡幸南下路"라 되어 있어서 서로 '차車'와 '행幸'의 차이가 있다. 문리상으로도 '행幸'이 옳다고 하겠다. 허흥식 편저, 『한국금석전문韓國金石全文』, p.5에는 이 대목의 불명자不明字까지 모두 메우고 그 앞뒤의 글을 연결지었다. 아무런 설명도 주석도 없어서 어디에 근거하였는지는 전혀 알 수가 없다. 참고로 그 부분을 옮겨본다. "剖朋降出子有聖德鄒牟王奉母命駕巡車南下路" 『금석총람』 등과 같으면서 여섯 글자의 빈칸에 글자를 메워 넣은 것이 다르다.
26) 『유사』에는 '엄수淹水'라 하고, 『사기』에는 '엄표수淹㴲水' 또는 '개사수蓋斯水', 「동명왕편」에는 '엄체수淹滯水' 『후한서』에는 '엄사수淹㴲水'라 하였다. 앞의 주13)에서 자세히 본 바가 있다.
27) 구탁본 『호태왕비好太王碑』와 『금석총람』・『신정본』 등에는 원문 글자가 '龣'로 되어 있다. 그러나 이 글자는 현행 통용자가 아닌데다가 『탁본집성』에는 '가䕁(갈대가)'로 되어 있다. 실제 구탁본의 이 글자를 보면 얼른 보아 '龣' 같이 보이나 자세히 보면 이 글자가 또렷하지 않아서 '가䕁'로 볼 가능성도 배제할 수가 없다. 뜻으로 보아서도 '가䕁'가 옳으므로 여기에서는 '갈대'로 새겼다.
28) 추모(주몽)왕이 엄리대수(『사기』에는 엄표수・개사수)를 건넌 뒤 도읍을 세웠다는 극히 간략한 이 부분의 이야기를 『사기』에서는 다음과 같이 전하고 있다. "졸본천卒本川(『유사』에서는 졸본주)에 이르러(『위서』에는 홀승골성紇升骨城에 이르렀다 함) 그 토양이 비옥하고 산과 물이 험하고 견고한 것을 보고는 도읍을 삼기로 하였다. 궁궐을 지을 겨를이 없어서 우선 비류수沸流水의 위쪽에 초막을 짓고 살면서 국호를 고구려라 하였다.(至卒本川(魏書云 至紇升骨城) 觀其土壤肥美 山河險固 逢欲都焉 而未遑作宮室 但結廬於沸流水上居之 國號高句麗)"
29) 『금석총람』 등에는 "不樂世位 因遣黃龍來下"로 되어 있고, 『탁본집성』에는 "不樂世位 天遣黃龍來下"로 되어 있다. 단지 한 자(因과 天) 차이지만 '天'자가 뜻이 통한다고 하겠다. "因遣……"이라고 하면 누가 황룡을 내려 보냈는지가 분명하지 않으나, "天遣……"이라 함으로써 하늘에서 내려보낸 것이 분명해진다. 즉 추모왕이 세간의 왕위

하늘로 올라가셨다.31)

② 추모왕 이야기의 문제점

추모왕에 관한 부분만을 따서 옮겨보았다. 매우 요약되고 비교적 짧게 전하고 있다. 너무 요약한 탓인지 이해하기가 어려운 부분이 눈에 띈다. 이 비문의 주인공이 광개토왕이고 추모왕은 그 시조왕으로서 앞머리에 나와 있기 때문에 간략한 것은 당연하다고 할 수 있다.

를 이제 그만 누리고 싶어할 때 하늘에서 황룡을 내려보내어 (추모왕을 하늘로) 맞이해 갔다는 것이 된다.

30) 『금석총람』 등에는 "황룡부승천黃龍負昇天(황룡이 등에 지고(업고) 하늘로 올라갔다.)"으로 되어 있고, 『탁본집성』에는 "이룡수승천履龍首昇天(용의 머리를 밟고 하늘에 오르다.)"으로 되어 있다. 그래서 이 『탁본집성』을 따른 조현설(『동아시아 건국신화의 역사와 논리』, 문학과 지성사, 2003, p.246)은 "황룡의 머리를 딛고 하늘로 올라갔다."고 하였다. '履龍首'로 되어 있어서 여기에 황룡이 없으나 이 용이 바로 하늘에서 내려온 황룡이기 때문이라 하겠다. 그러나 『금석총람』에서와 같은 "黃龍負昇天"(최남선편 『신정본』 부록을 따랐다 함) 쪽을 취하고 있으면서도 서대석(『한국신화의 연구』, 집문당, 2001, p.52)은 "용의 머리를 밟고 승천하셨다."라고 하였다. "黃龍負昇天"의 글자대로라면 "황룡이 업고(등에 지고) 하늘로 오르다."가 되지만 승천한 추모왕의 입장에서 본다면 "황룡을 타고 승천하다."가 된다. 하지만 『탁본집성』대로 본다면 "履龍首昇天" 곧 "용의 머리를 밟고 (서서) 하늘로 올라간" 것이 된다. 또는 추모왕의 발 앞에 머리를 숙여 등에 오르기 편하도록 하였기 때문에 왕이 용머리를 밟고 올라탔다는 뜻으로도 볼 수가 있다. 어쨌든 등에 업혀갔건 머리를 밟고 서서 갔건 간에 추모왕이 용을 타고 하늘로 올라간 것은 마찬가지이다.

31) 추모왕에 관한 광개토왕비의 부분은 『금석총람』 상편(朝鮮總督府, 1919), p.3 ; 최남선 『신정본』 「부록」(三中堂書店, 1943) p.3 ; 중국 추종서鄒宗緒 편찬, 『호태왕비好大王碑』(陝西旅遊出版社, 1992), p.3 · pp.7~17 등 현존 금석문들을 참고하였으나, 주로 임기중 편저, 『광개토왕비원석초기탁본집성』(동국대학교출판부, 1995), p.377에서 많이 원용하였으므로 관계부분을 옮겨본다. "惟昔始祖鄒牟王之創基也 出自北夫餘 天帝之子 母河伯女郎 剖卵降世 生而有聖德 □□□□□命駕巡幸南下 路由夫餘奄利大水 王臨津言曰 我是皇天之子 母河伯女郎 鄒牟王 爲我連葭浮龜 應聲卽爲連葭浮龜 然後造渡 於沸流谷 忽本西城山上 而建都焉 不樂世位 天遣黃龍來下迎王 王於忽本東岡 履龍首昇天."

간략하기 때문에 문제점이 드러나는 것은 물론 아니겠지만 이 비문에서 전하고 있는 추모왕의 이야기에는 다분히 그러한 문제점이 드러나 보인다고 할 수 있다. 쉽게 이해하기 어려운 문제 몇 가지를 여기에 살펴보기로 한다.

첫째, 시조 추모왕에 대한 호칭

맨 먼저 눈에 띄는 것이 시조왕에 대한 호칭이다. 앞에서 보았지만 『사기』에는 주몽(추모)왕을 '시조동명성왕始祖東明聖王'이라 하였고, 그것을 옮긴 『유사』에서는 '동명성제東明聖帝'라고 하였다.32) 다른 나라들에도 마찬가지이지만 국왕에게는 이름(諱)이 있고 호 또는 묘호廟號가 있다. 왕조사王朝史의 본기本紀에 기록된 왕명은 주로 시호 또는 묘호를 쓴다. 가까운 조선왕조에서 예를 든다면 첫 임금의 이름(諱)은 이성계李成桂이며 묘호는 태조太祖이고, 제4대왕의 이름은 도祹이며 그 묘호가 세종世宗이다. 그래서 역대왕을 일컬을 때에는 태조대왕·정종대왕·태종대왕·세종대왕 등이라 한다.

그렇다면 이 광개토왕비문에도 그 첫머리에 시조 왕을 일컬을 때 『사기』와 『유사』에서처럼, "유석시조동명성왕(제)지창기야惟昔始祖東明聖王(帝)之創基也" 즉 "옛날 시조 동명성왕(제)이 나라의 기틀을 개창하셨다."라고 써야 격에 맞을 것이라 싶다. 그런데 그 18세손33)인

---

32) 『유사』와 거의 비슷한 시기에 쓰여진 『제왕운기』(하권)에는 '고구려' 쪽에서 "고구려 시조는 성이 고씨이고 시호가 동명이며, 활을 잘 쏘았기에 주몽이라 이름했다.(麗祖姓高 諡東明 善射故以朱蒙名)"라고 하였으며, 백제 쪽에서는 "백제의 시조는 이름이 온조인데, 동명성제가 그의 아버지이다.(百濟始祖名溫祚 東明聖帝其皇考)"라고 하였다.
33) 이 비문에 광개토왕을 17세손이라 하였으므로, 부왕의 능비를 세운 장수왕은 당연히 18세손이 된다.

장수왕 2년(414)에 광개토왕릉비를 세우면서 시조왕의 묘호를 쓰지 않고 어째서 추모(주몽)라는 아명兒名 겸 휘諱를 들어 지칭하였을까. 알다시피 어려서부터 활을 잘 쏘았기 때문에 당시 활 잘 쏘는 사람에게 일컬었던 주몽(추모)이라는 이름을 그에게 붙여 불러서 그의 이름이 되었다는 것이다.

『사기』「고구려본기」에 기재된 초기 세 왕과 이 비의 주인공인 광개토왕의 이름을 찾아보면 다음과 같다.

- 시조 동명성왕始祖東明聖王. 성이 고씨高氏이며 이름(諱)은 주몽朱蒙인데, 또는 추모鄒牟라고도 하고 중해衆解라고도 한다.
- (제2대) 유리명왕瑠璃明王. 이름은 유리類利, 혹은 유류儒留라고도 한다.
- (제3대) 대무신왕大武神王, 혹은 대해주류왕大解朱留王이라고도 한다. 이름은 무휼無恤이다.
- (제19대) 광개토왕廣開土王. 이름이 담덕談德이다.

여기에 일치하는 왕명은 하나도 없다고 할 수 있다. 우선 두 군데 다 시조라 하고 있으면서도 한쪽은 '동명성왕'이고 한쪽은 '추모왕'이며, 제2대 왕도『사기』에는 '유리명왕'인데 비문에는 '유류왕'이고, 제3대왕도 한쪽은 '대무신왕'이고 한쪽은 '대주류왕'이다. 물론 왕명과 휘를 맞추어보면 동일인임은 틀림이 없다.

시조왕과 제2대왕은 다같이『사기』에서의 왕명(東明聖王·瑠璃明王)을 쓰지 않고 이름 휘諱(鄒牟·儒留)를 취하고 있다. 제3대왕은『사기』에 '대무신왕'을 혹은 '대해주류왕大解朱留王'이라 한다 하였고, 휘

諱를 '무휼無恤'이라 하였는데, 비문에는 '대주류왕大朱留王'이라 하고 있다. 이는 대무신왕의 다른 묘호인 '대해주류왕大解朱留王'에서 '해解'가 빠져 있기는 하나 (대주류왕이라는) 왕명을 택하고 있음을(諱 無恤을 취하지 않았으므로) 알 수가 있다. 그러나 정작 장본인인 광개토왕은 이들 선왕들과는 다르게 왕명을 기록하였다.

17세손이라 하면서도 '국강상 광개토경 평안호태왕國岡上廣開土境平安好太王'34)이라 묘호를 길게 쓰고, 또 "호를 영락태왕이라 한다.(號爲永樂太王)"고 하였다. '영락'은 광개토왕의 연호였으므로 이 '영락호태왕'이라는 왕호는 왕의 생전에 썼던 일컬음임을 알 수 있다. 그러므로 왕의 사후에 붙이는 묘호(국강상광개토경평안호태왕)나 생존시의 왕호에 모두 '호태왕'이라는 호칭을 썼음을 볼 수가 있다.

물론 이 비를 세운 때의 임금인 장수왕의 아버지 광개토왕에 관한 일이므로, 그 비문에 묘호와 생존시의 존호를 쓰는 것은 당연한 일이다. 그와 더불어 그의 윗대 조상 특히 시조와 제2대 제3대의 왕에게도 묘호 또는 존호를 쓰는 것이 당연하다고 할 것이다. 그런데도 이제 본 것처럼 전혀 그렇지가 않고 남의 나라 왕명 다루듯 무슨 왕으로 일관하고 있으며, 더욱이 시조를 비롯한 가장 윗대 조상왕의 묘호

---

34) 1946년 봄에 경주의 '호우총壺衧塚'에서 발굴된 청동호우靑銅壺衧의 겉쪽 밑바닥에는 "國岡上廣開土地好太王"이라 새겨져 있으며, 또 '고구려 모두루묘지牟頭婁墓誌'에는 "國岡上□□土地好太聖王"이라 하였다. 여기서의 '국강상國岡上' 다음에 이어지는 '□□'의 두 글자는 아마도 '광개廣開'의 두 글자일 것으로 보인다. 그렇다면 "국강상광개토지호태성왕國岡上廣開土地好太聖王"일 것으로 볼 수가 있으니, 위의 청동호우의 명문과 같으면서 끝에 '성聖'자가 하나 더 있는 셈이 된다. 그러므로 광개토왕을 '국강상광개토경평안호태왕'이라고도 하고 또 '국강상광개토지호태(성)왕'이라고도 하였음을 알 수가 있다.

고구려 217

를 하나도 쓰지 않고 아명같은 이름(諱)에다 달랑 왕 자 하나만 붙여 놓고(鄒牟王・儒留王 등) 있을 뿐이다. 그와는 반대로 오히려 그 17대 손인 광개토왕에게는 왕호 끝에 그냥 '왕'이 아니라 '호태왕好太王'이라 하여 지극히 높임말을 붙이고 있음을 보게 된다.

일반 왕에게도 왕을 일컬을 경우에는 대왕이라 하였지만 현존 금석문을 통해 고구려의 장수왕長壽王(광개토왕의 뒤를 이은 아들)과 신라의 진흥왕眞興王을 태왕이라 일컬은 사례를 볼 수가 있다.

1926년 9월에 경주시 노서리路西里의 서봉총瑞鳳塚에서 발굴된 유물중 하나인 '은합우銀合杅'에는 "延壽元年太歲在辛(卯) 三月中太王敬造"35)라는 명문이 새겨져 있었다. 이는 곧 "연수 원년 신묘 3월 중에 태왕이 만들게 하였다."는 것이다. '연수 원년 신묘'는 고구려 장수왕 39년(451)으로 볼 수 있는데, 이 은합우는 앞서 본 경주 호우총의 청동호우靑銅壺杅의 경우처럼 비록 신라 옛터인 경주에서 출토되었으나 실은 고구려에서 보낸(아니면 신라 사신이 가져온) 기물일 것이며, 여기서의 태왕太王은 고구려 장수왕을 가리킨 것으로 볼 수 있다.36) 또 신라 진흥왕眞興王 29년(568)에 세운 '황초령비黃草嶺碑'와 같은 해 같은 월일에 세운 '마운령비磨雲嶺碑'와 건립시기 미상인 '북한산비北漢山碑' 등에는 '진흥태왕眞興太王'이라 하고 있다.37)

---

35) 황수영, 『한국금석유문韓國金石遺文』(일지사, 1976), p.408의 「서봉총 은합우」 등 금석문집에 수록되어 있다.
36) '연수 원년 신묘'는 고구려 장수왕 39년(451)일 것이며, 여기에 나오는 '태왕'은 장수왕을 가리키는 것으로 보아야 한다는 견해를 좇고 「고구려 인현의불상因現義佛像의 주성시기鑄成時期-연가延嘉・연수延壽의 장수왕 연호 가능성 시고」(『불교학보』 34집, 불교문화연구원, 1997)에서 제시한 바가 있다.

그러한 사실들로 미루어 고구려 건국의 시조를 그 후손이 세운 비에 '동명성제東明聖帝(王)'라 하지 않았다면 '추모성왕鄒牟聖王'이라고 써야지 '태왕太王'도 아닌 '왕王'을 이름에 붙여 '시조 추모왕始祖鄒牟王'이라 한 것은 아무래도 이해가 안 된다고 하겠다. 앞에서 보았지만 '모두루묘지牟頭婁墓誌'에는 '추모성왕鄒牟聖王'이라 하였다. 그런데도 시조왕 및 윗대 조상왕들의 이름 밑에 '왕王' 한자만 붙여놓고 오히려 17대손인 비문의 주인공에게는 묘호와 생존시의 존호까지 모두 그 끝에 '호태왕好太王'이라는 공경어를 붙여놓은 것이다.

그리고 또 석연치 않은 것은 『사기』와 『유사』 등에서 보게 되는 '동명성왕'이나 '동명성제'라는 묘호를 왜 쓰지 않았는가 하는 의문이다. 17세손의 비문에 그 후손되는 비문 주인공에게는 묘호와 존호를 최상의 경어로 쓰면서, 시조인 동명성제(왕)를 앞머리에 높여 기록하면서 아명이었던 이름(諱)에 왕자만 붙였으니, 상식으로나 시조왕에 대한 예의로 보나 아무래도 격에 어긋나 보인다고 하겠다. 그래서 어떤 이는 '동명東明'이라는 묘호까지도 장수왕 2년(414, 광개토왕비 건립 해) 이전에는 없었고 그 이후에 '성제(왕)聖帝(王)'까지 꾸며 붙인 것으로 의심하기도 하는 듯하다. 그러나 『사기』와 『유사』 등이 비록 그 간행은 '광개토왕비'보다 훨씬 뒤의 일이지만 모두가 고문헌이나 확실한 근거에 의해 편찬되어졌을 것은 의심할 여지가 없다고 할 것이다.

『사기』 「고구려본기」에는 제3대 대무신왕大武神王 3년(A.D.20) 3월

---

37) 최남선, 『신정 삼국유사』 부록, 「신라 진흥왕사비眞興王四碑」 중의 3비碑, pp.12~14.

에 "동명왕의 묘廟를 세웠다."38)고 하였으며, 같은 『사기』「백제본기」에는 고구려보다 여러 해 앞선 백제 시조 온조왕溫祚王 원년(B.C.18)에 '동명왕묘'를 세웠다고 하였다.39) 이 『사기』의 기록에 의하면 고구려 시조 동명왕의 묘를 그 사후 38년째가 되는 제3대 대무신왕 3년에 세운 것으로 보이고 있는데, 오히려 백제에서는 그보다 훨씬 앞선 백제 시조 온조왕의 즉위 원년에 고구려 시조 동명왕의 묘를 세운 것으로 되어 있다. 온조왕의 원년은 고구려 동명왕이 세상을 떠난 (B.C.19) 이듬해가 된다. 『사기』에는 동명왕이 그 19년(B.C.19) 9월에 승하하였으며, 그 이듬해가 되는 백제 온조왕이 즉위한 원년(B.C.18) 5월에 백제에서 동명왕의 묘당을 세웠다는 것이다.

고구려 시조왕의 묘당을 고구려에서는 시조왕이 세상을 떠난 뒤 38년 되는 해에 그 손자인 제3대 왕에 의해 비로소 세워진 것처럼 보이는데, 오히려 백제에서는 동명왕 사후 바로 이듬해에 고구려 시조의 묘당을 세웠다는 것이므로 고구려보다 앞서기 37년이나 되는 셈이다. 대무신왕 3년이나 온조왕 원년 조에 비록 '처음 세웠다.(始立)'라고는 되어있지 않으나 두 기록(立東明王廟)의 전후 사정으로 미루어 비로소 세운 사실임을 짐작하게 한다. 아마도 고구려에서는 동명왕의 사후 곧 능릉陵陵을 짓고 따로 사당(廟)을 세우지 않았다가 손자 대에 와서 제대로 격식을 갖춘 묘당을 세운 것이 아니었던가 싶다. 반면에 고구려에서 따로 떨어져나와 백제를 건국한 온조왕은 그 아버지40) 추모鄒牟(또는 朱蒙)왕의 별세소식을 듣고 곧 그 원년에 부왕을

---

38) 『사기』 권13, 「고구려본기」 2, 대무신왕大武神王 3년 3월. "立東明王廟."
39) 『사기』 권23, 「백제본기」 1, 시조 온조왕溫祚王 원년 5월. "立東明王廟."

위한 묘당을 세워 제사를 모셨던 것으로 볼 수 있다.

고구려보다 앞서 동명왕묘를 세운 백제에서는 제2대 다루왕多婁王 (시조 온조왕의 아들) 2년(A.D.29) 정월에 시조 동명왕의 묘에 배알하였으며,41) 특히 제6대 구수왕仇首王 14년(227) 4월에는 가뭄이 심하였으므로 왕이 동명왕묘에 가서 비를 빌어 비가 내렸다고 하였다.42) 고구려에서 역대 왕들이 졸본에 있는 시조묘始祖廟를 찾아가 제사지내는 일은 당연하다고 하겠지만,43) 백제에서도 동명왕묘를 시조묘로 모셨고 큰 가뭄에 기우祈雨까지 한 것으로 보이고 있다.

이상의 사실들은 모두가 광개토왕 이전의 일이다. 그와 같이 동명왕이란 일컬음은 분명히 일찍부터 있었는데, 광개토왕비에서 한마디도 '동명東明'이라는 말이 나오지 않는 것은 무슨 까닭일까. 그가 세상을 떠나자 곧 묘호를 '동명성왕東明聖王'이라 하였다거나, 그 아들 되는 백제 온조왕이 동명왕의 사후 이듬해에 백제에서 '동명왕묘'를 세우고, 고구려에서는 시조왕의 손자가 졸본에 동명왕묘를 세웠다는 등의 사실은, 모두가 훨씬 후대에 편찬된 『사기』에 수록된 것이

---

40) 위의 『사기』 백제 시조 온조왕 조항 첫머리에 "百濟 始祖溫祚王 其父鄒牟 或云朱蒙"이라 하여, 그 아버지가 주몽 곧 고구려 동명왕임을 밝히고 있다. 그러면서도 그 항목의 끝에 할주를 달아 온조의 아버지가 주몽이 아니라는 이설異說을 전하기도 하였다. 그러나 『유사』의 「왕력」표에도 온조왕 아래에 "동명왕의 셋째 아들(東明王第三子)"이라고 하였다.

41) 『사기』 권23, 「백제본기」 1, 다루왕 2년 정월. "謁始祖東明廟."

42) 위의 권24, 「백제본기」 2, 구수왕 14년 4월. "大旱 王祈東明廟 乃雨."

43) 『사기』 권16, 「고구려본기」 4, 신대왕新大王 3년 9월·위와 같은 책 같은 「본기」, 고국천왕故國川王 2년 9월·같은 책 권17, 동천왕東川王 2년 2월 등에, "왕이 졸본에 행차하여 시조묘에 제사하다.(王如卒本 祀始祖廟)"라고 하였다. 동천왕 2년 2월의 시조묘 제사 때에는 죄인을 크게 사면(大赦)하기도 하였다.

라고 하더라도 그 자료의 역사성마저 부인해서는 안 되리라고 본다.

그리고 동명왕의 출생과 건국설화를 전하고 있는 중국의 옛 사서史書인『후한서』와『삼국지』44)는 분명히 고구려의 광개토왕 이전에 이루어진 고전이다.『삼국지』에서 '동명왕 설화' 부분을 인용하고 있는『위략魏略』은 위魏(220~265)의 어환魚豢이 찬술한 것이므로 광개토왕비 건립(414)보다 훨씬 이전의 것임은 말할 나위도 없지만,『후한서』의 찬자로 되어 있는 송나라 범엽范曄(398~445)은 광개토왕 사후에도 생존했던 인물이기는 하나 그 이전에 이미 찬술된『후한서』의 여러 갈래를 산보刪補해서 한 질로 만들었기 때문에45) 그 자료집의 성격 면에서 보아 광개토왕 때보다 앞섰다고 할 수 있다.

그러한 여러 사료적 상황으로 보아 동명왕의 이름이 이미 광개토왕 이전에 일찍이 있어왔다는 사실을 확인할 수가 있다. 그럼에도 여러 번 추모왕을 일컫고 있으면서도 동명왕의 묘호를 한마디도 쓰지 않고 있으며, 또 비슷한 시기의 '모두루묘지에는 다같이 '추모鄒牟'라고 하면서도 '추모성왕鄒牟聖王'이라 쓰고 있는데 광개토왕 비문에는 '성왕聖王'이란 말 또한 전혀 쓰지 않았다. 17세손에게는 '국강상 광개토경 평안호태왕' 또는 '영락호태왕'이라 하면서도, 개국시조왕에게는 성조聖祖나 성제聖帝는 고사하고 성왕이라는 말도 동명왕이라는 묘호도 쓰지 않고 있다.

비문을 쓴 사람이 '동명성제'나 '추모성왕'이라 쓰는 것을 몰라서

---

44) 이 두 사서에 관해서는 동명왕 설화 및 고구려 역사를 전하고 있는 중국 고사서古史書를 다루는 분단에서 자세히 보게 될 것이다.

45) 양梁 심약沈約 찬,『송서宋書』권69, 열전列傳 29, 범엽范曄. "刪衆家後漢書 爲一家之作."

쓰지 않았는지, 시조왕에게 붙이는 호칭이 '추모왕'뿐이기 때문에 그렇게 쓴 것인지, 또는 묘호나 성왕의 용례를 알면서도 일부러 그렇게 쓴 것인지 알 수가 없다. 평범한 왕의 비문에 여느 왕의 이름을 쓴 것이라면 문제 삼을 필요도 없을 것이다. '국강상 광개토경 평안호태왕'이라는 긴 묘호를 쓰는 왕의 비문에 그 시조왕을 일컬어 단지 휘諱만을 써서 '추모왕'이라고만 하였으니 아무래도 그 까닭을 알 수가 없다. 어쩌면 끝내 풀기 어려운 역사의 수수께끼가 될지도 모를 일이라 하겠다.

둘째, 스스로의 말(自言曰) 속의 추모왕

이제 본 비문의 이야기에는 추모왕이 남쪽으로 가다가 엄리대수奄利大水의 나루에 이르러 다음과 같이 말한 것으로 보이고 있다. 이 대목에 문제가 있으므로 관련부분을 원문 그대로 옮겨본다.

王臨津言曰 我是皇天之子 母河伯女郞 鄒牟王爲我連葭浮龜 應聲卽爲連葭浮龜 然後造渡.

서대석은 이를 다음과 같이 번역하였다.

왕이 나루에 임하여 말하되 "저는 황천의 아들이고 어머니는 하백의 따님인 추모왕이오니, 저를 위하여 갈대를 이어주시고 거북을 띄워주소서."라고 하였다. 이 소리에 응하여 즉시 갈대가 이어지고 거북이 떠올랐다. 그런 후에 건너가게 되었다.[46]

---

46) 서대석, 『한국신화의 연구』(집문당, 2001), p.52.

조현설의 번역은 이러하다.

　　왕이 (엄리대수)에 이르자 스스로 말하기를 "나는 황천의 아들이요, 어머니는 하백의 따님인 추모왕이다. 나를 위하여 갈대를 연결하고 거북을 뜨게 하라."고 하였다. 그 말씀이 끝나자 곧 갈대가 연결되고 거북이 물에 떠올랐다. 그렇게 하여 물을 건너가서…….47)

위의 두 번역을 보기로 들어보았다. 이들은 원문의 글귀 그대로를 나름대로 충실히 옮겼다고 할 수 있을 것이다. 그러나 실은 여기에 문제가 있다. 그 문제는 "어머니는 하백의 따님인 추모왕이다."라는 이 한마디에 있다. 더 정확하게 말한다면 '추모왕鄒牟王'이라는 이 이름이라 할 수 있다.

비문의 첫머리에는 분명히 '추모왕'은 고구려 시조왕의 이름(惟昔始祖鄒牟王)으로 되어 있다. 그런데 추모왕이 엄리대수를 향해 스스로 외쳤다는 말 가운데에는 '추모왕'이 자신의 어머니 이름인 것으로 되어 있다. 앞에서 보았지만 '추모鄒牟'와 '주몽朱蒙'은 같은 말이므로 추모왕은 곧 주몽왕이다. 주몽이 자신의 어머니를 일러 '주몽왕'이라 하였다는 것이 된다. 이는 상식적으로도 말이 안 되는 이야기이다.

시조왕 자신의 이름이 분명히 추모(주몽)이므로 뒷날 17세손 광개토왕의 비에 비문을 지은 이가 '시조 추모왕'이라고 한 것이었다. 그 추모(주몽)왕이 스스로 그 어머니를 추모(주몽)왕이라고 할 수가 있을까? 한마디로 말해서 추모의 어머니 하백河伯의 딸 유화柳花는 추

---

47) 조현설, 『동아시아 건국신화의 역사와 논리』(문학과 지성사, 2003), p.246.

모왕이 아니다. 추모왕의 어머니이다.

이 글귀의 "언왈言曰" 이하 "위아련가부귀爲我連葭浮龜"까지가 추모왕이 스스로 한 말로 보이고 있다. 이 글 가운데 곧 "나를 위해 갈대를 이어주고 거북을 떠오르게 하여지이다."라고 한 그 바로 앞에 '추모왕'의 이름이 놓여 있다. 그러므로 여기서의 '추모왕'은 그 스스로의 말(自言曰) 가운데에 들어있는 말임에는 틀림이 없다. 그렇다면 추모왕이 스스로 자신을 일러 '추모왕'이라고 한 것이 된다.

이 원문(鄒牟王爲我連葭浮龜)을 그대로 새기면 "추모왕은 나를 위해 갈대를 이어주고 거북을 뜨게 하소서."가 된다. 이 또한 말이 안 된다. 위급한 상황에서 쫓겨 달아나는 추모가 어찌 자신(추모왕)을 향해 구원을 청한단 말인가? 이는 더 이치에 맞지 않는 말이다. 그래서 앞의 두 번역자는 이 모순을 해결하기 위하여 이 '추모왕'을 앞으로 달아붙여 "어머니는 하백의 따님인 추모왕(母河伯女郎鄒牟王)이다."라고 하였던 것으로 볼 수 있다. 그러나 이 또한 얼토당토않은 번역이 되고만 것이다.

우리는 이 비문의 첫머리가 "유석시조추모왕惟昔始祖鄒牟王"으로 시작되어 그 나라를 창건한 시조왕을 지칭하면서 한번도 묘호나 존호를 쓰지 않고, 추모왕 또는 왕으로만 일관되게 일컫고 있음을 보았다. 이는 당시 비문을 쓰는 서법書法이나 그 비문을 지은 이의 글 버릇이 그런지는 모르겠으나, 극히 요약되고 짤막한 글을 통해서나마 천제를 아버지로 하백의 딸을 어머니로 한 출생의 신비로움과 그 성덕과 신성함을 드러내고자 한 경근敬謹함과 숭앙의 뜻을 어느 정도 보여주고 있다 하겠다. 그러한 비문 쓴 이는 추모의 스스로 외친 말

(自言曰)도 간접화법을 쓰고 있음을 보게 된다. 우리는 여기에 주의를 기울이지 않으면 안되리라고 본다.

우선 스스로의 말이기 때문에 거기에 추모 자신이 추모왕이란 말을 할 수가 없는 것은 상식이다. 또한 그의 어머니를 추모왕이라 하는 것도 옳지 않다. 그러나 이 글의 흐름이나 뜻으로 보아 추모왕을 가리키고 있는 것은 틀림이 없다. 그렇다고 하더라도 이때 추모는 왕이라 일컬을 수 있는 신분이 아닌 도망가는 길의 젊은이였을 뿐이다. 그래서 더욱더 추모왕은 도망자 추모를 가리키는 말이 아니라고 할 수도 있다. 하지만 이것이 간접화법이라고 할 땐 풀릴 수가 있다고 본다.

이 문제를 풀기 위해 스스로 말한(自言) 대목을 처음부터 다시 살펴보기로 하자. 지금 그가 엄리대수를 건너려고 할 때의 상황을 비문에서는 "(어머니의) 분부에 따라 남쪽으로 내려가는 길에 부여의 엄리대수를 지나게 되었다. 왕이 나루에 이르러 말하기를(□命駕巡幸南下 路由扶餘奄利大水 王臨津言曰)"이라고 하였다. 이 대목은 실은 『유사』본문에서는,

> 왕의 여러 아들과 신하들이 모의하여 주몽을 해치려고 하였는데, 주몽의 어머니가 그 사실을 알게 되어 아들에게 "이 나라 사람들이 너를 해코지하려 하니, 너의 재주와 지략으로 어디 간들 뜻을 이루지 못하겠느냐? 어서 빨리 떠나거라."라고 하였으므로, 주몽은 오이烏伊 등 세 사람과 함께 달아났다. 그들이 엄수淹水 곧 엄리수에 이르자 주몽은 강물을 향해 이르기를(王之諸子與諸臣將害之 蒙母知之告曰…… 於是蒙與烏伊等三人爲友行至淹水 告水曰)

라고 한 것이다. 이 상황을 이제 본 것처럼 비문에서는 "명가순행남하命駕巡幸南下"라 하였는데, '명命'은 앞의 글자가 마멸되어 그 정확한 뜻은 알기 어려우나 그 설화의 내용과 이 대목의 정황으로 미루어 '어머니의 명하심(母命)'으로 볼 수가 있겠고, '가駕'는 어가御駕 곧 임금님의 수레이며, '순행巡幸'은 말할 것도 없이 임금님의 행차이다.

 그러므로 주몽(추모)이 쫓겨 도망가는 상황을 여기에서는 분명히 왕의 행차로 표현하여, "왕의 수레는 남쪽으로 행차(巡幸)하여 내려갔다."고 하였음을 알 수 있다. 그렇기 때문에 뒤에는 추격군이 급박하고 앞에는 강물(엄리대수)이 가로막혔으므로 다급한 주몽이 강물을 향해 도움을 청하게 되는데, 이 광경을 『유사』에서는 "주몽이 엄수에 이르러 강물을 향해 말하였다."라고 하였으며, 이 비문에서는 "왕이 (엄리대수의) 나루에 이르러 말하기를"이라고 하였다.

 다 같은 하나의 이야기이면서도 두 글의 차이가 두드러지게 나타나 있다고 할 수 있다. 즉 청년 주몽(추모)이 부여 금와왕의 왕자들과 그 추종자들의 추적을 피해 도망가는 위급한 상황이므로 한쪽(『유사』)은 '몽蒙'(주몽)이라 지칭하여 달아나는 주몽의 급박한 모습 그대로를 보이고 있는데, 한 쪽 글(비문)은 왕이 된 사람에게 일컫는 '어가·순행·왕'이라는 당당한 모습으로 기록되어 있다. 그러므로 이 비문에는 그 다음에 이어지는 스스로의 말(自言曰)에도 그러한 흐름을 보이고 있다.

 『유사』의 '고구려' 항목에서는 주몽이 스스로 말한(告水曰) 이 부분을 다음과 같이 전하고 있다. "나는 하늘님(天帝)의 아들이요 하백河伯의 손자인데, 오늘 도망가는 길에 쫓김을 당해 붙잡히게 되었으니 어찌하면 좋으리까?(我是天帝子河伯孫 今日逃遁追者垂及 奈何)" 그러자 어별魚鼈이 떠올라 다리(橋)를 이루어 건널 수 있었고, 그가 건너자 물고기들의 징검다리가 흩어져서 추격병이 건널 수 없게 되었다는 것이다.

앞서 보았지만 이 비문의 해당 원문은 "奄利大水 王臨津言曰 我是皇天之子 母河伯女郎 鄒牟王 爲我連葭浮龜"이다. 이 부분의 번역 글은 몇 차례 이미 본 셈이지만 '왕이 나루에 이르러 말하였다(王臨津言曰)'는 이 앞말에서도 급박하게 뒤쫓기는 도망자의 모습이 아니라, 강물을 건너기 위해 물가에 선 일위 국왕의 권위를 느끼게 한다고 하겠다. 그렇기 때문에 앞의 『유사』 쪽에서는 "천제의 아들이며 하백의 손자인 내가 지금 쫓김을 당해 매우 위급하게 되었으니 어찌하면 좋으리까?"라고 하여, 추격자의 위험에서 벗어날 수 있도록 강물을 건너게 해줄 것을 청원하는 절박한 외침으로 볼 수가 있었다. 반면에 이 비문 쪽에는 "나는 황천皇天의 아들이고 어머니는 하백의 따님이니, 추모왕인 나를 위해 갈대를 연결하고 거북을 떠오르게 하여 물을 건널 수 있도록 하라."라고 명령한 것처럼 보인다고 할 수 있다.

다시 말해서 도망가는 몸으로 아직 왕이 되지 못한 그가 자신을 추모왕이라고 자칭했을 리도 없고, 비문을 쓴 이가 왕도 아닌 그를 추모왕이라 일컬었다면 그 또한 이치에 맞지 않다는 것도 이미 앞에서 본 바가 있다. 그러나 비문 찬자는 이제껏 보아온 그대로 왕위에 오르기는 고사하고 부여 왕실로부터 도망쳐 나와 뒤쫓김을 받고 있는 위기의 그를, 전혀 그러한 기색을 비치지도 않고 태연하게 어가(駕)로 순행하는 왕의 모습만을 보여주고 있을 뿐이었다.

그와 같이 찬자는 이 비문에서 추모(주몽)가 왕이 되기 전이든 후이든 상관없이 일관되게 '왕'이라 호칭하였으므로, 도망자 추모가 강물을 향해 말하였다는 대목에서도 왕의 권위를 드러내어 "추모왕인 나를 위하여"라고 거기에 그 글버릇대로 '추모왕'을 (찬자의 입장에서는) 자연스럽게 들추어 올렸던 것으로 볼 수도 있지 않겠는가 여겨진다.

그러나 아무리 간접화법이라고 하더라도 도망자인 청년 추모를 스스로 '추모인 나를 위해'라는 표현으로 그릴 수는 없다고 할 것이다. 이 또한 사례가 맞지가 않고 말길이 막힌(言路不通) 화법이라고 하지 않을 수가 없다. 현재 판독되어 전해져 있는 이 원문대로라면 여기에 들어 있는 '추모왕'이란 말은 도망가는 추모(주몽) 스스로가 한 말이 아니고, 추모가 스스로 말하였다는 그 대목 가운데에 비문 찬자가 집어넣은 말이라고 할 수 있다. 즉 "나는 하늘님의 아들이며 어머니는 하백의 따님이시다. 나를 위해 갈대를 이어주고 거북을 뜨게 하여지이다."라고 한 추모가 스스로 말하였다는 그 사이에 비문을 쓴 이가 '추모왕'의 이름을 넣어 "나는 하늘님의 아들이며, 나의 어머니는 하백의 따님이시다."라고 말한 추모왕은 "나를 위해 갈대를 이어주고 거북을 뜨게 하여지이다."라고 하였다는 것으로 풀이할 수 가 있다. 어쨌든 '광개토왕비'의 이 대목은 시조왕의 존호를 붙이지 않은 점과 더불어 상당한 문제점을 보이고 있다 할 것이다.

셋째, 용을 타고 승천하다.

추모왕이 세상의 임금자리에 싫증을 느꼈을 때 하늘로부터 내려온 용을 타고 하늘로 올라갔다는 이야기는 문제점이라 하기보다는 이 비문이 전하는 설화의 특이한 점이라고 할 수가 있을 것 같다. 비문의 판독이 대체적으로, "황룡을 타고 승천했다.(黃龍負昇天)"와 "용의 머리를 밟고 승천하였다.(履龍首昇天)"라는 두 가지로 되어 있으나, 어느 쪽이든 동명왕이 인간세상을 하직할 때 용을 타고 하늘로 올라갔다는 이야기는 똑같다.

앞에서 본 『유사』의 동명왕 주몽설화에서는 그의 건국까지만 전해져 있어서 그의 고구려 창건 이후 및 그의 최후에 관해서는 전혀 언급이 없었다. 그 저본이라 할 『사기』에서는 동명왕이 40세 되는 즉위 19년(B.C.19)에 승하하여 용산龍山에 장사지냈다[48]고 하였을 뿐 승천하였다는 말은 전혀 보이지 않는다.

「동명왕편東明王篇」에서는 아래와 같이 전하고 있다.

> 왕위에 있은 지 19년에, 하늘로 올라가곤 다시는 내려오지 않았다.(在位十九年 升天不下莅)

라고 한 다음 그 밑에 주석을 달아 "9월에 왕이 승천하여 내려오지 않았다. 그때 나이 마흔이었다. 태자가 왕이 남긴 옥채찍으로 용산에 장사지냈다.(秋九月 王升天不下 時年四十 太子以所遺玉鞭 葬於龍山 云云)"라고 하였다.[49]

또 『제왕운기』에서도

---

48) 『사기』 권13, 「고구려본기」 1, 동명성왕 19년 9월. "王昇遐 時年四十歲 葬龍山 號東明聖王."
49) 이규보 찬, 『동국이상국집』 권3, 「동명왕편」.(나중의 「동명왕편」에서 자세히 보게 됨)

왕위에 있은 지 19년 9월에, 하늘로 올라가곤 다시 내려오지 않았네.

태자 유리가 와서 왕위를 이었고, 남겨진 옥채찍을 묻어서 무덤을 이루었네.(在位十九年九月 升天不復廻雲輧 聖子類利來嗣位 葬遺玉鞭成墳塋50)

라고 읊었다. 이 두 글에서는 승천한 사실을 전하고는 있으나 용을 타고 승천하였다는 말은 보이지 않는다.

과문의 탓인지는 몰라도 현존 문헌 중에서 동명왕이 승천할 때 용을 타고 올라갔다는 이야기는 이 비문에서 처음 보게 된다. 『유사』에서는 주몽왕의 최후가 나와 있지 않고, 『사기』에서는 40세에 승하한 것으로 보이고 있으며, 「동명왕편」과 『제왕운기』에 하늘로 올라간 뒤 다시는 내려오지 않았다고만 하였을 뿐 용을 타고 올라갔다는 말은 없었다.

지금까지 살펴보았지만 주몽(추모)설화의 뚜렷한 윤곽마저도 더듬기 힘들 만큼 극히 요약된 이야기였으나, 광개토왕의 이 비문에 전해진 추모왕 설화의 일면은 매우 귀중한 사료라고 하지 않을 수가 없다. 특히 용의 머리를 밟고 하늘로 올라갔다는 흥미로운 이야기는 현전 주몽설화의 어디에서도 볼 수 없는 희귀한 신화자료라고 할 수 있을 것이다.

---

50) 이승휴 찬, 『제왕운기』 권하, 여조동명왕麗祖東明王.(이 또한 나중의 『제왕운기』 쪽에서 자세히 보게 됨)

(2) 모두루묘지牟頭婁墓誌51)의 추모성왕

이 묘지墓誌의 첫머리가 "대사자모두루大使者牟頭婁……"로 시작되어 있어서 종래의 학자들은 「고구려高句麗 모두루묘지牟頭婁墓誌」라 일컫고 있다. 그러나 홍기문은 모두루는 그 묘지의 찬자이며 그 무덤의 임자는 염모冉牟이므로 '염모묘지冉牟墓誌'라 하는 것이 옳다고 하였다.52) 여기에서는 이 묘지에 보이고 있는 추모왕 관계부분만을 보고자 한다.

판독하기가 어려운 글자가 많아서 전반적으로 그 내용을 정확하게 이해하기는 어렵지만 추모왕에 관한 글귀만을 옮겨보면 대강 다음과 같다.

> 하백의 손자이며 일월의 아들인 추모성왕은 원래 북부여에서 나왔다.
> (河伯之孫 日月之子 鄒牟聖王 元出北扶餘……)
> 하백의 손자이며 일월의 아들이 태어난 땅에서 왔음을 알았다.…….
> (□知河伯之孫 日月之子 所生之地來□……)

---

51) 최남선의 『신정 삼국유사』 부록, p.7에 수록된 「고구려 모두루묘지」 해제에서 이 '묘지'에 관한 요긴한 부분을 옮겨서 묘지 이해에 참고가 되게 하고자 한다. "근년近年에 우리 만포진滿浦鎭의 바로 대안對岸인 하양어두下羊魚頭에서 일고분一古墳이 발굴되니 그 내부가 주실主室과 전실主室 둘로 구성되고 전실前室 정면의 윗벽(上壁)에 마치 경권經卷을 전개한 것처럼 묘주墓主의 지문誌文을 묵서墨書한 것이 있었다. 회사灰沙의 토벽에 종횡의 괘선을 긋고 합팔십항合八十行 항십자행十字 전팔백허자全八百許字로써 대사자大使者 모두루牟頭婁의 행적行蹟을 서술한 것인데, 그 대부분이 회매晦昧하여 판독하기 어려우되 모두루는 대개 광개토왕의 지우知遇를 받아서 북부여 방면의 진호鎭護에 종사한 인물인 듯 하며, 문중文中에 여러 번 '하백지손 일월지자河伯之孫日月之子'를 거설擧說함은 또한 고구려 귀족의 긍지를 엿볼 일자료一資料도 될 듯하다."
52) 홍기문, 『조선신화연구』(사회과학원 출판사, 1964, 지양사, 1989), p.24.

하백의 손자 일월의 아들 성왕…… (河伯之孫 日月之子 聖王□……)53)

　대강 이상의 글자를 옮겨볼 수는 있으나 설화적인 내용을 알기는 힘들다. 앞의「광개토왕비」와 비슷한 시기인 것 같으면서도 우선 그 부모를 일컫는 순서가 서로 바뀌어 있는 차이를 보게 된다.「광개토왕비」에서는 "천제의 아들이며, 어머니는 하백의 따님"이라 하였는데, 여기에는 "하백의 손자요 일월의 아들"(여기서의 손자는 외손자를 가리키고 일월은 천제를 뜻함)이라 하였으므로, 전자는 아버지가 먼저이고 그 후자는 어머니가 앞서 있다는 것이다.

　또 추모왕의 이름에 관해서도 묘호나 존호를 쓰지 않은 점에서는 광개토왕비문의 경우와 같다고 하겠으나, 다만 이「묘지」에는 왕의 위에 성聖자를 붙여서 추모성왕鄒牟聖王이라고 하였다. 그러나 추모왕에게만 성자를 붙인 것이 아니고 광개토왕에게도 성자를 붙여서 '국강상 광개토지 호태성왕國岡上廣開土地好太聖王'이라 하였다.

　이「묘지」역시「광개토왕비」의 경우와 마찬가지로 하늘님(天帝・日月)의 아들이니, 하백 따님(河伯女郞)의 아들이니 하여 예부터 전승되어온 신성한 개국조開國祖의 모습을 그대로 전하면서도, 그에 대한 직접적인 호칭은 묘호도 쓰지 않고 휘諱 그대로를 쓰면서 오히려 17세손인 광개토왕의 호칭(國岡上廣開土境(地)平安好太聖王, 살았을 땐 永樂太王)에 비해 초라하리만치 평범한 왕호를 쓰고 있음을 보이고 있다 하겠다.

　이「묘지」외에 고구려 개소문蓋蘇文의 셋째 아들인 천남산泉男産의 묘지54)에 '동명東明'과 '주몽朱蒙'의 이름만이 보이고 있으나, 그 밖에

---
53) 앞 주51)의『신정본』, pp.7~8.

도 동명왕의 생애와 그 설화적 일면을 엿보게 하는 금석문 자료를 현재로서는 찾아보기가 어렵다.

2) 고전 문헌에 전하는 주몽설화

『사기』와 『유사』 외에 대표적인 국내 전래의 주몽설화로서는 「동명왕편東明王篇」・『제왕운기帝王韻記』・「단군고기壇君古記」의 세 가지를 들 수가 있다. 이들 고전古傳이 수록된 책의 연대 차례에 따라 동명왕의 출생에서 건국에 이르기까지의 생애만을 살펴보기로 한다.

(1) 「동명왕편東明王篇」55)에 보인 동명왕의 생애

고려 제23대 고종 28년에 74세로 세상을 떠난 백운거사白雲居士 이규보李奎報(1168~1241)는 「동명왕편」의 찬술 이유를 다음과 같이 밝히고 있다.

> 지난 계축년(明宗 23년·1193) 4월에 『구삼국사舊三國史』를 얻어서 「동명왕본기東明王本紀」를 보았는데 그 신이神異한 자취가 세상에서 이야기하는 것(일반에 많이 알려진 신이한 일)보다 더 신비롭고 기이하였다. 그래서 처음에는 또한 그 내용이 귀신 도깨비 같아서 믿어지지 않았다. 그러나 세 번을 되풀이해 탐독하여 점점 그 근원으로 깊이 들어가니, 도깨비가 아니고 성인이었으며 귀신이 아니라 신령이었다.(非幻也 乃聖也 非鬼

---

54) 「고구려천남산묘지명高句麗泉男産墓誌銘」(이난영 편, 『한국금석문추보韓國金石文追補』, 아세아문화사, 1968, p.263; 허흥식 편, 『한국금석전문韓國金石全文』, 아세아문화사, 1984, p.121 등). "昔者東明感氣踰㴲川而啓國 朱蒙孕日臨浿水而開都."
55) 이규보 찬, 『동국이상국집』 권3, 「동명왕편」.

也 乃神也) 더구나 국사國史는 올곧게 써야 할 책(直筆之書)이라 어찌 망녕되이 전하였으랴.

　김부식공金富軾公이 다시 국사(『三國史記』)를 편찬하면서 자못 동명왕의 일을 줄여서 썼다. 아마도 김공이 '국사는 세상을 바로잡는 책이므로 크게 기이한 일을 후세에 보이는 것이 옳지 않다'고 하여 이를 줄였을 것이리라. 하물며 동명왕의 일은 변화와 신이로써 세상 사람의 눈을 현혹시키려는 것이 아니며, 이는 진실로 나라를 창건한 신비로운 자취이다. 만일 이를 기록하지 않으면 훗날 사람들이 어떻게 보겠는가. 이로써 시를 지어 적으니, 천하 모든이로 하여금 우리나라가 본디 성인의 나라임을 알게 하고자 함이다.56)

　그와 같이 서문에서 동명왕 이야기를 전하게 된 연유를 밝힌 그는, 『구삼국사기』의 「동명왕본기」를 이끌어 와서 그 각각 대목의 앞에 시송으로 읊어서 동명왕의 생애를 전하고 있다. 여기에서는 그 모두를 옮기는 번거로움을 피하여 가급적 「동명왕본기」에서 전하는 설화 내용을 주로 하여 그의 생애를 옮기기로 한다.

　부여 왕 해부루解夫婁가 늙도록 아들이 없어서 산천에 제사하여 후사를 구하였는데, 타고가던 말이 곤연鯤淵에 이르러 큰 돌을 보고는 눈물을 흘렸다. 부루왕이 괴이하게 여겨 사람을 시켜 그 돌을 구르게 하였더니, 거기에 금색의 개구리모양을 한 어린아이가 있었다. 왕은 "이는 하늘이 나에게 자식을 주신 것이다." 하고는 거두어 길렀다. 이

---

56) 위 글(「동명왕편東明王篇」)의 서문. "世多說東明王神異之事"로 시작되어, "知我國本聖人之都耳"로 끝나는 이 서문의 앞부분과 뒷부분 중간의 일부를 제외하고 옮긴 글이다.

름을 금와金蛙라 하였으며 태자로 삼았다. 그 재상 아란불阿蘭弗이 왕에게 말하기를, "전날에 하늘님이 내려와 저에게 이르기를 '장차 내 자손으로 하여금 이곳에 나라를 세우고자 하니 너희는 피해가도록 하라. 동해의 가에 땅이 있으니 가섭원이라 하는데, 그 땅에 오곡이 잘 자라니 도읍으로 삼을 만하다'고 하였습니다."라고 하였다. 아란불이 왕에게 권하여 도읍을 옮겼으며, 동부여라 이름하였다.

한漢나라 신작神雀 3년 임술 해(B.C.59)에 하늘임금님(天帝)이 태자를 부여 왕의 고도古都에 내려보냈으니, 이름을 해모수解慕漱라 하였다.57) 그는 하늘로부터 내려오면서 다섯 용이 끄는 수레(五龍車)를 탔으며, 따르는 무리 100여 명은 모두 흰 고니(白鵠)를 탔다. 아롱진 구름이 그 위에 떠오르고 구름 속에서 음악이 울려퍼졌다. 웅심산熊心山에 머물러 10여 일이 지나서 비로소 내려왔다. 머리에는 까마귀 깃털의 관을 쓰고 허리에는 용광검龍光劍을 찼으며, 아침에 내려와 다스리는 일을 돌보고 저녁에는 하늘로 올라갔는데, 세상에서 그를 일러 천왕랑天王郎이라 하였다.

왕성의 북쪽에 있는 청하淸河(지금의 압록강)의 하백河伯에게는 유화柳花(맏딸)·훤화萱花(둘째)·위화葦花(셋째)라는 아름다운 세 딸이 있었는데, 웅심연熊心淵 위에 와서 놀았다. 천왕이 사냥 나왔다가 눈

---

57) 앞 항목인 '북부여' 쪽에서는 신작神爵 3년 임술(B.C.59) 4월 8일에 천제의 아들 해모수가 흘승골성에 오룡거를 타고 내려와 도읍을 세우고 국호를 북부여라 하였으며, 이 해모수왕이 아들 부루를 낳았고 해부루가 왕이 되었을 때 천제의 명에 의해 동부여 가섭원으로 옮겨갔다고 하였다. 그런데 여기에서는 해부루왕이 천제의 명에 의해 동부여로 옮겨간 다음 신작 3년 임술에 천제의 아들 해모수가 내려온 것으로 되어 있으며, 해모수와 해부루가 전혀 부자관계로는 보이지 않는다.

여겨보고는 곁에 있는 신하에게 말하기를, "왕비로 삼게 된다면 후사를 이을 수가 있겠구나."라고 하였다. 처녀들은 왕을 보고는 곧 물속에 들어가 버렸다. 좌우의 신하들이 여쭙기를 "대왕께서는 어찌하여 궁전을 지어 처녀들을 방으로 맞아들여 문을 닫아 막으려 하지 않으십니까?"라고 하였으므로, 왕은 그러하다 여기고 말채찍으로 땅을 그으니 금새 동으로 된 집(銅室)이 생겨 장관을 이루었다. 방안에 자리를 셋을 마련하고 술통을 갖다 놓았다. 그 처녀들은 각각 그 자리에 앉아 서로 권하면서 술을 마시고 크게 취하였다. 왕은 세 여자가 크게 취하자 급히 나타나 그 앞을 가로막았다. 처녀들은 놀라서 달아났으나 맏딸 유화가 왕에게 붙잡히게 되었다.

하백이 그 소식을 듣고 크게 노하여 사자를 보내어, "너는 누군데 내 딸을 붙잡아 놓았느냐?"라고 꾸짖었다. 왕이 대답하기를, "나는 천제의 아들인데, 지금 하백의 딸과 결혼하고자 한다."고 하였다. 하백이 다시 고하기를 "그대가 만일 천제의 아들로서 나에게 혼사를 청하려 한다면 당연히 중매를 거쳐야 하거늘, 지금 갑작스레 내 딸을 붙잡아두고 있으니 어찌 그같이 예의에 벗어났는고."라고 하니, 왕은 부끄럽게 여기고 하백을 만나뵈러 갔으나 그 집으로 들어갈 수가 없었다. 왕은 그 딸을 놓아주려고 하였으나 하백의 딸은 이미 왕과 정을 통하였으므로 떠나가려고 하지 않았다. 그리고는 왕에게 권하여 말하기를, "만일 용이 끄는 수레를 타고 간다면 하백의 나라에 갈 수 있을 것입니다."라고 하였다. 이에 왕이 하늘을 향해 알리자 갑자기 오룡거五龍車가 공중에서 내려왔다.

왕이 하백의 딸과 오룡거를 타니 홀연히 바람과 구름이 일어나며 하백의 궁전에 도착하였다. 하백은 예를 갖추어 그를 맞아들여 자리에 앉은 다음에, "혼인의 법도는 천하의 통규通規인데 어찌하여 예의를 잃고 우리 집안을 욕보이는 것이오. 그대(왕)가 하늘임금님의 아들이라면 어떤 신통한 술법을 가지고 있소?"라고 하였다. 왕은 이에 "오직 시험해보면 알 것이외다."라고 답하였다. 그러자 하백은 뜰 앞의 물속에서 잉어로 변하여 물결따라 헤엄쳤다. 왕은 곧 수달로 변하여 잉어를 잡으려고 하였다. 하백은 다시 사슴이 되어 달아나니, 왕은 또 승냥이로 변하여 쫓아갔다. 하백이 꿩으로 변하자, 왕은 매로 변하여 공격하였다. 하백은 그가 진실로 천제의 아들이라 여기고 예를 갖추어 혼인을 치렀다. 그리고는 딸을 데리고 갈 마음이 없어질까 봐 염려되어 음악과 주연을 베풀어서 왕에게 술을 권하여 크게 취하게 하였다.

하백은 취한 왕을 자신의 딸과 함께 작은 가죽가마 속에 넣어 용의 수레에 싣고 하늘로 올라가게 하려 했다. 그 용의 수레가 아직 물밖으로 나오기 전에 왕은 술에서 깨어나 그녀의 황금비녀로 가죽가마를 찢어 그 구멍을 통해 혼자 빠져나와 하늘로 올라갔다. 하백은 크게 노하여 딸에게 "너는 내 가르침을 따르지 않고 끝내 우리 가문을 욕되게 하였다." 꾸짖고는 좌우를 시켜 딸의 입을 졸라매어 당기게 하니 그 입술이 석자 길이나 빠져나왔다. 그리고는 단지 노비 둘을 딸려서 우발수(지금 太白山 남쪽에 있음) 속에 귀양보내 버렸다.

어부 강력부추强力扶鄒가 금와金蛙 왕에게 아뢰기를, "근자에 통발 속의 물고기를 훔쳐가는 놈이 있는데 어떤 짐승인지 알 수가 없습니다."라고 하였다. 왕이 어부더러 그물을 쳐서 끌어내게 하였더니 그

그물이 찢어졌다. 다시 쇠그물을 만들어서 끌어내니 비로소 돌에 앉아있는 한 여자가 끌려나왔다. 그 여인은 입술이 길어서 말을 하지 못하였으므로 세 번을 잘라내게 하였더니 말을 하게 되었다. 금와왕은 그 여인이 천제의 아들 부인인 것을 알고 별실에 있게 하였다. 여인(柳花)은 비치는 햇볕을 품어서 임신하게 되었다.

한나라 신작 4년 계해(B.C.58)58)해의 4월에 주몽이 태어났다. 울음소리가 매우 우렁차고 생김새가 기특하였다. 처음에 그 어머니는 왼쪽 겨드랑이에서 다섯 되 들이는 됨직한 큰 알을 낳았다. 왕이 괴이히 여겨 "사람이 새의 알을 낳다니 불길한 일이다." 하고는 사람을 시켜 마구간에 버렸으나 말들이 밟지 않았으며, 깊은 산에 버리게 하였더니 뭇 짐승들이 모두 그 알을 보호했다. 흐린 날에도 언제나 햇빛이 그 알을 비쳤으므로, 왕은 그 알을 어미에게로 보내어 기르게 하였다. 마침내 알이 열리면서 사내아이가 나왔다.

태어난 지 한 달도 채 안 되었는데 말을 잘했다. 하루는 어미에게 말하기를, "파리떼가 눈에 날아 붙어 잠을 잘 수가 없으니 엄마 나한테 활과 살을 만들어줘요."라고 하였다. 그래서 어미가 갈대로 활과 화살을 만들어 주었더니, 아이는 스스로 물레 위에 앉아있는 파리를 쏘았는데 화살마다 모두 명중시켰다. 당시 부여에서는 활 잘 쏘는 이를 주몽朱蒙이라 하였으므로 그를 주몽이라 불렀다.

장대한 나이에 이르자 주몽은 재능을 모두 갖추게 되었다. 금와왕

---

58) 이 「동명왕편」에도 '계해癸亥'년이며, 『전한서』에서도 선제宣帝의 신작 4년은 '계해癸亥'인데, 「단군고기壇君古記」에는 '계축癸丑'으로 되어 있다. 이 '축丑'은 '해亥'의 오자임을 알 수 있다.

에게는 아들 일곱이 있었는데, 늘 주몽과 함께 사냥을 나갔다. 하루는 왕자와 시종들 40여 명이 겨우 사슴 한 마리를 잡았는데, 주몽은 혼자서 많은 사슴을 쏘아 잡았다. 왕자들은 이를 시기하여 주몽을 나무에 붙잡아 매어놓고 잡은 사슴을 빼앗아 가버렸다. 주몽은 나무를 뽑아 묶인 것을 풀고는 집으로 돌아갔다. 태자 대소帶素가 왕에게 말하기를, "주몽은 신통한 힘을 가진 용사이며 눈매가 비상하므로 만약 빨리 도모하지 않으면 반드시 후환이 있을 것입니다."라고 하였다. 이에 왕은 주몽으로 하여금 말을 기르게 하여 그 마음을 떠보려고 하였다.

주몽은 스스로 억울한 마음을 품고 그 어머니에게 말하기를, "저는 하늘님(天帝)의 손자인데 사람을 위해 말을 기르는 것은 살아도 죽은 것만 못합니다. 남쪽 땅으로 가서 나라를 세우고 싶지만 어머니가 계시니 감히 혼자서 결단할 수가 없습니다."라고 하였다. 아들의 말을 듣고 어머니는 "나도 그 일 때문에 밤낮으로 속을 썩이고 있다. 내가 듣기로는 장부가 먼 길을 가자면 모름지기 날랜 말에 힘입어야 한다고 하더라. 내가 말을 골라보겠다." 하고는 함께 목장으로 갔다. 곧 긴 채찍을 어지럽게 휘둘러 치니 뭇 말들이 모두 놀라 뛰어갔다. 그중에 한 마리의 붉은 말이 두 길 높이의 난간을 뛰어넘었다. 주몽은 그 말이 뛰어난 준마임을 알고는 몰래 말의 혓바닥에 바늘을 꽂아놓았다. 그 말은 혀가 아파서 수초를 먹지 못하여 몹시 여위게 되었다. 왕이 목장을 순회하다가 말들이 모두 살찐 것을 보고 크게 기뻐하였으며, 여윈 말을 주몽에게 주었다. 주몽은 그 말을 받고 곧 말의 혓바닥에 꽂힌 바늘을 빼고 먹이를 주었다.

주몽은 오이烏伊·마리摩離·협보陜父 등 세 사람과 은밀히 결탁하고 남쪽으로 가서 엄체(淹滯, 일명 蓋斯水라고도 하는데 지금 압록강 동북에 있음)에 이르렀다. 강물을 건너려고 하였으나 배가 없었다. 추격하는 군사들이 쫓아오고 있었으므로 주몽은 채찍으로 하늘을 가리키며 간절하게 외치기를, "저는 하늘님의 손자이고 하백의 외손자입니다. 지금 난을 피해 여기에 이르렀으니 황천皇天 후토后土이시여, 이 외로운 아이를 불쌍히 여기시어 빨리 이 강물을 건너갈 수 있게 해주십시오." 하고는 곧 활로 강물을 치니, 물고기와 자라떼가 떠올라와 다리를 만들어 주었다. 주몽은 이내 강물을 건널 수 있게 되었다. 오래지 않아 추격병이 강물에 도착하자 물고기와 자라떼의 다리가 사라져 이미 다리 위에 올랐던 병사들은 모두 물에 빠져 죽었다.

　주몽은 어머니와 작별하면서 애통한 마음을 금할 수가 없었는데, 그때 어머니는 "이 어미를 염려하지 말라." 하고는 오곡의 씨앗을 싸서 주었다. 주몽은 어머니와의 생이별한 아픈 마음을 가누지 못하다가 그만 그 씨앗을 잊어버렸다. 주몽이 큰 나무 밑에서 쉬고 있는데 한 쌍의 비둘기[59]가 날아왔다. 그가 말하기를, "이는 틀림없이 어머니(원문에는 神母라고 하였음)께서 씨앗을 보내신 것이리라." 하고는 활을 당겨 한 화살로 한 쌍의 비둘기를 맞추어 떨어뜨리고 그 목구멍을 갈라 씨앗을 꺼낸 다음에 물을 뿜으니 비둘기 한 쌍이 되살아나 날아갔다.

　왕은[60] 스스로 띠풀을 묶어 덮은 자리 위에 앉아서 임금과 신하의

---

59) 여기에는 '구구鳩'(비둘기)로 되어 있는데「단군고기」에는 '곡鵠'(고니)으로 되어 있다.
60) 이「동명왕편」의 인용 원문(『구삼국사기』「東明王本紀」)에서는 지금까지 그 주인공을

지위를 대략 정하였다. 비류왕沸流王 송양松讓이 사냥을 나왔다가 왕의 용모가 비범함을 보고 손을 끌어 함께 앉아, "바다 모퉁이의 벽지에 살고 있어서 아직 군자를 만나보지 못하였는데, 오늘 이렇게 만나게 되니 얼마나 다행한지 모르겠구려. 그대는 누구이며 어디서 왔소?"라고 하였다. 이에 왕은 "과인은 천제의 손자이며 서국西國의 왕이외다."라고 대답하고는, "군왕께서는 누구의 뒤를 계승하셨는지

일컬을 때 꼭 주몽朱蒙이라고 해왔다. 그러다가 갑작스레 여기에 와서 밑도 끝도 없이 불쑥 '왕王'이라 일컫고 있다. 얼른 보면 누구를 가리키는지 모를 만큼 앞의 호칭(주몽)과 연결이 안 되어 있다. 주몽을 왕으로 일컫게 된 까닭의 설명이 쏙 빠져버린 것 같다. 이 원문(王坐荓葀之上 略定君臣之位)의 앞에 읊은 편자(李奎報)의 글에는, "형세 뛰어난 곳에 서울을 여니, 산천이 울창하며 높고 험준하구나.(形勝開王都 山川鬱崔嶷)"라고 했으므로, 주몽이 도읍을 열고 나라를 세워 왕이 되었음을 알 수가 있으나, 실제 그 본문에는 개국開國의 언급이 전혀 없다. 거의 같은 이야기를 전하고 있는 「단군고기」를 통해 그 개국 칭왕의 사정을 알 수가 있게 된다. 이 대목의 바로 앞에 주몽이 그 어머니로부터 보내온 오곡의 씨앗을 전해 받은 한 쌍의 비둘기(고니) 이야기가 끝나고 개국 칭왕의 사연 없이 바로 이야기가 건너뛴 그 사이에 「단군고기」에는, "왕이 가다가 졸본천에 이르러 비류수의 위쪽에 집(움막)을 짓고, 나라 이름을 고구려라 하였다. 이로 인해 성을 고씨라 하였다. 띠풀을 묶어 덮은 자리 위에 앉아 군신의 지위를 대략 정하였다.(王行至卒本川 廬於沸水之上 國號爲高句麗 因以高爲氏 坐荓葀之上 略定君臣之位)"라고 되어 있다. 이에 의해 '왕王' 다음의 '행行'에서부터 '씨氏'까지가 빠진 것을 알 수 있다.

신화적인 면에서 생략되어 있는 『사기』쪽에서는 이 장면이 오히려 「동명왕편」이나 「단군고기」보다 더 자세하게 전해져 있다. 『사기』쪽에서는, "주몽의 일행 세 사람이 개사수를 건넌 뒤 모둔곡에서 재사・무골・묵거의 세 사람을 만나고 졸본천에 이르러 그 토양이 기름지고 산하가 험고하고 견고하므로 도읍으로 삼고자 하였다. 그러나 궁실을 지을 경황이 없어서 우선 비류수 위쪽에 집(움막)을 지어 거처로 삼았으며, 국호를 고구려라 하였는데 이로 인해 성을 고씨로 하였다.〔일설에는 주몽이 졸본부여에 갔을 때 아들이 없는 그곳 왕이 주몽을 보고는 비범한 인물임을 알고 그 딸을 아내로 삼게 하였으며, 왕이 죽은 뒤 주몽이 그 뒤를 이었다고 한다.〕그때 주몽의 나이 22세였고, 한나라 효원제孝元帝 건소建昭 2년(B.C.37)이었다.(至卒本川 觀其土壤肥美 但結廬於沸流水上居之 國號高句麗 因以高爲氏〔一云 朱蒙至卒本扶餘……〕時年朱蒙年二十二歲……)"라고 하였다. 이 『사기』에는 「동명왕편」에 없는 이야기가 더러 보이고 있으나, '주몽 어머니가 보낸 씨앗과 그것을 전한 비둘기 이야기' 등 신화적인 면이 짙은 이야기가 생략되어 있음을 보게 된다.

요?"라고 물었다. 송양왕이 "나는 바로 선인仙人의 후예로서 대대로 왕이 되어왔소이다."라고 대답하고는, "지금 이 지방은 매우 협소하여 두 임금으로 나눌 수가 없으니, 그대는 나라를 세운 지도 얼마 되지 않으므로 나에게 부속되어야 할 것이오."라고 하였다. 이에 주몽왕은 "과인은 하늘님의 뒤를 이었는데, 지금의 왕은 천신의 자손이 아니면서 굳이 왕이라 일컬으니 만일 나에게 복종치 않는다면 반드시 하늘의 벌을 받을 것이오."라고 하였다.

송양왕은 주몽왕이 자꾸 천손이라 자칭하니까 스스로 마음속에 의심을 품고 그 재주를 시험해볼 요량으로, "원컨대 왕과 활쏘기를 해보고 싶소."라고 하였다. 그리고는 그림으로 그린 사슴을 백보 안에 세워놓고 쏘았는데 마치 손이 말을 듣지 않는 것처럼 화살이 그림 사슴의 배꼽에 꽂히지 않았다. 주몽왕은 사람을 시켜 옥가락지를 백보 밖에 걸어놓게 하고 쏘아 맞히니 가락지가 기와조각 부서지듯 깨뜨려져 버렸다. 이를 본 송양왕은 크게 놀랐다.

주몽왕은 신하들에게, "나라의 창업을 새로 마련하였기 때문에 아직 고각鼓角61)의 위용을 갖추지 못하였소. 비류국의 사자가 왕래해도 왕의 예의를 갖추어 맞이하거나 보내지 못하였으니, 나를 가볍게 보는 것이오."라고 하였다. 이에 신하 부분노扶芬奴가 나아가 아뢰기를, "신이 대왕을 위해 비류국의 고각을 가져오겠습니다."라고 하였다. 그러자 왕이 "다른 나라에서 소중하게 갈무리하고 있는 물건을

---

61) 고각은 글자 그대로 북과 각적角笛이지만, 이는 군중軍中에서 호령할 때 사용하던 북과 나팔을 일컫는다. 또한 오늘날의 의장용儀仗用 군악의 구실도 겸하였으므로 비단 전쟁이나 군사훈련에만 쓰인 것이 아니고, 옛날 국가의 위용을 과시하는 행사에 쓰인 악기의 총칭이라고도 할 수 있다.

그대가 어떻게 가져오겠다는 것인가?"라고 하니, 대답하기를 "이는 하늘이 주신 물건인데 어찌 가지고 오지 못하겠습니까? 전날 대왕이 부여에서 어려움을 당하였을 때 누가 대왕께서 이 자리에 계실 줄을 알았겠습니까? 이제 대왕께서는 목숨을 걸어야 하는 위태로운 지경에서 분연히 몸을 떨쳐 일어나 이름을 요동에서 떨치고 있으니, 이는 천제께서 명하신 것이므로 무슨 일인들 이루지 못하겠습니까?"라고 하였다. 그리하여 부분노 등 세 사람이 비류국으로 가서 고각을 가져왔다.

이에 비류왕이 사람을 보내어 고각을 잃어버린 사실을 알려왔다. 주몽왕은 그들이 고각을 확인하러 올 것을 대비하여 고각이 오래된 것으로 보이도록 그 빛깔을 흐리게 하였다. 잃어버린 고각을 찾기 위해 왔던 송양왕은 감히 언쟁을 하지 못하고 돌아갔다. 송양왕은 나라를 세운 선후를 따져서 주몽왕을 부속시키려 하였으나, 주몽은 왕궁을 지으면서 썩은 나무로 기둥을 세워 마치 천년된 고궁처럼 보이게 하였다. 송양이 와서 보고는 끝내 도읍을 세운 선후를 따지지 못하였다.

왕은 서쪽 숲에서 사냥할 때 눈빛처럼 흰 큰사슴 한 마리를 붙잡았는데, 해원蟹原에서 거꾸로 매달아 놓고 "하늘이 만일 비를 내려서 비류국의 도읍을 물에 잠기게 하지 않는다면 내가 너를 결코 놓아주지 않을 것이다. 이 고난에서 네가 벗어나고자 한다면 하늘에 호소하거라."라고 말하면서 소원을 빌었다. 그러자 사슴은 슬피 울었고 그 소리가 하늘에 사무쳤다. 그로부터 장마비가 이레 동안이나 내렸다. 송양의 도읍이 물에 잠기게 되었으므로, 주몽왕은 갈대로 만든 줄을 물에 띄우고 백성들이 모두 그 줄을 잡게 하고는, 채찍으로 물을 그으니 물이 곧 줄어졌다. 송양왕은 6월에 온 나라를 들어 항복해왔다.

다음 달 7월에 골령鶻嶺에서 검은 구름이 일어났는데, 사람들은 그 산을 볼 수 없었고 다만 수천 명의 토목공사하는 소리만이 들릴 뿐이었다. 왕이 말하기를, "하늘이 우리를 위해 성을 쌓는 것이다."라고 하였다. 이레만에 구름과 안개가 절로 걷히고, 성곽과 궁궐이 자연스레 이루어져 있었다. 왕은 하늘님께 절하고 거처로 나아갔다.

왕위에 있은지 19년이 되는 그해 9월에 왕은 하늘로 올라갔는데, 다시는 내려오지 않았다. 그때 나이 마흔살이었다. 태자는 부왕이 남긴 옥채찍을 용산龍山에 묻고 장례를 지냈다.

(2) 『제왕운기帝王韻紀』62)에 보인 동명왕

고구려 시조의 성은 고씨이고, 시호는 동명이며, 활을 잘 쏘아서 주몽이라 이름했네.(麗祖姓高63) 諡東明 善射故以朱蒙名)

라고 시작되어, 시조 고주몽의 신화적 생애를 중심으로 하여 고구려의 역사를 매우 간략하게 읊고 있다. 모두 7언의 시송詩頌으로 읊어

---

62) 이승휴李承休 찬, 『제왕운기』 권하.
63) 찬자는 이 '고高' 밑에 다음과 같이 주석을 붙여놓았다. "왕이 처음에 태어나자 온 나라가 높였다. 이로 인해 성으로 삼았다.(王初誕而擧國高之 因以爲姓)" 앞의 주16)에서도 '고高'씨의 성에 관한 이설異說을 『유사』 찬자의 주석을 통해 본 바가 있다. 여기에서도 아주 특이한 주석을 보이고 있는데, 주몽의 탄생을 연유로 하여 성을 붙였다는 데에는 공통점이 있다고 할 수 있다. 그러나 연유의 성격은 전혀 다르다. 실제 현존 내외 문헌의 어디에서도 주몽이 처음에 태어났을 때 '거국적으로 높인(擧國高之한)' 사실은 보이지 않는다.

져 있으며, 필요한 부분의 군데군데에 두 줄짜리 작은 글씨로 주석(割註)을 달아놓았다. 이제 본 첫머리 읊음글에 이어서,

아버지는 해모수 어머니는 유화이니, 하늘님의 손자요 하백의 외손자라.(父解慕漱母柳花 皇天之孫河伯甥)
왕위에 계신 지 19년의 9월에, 하늘로 올라가곤 다시 내려오지 않았네. 태자 유리가 와서 왕위를 이었고, 남겨진 옥채찍을 묻어서 무덤을 이루었다.(在位十九年九月 升天不復廻雲輧 聖子類利來嗣位 葬遺玉鞭成墳塋)

에 이르기까지 주로 앞의 「동명왕편」에서 본 『구삼국사기』의 「동명왕본기」에서 전하는 바에 의거하여 읊은 것으로 보이고 있다. 그와 같이 「동명왕편」에서 전하는 「동명왕본기」를 주로 하여 간략하게 간추려 읊은 것으로 보이면서도 이 『제왕운기』의 동명왕 이야기에는 「동명왕본기」에 안 보이는 사실이 몇 군데 드러나 있다.

첫째, 동명왕의 성姓에 관한 것인데 이 문제는 이미 주63)에서 본 바가 있다. 둘째, 개사수를 「동명왕편」 등에서는 '압록강 동북쪽'이라고 하였는데, 여기에서는 '대녕강大寧江'이라고 한 것이다. 이 또한 앞의 주13)에서 잠시 언급한 바가 있다.

셋째, 주몽이 개국한 곳을 왕검성王儉城이라 한 사실이다. "한나라 효원제 건소 2년 갑신(漢元立昭64)二甲申)에, 마한의 왕검성에 나라 열었네.(開國馬韓王儉城)"라고 하였다. 앞에서 보았지만 「동명왕편」에서

---

64) '건소이년갑신建昭二年甲申' 곧 한 원제(元帝·孝元帝)의 연호가 건소建昭인데, 여기에서 '입소立昭'라고 한 것은 고려 태조(王建)의 이름 '건建'자를 피하여 뜻이 같은 '입立'자로 바꾸어 썼기 때문이다.

는 고구려 개국에 관한 부분이 결락되어 있었지만 그 밖의 국내외 자료에서는 모두가 졸본천卒本川 주州의 비류수沸流水 상上 또는 흘승골성紇升骨城에 도읍을 정한 것으로 되어 있었다.

『제왕운기』에서만이 "마한의 왕검성에서 나라를 열었다.(開國馬韓王儉城)"라고 하였으며, 그 아래에 다음과 같이 주석을 달아놓았다.

> 지금의 서경이다. 고구려현의 이름으로써 나라를 세운 것이다.『오대사』에서는, "고구려는 부여에서 나뉜 종족이다."라고 하였다.(今西京也 以高句麗縣名立國 五代史曰 高句麗 扶餘別種也)

여기서의 '지금'은『제왕운기』의 찬자인 이승휴李承休(1224~1300) 당시이며, 서경은 지금의 평양이다. 또 고구려현高句麗縣이란『전한서』「지리지」[65]의 현도군(이「지리지」에서는 元菟郡이라 하였음)에 속한 3현 중의 첫 번째로 나와 있는 고구려현을 가리킨 것이다. 곧 한나라 때 현(또는 원)도군에 속한 세 현 중의 하나였던 고구려현의 이름을 가져와서 나라를 세웠다는 뜻이다.

그리고 또 "고구려는 부여의 별종이다.(高句麗 扶餘別種也)"라는 말을『오대사』에서 끌어왔음을 보이고 있다.『오대사』에는 신新·구舊『오대사』가 있는데 이 신·구사에 모두 그 말이 들어 있으나, 그 이전의 신·구『당서』에도 있으며, 또 그 앞의『수서』등 고사서古史書에 들어 있다. 찬자 이승휴는 가장 후대의『오대사』에서 인용한 것이다.

---

[65] 한漢 반고班固 찬,『전한서』권28下, 지리지地理志 8하, 원도군元菟郡.

넷째, 조천석朝天石에 관하여서라고 할 수 있다.『제왕운기』에서는

하늘 위에 가고 오며 하늘 정사에 나아가니(往來天詣天政)
조천석 위의 기린 발굽 가볍기도 하여라.(朝天石上麟蹄輕)

라고 읊었을 뿐 그에 관한 설명이 없다. 지금까지 본 국내외의 동명왕 주몽 이야기(다음에 보게 될「壇君古記」포함)에는 '조천석'에 관한 언급이 전혀 없었다. 주몽설화를 전하는 고전으로는 오직『제왕운기』에서만 '조천석'의 이름이 보인다고 할 수 있다. 그러나 '조천석'에 관한 언급은 오히려「지리지」쪽에서 볼 수가 있다.

『고려사』「지리지」66)에는 '조천석'에 관하여 다음과 같이 전하고 있다.

을밀대乙密臺…… 아래 바위가 층층으로 쌓인 벼랑 옆에 영명사永明寺 곧 동명왕東明王 구제궁九梯宮이 있는데, 그 안에 기린굴麒麟窟이 있고 굴의 남쪽 백은탄白銀灘에는 조수에 드러났다가 잠기는 바위가 있으니 이름하여 조천석이라 한다.(……有巖出沒潮水 名曰朝天石)67)

그리고 또『세종실록』「지리지」68)에는 그보다 조금 더 자세한 설명을 보이고 있다. 위의『고려사』쪽에서 보인 이야기 곧 "……명왈조천석名曰朝天石"까지는 거의 같은 내용이라 옮길 필요가 없을 것 같

---

66) 정인지 찬,『고려사』권58, 지志 12, 지리地理 3, 서경西京 평양부平壤府.(31장 右葉)
67) 영인본『고려사』중中(한국문헌연구소 편, 아세아문화사, 1990), p.313 상.
68) 윤회·신장 등편,『세종실록』권154,「지리지」· 평안도 평양부.

으나, 거기에도 서로 다른 점이 없지 않다. 『고려사』쪽에서는 동명왕 구제궁 안에 "기린굴이 있다.(有麒麟窟)"라고 하는데, 이 『세종실록』쪽에서는 "기린을 기르는 굴이 있다.(有養麒麟窟)"로 되어 있고 그 아래에 "후인이 돌을 세우고 기록하였다.(後人立石誌之)"라는 말이 더 들어가 있다. 그리고 나서 조천석까지는 같으나 『고려사』쪽에서는 거기서 그 이야기는 끝났으며, 『세종실록』쪽에서는 예부터 전해오는 전설 한 토막과 『제왕운기』찬자의 시송을 붙임글로 전하고 있어서 그 부분만을 옮겨본다.

　　예로부터 전해진 전설에는 동명왕이 기린을 타고 굴 안에서 나와 조천석에 올라 하늘 위에 정사政事를 아뢰었다 하였다.(諺傳 東明乘麒麟從窟中 登朝天石 奏事天上)

　　그리고는, 이승휴가 이른바

　　하늘나라 왕래하며 하늘 정사에 나아가니(往來天上詣天政)
　　조천석 위의 기린이 경쾌하리라.(朝天石上麒麟輕)

라고 한 것은 곧 이를 이른 것이다.[69]

　여기에서는 '조천석상기린경朝天石上麒麟輕'으로 되어 있으나 그 원문이라 할 수 있는 이승휴의 『제왕운기』에는 앞에서 이미 본 바와 같이 '인제경麟蹄輕'으로 되어 있다. 이 '인麟'자가 육당六堂 『신정본』

---

69) 『교정 세종실록지리지』(중추원, 1938), p.293.

의 부록에서는 '인기麒'자로 되어있으나 이는 '기린굴麒麟窟' 등의 전설로 미루어 '인제驎蹄'보다는 '인제麟蹄'가 더 적확하다고 하겠다.

(3) 「단군고기檀君古記」70)에 전하는 주몽설화

『세종실록』「지리지」의 평양부平壤府 쪽에 "단군고기운壇君古記云"이라 하여 인용되어 있는 부분의 글을 「단군고기壇君古記」라 한다. 여기에 인용되어 있는 이른바 「단군고기」는 전체를 세 갈래로 구분지어 볼 수가 있다. 제목은 「단군고기」로 되어 있으나 실제 내용에 있어서는 단군에 관한 기록이 전체 분량의 11분의 1에도 약간 못미칠 정도라고 할 수 있다. 그 밖에는 모두가 고구려에 관련되는, 특히 주몽의 탄생 및 그 건국의 설화가 중심을 이루고 있는 것으로 볼 수 있다. 그러므로 내용에 어울리는 제목을 붙인다면 「단군고기」보다는 「동명왕고사東明王古事」가 나을 듯하다.

그와 같이 전체 부피로 볼 때는 동명왕 이야기가 절대적 비중을 가지고 있으나, 그 내용의 성격은 세 단계로 구성되어 있다고 할 수 있다.

첫째, 단군과 그 아들 부루夫婁에 관한 간략한 전설.

둘째, 천제의 아들 해모수와 하백의 딸 유화에 얽힌 신화.

셋째, 주몽의 출생과 건국을 중심으로 한 설화적 생애.

대충 그와 같이 구분해 볼 수 있으나, 두 번째의 신화적 사연은 결국 주몽을 태어나게 한 부(해모수) 모(유화)의 이야기이므로, 주몽 출생의 연기설화緣起說話이며 또한 동명왕 이야기의 출발점이 된다고

---

70) 앞의 주68), 69)와 같음. 주69)의 pp.293~298에 수록되어 있다.

하겠다. 그러므로 두 번째와 세 번째는 하나의 고구려 시조 동명왕고사東明王故事로서 앞의 부분은 '연기편緣起篇'이고 뒷부분은 '본편' 또는 '생애편'이라고 할 수가 있다. 정작 「단군고기」의 주제인 단군의 이야기는 앞쪽 제1책의 고조선古朝鮮 단군이야기에서 본 바가 있지만 동명왕고사와는 직접적인 연결이 안 되어 있다.

　오히려 앞 항목인 『유사』의 '북부여'와 '동부여' 쪽에서는 북부여를 피하여 동부여로 옮겨간 해부루 왕의 아버지가 해모수로 되어 있기 때문에, 주몽 또한 해모수의 아들이므로 동부여와 고구려는 해모수를 통해 서로 연결되어 있는 관계라고 할 수가 있다. 그러나 이 「단군고기」에는 해부루가 해모수의 아들이 아니고 단군의 아들로 되어 있으며, 해부루가 천제의 명에 의해 동부여로 옮겨간 뒤에 해모수 곧 천왕랑天王郎이 하늘에서 내려온 것으로 되어 있기 때문에 해모수와 해부루는 서로 관련이 없고, 또한 단군의 아들인 부루왕이 세상을 떠난 뒤 그의 양아들 금와왕 때에 주몽이 태어난 것으로 되어 있으므로 그 둘은 전혀 만난 일도 없는 사이인 것이다.

　이 「단군고기」가 실제 중심이 되어 있는 동명왕의 고사古事는 북부여 왕 해부루가 동부여로 옮겨간 뒤 곧 그곳에 하늘임금의 아들 해모수가 내려와 군림함으로부터 시작된다. 그 바로 앞에 부루왕이 양자 금와를 태자로 삼고 가섭원(동부여)으로 옮겨간 이야기(단군 및 부루와의 부자관계 전설은 쏙 빠지고)로부터 해모수신화 및 주몽의 생애에 관해서는 앞에서 본 「동명왕편」의 내용과 거의 같다. 그러므로 여기에 펼쳐진 동명왕의 옛 이야기는 그 전체를 다시금 옮겨보지 않기로 한다. 다만 서로 다른 점을 대강 견주어볼 수는 있을 것이다.

먼저 「단군고기」는 인용문 형식으로 되어 있으며 그 첫머리에 "상제환인 유서자명웅上帝桓因 有庶子名雄"으로 시작되어 단군檀君의 이야기를 전하고 있다. 「동명왕편」은 당대를 대표하는 문장대가의 글답게 서문이 앞에 놓이고, 다음에 5언五言 읊음 글의 본문이 "원기판돈혼 천황지황씨元氣判沌渾 天皇地皇氏"로 시작되어 중국 태고적 성제왕聖帝王들의 신이한 자취를 간략하게 읊고 나서, 해모수가 하늘로부터 내려온 이야기를 시작으로 동명왕 고사古事의 본기本紀가 전개된다.

그 다음의 이야기는 「동명왕편」이나 「단군고기」의 내용이 거의 같다. 「동명왕편」에서 옮겨 싣고 있는 『구삼국사』 「동명왕본기東明王本紀」의 내용과 「단군본기」의 (단군관계를 제외한) 내용은 잘못된 글자나 빠진 글귀 등이 없지 않으나, 이미 대충 밝힌 바가 있으므로 거듭 언급하지 않기로 한다. 아마 이들 두 고전의 원본은 본래 하나였을 것인데 앞쪽에 단군의 고사故事가 있고 없는 차이와, 「단군고기」 또는 「동명왕본기」라는 제목이 다르기 때문에 약간의 차이점 등이 생기게 된 것이 아니었을까도 여겨진다.

3. 중국사서에 보인 동명(주몽) 설화

시조 동명왕 주몽은 동부여에서 태어나 장성한 뒤에 그곳을 탈출하여 졸본주에 이르러 나라를 세우고 국호를 고구려라 하였다. 『유사』에서는 그를 동명성제東明聖帝라 하고, 『사기』에서는 동명성왕이라 하였다. 오히려 그 관계 국내자료로 가장 오래된 금석문인 「광개토왕비」와 「모두루묘지」에는 그네들의 개국시조의 묘호나 존호를 쓰지 않고 추모왕鄒牟王이라고만 일관되게 쓰고 있음을 보았다.

그러나 중국의 옛 사서에는 부여의 건국자 동명왕과 고구려의 개국시조 고주몽의 두 유형으로 전해져 있음을 보게 된다. 그래서 이 분단에서는 중국의 현전現傳 왕조사王朝史에 전하는 바를 중심으로 하여 동명설화와 주몽설화를 그(왕조사) 순서에 따라 살펴보고자 한다. 다만 동명설화에 관해서만은 왕조사 밖이면서도 그 관계 현존자료 중에서 가장 오래된『논형論衡』의 관련부분 글을 먼저 옮겨보기로 한다.

1) 부여의 건국자 동명왕

(1)『논형論衡』에서 전하는 이야기

『논형』의「길험편吉驗篇」71)에는 동명왕에 관한 다음과 같은 이야기를 전하고 있다.

> 북이北夷72) 탁리국橐離國 왕의 시녀가 임신하였으므로, 왕이 시녀를 죽이려고 하였다. 시녀가 말하기를 "크기가 달걀만한 기운이 하늘로부터 저에게 내려오고 나서 임신하였습니다."라고 하였다. 그 뒤 아들을 낳았는데, (왕이) 돼지우리 안에 던져 버리게 하였더니 돼지가 입김을 불어주어 죽지 않게 하였으며, 다시 마구간에 버려 말에게 밟혀 죽도록 하였으나 말이 또한 입김을 불어주어 죽지 않게 하였다. 왕은 (이 아이가) 혹시 하

---

71) 후한 왕충王充 찬,『논형』제9, 길험편. "北夷橐離國王侍婢有娠…… 當都王夫餘 故有魚鼈爲橋之助也."
72) 이 북이北夷는 북방北方의 잘못일 것이다. 다음『후한서』의 이 대목에서 좀더 자세히 보기로 한다.

늘의 아들이 아닌가 하는 생각도 들어 (죽일 생각을 버리고) 그 어미로 하여금 거두어 종처럼 기르게 하였다.

　이름을 동명東明이라 하였으며, (나이가 들자) 소와 말을 치게 하였다. 동명은 활을 잘 쏘았으므로, 왕은 나라를 빼앗길까 두려워서 그를 죽이려고 하였다. 동명이 남쪽으로 달아나다가 엄호수掩淲水에 이르러 활로 물을 치니 물고기와 자라가 떠올라 다리를 만들어주어서 강물을 건널 수가 있었다. 다리를 놓았던 물고기 떼들이 흩어지자 추격병들이 물을 건너지 못했다. 무사히 탈출한 그는 도읍을 정하고 부여의 왕이 되었으니, 그래서 북이北夷의 부여국夫餘國이 세워진 것이다.

　동명의 어머니가 처음 임신하였을 때 하늘에서 내려온 기운을 보았고, 태어나자 곧 버렸지만 돼지와 말이 기운을 불어넣어 살아나서 장성하였다. 왕이 죽이려 뒤쫓게 하였으나 그는 활로 물을 쳐서 물고기 떼들을 교량으로 삼았다. 죽지 않을 천명天命이었기에 돼지와 말이 목숨을 구해주었으며, 당연히 도읍을 정하고 부여의 왕이 될 인물이었으므로 물고기 떼(魚鼈)들이 다리가 되어 도움을 주었던 것이다.

　매우 간략하게 동명설화를 옮기고 있으나 현존하는 동명설화로는 가장 오래된 것이다. 그래서 1세기 중엽 무렵에 이루어진 『논형』에 들어있는 이 이야기를 동명설화의 어떤 원형으로 보려는 학자도 있는 것 같으나, 이는 『논형』의 찬자가 그 찬술 의도에 적합한 자료로서 수록한 고화古話이므로 그 이상의 역사성을 기대하기는 어렵다고 하겠다.

　이 『논형』은 후한後漢의 영원永元(89~104) 연중에 70세로 생을 마친 왕충王充이 당시의 세태에 분개하여, 선善을 권장하고 악을 제거하며 거짓됨을 바로잡고 미혹함을 일깨우기 위한 옛글들을 모아 엮은 85편 30권의 방대한 저술이다. 그러므로 동명이 알(卵)로 태어났다거나 아명이 주몽(추모)이며 묘호가 동명이라거나, 졸본부여의 왕이 되었다가 고구려의 시조가 되었다는 등의 역사성이 있는 이야기에는 그리 관심을 두지 않았을 것이다.

그래서 동명이라는 왕명을 이름으로 하여, 태어나면서 버림받고 구박받으며 자라나 생명의 위협을 피해 탈출에 성공하여 왕이 된 이야기만을 요약해 옮긴 것이라 할 수 있다. 그러기 때문에 찬자 왕충은 "죽지 않을 천명天命이었기에 돼지우리와 마구간에 던져졌어도 오히려 돼지와 말이 생명을 보호해 주었으며, 마땅히 왕이 될 인물이었으므로 물고기 떼가 다리가 되어 추격병의 위급에서 벗어나게 해 주었다."고 한 것이라 하겠다.

여기서의 부여도 동명왕 주몽이 처음 왕이 된 졸본부여를 가리킨 것으로 볼 수 있다. 거듭 말하거니와 이 이야기는 『논형』의 찬술의도에 따라 길험吉驗편에 수록한 것이라 할 수 있다.

(2) 『후한서後漢書』에 보인 동명설화

『후한서』[73)]의 '부여국夫餘國' 앞쪽에 전해져 있는 동명왕의 출생 및 건국 설화는 앞 항목(동부여)에서 이미 옮겨본 바가 있다. 여기에서는 그 개략을 다시금 살펴보기로 한다.

이 『후한서』의 부여국전에는 그 맨 첫머리에, "부여국은 현도玄菟의 북쪽 천리에 있으며, 남쪽은 고구려, 동쪽은 읍루挹婁, 서쪽은 선비

---

73) 송 범엽 찬, 『후한서』 권115, 동이전 75, 부여국.

鮮卑에 인접해 있다. 북쪽에는 약수弱水가 있고 그 지방이 2천리이며, 본디 예濊의 땅이었다."라고 그 나라(부여)의 위치를 밝히고 나서, 곧 "처음에 북이北夷74) 색리국索離國 왕이……"로 시작하여 동명의 출생 설화가 전개된다.

이 색(앞의『논형』에는 橐)리국왕의 시녀(원문에는 侍兒)가 달걀만한 크기의 기운이 하늘로부터 내려오는 것을 보고는 임신을 하였는데, 왕이 시녀를 가두었더니 그 뒤에 사내아이를 낳았으므로 돼지우리 와 마구간에 버리게 하였으나, 돼지와 말들이 아이를 보호하므로 신기하게 여긴 왕이 애 어미더러 거두어 키우게 하였으며, 이름을 동명 (名曰 東明)이라 하였다. 동명이 장성하여 활을 잘 쏘고 용맹스러웠으므로 왕이 그를 죽이려고 하였다. 동명은 달아나 남쪽의 엄호수掩㴲水에 이르러 활로 강물을 치니 물고기 떼들이 모두 떠올라 뭉쳤으므로, 그 위를 타고 강을 건너 부여에 이르러 왕이 되었다는 이야기이다.

이 간략한 이야기는 앞(동부여) 항목에서 이미 본 바이지만, 이『후한서』'부여국전'에는 동명왕을 고구려와는 전혀 상관없는 부여의 건국자로 보이고 있다. 그래서 이 '부여국' 쪽에는 시작하면서부터 고구려는 남쪽에 인접한 이웃 나라로 보이고 있을 뿐이다. 그러기 때문에 그 다음 다음 항목에 나오는 '고구려전'에는 개국시조 동명왕은

---

74) 앞의『논형』과 마찬가지로 이 '북이北夷'는 '북방北方'의 잘못으로 봐야 한다. (앞 '동부여' 항목의 주16)과 같음)『삼국지三國志』의 부여전에 나오는 '북방 고리국北方槀離國'에서도 미루어 알 수가 있지만, 사이四夷 곧 동이東夷・서융西戎・남만南蠻・북적北狄에 있어서 동이나 북적이라고는 하나 북이北夷라고 쓰는 경우가 없기 때문이라 하겠다.

물론 고주몽의 이름이 한마디도 비치지 않는다. 여기에서도 마찬가지로 부여를 고구려의 북쪽에 인접해 있는 이웃나라로만 적고 있을 따름이다.

(3) 『삼국지三國志』75)(『위략魏略』)에 보인 동명이야기

이 또한 앞 '동부여' 쪽에서 보았었다. 왕조사의 역사에서는 이 삼국시대가 후한 때의 다음이라 늦지만, 이 『삼국지』의 편찬은 『후한서』보다 앞서 있다. 후한시대가 앞서 있어서 먼저 보기는 하였으나 실은 기록 편찬상으로는 이 부분이 먼저이다.

이 『삼국지』(「魏志」)의 부여전扶餘傳에는 앞의 『후한서』의 경우와는 달리 동명왕의 설화가 그 본문에 들어있지 않고 맨 끝에 할주割註로 부록처럼 붙여져 있다. 부여전 본문의 내용도 앞의 『후한서』 부여국전의 내용과 비슷하지만, 여기에 비록 주석으로 붙여져 있으나 동명왕의 설화도 거의 비슷한 내용이다.

"위략왈魏略曰"이라 하여, 『위략魏略』76)에서 이 이야기를 이끌어 왔음을 밝히고 있다. 앞쪽에서는 동명왕이 태어난 나라를 북이(실은 북방일 것) 색(탁)리국北方索(橐)離國이라 하였는데, 여기에는 북방 고리국槀離國이라 하여 그 국명에 '색索' 또는 '탁橐'과 '고槀'의 차이가 있지만, 이 글자들의 모양이 비슷한 점으로 보아 옛날 글씨를 옮겨 쓰는 과정에서 생긴 차이같이 보인다. 어쨌거나 동명東明은 자신이 태

---

75) 진수 찬, 『삼국지』 권30, 위지 30, 동이전 부여.
76) 『위략』은 위魏의 어환魚豢이 지은 삼국시대 위나라의 역사로서 전체 50권이었으나 현재 전하지 않는다.

어난 나라(여기서는 櫜離國)를 탈출하여 부여의 왕이 되었다는 이야기는 앞쪽과 같다.

그리고 이『삼국지』또한 바로 다음 항목으로 다루고 있는 '고구려전'에서는 건국 시조왕으로서의 동명이나 주몽의 이름이 단 한 번도 언급되어 있지가 않다.

(4) 『양서梁書』77)에 전하는 동명설화

"고구려는 그 선조가 동명으로부터 나왔다.(高句麗者 其先出自東明)"라고 시작하여 대략 다음과 같이 전하고 있다.

동명은 본디 북이北夷 고리왕櫜離王의 아들이다. 고리왕이 출행하였는데 그의 시녀(侍兒)가 그 뒤에 임신하였으므로 왕이 돌아와 (시녀를) 죽이려고 하였다. 시녀가 말하기를 "전일에 하늘에서 크기가 달걀만한 기운이 저에게 내려왔었는데, 그로부터 임신하게 되었습니다."라고 하였다. 왕은 시녀를 가두었다. 그 뒤 사내아이를 낳았으므로, 돼지우리에 버렸더니 돼지가 입김을 불어넣어 아이가 죽지 않았다. 왕이 신기하게 여겨 거두어 기르게 하였다. 장성하여 활을 잘 쏘았으므로 왕이 싫어하였는데, 용맹스럽기까지 하였으므로 왕은 동명을 죽이려 하였다. 동명이 남쪽으로 달아나 엄체수淹滯水에 이르러 활로 강물을 치니 물고기와 자라가 모두 떠올라 다리를 만들었으므로, 동명은 그것을 타고 건너가 부여에 이르러서 왕이 되었다. 그 뒤 갈래가 나뉘어진 것이 고구려의 부족이다.(其後支別爲句麗種也)

---

77) 당唐 요사렴姚思廉 찬, 『양서』권54, 열전 48, 제이전諸夷傳, 동이東夷 고구려.

이는 『후한서』와 『삼국지』에 있는 내용을 그대로 옮기면서 많이 요약한 것으로 보인다. 그러나 거기에는 서로 다른 점이 없지가 않다. 첫째, 두 고전(『후한서』와 『삼국지』)의 경우는 모두 부여전扶餘傳에 들어있으나, 이 『양서』에는 (부여전이 없기도 하지만) 고구려전에 동명왕 이야기를 수록하고 있는 점이 다르다. 둘째, 『양서』의 앞쪽에서 "동명은 본디 북이 고리왕의 아들이다.(東明本北夷櫜離王之子)"라고 하였는데, 이러한 말은 두(『논형』포함 세 가지) 고전에 없으며 또한 내용상으로도 맞지가 않다고 할 수 있다.

셋째, 앞의 두 고전에는 이 동명설화가 고구려 시조와는 관련이 없는 부여 왕의 이야기로만 되어 있었고, 또 따로 항목을 둔 고구려전에서도 고구려 건국자로는 전혀 보이고 있지 않았다. 그런데 이 『양서』에는 두 경우와 같이 동명이 부여의 왕이 되었다고 하였으나, 그 첫머리에 '동명이 고구려의 선조'임을 밝혔고 또 나중에 고구려의 갈래로 나뉘어졌다고 하였다. 이러한 점이 지금까지 본 『논형』을 포함한 세 가지 고전과 다르다고 할 수 있다.

(5) 『북사北史』와 『수서隋書』 백제전에 보인 동명이야기

앞에서 잠시 언급된 바가 있고 나중에 자세히 논급하기로 되어 있지만, '동명·주몽설화'를 전하는 중국 사서史書에는 각각 두 가지 유형으로 나뉘어진다. 이제 본 『논형』·『후한서』·『삼국지』·『양서』 및 다음에 보게 될 『법원주림法苑珠林』 등 고전古傳에는 주로 부여 왕 동명의 이야기를 전하였으며, 나중에 보게 될 『위서』와 『북사』 및 『수서』 등에는 고구려 시조 주몽설화가 전해져 있다.

그러므로 지금 다루려는 이 『북사』와 『수서』의 고구려전에는 분명히 고구려 시조 주몽의 출생 및 건국 이야기를 전하고 있다. 그런데 놀랍게도 다른 고전들과는 달리 이 두 왕조사에는 또 부여의 건국자 동명의 이야기도 전해지고 있다. 물론 두 사서가 똑같이 부여전扶餘傳이 없으므로 고구려 시조 주몽의 이야기를 전하고 있는 고구려전에다 다시금 부여의 건국자 동명의 이야기를 덧붙여 전했을리는 만무하다. 이 두 사서에는 엉뚱하게도 동명東明의 이야기를 백제전百濟傳에다 싣고 있다.

엉뚱한 동명왕의 이야기 중에서도 『수서』의 쪽은 그 내용마저 좀 황당하다. 그래서 각각 사서史書 별로 분단을 가르지 않고 『북사』의 이야기에 『수서』 쪽 내용을 붙여서 함께 보기로 하였다. 『북사』 쪽부터 먼저 보고 『수서』의 이야기를 거기에다 견주기로 한다.

『북사北史』[78)]의 백제전에는 그 첫머리에,

> 백제의 나라는 마한에 속하며, 색리국으로부터 나왔다.(百濟之國 蓋馬韓之屬也 出自索離國)

라고 시작하여,

> 그 왕이 출행한 뒤에 그 시녀(侍兒)가 임신하였는데, 출행에서 돌아온 왕이 시녀를 죽이려고 하였다. 시녀가 말하기를……

---

78) 이연수 찬, 『북사』 권94, 열전 82, 백제.

라고 이야기가 전개되어 있다. 하늘에서 큰 달걀만한 기운이 내려오고 그래서 시녀가 임신하여 사내아이를 낳은 것으로부터, 나중에 그 아이 동명이 성장하여 나라(색리국)를 탈출하고 부여의 왕이 되었다는 내용이다. 이 이야기는 앞 고전들의 동명설화와 같은 내용이지만 특히『후한서』에서 전하는 그대로를 옮긴 듯하다.

『수서』79) 백제전에는 그 첫머리에,

> 백제의 선조는 고려국으로부터 나왔다. 그 나라 왕에게는 시녀가 하나 있었는데 갑자기 임신을 하였다.(百濟之先出自高麗國 其國王有一侍婢忽懷孕)

라고 시작되어 있다. 왕이 시녀를 죽이려다가 "달걀같이 생긴 물건이 내게로 내려온 것을 느끼고 임신하였다."는 말에 죽이지 않았으며, 사내아이가 태어나 죽을 고비를 넘기고 동명이라는 이름으로 자라났으나 왕이 해치려하므로 그 나라(高麗)를 탈출하니, 부여 사람들이 모두 그를 (왕으로) 받들었다는 간략한 이야기이다.

이『수서』의 이야기 또한 지금까지 본 사서들과 마찬가지로 동명설화를 전하고 있다. 그러나 여기에는 여태까지의 고전들과는 달리 이야기의 시작부터 혼란스러운 문제 하나를 일으켜놓고 있다. 이 백제전에서 "백제의 선조가 고려국에서 나왔다.(百濟之先出自高麗國)"라고 한 이 첫머리 글에 문제가 있다는 것은 물론 아니다. 이 백제전에서 기록하고 있는 동명설화의 시작인 "고려국의 임금(高麗國 其國王)"의 '고려국'에 문제가 있는 것이다.

---

79) 위징 찬,『수서』권81, 열전 46, 동이 백제.

이 『수서』의 '백제전' 바로 앞쪽에는 '고려'라는 항목명을 따로 붙여놓고 '고구려전'을 다루고 있다. 거기에는 첫머리에, "고려의 선조는 부여로부터 나왔다.(高麗之先出自夫餘)"라고 시작되어 있으며, 이어서 "부여의 왕이(夫餘王……)"라고 하여 고구려의 건국시조 주몽의 출생 성장 및 건국의 설화를 전하고 있는데, 이 (동명설화와 같은) 이야기 내용은 다음 항의 '주몽설화' 쪽에서 자세히 보게 될 것이므로 여기에서는 생략한다.

다만 이 고구려전에서는 항목명도 '고려'이고 그 본문 시작도 '고려'이면서 건국시조 주몽의 건국이야기 속에서는 "주몽이 나라를 세워 스스로 고구려라 이름하였다.(朱蒙建國 自號高句麗)"라고 한 것을 통해 고려가 곧 고구려라는 사실을 이『수서』자체에서 확인하려 하는 데에 의미를 두고자 하였다.

고구려라는 말이 이 글 속에 들어있지 않았더라도 여기서의 고려가 고구려를 가리키는 말임은 쉽게 알 수 있는 일이다. 그러므로 이 백제전에서의 고려국(百濟之先出自高麗國)도 고구려를 가리키는 것임은 두말할 나위가 없다고 하겠다. 그래서 여기에 문제가 있다는 것이다. 이 이야기대로라면 고려 곧 고구려 국왕의 시녀(侍婢)가 낳은 아들이 동명東明이 되기 때문이다. 이 동명이 자라서 고려(곧 고구려)왕의 박해를 피해 자신이 태어나고 자란 나라(고구려)를 탈출하여 부여로 가서 왕이 되었다는 것이다. 이야말로 말이 안 되는 터무니없는 이야기라고 할 수 있다.

다른 많은 현존 사서들은 그만두고라도 지금 본 같은 책(『수서』)에 함께 들어있는 (백제전 바로 앞의) 고(구)려전에서는 그 첫머리에 "고

(구)려의 선조는 부여로부터 나왔다.(高麗之先 出自夫餘)"라고 하였는데, 이는 방금 보았다. 그리고 동명의 이야기와 비슷한 상황에서 태어나고 자란 주몽이 자신을 해치려는 군신을 피하여 그 나라(부여)를 탈출하고 새로 나라를 세워 고구려라 이름하였다(朱蒙建國 自號高句麗)는 사실도 이미 보았었다. 말할 것도 없이 부여가 먼저이고 고(구)려가 나중인 것은 역사적 상식으로 되어 있다. 『수서』찬자는 스스로 그와 같이 기록해 놓고도 고구려를 탈출한 동명이 부여의 왕이 되었다고 역사를 뒤집어 놓았으니 두찬杜撰도 이만저만한 두찬이 아니라고 하겠다.

어쨌건 아무리 두찬이라 하더라도 여기에 검토의 여지는 있으리라고 본다. 생각건대, 이 백제전의 첫머리 '고려국' 다음의 '그 나라 왕其國王'에 착오가 있었던 것이 아니었을까 싶다. 왜냐하면 이제 본바와 같이 "백제의 선조는 고려국에서 나왔다.(百濟之先出自高麗國)"는 이 고려국 곧 고구려가 틀림없는 백제의 선대 나라이기 때문이다. 그러므로 그 다음의 '그 나라(其 國)'는 분명히 고(구)려를 지칭한 것이 아닐 것이며, 거기(高麗國 其國王, 곧 고려국과 그 나라 사이)에 나라 이름이 빠졌거나 아니면 착오에 의해 빠트려진 것으로 볼 수도 있을 것이다.

이 『수서』의 경우처럼 '주몽설화'와 '동명설화'를 함께 수록하고 있는 『북사』에는 앞서 본 바와 같이 『후한서』에 전하는 이야기를 옮기고 있기 때문에 그 나라(索離國) 이름이 같고 또 하늘에서 내려온 기운이 큰 달걀만하였다(如大雞子)는 것 등 이야기 내용도 같다. 그런데 큰달걀(大雞子) 같았다는 것은 동명설화 중에서 『후한서』만이 아니고 『논형』과 『양서』에도 똑같다. 그러나 나라이름(索離國)이 『북사』와 글자 하나 틀리지 않고 똑같기는 『후한서』쪽 뿐이다. 반면에 『수서』에서는 하늘의 기운을 그냥 달걀만하다(如雞子)고 하였는데, 이는 『삼국지』에서 인용하고 있는 『위략』의 경우와 같다.

　동명설화를 전하고 있는 『수서』 이전의 고전 중에서 "달걀과 같았다.(如雞子)"라고 한 경우는 오직 『위략』뿐이다. 『수서』의 동명설화가 워낙 요약되어 있긴 하지만 그 내용이 『위략』쪽의 이야기와 많이 비슷하다. 그런데 이 『위략』에서는 그 나라 이름을 '고리국櫜離國'이라 하였다.[80] 우연인지는 모르나 고리국은 고려국과 그 발음이 비슷하다. 그래서 『수서』에서는 고리국櫜離國과 고려국高麗國을 같은 국명으로 보고, 나라 이름을 따로 쓰지 않고 생략하여 '그 나라 임금(其國王)'이라고 하였던 것인지도 모르겠다. 아니면 '고리국'이라는 국명이 어떤 착오로 거기에서 빠져버린 것인지도 모를 일이라 하겠다.

　어떠한 착오이든간에 현재 우리가 보게 되는 『수서』 백제전의 동명설화는 잘못 옮겨진 것임에는 틀림이 없다. 나라 이름의 착오만이 아니고 이 동명설화를 '백제전'에다 수록한 자체가 잘못된 것이다. 물론 『북사』에서도 '백제전'에 이 동명이야기를 옮겨 실은 것은 잘못된 것이다. 『북사』에서는 『후한서』의 동명설화를 주로 요약해 옮기면서 그 내용에는 착오가 없다고 할 수 있으나, 그 이야기를 '백제전'에다 수록한 것은 또한 근본적으로 잘못된 것이라고 할 수 있다.

---

80) 이른바 동명설화에 나오는 출생국의 이름이 각 사서마다 다르다. 『논형』에는 탁리국橐離國, 『위략』에는 고리국櫜離國, 『후한서』에서는 색리국索離國, 『양서』에는 고리국櫜離國, 『북사』에는 색리국索離國, 『수서』에는 고려국高麗國, 『법원주림』에는 영품리국寧禀離國 등이다.

동명의 이야기는 바로 앞쪽에서 본『양서』의 경우처럼 '고구려전'에 들어가야 할 성질의 것이지 '백제전'에 들어갈 까닭이 없는 이야기이다. 아마도 이 두 왕조사(『北史』・『隋書』)에서는 이미 '고구려전'에 주몽설화를 옮겨 놓았으므로 비슷한 내용인 동명설화를 겹쳐서 수록할 수가 없어서였을 것이다.『양서』에서는 비록 주몽의 이름을 들지는 않았어도 동명과 주몽이 동일인임을 알았던지, 아니면 주몽설화의 자료를 못 보았기 때문인지는 모르겠으나, '고구려전'을 시작하면서 동명의 이야기를 담고 있음을 보았다. 물론『양서』의 '고구려전'에서는 그 첫머리에 "고구려는 그 선조가 동명으로부터 나왔다."고 전제하였으니 거기에 동명설화가 수록되는 것은 너무나 당연한 일이라 하겠다.

그러나『북사』와『수서』의 백제전에서 동명설화를 수록하고 있는 것은 크게 잘못된 것이다. 다시 말하거니와『북사』에서 "백제의 나라는 마한馬韓에 속하며 색리국索離國으로부터 나왔다."고 하였는데, 백제의 출자出自를 부여나 고구려로 하면 모를까 왜 하필이면 (마한에 속한다면서) 색리국으로 하고 있는가. 이는 아마도 주몽설화를 고구려에 넣었으므로 '부여전'이 따로 없는『북사』에서 부득이 동명설화를 '백제전'에다 끼워넣은 것이 아닌가 싶다.『수서』의 경우도 그와 같은 사례로 볼 수 있지 않을까 여겨진다.

이러한 문제는 일찍이 동명설화와 주몽설화가 따로따로 중국에 전해져서, 동명東明이 주몽朱蒙왕의 묘호(왕명)인 줄을 모르고 또한 주몽이 동명왕의 이름(諱)인 줄을 모르는 상황에서 전혀 별개의 이야기로만 받아들여졌던 결과였을 것으로 볼 수가 있을 것이다. 외국의 옛일이기 때문에 소홀하였던 점도 없지 않았겠지만 중국에 주몽설화의 두 가지 유형이 상당기간 병존해 있었다는 증좌를 두 사서가 잘 보여주고 있는 것이라 하겠다.

(6) 『법원주림法苑珠林』81)에 보인 부여 왕 이야기

『유사』 '고구려' 쪽에서 찬자가, "『주림전珠琳傳』21권에 실려 있다."라고 하여, 이 이야기 그대로를 옮겨 놓았으므로 여기에서는 그 본문을 다시 옮기지 않기로 한다.

이 이야기에는 주인공(동명 또는 주몽)의 이름이 나와 있지 않다. 다만 끝에 가서 "부여의 왕이 되었다.(爲扶餘之王)"라고만 하였다. 그러나 내용이 매우 요약되어 있으면서도 앞의 이야기들(『論衡』 및 『後漢書』와 『三國志』 등의 동명설화)에서 전하는 내용과 같으므로 '부여의 왕이 된' 주인공이 동명왕임을 알 수가 있게 된다. 동명왕 고주몽(B.C.58~B.C.19)은 중국에 불교가 공전公傳되기 전의 인물이었으므로 불교문헌인 『법원주림』(唐代 저술)에 수록될 시대의 인물이 아니다. 그러면서도 거기에 수록되어 있는 것은 불교관계의 인물이기 때문이 아니라, 불교저술인 『법원주림』의 귀신歸信편 술의부述意部에 적합한 예화例話를 옛 사전史傳 곧 『논형』 등에서 인용한 것으로 볼 수가 있다.

그러므로 거기에 인물의 이름이나 출생의 신화적인 면 같은 것은 자세히 옮길 필요가 없어서, 왕이 될 자는 어떠한 고난 속에서도 살

---

81) 『법원주림』은 당나라 때의 승려 도세道世에 의해 찬술된 불서佛書로서 앞의 주18)에서 본 바가 있다.

아나 결국 왕이 된다는 고사故事로서 (『논형』의 경우처럼) 예를 들어본 이야기이기 때문에, 동명의 이름이나 그 성장과 탈출에 관해서는 생략을 하고 부여의 왕이 된 사실을 밝힌 것이라 할 수 있다. 따라서 이 예화는 『법원주림』의 찬자가 『후한서』・『삼국지』 등에 전하는 동명왕 설화에서 필요한 부분만을 추려서 옮긴 것이라 하겠다. 이를 다시 옮긴 『유사』의 찬자가 영품리왕寧稟離王을 부루왕夫婁王의 다른 일컬음(異稱)이라고 하였지만 이는 옳지가 않다. 부루왕이 세상을 떠난 뒤 그의 양아들 금와金蛙가 왕으로 있을 때의 일이므로 부루가 아닌 금와왕으로 보아야 할 것이다.

실은 영품리는 왕명이 아니고 국명으로 보는 것이 옳지 않을까 싶다. 왜냐하면 필사간행의 시대에 있어서 '북이색리국北夷索離國'의 북北을 방위로 보아 빼고 세로 글씨인 '이색리夷索離'가 잘못 여러 차례 옮겨 쓰게 되었을 경우에 '영품리寧稟離'로 될 가능성도 없지 않고, 또 '색槀', '고囊', '고稾'자도 오랜 세월 베껴 쓰는 동안에 엉뚱하게 '영품寧稟'의 두 글자로 둔갑될 경우도 전혀 배제할 수는 없을 것이기 때문이다. 세 고전에 모두 국명으로 되어있는 것을 요약하느라 '국國'을 생략하고 '영품리왕寧稟離王'이라 한 것으로 볼 수가 있지 않을까 싶다. 또한 앞의 세 고전古傳에서도 왕명이 없고 국명만 나와 있었으므로 이 영품리는 색(탁)리(索・槖離) 또는 고리(囊・稾離)가 변형된 국명이라고 할 수 있을 것이다.

2) 고구려 시조 고주몽

(1) 『위서魏書』에서 전하는 주몽설화

이 『위서』82)에는 부여전扶餘傳이 따로 없다. 동명왕 주몽의 이야기는 고구려전에 들어 있다. 「열전」 제88의 첫 번째에 수록되어 있는 고구려전은 그 맨 앞머리를 다음과 같이 시작하여 고주몽의 이야기를 전하고 있다.

> 고구려는 부여에서 나왔으며, 선조는 주몽이라고 한다.(高句麗者 出於扶餘 自言先祖朱蒙) 주몽의 어머니는 하백河伯의 딸이었는데, 부여 왕이 방 안에 가두어버렸다. 해가 몸을 비추었으므로 얼른 피하였더니 해가 또 따라와 비추었다. 그로부터 잉태하여 다섯 되(升)가 들어갈 만한 큰 알을 낳았다. 부여 왕이 개한테 던져주었더니 개가 먹지 않았고, 돼지에게 던졌으나 돼지도 먹지 않았으며, 길에 버렸더니 소와 말이 피하였으므로, 나중에 들에 버리니 뭇 새들이 모여들어 깃털로 감싸주었다. 부여 왕이 (그 알을) 깨려고 하였으나 깨뜨려지지 않으므로 그 어미에게 돌려주었다. 그 어머니는 물건으로 (알을) 싸서 따뜻한 곳에 놓아두었더니, 한 사내아이가 껍질을 깨고 나왔다. 그 아이가 성장하니 주몽朱蒙이라 이름하였는데, 그 시속 말로 활을 잘 쏘는 이를 주몽이라 하였기 때문이다.
>
> 부여사람들은 주몽이 사람의 자식이 아니므로 장차 다른 뜻을 품을 것이니 없애야 한다고 하였다. 왕은 듣지 않고 주몽에게 말 기르는 일을 시켰다. 주몽은 매일 좋고 나쁜 말을 관찰해 보고 준마駿馬는 먹이를 적게 주어 야위게 하고, 둔한 말은 잘 먹여서 살찌게 하였다. 부여 왕은 살찐 말을 자신이 타고 야윈 말은 주몽에게 주었다. 그 뒤 사냥을 나갔을 때 주몽

---

82) 위수 찬, 『위서』 권100, 열전 제88, 고구려.

은 활을 잘 쏘아 어김이 없었으므로 화살은 적게 썼으나 잡은 짐승은 매우 많았다.

부여의 신하들이 또 주몽을 죽이려 하였으므로 그 사실을 알게 된 그의 어머니가 아들에게 이르기를, "나라에서 장차 너를 해치려고 한다. 너의 재주와 지략이라면 멀리 가서 사방 어디에든 잘 적응할 것이다."라고 하였다. 이에 주몽은 오인烏引과 오위烏違 등 두 사람[83]과 함께 부여를 등지고 동남쪽으로 달렸다. 도중에서 큰 강물을 만나게 되었는데, 건너갈 다리는 없고 부여의 군사들이 추격해오고 있어서 매우 위급한 지경이었다. 주몽은 강물을 향해 "나는 햇님의 아들이요 하백의 외손자(我是日子[84] 河伯外孫)인데, 오늘 달아나는 길에 추격하는 군사가 뒤쫓아와 위급하니, 어떻게 강물을 건널 수가 있으리오."라고 하였다. 그러자 물고기와 자라들이 모두 물 위로 떠올라 다리를 이루었다. 주몽이 건너가니 물고기 떼들이 흩어져 추격병들이 건너지를 못하였다.

주몽이 보술수普述水[85]에 이르러 세 사람을 만났는데, 한 사람은 삼베 옷(麻衣)을 입었고 한 사람은 누더기(衲衣)를 입었으며 또 한 사람은 수초로 짠 옷(水藻衣)을 입고 있었다.[86] 주몽은 흘승골성紇升骨城[87]에 이르러 여기에 살면서 (나라를) 고구려라 이름하였다. 이로 인해 고씨高氏를

---

[83] 여기에는 두 사람이라 하였는데 앞에서 본 『유사』에는 "오이烏伊 등 세 사람"이라 하였으며, 『사기』와 『동명왕편』 등에는 "오이, 마리, 협보 등 세 사람(烏伊, 摩離, 陜父 等三人)"이라 하였다. 또 중국의 『북사』 등에는 "언위焉違 등 두 사람"으로 되어 있다.
[84] 여기에는 "햇님의 아들(日子)"인데, 『사기』와 『유사』에서는 '하늘임금의 아들(天帝子)'로 되어 있다.
[85] 『사기』에는 모둔곡毛屯谷이라 하였다.
[86] 『사기』에서는 이 세 사람 곧 재사再思・무골武骨・묵거默居의 이름이 밝혀져 있으며, 주몽은 이들에게 각각 극씨克氏・중실씨仲室氏・소실씨少室氏라는 성씨를 지어주었다고 하였다.
[87] 흘승골성은 앞의 '북부여' 항목에서는 '紇升骨城'이라 하였고, 『북사北史』에는 '흘승활성紇升滑城'으로 되어 있다. 이 흘승골성은 '북부여' 쪽에는 천제자天帝子 해모수가 오룡거五龍車를 타고 내려와 도읍을 정하고 나라를 세운 곳으로 되어 있었다. 그리고 『사기』와 『유사』에는 주몽이 도착하여 나라를 세운 곳을 졸본주卒本州라고 하였다.

성으로 하였다.

『위서』에는 이 이야기에 이어 '고구려'라는 항목명에 맞추어 고구려의 약사가 서술되어 있으나, 그 부분은 해당 고구려 역사 쪽에서 보기로 한다.

(2) 『북사』[88]에 보인 주몽이야기

앞의 『위서』에서 전하는 고구려전과 그 내용이 비슷하고, 이 주몽설화도 첫머리 시작부터가 많이 비슷하다. 그러나 좀 자세하거나 간추린 차이가 없지 않고, 또 앞쪽 동명설화의 유형들과 견주어 보는 의미도 겸해서 가급적 그 원문의 뜻을 살려 옮겨보고자 한다.

고구려는 그 선조가 부여에서 나왔다.(高句麗其先出夫餘) (부여의) 왕이 일찍이 하백의 딸을 붙잡아다가 방안에 가두었다. 해가 여인을 비추었으므로 몸을 옮겨 피하였으나 햇빛은 또 따라와서 비추었다. 그로부터 잉태하여 다섯 되들이 크기의 알을 하나 낳았다. 부여 왕이 개한테 던져 주었더니 먹지 않았고, 돼지에게 주었으나 돼지도 먹지 않았으므로, 길바닥에 버렸더니 소와 말도 피하였으며, 들에다 버렸더니 뭇 새들이 깃털로 감싸 주었다. 왕이 알을 깨려 하였으나 깨뜨려지지 않았으므로 그 어미에게 돌려주었다. 그 어머니가 물건으로 알을 감싸고는 따뜻한 곳에 놓아두었더니, 한 남자아기가 알을 깨뜨리고 나왔다. 장성하니 이름을 주몽이라 하였다. 그 나라 시속에 활 잘 쏘는 이를 주몽이라 하였기 때문이다.

부여 사람들이 주몽을 사람의 소생이 아니므로 없애버려야 한다고 하

---

88) 앞의 주78)과 같음. 고구려高句麗.

였으나, 왕은 듣지 않고 주몽에게 말먹이는 일을 시켰다. 주몽은 스스로 좋고 나쁜 말을 잘 관찰하여 준걸한 말은 먹이를 줄여 야위게 하고 둔한 말은 잘 먹여서 살찌게 하였다. 부여 왕은 살찐 말은 자신이 타고 야윈 말은 주몽에게 주었다. 그 뒤 사냥을 나갔을 때 주몽은 활을 잘 쏜다 하여 화살 하나만을 주었으나 비록 한 개의 화살이었지만 주몽이 잡은 짐승은 매우 많았다.

부여의 신하들이 또 모의하여 주몽을 죽이려 하였으므로, 그 사실을 알게 된 어머니가 주몽에게 알려서 주몽은 언위焉違 등 두 사람과 함께 동남쪽으로 달아났다. 중도에서 큰 강물을 만나 다리가 없어 건널 수가 없었는데다가 부여사람들의 추격을 받아 매우 위급하였다. 이에 주몽은 강물을 향해, "나는 햇님의 아들이고 하백의 외손자(我是日子河伯外孫)인데, 지금 추격해 오는 군사가 급박하니 어떻게 강을 건너갈 수 있으리요."라고 하였다. 이때 물고기와 자라 떼가 다리를 이루어 주었으며, 주몽이 건너가자 물고기 떼들이 흩어져 추격병들은 건널 수가 없었다.

주몽이 보술수普述水에 이르러 세 사람을 만났는데, 하나는 삼베옷을 입었고 하나는 누더기 옷을 입었으며 하나는 수초의 옷을 입었다. 주몽이 그들과 함께 흘승골성紇升滑城89)에 도착하여 머물렀으며, (나라를) 고구려라 일컬었다. 그로 인해 고高를 성씨로 삼았다.

이 또한 고구려 건국 이후의 일은 생략하였다. 이 주몽설화는 앞의 『위서』의 이야기와 같은 류라고 할 수 있다. 그러나 나름대로의 개성이 있어서 해당 전문을 모두 옮겼다. 이 '고구려전' 바로 다음의 '백

---

89) 이 '滑'자는 흔히 '활'로 읽지만 '골'이라고도 발음한다. 앞의 주87)에서 본 바와 같이 『유사』에는 첫 글자가 '訖'로 되어 있으나 '紇'과 발음이 같으므로 『위서』와 같이 '흘승골성'이 된다. 그러므로 이 '活滑'자는 '골骨'자의 잘못으로 볼 수도 있으나, '골' 발음도 되므로 여기에서는 '滑' 그대로 두고 '흘승골성'이라고 읽었다.

고구려 271

제전'에는 '동명설화'가 전해져 있는데 앞의 '동명설화' 쪽에서 보았었다.

(3) 『수서』 등의 주몽설화

『수서』90)에는 첫머리에 '고려'로 시작되어 있어서 '고구려'로 시작되었던 앞의 두 경우와 다르지만, 설화의 내용은 『위서』와 『북사』의 범위에서 벗어나지 않고 있다.

고려의 선조는 부여로부터 나왔다.(高麗之先 出自夫餘) 부여 왕이 일찍이 하백의 딸을 붙잡았다가 방안에 가두었더니, 햇빛이 따라다니며 비추어 그 감응으로 잉태하게 되었다. 큰 알을 하나 낳았는데, 그 알에서 한 사내아이가 껍질을 깨고 나왔으며, 이름을 주몽이라 하였다. 부여의 신하들은 모두 주몽이 사람의 소생이 아니라 하여 죽이기를 청하였으나, 왕은 듣지 않았다. 주몽이 장성하여 사냥터에 갔을 때 그가 잡은 짐승이 매우 많았다.

신하들은 또 주몽을 죽여야 한다고 하였는데, 그 어머니가 아들에게 알려주었으므로 주몽은 부여를 버리고 동남쪽으로 달아났다. 도중에 큰 강물을 만났는데 깊어서 건널 수가 없었으므로, 주몽은, "나는 하백의 외손자이고 햇님의 아들이오.91) 지금 달아나는 길에 뒤쫓는 군사까지 급박하니 어떻게 건널 수가 있으리요."라고 하였다. 이에 물고기와 자라들이 모여들어 다리를 만들었으므로, 주몽은 건널 수가 있었다. 추격하던 군사

---

90) 앞의 주79)와 같음. 동이東夷 고려高麗.
91) 원문은 "아시하백외손 일지자야我是河伯外孫 日之子也"인데, 앞에서 본 『위서』와 『북사』에서는 모두 "아시일자 하백외손我是日子 河伯外孫"이라 하였다. 여기에서는 일부러 그렇게 앞뒤를 바꾸어놓지는 않았을 것이다. 뒷날 옮겨 쓰면서 생긴 착오였는지도 모를 일이다.

들은 건널 수가 없어서 되돌아갔다.
　주몽은 나라를 세우고 스스로 고구려라 이름하였다. 이로써 고씨를 성으로 삼았다.

하나도 가감하지 않고 원문 그대로를 풀어서 옮겨 보았다. 이는 앞의 두 설화와 같은 내용을 줄인 것으로 특히 『북사』에서 요약해 옮긴 듯하다. 이 『수서』에도 앞의 『북사』의 경우처럼 '백제전'에 동명설화가 요약되어 옮겨져 있다.
『주서周書』[92])에서는 다음과 같이 매우 간략하게 전한다.

　고려는 그 선조가 부여에서 나왔으며(高麗者 其先出於夫餘), 저네들은 시조가 주몽이라고 하였다. 하백의 딸이 햇빛을 감응해서 그를 잉태하였으며, 장성하여서는 재략이 뛰어나 부여사람들이 싫어하여 그 땅에서 쫓겨났다. 홀두골성紇斗骨城[93])에서 스스로 고구려라 일컬었으며, 그로 인해 성을 고씨라 하였다.

이전의 고전들을 요약한 것으로 보았던 앞의 『수서』를 이 『주서』에서는 그대로 이끌다가 더 요약해 옮겼다. 국호의 제목과 그 시작을 '고려'라 하고 나중에 주몽이 건국하여 '고구려'라 일컬었다는 것까지도 그대로다.

---

92) 당唐 영호덕분令狐德棻 등찬, 『주서』 권49, 열전 41, 이역異域 상上.
93) 앞에서 보았지만 앞 글자를 '紇' 또는 '訖'로 써도 음은 '흘'이며, 그 다음부터는 모두가 '승골성升骨城'이었는데, 여기서만 '승升' 자리에 '두斗'를 쓰고 있다. 되승(升)자를 말두(斗)자로 잘못 쓴 듯하다.

3) 두 유형(동명설화·주몽설화)의 문제점

이상에서 중국의 현존 고전古傳을 통해 볼 수 있는 고구려 개국 시조 동명왕 고주몽의 출생 및 건국설화를 살펴보았다.

틀림없이 고구려 시조 한 사람의 이야기인데 이제 본 것처럼 전혀 판이한 두 유형의 이야기를 보여주고 있다.

첫 번째 유형인 동명왕 설화는『논형』을 비롯하여『후한서』·『삼국지』·『양서』·『법원주림』·『북사』·『수서』등에 들어 있고, 두 번째의 고주몽 설화는『위서』·『북사』·『수서』·『주서』등에 전하고 있다. 각각 전하는 바를 보았는데 거기에는 모두 유형 나름의 특징을 지니고 있다. 앞에서 구분해 보았지만 각각 그 주제가 분명하다. 특이한 점들을 들어보면 대략 다음과 같다.

① 하나는 동명東明 설화이고, 또 하나는 주몽朱蒙 이야기이다.

동명을 이름으로 하고 있는 쪽(『북사』·『수서』에는 '백제전')에는 한 번도 주몽의 이름이 안 나온다. 이름을 주몽으로 하고 있는 쪽의 네 편(『북사』·『수서』에는 '고구려전')에는 역시 한 마디도 동명이란 왕명이 나오지 않는다.

이 항목의『유사』본문에서도 보았지만『사기』의「고구려본기」첫머리 시조전始祖傳에는 시작하면서, "시조 동명성왕은 성이 고씨이며, 이름이 주몽이다.(始祖東明聖王 姓高氏 諱朱蒙)"라고 하였다. 그러므로 이름이 주몽이고 묘호가 동명성제(동명성왕·동명왕)이니, 이는 역사상식이라 할 수 있다. 그런데 이들 중국 쪽 고전에는 이름이 동명일 경우에는 주몽이 없고, 주몽이라 했을 경우에는 동명이 없어서, 흡사 두 이름은 각각 다른 사람의 이름처럼 보이고 있다는 것이다.

② 출신국 이름이 각각 다르다는 점을 들 수가 있다.

실은 문헌이 보여주는 이야기의 순서대로 본다면 이 문제가 가장 먼저 다루어져야 한다. 그러나 이들 설화의 유형별로 볼 때 주제가 가장 뚜렷하게 드러나는 것은 주인공의 이름을 통해서라고 할 수 있다. 그래서 아예 '동명설화' '주몽이야기'라는 성격별 주제를 내세울 수가 있었기 때문에 인명을 첫 번째 문제로 삼고, 이 나라 이름을 두 번째 특성으로 들었다.

어떤 규칙을 정해 놓은 것처럼 주인공 이름이 동명東明일 때는 꼭 탁(색·고)리국(『수서』의 백제전은 고려국)에서 출발하여 부여국 또는 부여의 왕으로 나오고, 주몽朱蒙일 경우에는 부여국에서 출발하여 고구려의 건국 시조로 나온다. 즉 부여의 왕 또는 시조로 보일 경우에는 그 출신 본국은 탁(색·고)리국槀(素·櫜·囊)離國(『법원주림』에는 寧稟離)으로 되어 있고, 반면에 고구려 시조일 경우에는 반드시 부여국 출신으로 보이고 있다는 것이다. 다시 말해서 동명은 출생하고 성장한 나라에서 도망 나와 부여국을 세워 왕이 된 인물이며, 주몽은 부여국을 탈출하여 졸본부여로 가서 고구려를 세운 시조왕이라는 점이 서로 다르다고 할 수 있다.

여기에서 한번 더 짚어볼 문제는 『양서』에서 전하는 내용이다. 『양서』는 물론 동명설화 쪽이다. 그런데도 앞에서 본 그 유형의 고전들과는 달리 '부여국전'에 들어있지 않고 '고구려전'에 동명설화가 들어 있다. 지금까지 '고구려전'에는 주몽이야기만 전해 있고, 동명이야기는 '부여전'(『북사』와 『수서』는 백제전)에만 전해진 것으로 보아 왔다. 그런데 이 『양서』에는 분명히 동명의 이야기를 고구려전에다 넣고 있기 때문이다.

그러나 자세히 살펴보면 여기에는 고구려의 건국자로서 동명이 전해져 있는 것이 아니다. 이 양나라 때에는 부여가 멸망한 지 오래인데다가, 『양서』보다 먼저 찬술된 『위서』에서 이미 '부여전'을 두지 않았고 또한 주몽의 고구려 건국을 전하고 있는 시기이므로, '부여전'을 따로 둘 수 없는 것은 당연하다고 할 수 있다. 그러면서도 『후한서』 유형의 동명왕 전설을 취하였기 때문에 부득이 고구려전에다 기재한 것으로 보이고 있는 것이라 하겠다.

그래서 주몽설화 계통의 고전에서는 첫머리 시작을 "高句麗者 出於夫餘"(『魏書』), "句麗者 其先出於夫餘"(『周書』), "高麗之先 出自夫餘"(『隋書』)라고 하였는데, 이 『양서』에서는 "高句麗者 其先出自東明" 곧 "고구려는 그 선조가 동명으로부터 나왔다."라고 하였다. 그리고는 그 이야기의 끝에 가서, "(동명이) 부여에 이르러 왕이 되었다.(至夫餘而王焉)"라고 한 다음에, "그 뒤 갈래가 나뉘어 고구려 부족이 되었다."고 하였다.

이 『양서』에서는 당시 사서史書의 역사적 흐름에 따라 고구려 항목에다가 동명설화를 어쩔 수 없이 편입시키다 보니, 『위서』 계통의 고구려 아래에 "부여에서 나왔다.(高句麗者 出於夫餘)" 또는 "고려의 선조는 부여로부터 나왔다.(高麗之先出自夫餘)"라는 기록 그대로를 따른다면 나중의 "부여의 왕이 되었다."는 말에 모순이 되기 때문에 첫머리 쪽의 '부여' 대신에 동명(其先出自東明)을 넣은 것으로 볼 수가 있다.

동명설화 계통의 고전 중에서도 철저히 『후한서』 쪽을 따른 것으로 보이는 이 『양서』에서는 고구려도 『후한서』 그대로 '고구려高句麗'라 쓰고 있다. 그러나 『후한서』에는 '부여전'과 '고구려전'이 따로 있으면서 그 동명이야기가 고구려와는 전혀 관계가 없는 것처럼 '부여전'에 들어가 있었음을 보았다. 그러한 부여전이 없는 『양서』에서는 부득이 고구려전에 수록하면서도 『위서』 등의 고구려전과는 달리 그 첫머리에 고구려와 동명왕을 연결시켰으며, 이어서 『후한서』 등에 전하는 부분(……부여의 왕이 되다까지)을 요약해 옮긴 다음 첫머리말(부여 언급없이 동명을 내세움)과 서로 모순됨을 찬자 스스로 느끼고는 다른 자료에서 볼 수 없는 말(그 뒤 갈래가 나뉘어 고구려 부족이 되다)을 덧붙여서 좀 무리하게 연관지었다고 할 수가 있을 것이다.

③ 동명과 주몽의 어머니가 각각 다르게 나와 있는 점을 들 수가 있다.

동명설화 쪽에는 그 어머니가 왕의 시아侍兒(『후한서』・『양서』・『북사』 백제전 등) 또는 시비侍婢(『논형』・『위략』・『법원주림』・『수서』 백제전 등)로 되어 있으며, 주몽설화에서는 모두가 하백河伯의 딸로 나와 있다.

④ 출생의 다른 점을 들 수가 있다.

동명 쪽에는 처음부터 사내아이를 낳은 것(生男・生子・子之産)으로 보이고 있으며, 주몽 쪽에는 처음에 그 어머니가 닷되들이 만한 큰 알을 낳았고 그 알에서 사내아이가 나왔다(生一卵大如五升……有一男破殼而出)는 것이다.

⑤ 건국한 나라 이름이 각각 다른 점을 들 수가 있다.
이에 관해서는 앞 ②의 출신국명 쪽에서 잠시 언급한 바와 같이 동명은 부여의 왕이 되었으며, 주몽은 고구려를 건국한 시조로 보이고 있다.

이 밖에도 두 유형의 설화 사이에는 자잘하게 대비되는 사안이 적지 않다. 그러나 이 다섯 가지가 가장 대표되는 문제점이라고 할 수 있다. 서로 상반되는 이 다섯 가지만을 통해서도 동명이라는 이름으로 전해진 이야기와, 주몽이라는 이름의 설화가 얼마나 다른 특징을 가지고 전해졌는가를 알 수 있게 된다.
한 마디로 말해서 이 두 유형의 이야기를 현존 중국의 고전에 보인 그대로 본다면 동명과 주몽은 전혀 별개의 인물이며, 어딘가 비슷한 면을 보이면서도 서로 관계없는 다른 사람의 이야기처럼 되어 있다. 지금까지 본 바와 같이 주인공의 이름만 다를 뿐 아니라, 출신국의 이름, 어머니의 신분, 아이와 알의 출생상황, 부여 왕과 고구려 시조 등 표면적인 사실 거의 대부분이 서로 다른 인물의 일처럼 보이고 있다. 그래서 이 두 이야기를 별개의 다른 신화로 보려는 견해도 크게 무리는 아니라고 하겠다.[94]
그러나 우리는 이 표면적인 차이점 외에 두 이야기의 전반적 내용에서 동일 인물의 설화임을 부인할 수 없는 사실들을 확인하게 된다.

첫째, 하늘 또는 햇빛의 기운에 의해 임신된 것. 둘째, 알 또는 아기가 태어나자 왕이 돼지우리와 마구간 등에 버렸으나 돼지와 말 등 짐승과 새가 (알 또는 아기를) 보호하였으므로 다시 어미의 품으로 돌려준 일. 셋째, 자라면서 활을 잘 쏘고 사냥에 능하였다. 넷째, 왕과 신하들이 동명(주몽)의 용맹함을 꺼려 죽이려 하였다. 다섯째, 남쪽으로 도망가다가 큰 강물을 만나 위급하게 되었을 때 강물 위에 떠오른 물고기와 자라 떼의 등을 교량으로 삼아 무사히 건너 탈출에 성공할 수 있었다는 것 등이다.

그 밖에 또 「동명왕편」이나 『사기』・『유사』 등 국내의 현존 문헌을 통해서, '동명東明'은 곧 주몽왕의 묘호인 동명왕(東明聖王・東明聖帝)을 말함이고, '주몽朱蒙'은 바로 동명왕의 어릴 적부터의 이름(諱)이므로, 이른바 동명이 곧 주몽이며 주몽과 동명은 틀림없는 동일 인물의 이름이라는 사실을 알 수 있게 된다. 그렇게 본다면 이제껏 보아온(중국 史書에서의) 동명・주몽설화의 두 유형은 별개의 인물에 대한 것이 아니고, 동일한 인물의 이야기임을 의심할 여지가 없다. 아마도 이 설화가 처음 중국에 전해졌을 때 별개의 이야기처럼 각각 따로 전해졌거나 혹은 맨 먼저 이 설화를 수록한 찬자가 그 저서에 필요한 부분만 초록하였던 것을 후인이 비판없이 옮겼기 때문으로도 볼 수 있다고 하겠다.

사실 자세히 따져 본다면 전혀 별개의 설화 같은 몇 가지 문제점도

---

94) 이복규, 『부여・고구려 건국신화 연구』(집문당, 1998).

서로 조화가 가능해진다고 할 수 있을 것이다. 우발수에서 건져올린 여인(유화)을 금와왕이 궁중에 데려다가 시중을 들게 하였다면 그를 왕의 시녀(侍婢)라고 표현할 수도 있다. 사람이 큰 알을 낳았다는 비정상적인 부분을 허황되다 하여 일부러 빼버렸다고 한다면 그 다음부터의 아기탄생 이야기는 두 경우가 서로 크게 다른 점이 없다고 할 수 있다. 또 동명의 출신국으로 보이고 있는 탁(색·고)리국(橐·素·橐離國)은 당시 동명이 태어난 동부여의 별명이거나 또는 그 지방의 옛 이름이었을 가능성도 없지 않을 것이며, 그가 그 나라를 탈출하여 왕이 되었다는 부여는 졸본부여(주몽이 처음 卒本夫餘의 왕이 되었으므로)를 가리키는 것으로 볼 수 있다.95) 그러므로 동부여에서 태어난 주몽이 그 나라를 탈출하여 졸본부여로 가서 왕이 되었다는 이야기와 결국은 같은 맥락이라고 할 수 있을 것이다.

한마디로 맺어서 말한다면, 애초에 하나의 이야기였던 동명·주몽의 설화가 중국 옛 사서에 각각 별개의 인물전처럼 전해졌지만, 실은 동일 인물의 이야기임이 틀림없다고 할 것이다.

4. 중국 왕조사에 보인 고구려

『유사』에는 '고구려高句麗' 항목에 고구려의 역사는 언급이 없고 건국 시조 동명왕의 출생과 건국에 관한 이야기만을 전하였다. 그러

---

95) 앞 본문의 새김글에서 본 바가 있지만, 『유사』 찬자는 『법원주림』의 인용 맨 끝의 "마침내 부여의 왕이 되었다.(卒爲扶餘之王)"는 말 아래에 주석을 달아 "곧 동명제東明帝가 졸본부여의 왕이 된 것을 말한 것이다. 이 졸본부여는 또한 북부여에서 갈라져 나온 나라였으므로 그를 부여 왕이라 한 것이다."라고 하였다.

나 항목명이 '고구려'이므로 중국의 옛 왕조사에 전해지고 있는 '고구려전'에서 고구려의 역사 이해에 참고가 될 부분들을 옮겨보고자 한다.

1) 현도군에 속한 고구려현縣과 성城

현재 국내외를 통하여 고구려의 명칭을 가장 먼저 볼 수 있는 문헌은 『전한서前漢書』이다. 『전한서』의 「지리지地理志」96) '원도군元菟郡' 쪽에는 이 군을 한무제漢武帝의 원봉元封 4년(B.C.107)에 비로소 개설(武帝元封四年開)하였다고 하였으며, 4만 5천6가호에 인구 2십2만 천8백45명이었고, 소속된 현縣이 셋이었다고 하여 맨 먼저 고구려를 들었다. 여기서의 원도97)는 물론 현도玄菟이다. 현도를 포함한 4군의 설치를 최초로 기록한 『史記』를 비롯하여 이 『전한서』에도 「지리지」 외에는 모두가 현도玄菟로 되어 있다.

그런데 『史記』에는 원봉 3년(B.C.108) 여름에 위만조선衛滿朝鮮을 평정하고 4군(眞番・臨屯・樂浪・玄菟)으로 삼았다고 하였다.98) 그리고 『전한서』에도 '무제 원봉' 3년 여름에 조선이 항복하였으므로 그

---

96) 반고班固 찬, 『전한서前漢書』 권28 하下, 지리지地理志 8 하下. "元菟郡 …… 縣三 高句麗・上殷台・西蓋馬." 그러나 『진서晉書』 권14, 「지지」 4, 지리 상上의 현도군玄菟郡 쪽에는, "한나라가 설치하였는데, 거느린 현縣이 셋이며 3천2백 가호이다."라고 주석한 다음에, '고구려高句麗・망평望平・고현高顯'의 세 현을 들었다. 여기에는 현도군에 속한 3현의 고구려는 변함이 없으나 나머지 두 현의 이름이 달라져 있다.
97) 위의 『전한서』 「지리지」의 '연지燕地' 쪽에는 또 '현도玄菟'의 자리에 두 번씩이나 '원도元菟'를 쓰고 있다.
98) 사마천司馬遷 찬, 『사기史記』 권115, 「조선열전朝鮮列傳」 55. "元封三年夏 …… 遂定朝鮮爲四郡."

땅을 낙랑군・임둔군・현도군・진번군으로 삼았다99)고 하였다. 그뿐 아니라 이제 앞에서 본「지리지」의 '원도군' 다음의 '낙랑군樂浪郡'쪽에는 분명히 "무제의 원봉 3년에 개설하다.(武帝元封三年開)"라고 되어 있다. 그러므로 한4군(漢四郡)의 하나이며 다른 3군과 동시에 설치된 현도군이기 때문에 낙랑군 등과 아울러 원봉3년에 개설되었다고 보아야 할 것이며, 따라서 원도 곧 현도군의 개설은 4년이 아닌 3년으로 보는 것이 옳다고 하겠다.

『후한서後漢書』에는 현도군의 6성城 가운데 맨 먼저 고구려를 들고 있다. 즉 현도군 아래에 "무제가 설치하였으며, 낙양에서 동북쪽으로 4천리이다.(武帝置 雒陽東北四千里)"라는 주석이 붙여져 있고, 이어서 "여섯 성(六城)에, 1,594가호이며 인구가 43,163명이다."라고 한 뒤에 여섯 성의 이름을 다음과 같이 들고 있다.

고구려高句驪・서개마西蓋馬・상은태上殷台・고현高顯・후성候城・요양遼陽100) (각각의 설명 및 주석글은 생략함)

그와 같이 고구려는 현도玄菟군의 3현縣 가운데 하나였고, 6성城 중에 한 성이었다. 고구려현과 고구려성이 존재했던 현도군의 설치가 한나라의 무제 원봉 3년(B.C.108)의 일이었다는 것이니, 군에 존재했던 현과 성도 그 무렵에 설치되었을 것으로 볼 수가 있을 것이다. 군이 설치되었던 원봉 3년(B.C 108)을 대체적인 기준으로 삼아본다면

---

99) 앞에 나온『전한서』권6, 무제기武帝紀 6. "武帝 元封三年 夏."
100)『후한서』권33, 군국지郡國志 23, 유주幽州 현도군玄菟郡.

동명왕이 고구려를 세웠다는 한의 건소建昭 2년(B.C.37)보다는 71년 이전의 일이 된다. 그러므로 고구려高句驪라는 현 또는 성의 이름은 동명왕 주몽이 고구려국을 세운 해보다 70여 년 전에 이미 있어왔다는 셈이 된다고 하겠다. 다시 말해서 동명성제의 고구려 건국 이전부터 이미 고구려라는 고을 또는 성의 이름이 존재해 있었다는 사실을 알 수가 있다.

그렇다면 고구려현의 이름을 따서 주몽왕이 국호를 고구려국이라 하였다는 것으로도 볼 수가 있다. 이미 한漢나라의 속군인 현도군의 속현으로 있은 고구려라는 작은 고을 이름을 가져다가 앞으로의 대국을 꿈꾸었던 왕국의 이름으로 삼았다는 것은 쉽게 납득이 안 된다고 할 수 있다. 얼마나 힘들고도 거창하게 시작한 고구려의 건국이었던가? 이 고구려의 국호에 관해서는 나중에 따로 장을 두고 살펴볼 생각이다.

2) 『후한서』에 보인 고구려

앞의 동명왕 설화 쪽에서 본 바가 있지만 이 『후한서』에서는 고구려 시조 동명왕의 이야기가 '부여국' 쪽에 들어 있으면서 부여의 건국자로 보이고 있다. 정작 고구려전에서는 동명왕이 시조라는 말도 없고 건국자의 신화적 생애에 관한 언급 또한 보이지 않았다. 이 『후한서』에는 동명왕은 부여의 건국자이고, 고구려는 동명왕 고주몽과 관계가 없는 나라로 보이고 있다.

『후한서』「동이전東夷傳」[101]의 고구려 쪽에 전하는 고구려의 모습 대강을 보기로 한다.

고구려는 요동의 동쪽 천리에 있으며, 남쪽은 조선과 예맥이고, 동쪽은 옥저, 북쪽은 부여와 인접해 있다.(高句麗 在遼東之東千里 南與朝鮮濊貊 東與沃沮 北與夫餘接) 지방이 2천리이고, 큰 산과 깊은 골이 많으며, 그에 따라 사람들은 조금 산다. 전답 농사일을 힘들여 지으나, 자급자족이 모자라므로 그곳 사람들 습속은 음식을 절약한다. 그러면서도 궁궐과 집을 잘 짓고 꾸미기를 좋아하였다.

동이東夷에서는 서로 전하기를 (고구려가) 부여에서 나뉘어진 갈래라고 하였다. 그래서 언어와 법칙이 많이 같았는데, 한쪽 다리를 끌어당겨 무릎을 꿇고 절을 하며, 걸음걸이는 모두 달음질치듯 빨랐다. 대개 다섯 부족이 있었으니, 소노부消奴部102) · 절노부絶奴部 · 순노부順奴部 · 관노부灌奴部 · 계루부桂婁部이다.103) 본디 소노부에서 왕이 되었는데 점점 그 세력이 미약해져서 나중에는 계루부가 대신하게 되었다.

그 나라의 관직으로는 상가相加 · 대로對盧 · 패자沛者 · 고추대가古雛大加104) · 주부注簿 · 우태優台 · 사자使者 · 조의皂衣105) · 선인先人을 두

---

101) 위의 책 권115, 동이전 75, 고구려.
102) 『삼국지』의 고구려 쪽에서는 '연涓'자, 곧 연노부涓奴部로 되어 있다.
103) 여기에 다음과 같은 주석을 붙이고 있다. "살피건대, 지금 고구려 5부는 첫째 내부이니 일명 황부인데 곧 계루부이다. 둘째는 북부이니 일명 후부로서 곧 절노부이다. 셋째는 동부이니 일명 좌부로서 곧 순노부이다. 넷째는 남부이니 일명 전부이며 곧 관노부이다. 다섯째는 서부이니 일명 우부이며 곧 소노부이다.(按今高驪五部 一曰內部 一名黃部卽桂婁部也. 二曰北部 一名後部卽絶奴部也. 三曰東部 一名左部卽順奴部也. 四曰南部 一名前部卽灌奴部也. 五曰西部 一名右部卽消奴部也)"
104) 여기에도 주석을 달아 "고추대가는 고구려의 빈객을 관장하는 관직이었는데, (중국의) 홍로와도 같다.(古鄒大加 高驪掌賓客之官 如鴻臚也)"라고 하였다. 홍로는 홍로시鴻臚寺 또는 홍로원(院)을 가리킨다.
105) 여기에는 '백의帛衣'로 되어 있으나 『삼국지』와 우리의 『사기』 등에 의거하여 조의皂衣가 옳으므로 바로잡아 놓았다. 그리고 다음에 이어있는 '선인先人'도 그 앞의 '對盧沛者……使者 皂衣' 등의 경우에 따라 조의皂衣와 선인先人도 별개의 벼슬이름으로 떼

었다. …… 그 습속이 모두 품행이 바르고 조촐하였으며, 스스로들 저물녘에서 밤에 이르도록 남녀가 무리지어 소리와 풍악으로 즐겼다. 귀신과 사직社稷과 영성靈星에 제사지내는 것을 좋아하였다.

10월에는 하늘에 제사하는 대회(祭天大會)가 있었는데 동맹東盟이라 이름하였다. 그 나라의 동쪽에 큰 굴이 있었는데 수신禭神이라 일컬었다. 이 또한 10월에 맞이(迎神)하여 제사지냈다. 공공의 모임(公會)에는 모두 비단에 수를 놓아 금과 은으로 장식한 옷을 입었는데, 대가大加와 주부主簿는 모두 관冠과 같은 책幘을 썼으며, 소가는 고깔 모양의 절풍건折風巾을 썼다.

감옥이 없고, 죄가 있으면 모든 가加들이 평의하여 곧 죽이며 처자를 몰수하여 노비로 삼았다. 그 나라에서는 혼인을 하면 모두 신부집에서 살고 자녀를 낳아 아이들이 장성한 뒤에야 자기 집으로 돌아왔다. 생을 마치면 금金・은銀 패물로 극진히 후하게 장사지내고 돌을 쌓아 봉분으로 하였으며, 또한 소나무나 잣나무를 심었다.

그(고구려) 사람들은 성질이 난폭하게 급하며, 힘이 세고 전투를 익혀서 이웃나라에 쳐들어가 노략질을 잘하였다. 옥저沃沮와 동예東濊가 모두 (고구려에) 소속되었다.

여기에서는 일단 고구려가 끝난 것처럼 되어 있다. 이 『후한서』의 「동이전」에서는 한 나라가 끝나면 줄을 바꾸어 다른 나라의 이름을

어놓았지만, 『신당서』 권220 「열전」 145 동이전의 '고려' 쪽에서는 "이른바 조의란 선인이다. (所謂皁衣者先人也)"라고 하였다. 이 부분을 옮기고 있는 『사기』에서는 '선인先人'을 '선인仙人'으로 하고 있다. 『수서』 『주서』 등에서는 아예 '선인仙人'이라 하였는데, 그래서 후대에 와서 선인先人과 선인仙人을 같은 글자처럼 쓴 것인지도 모르겠다. 또한 『신당서』의 영향 때문인지 근대의 우리 학자(신채호, 『조선상고사』, p.37 및 『조선사론』 제1집, p.31 등) 사이에서 조의와 선인을 붙여서 '조의선인皁衣先(仙)人'이라 쓰고 있다.

새로 내세우고 나서 그 나라의 기록을 시작하고 있는 것이 통례이다. 이 항목 또한 그와 같이 '고구려高句麗' 나라 이름으로부터 서술이 시작되어 여기에까지 이르렀다. 그리고는 줄을 바꾸어 '구려句麗'라는 나라 이름이 앞세워져 있다. 곧

> 구려는 일명 맥이다. 나뉘어진 갈래가 있어서 소수小水에 의거하여 살았기 때문에 이름하여 소수맥이라 한다. 좋은 활을 만들어 내었으니 이른바 맥궁이 이것이다.(句驪一名貊耳 有別種依小水爲居 因名小水貊 出好弓所謂貊弓是也)106)

라고 앞부분이 서술되어 있다. 이는 물론 고구려高句麗를 줄여서 고려高麗·구려句麗(驪)라고 써왔으므로 여기서의 구려句驪도 고구려高句驪의 줄여 쓴 명칭임을 알 수가 있다.

그러나 지금까지 고구려라고 써오다가 일단락을 짓고 나서 다시 줄을 바꾸어 갑자기 '구려句驪'라 하였으니, 고구려와 별개의 나라 이름으로 보기가 쉽다. 더구나 고구려에서 나뉘어져 간 갈래(別種)인 소수맥小水貊을 느닷없이 등장시켜 불쑥 맥궁貊弓 한마디만을 언급하고는, 연이어 구려에 관한 이야기로 일관하고 있다. 그러므로 얼핏 잘못 보면 '구려句驪'를 '소수맥小水貊'으로 착각하기가 쉽다. 그에 이은 신新나라 왕망王莽107)에 관한 이야기에도 구려句驪가 등장하고, 그

---

106) 여기에도 다음과 같이 주석을 달아 놓았다. "『위씨춘추魏氏春秋』에 이르기를, 요동군의 서쪽 안평현安平縣 북쪽에 소수가 있어서 남쪽으로 흘러 바다로 들어간다. 구려가 나뉘어진 종족이므로 이름하여 소수맥小水貊이라 하였다."
107) 왕망은 한漢의 신하였으나 황제(제13대 平帝)를 시해하고 유자영孺子嬰(제9대 宣帝의 玄孫)을 세워 황태자로 삼고 스스로 가황제假皇帝라 일컬어 섭정하다가 A.D.8년에

다음에 나오는 구려의 임금 궁(句驪王宮)108)과 다음 임금 수성(遂成109) 및 그 다음 왕 백고(伯固110)에 관하여서도 모두 구려의 국명을 쓰고 있으나, 말할 나위도 없이 모두가 고구려의 일이다.

그런데 『후한서』의 이 대목 곧 '고구려전'에서 갑자기 줄을 바꾸어 '구려'를 내세우고는 소수맥을 등장시켜 연결시킨 이 부분에 해당하는 글이 『삼국지三國志』의 '고구려전'에도 보이므로, 여기에 옮겨와서 대조해 살펴보기로 한다. 『후한서』에서는 이제 본 그대로 고구려 사람들이 성미가 몹시 급하고 기력이 넘쳐서 전투를 습련하여 이웃나라를 잘 침공하였으므로, "옥저와 동예가 모두 예속되었다.(沃沮東濊皆屬焉)"라고 하여 한 단락을 짓고 나서, 줄을 바꾸어 "구려 일명맥이句驪 一名貊耳"라고 시작하였었다. 『삼국지』에서도 "옥저동예 개속언沃沮東濊皆屬焉"은 똑같다. 그러나 그 다음부터가 『후한서』와는 달

한漢 황실皇室을 찬탈하여 나라를 신新이라 하고 스스로 황제가 되었다. 15년간 재위에 있었으나 한漢 황족皇族 유수劉秀(後漢 光武帝)에 의하여 패사敗死함으로써(A.D.23) 신新나라가 망하고 후한이 들어서게 되었다. 여기에 나오는 구려(고구려)와의 관계 내용은 『사기』 권13, 「고구려본기」 1, 유리명왕瑠璃明王(고구려 제2대) 31년 쪽에 전해져 있다.

108) 이 구려왕 궁은 바로 고구려 제6대 태조대왕太祖大王(53~146)인데, 혹은 국조왕國祖王이라고도 하였다. 고구려 역대 왕 중에서 가장 재위기간(94년)이 길었고 또 119세를 산 최장수 왕이었다. 이 태조왕 궁에 관해서는 『사기』 권15, 「고구려본기」 3, 태조대왕太祖大王 쪽에 수록되어 있다. 그는 처음 태어나면서 눈을 뜨고 사물을 보았다(生而開目能視)고 한다.

109) 수성은 고구려 제7대 차대왕次大王(146~165)이다. 여기에는 수성을 태조왕 궁의 아들이라 했으나, 『사기』 권15, 「고구려본기」 3에는 동생(太祖대왕 同母弟)으로 되어 있다.

110) 백고는 고구려 제8대 신대왕新大王(165~179)인데, 여기에는 차대왕 수성의 아들로 되어 있으나 『사기』 권16, 「고구려본기」 4에는 또한 차대왕의 아우(太祖大王之季弟)로 되어 있다.

리 줄을 바꾸지 않고 소수맥에 관하여 다음과 같이 적고 있다.

> 또 소수맥小水貊이 있다. 구려句驪가 나라를 세워 대수大水에 의거하여 살았는데, 서쪽 안평현의 북쪽에 소수小水가 있어서 남쪽으로 흘러 바다로 들어간다. 구려에서 나뉘어진 갈래(別種)가 소수에 의거하여 나라를 만들었으므로 이름하여 소수맥이라 하였다. 좋은 활을 만들어냈으니 이른바 맥궁貊弓이 그것이다.111)

앞 『후한서』쪽의 경우에 비해 훨씬 이해하기가 쉽게 되어 있다. 여기에서도 '구려'라 하고 있으나, 이 글 및 앞뒤의 글줄을 통해 더욱 구려가 고구려의 준말임을 알 수가 있게 된다고 할 수 있다.

『후한서』의 이 고구려전(句驪로 시작된) 뒤쪽 부분에,

> 건녕建寧 2년(169)에 현도玄菟 태수 경림耿臨이 (句驪를) 쳐서 수백급의 목을 베었으므로, 백고伯固(新大王)가 항복하고 현도에 소속되기를 빌었다.(……伯固降服乞屬玄菟云)

라고 하여 전체의 끝을 맺고 있다. 『사기』에도 이 사실을 전하고 있으나 건녕 2년(169)에 해당하는 신대왕 5년의 일로 되어 있지 않고, 4년(168) 쪽에 들어가 있다.112) 건녕 2년은 분명히 고구려 신대왕 5년에 해당되는데 4년의 일로 되어 있는 것은 무엇인가 잘못된 듯하다.

---

111) 『삼국지』 권30, 「위지魏志」 30, 동이전 고구려. "又有小水貊 句麗作國依大水而居 西安平縣北有小水 南流入海 句麗別種依小水作國 因名之爲小水貊 出好弓所謂貊弓是也."
112) 『사기』 권16, 「고구려본기」 4, 신대왕 4년.

3) 『삼국지』에 전하는 고구려

『삼국지三國志』[113])의 고구려전에도 『후한서』에서와 같이 그 시조 동명왕의 이야기는 한마디도 언급이 없으며, 오히려 '부여전' 쪽에 부여의 건국주로 전해져 있다. 앞에서 본 바와 같이 동명왕과 고구려와는 전혀 관련이 없는 것처럼 보이고 있다.

이 『삼국지』의 고구려전에는 그 첫머리에, "고구려는 요동의 동쪽 천리에 있다.(高句驪 在遼東之東千里)"라고 시작되어 있다. 이는 『후한서』의 고구려전 앞머리 시작과 '려麗'와 '려驪'의 한 글자 차이만 있을 뿐 그대로 똑같다. 그 이하의 내용도 전반적으로 거의 같다고 할 수 있다. 단지 글자가 다르거나 설명의 자세함이 덜하거나 더한 따위의 차이가 약간 있을 정도이다. 그 중에서 눈에 띄는 차이점이나 문제되는 부분은 앞의 『후한서』 고구려전 쪽에서 참고삼아 주석을 붙이거나 인용하여 대조하거나 보기를 들어 설명하는 등 대충 살펴보았으므로, 중복을 피해 여기에서는 그 전체를 옮기지 않기로 하였다.

그러므로 고구려인들의 품성과 주거환경, 생활습속, 5부족 및 관직등급, 사사祠祀 귀신 영성 사직과 동맹東盟·수신襚神의 제천祭天 및 영신迎神대회 등이 비록 건사 열거의 차례와 서술의 순서가 서로 바뀌거나 한결같지 않은 경우가 있기는 해도 거의 모두가 『후한서』 쪽과 같다고 할 수 있다. 그 밖에도 내용의 서술에 있어서 약간의 차이점이 없지 않으나, 대체적으로 비슷하다고 할 수 있다. 그러나 시

---

113) 앞의 주111)과 같은 고구려전高句麗傳.

대의 하한이 『후한서』쪽보다 2대의 왕조를 더 지나서 끝나고 있다.

『후한서』의 고구려전에서는 제8대 신대왕 곧 백고伯固에 이르러서 기록이 끝나고 있다. 그러나 이 『삼국지』고구려전에는 그 다음 왕인 이이모伊夷模114) 곧 제9대 고국천왕(故國川王, 179~197)과 그의 아우 제10대 산상왕(山上王, 197~227) 곧 위궁位宮115)에 이르기까지 기록되어 있다. 여기에는 또 신대왕新大王 백고伯固를 태조왕太祖王 궁宮의 아들로 적고 있다. 곧 이 본문에는 "궁이 죽자 아들 백고가 즉위하다.(宮死 子伯固立)"라고 하였다.

앞에서 본『후한서』에서는, "궁宮의 아들이 수성遂成이고 수성의 아들이 백고伯固"라고 하였다. 그러나 『사기』에는 그들이 부자관계가 아니고, 수성 차대왕次大王과 백고 신대왕은 모두 제6대 태조대왕 궁宮의 동생들로 되어 있었다. 뿐만 아니라 여기에서는 태조왕 다음 왕인 수성(次大王)은 빠져 있고, 백고(新大王)를 궁(태조왕)의 직접 후계자로 하고 있다. 그리고 나서 백고에게는 발기拔奇와 이이모伊夷模의 두 아들이 있었는데, 맏아들 발기는 불초하여 둘째 아들 이이모가 왕위에 올랐다고 하였다.

---

114) 『사기』,「고구려본기」4의 고국천왕 쪽에는 다음과 같이 보이고 있다. "고국천왕故國川王은 또 국양왕國襄王이라고도 하며, 이름이 남무男武 혹은 이이모伊夷謨이니, 신대왕新大王 백고伯固의 둘째 아들이다. 백고가 세상을 떠나자 국인이 맏아들 발기拔奇가 좀 모자란다 하여 둘째 이이모를 세워 왕으로 삼았다." 『삼국지』에는 伊夷模라 하였는데, 여기에는 '模'를 '謨'로 하고 있다.
115) 위궁은 고구려 제10대 산상왕을 가리킨다. 『사기』의 「고구려본기」산상왕 쪽에는, "이름이 연우延優인데 또는 위궁位宮이라 하며, 고국천왕의 아우이다."라고 하였다. 이어서 『위서』를 이끌어다가 위궁이라 이름하게 된 연유를 밝히고, 또 고국천왕의 둘째 동생이면서도 바로 위의 형(發岐)을 제치고 왕위에 오른 사연을 전하고 있다.

백고 신대왕과 이이모 고국천왕故國川王대에 요동 및 현도와의 사이에 전쟁이 있은 일을 잠시 언급하고, 이이모의 아들 위궁 곧 산상왕에 관해 다음과 같이 전하면서 이 고구려전이 끝나고 있다.

    이이모는 아들이 없었는데, 관노부灌奴部에서 아들을 낳아 이름을 위궁位宮이라 하였다. 이이모가 죽자 그를 세워 왕으로 삼았으니, 지금의 고구려 왕 궁宮이다.116) 그 증조부의 이름이 궁宮인데,117) 태어나면서 곧 눈을 뜨고 사물을 보았으므로 그 나라 사람들이 싫어하였으며, 장성하여서는 흉포하여 이웃을 자주 침범하고 약탈하여 나라를 위태롭게 하였다. 지금의 왕(山上王)도 태어나 땅에 떨어지면서 또한 눈을 뜨고 사람을 보았다고 한다. 고구려에서는 서로 비슷한 것을 위位라고 불렀는데, 그 할

---

116) 이제 앞의 주115)에서 본 바와 같이 『사기』에는 위궁 산상왕이 분명히 이이모 고국천왕의 둘째 아우로써 아들이 없는 고국천왕 이이모의 뒤를 이어 바로 윗 형 발기發歧를 죽이고 왕위에 오른 사연을 자세히 전하고 있다. 그런데 여기에는 "이이모가 아들이 없었으나 관노부에서 음행하여 아들을 낳았으니 이름이 위궁이다.(伊夷模無子 淫灌奴部生子名位宮)"라고 하였다. 그리고는 이이모왕(故國川王)이 죽고 그 아들 위궁이 왕이 되었는데, 지금(『三國志』 찬자 陳壽 당시)의 고구려 왕 궁(位자를 생략한 것 같음)이라고 하였다.
117) 태조대왕 궁宮을 산상왕 위궁位宮의 증조부라 하고 있으나 여기에도 문제가 있다. 『사기』에는 태조대왕 궁의 막내 아우(季弟) 신대왕 백고의 넷째 아들이 산상왕 위궁이라 하였으므로, 태조 궁왕은 산상왕 위궁의 증조부가 아니고 큰아버지(伯父)가 된다고 할 수 있다. 그 계보를 『사기』에 의하여 표로 작성해보면 대략 다음과 같다.

이와 같이 『사기』에 의하면 태조왕 궁은 산상왕 위궁의 백부가 된다. 그런데도 『삼국지』에서 증조부라 한 것은 태조 궁왕 이후의 왕들을 모두 부자상승父子相承으로 보았기 때문이라 할 수 있다. 곧 형제가 왕위를 이은 사실을 모르고 모두 부왕의 뒤를 아들이 이은 것으로 하여, 궁宮─백고(자)伯固(子)─이모(손)夷模(孫) ─ 위궁(증손)位宮(曾孫)으로 보았다.

아버지를 닮았기 때문에 이름을 위궁位宮이라 하였다. 위궁은 힘이 세었고 말을 잘 탔으며 사냥과 활쏘기를 잘하였다.

 경초景初 2년(238)에 태위太尉 사마선왕司馬宣王이 공손연公孫淵을 토벌할 때 궁宮이 주부대가主簿大加를 보내어 수천 명의 장병으로 하여금 (魏의) 군사를 돕게 하였다.118) 정시正始 3년(242)에 궁이 서안평西安平을 침범하고,119) 그 5년(244)에는 유주자사幽州刺史 관구검毌丘儉에게 격파되었는데, 이 이야기는 관구검전에 들어 있다.120)

『삼국지』의 고구려전은 여기에서 끝났으나, 이 끝쪽 부분에는 문제가 있다. 이제 본 것처럼『삼국지』에 수록된 고구려전의 마지막 왕을 위궁(줄여서 '宮' 한 자를 쓰기도 했다)이라 하고 있어서 고구려 제10대 산상왕(位宮)에 이르기까지만 기록된 것으로 보이고 있다. 그러나 거기에 나오는 경초景初 및 정시正始 연간의 일들은 모두 위궁 산상왕의 때가 아닌 제11대 동천왕東川王(227~248)의 때에 해당된다. 그러므로 이『삼국지』에 수록되어 있는 고구려 왕의 이름이 비록 위궁(山上王)을 마지막 임금으로 하고 있지만, 실제로는 그 이름이 드러나 있지는 않으나 제11대 동천왕대에 이르러서 끝나고 있다는 사실을 알 수가 있다.

다시 말해서 왕명은 궁, 곧 위궁인채 바뀐 언급이 전혀 없으나 궁宮

---

118) 이 사실은『사기』권17,「고구려본기」5, 동천왕東川王 12년 쪽에 들어있다. 그러나『삼국지』에는 사마선왕, 곧 사마의司馬懿를 '태위太尉'라 하고 있으나, 이『사기』에는 '위태부魏太傅'라 하였다.
119)『사기』에는 동천왕東川王 16년 쪽에 요동의 서안평을 습격하여 깨뜨린 사실을 전하고 있다.
120)『삼국지』권28, 위지 28, 왕릉등전王凌等傳(毌丘儉傳).

이 군사를 보내어 위군魏軍을 돕게 하였다는 경초 2년(238)은 고구려 제11대 동천왕 12년에 해당되며, 또 정시 3년(242)과 정시 5년(244)은 각각 동천왕의 16년과 18년이 된다. 이러한 사실들은『사기』동천왕의 해당 12년·16년 쪽에도 나와 있다. 그러나 정시 5년에 해당하는 일은『사기』에는 18년에 없고 그 20년 쪽에 있다. 이에 관해 이병도는 그의 역주譯註121)에서『북사』「고려전」과 집안현輯安縣·판석령板石嶺 발견의 '毌丘儉 紀功碑' 단편斷片 및 지내굉池內宏의「曹魏の東方經略」(『滿鮮地理歷史硏究報告』제12) 등을 참조하여 정시 5년 곧 고구려 동천왕 18년이 옳다고 하였다.

거기에서 그는 "여기麗紀에 관구검毌丘儉의 입구入寇를 동천왕 20년조에 계계繫한 것은「위지魏志」제왕방기齊王芳紀 정시칠년正始七年(東川王 20년) 춘이월春二月122) 조에 '유주자사관구검토고구려幽州刺史毌丘儉討高句麗'라 한 것에 의한 모양이나「위지」의 이 연대는 잘못된 것이다."라고 하였다. 아울러 진단학회의『연표』123)에서도 유주자사 관구검이 쳐들어온 사실을 동천왕의 20년이 아닌 18년의 칸에 기록하고 있다.

뿐만 아니라 그는 위궁을 산상왕이 아닌 동천왕의 이름이라고 하였다. "산상왕山上王의 일명一名은 이이모伊夷謨요, 위궁位宮이 아니다."124)라고 하였으며, 또 "위궁位宮은 동천왕東川王 우위거憂位居의

---

121) 이병도 역주,『삼국사기』상(을유문화사, 1996 개정판), p.393 주7).
122)『삼국지』,「위지」권4, 삼소제기三少帝紀에는 제왕齊王의 정시 7년 쪽에 '춘이월'이라 하여 이 관구검의 일을 전하고 있는데,『사기』권17의 동천왕 20년(正始 7년) 쪽에는 '추팔월秋八月'이라 하여 같은 내용의 일을 전하고 있다.
123) 진단학회,『한국사연표』(을유문화사, 1959), p.45.(高句麗 東川王 18년)

일명一名"125)이라고 하였다. 그의 말대로 동천왕이 위궁이고 산상왕이 이이모라면『사기』에 이이모로 되어 있는 고국천왕故國川王의 이름을 백고라고 해야 할 것이며, 따라서 백고로 되어 있는 신대왕을 궁이라 하여 한 사람씩의 이름을 올려야 하는 결과를 가져오게 한다고도 하겠다.

이에 관해 그는 다음과 같은 해답(?)을 보이고 있다. 즉『사기』의 고국천왕 쪽에 그 이름이 남무男武 혹은 이이모伊夷謨라고 한 것에 주를 달아서, "이이모에 관한「위지」의 기사를 보면 그는 실상 (다음의) 상산왕 연우延憂에 해당한 인물이요 고국천왕 남무의 이름(一名)이라고는 볼 수가 없다. 이는『사기』의 두찬杜撰일 것이다."126)라고 하였다. 그리고 또 고국천왕 남무(이이모)가 신대왕 백고의 둘째 아들이라는 것에도 주를 달아, "남무는 실상 신대왕 백고의 원자元子로「위지」에는 그 이름이 빠진 것이다."127)라고 하여,『삼국지』「위지」에는 고국천왕 남무의 이름이 빠졌으므로 그의 이름처럼 보이고 있는 이이모는 고국천왕을 가리키는 이름이 아니라는 것이다.

다시 말해서 그(이병도)는「위지」에 나오는 고구려 왕들의 이름에서 고국천왕이 아예 빠져 있기 때문에 이이모는 고국천왕이 아니고『사기』에서 "일명위궁一名位宮"이라는 산상왕이며, 위궁은 산상왕의 아들 동천왕 우위거憂位居라고 하였다. 따라서 백고는『사기』에 있는 그대로 신대왕의 이름이 된다고 하겠다.

---

124) 앞의 이병도, 역주본, p.381 주18).
125) 위의 책, p.382 주19).
126) 위의 책, p.378 주10).
127) 위의 책, p.378 주11).

그러나 여기에도 문제가 없지 않다. 이병도는 『사기』쪽의 이 관계 기사에 두찬이 있음을 지적하였지만, 이른바 이「위지」의 고구려전에는 오히려 『사기』쪽보다도 두찬이 더 심하다고 할 수 있다. 그중에서 한 가지만 예를 든다면 "궁이 죽으매 아들 백고가 즉위하다.(宮死子伯固立)"128)라고 한 것이다. 말할 것도 없이 궁宮은 제6대 태조왕이며 백고는 제8대 신대왕이다. 제7대 차대왕 수성遂成을 뛰어넘어 제8대 왕에다 다음 대를 이어놓고는 부왕 '궁宮(제6대)이 죽으매 아들 백고(제8대)가 즉위하였다'고 하였다.

실제 궁(太祖大王)을 이은 바로 다음 왕(제7대)은 태조왕의 아우인 차대왕 수성이다. 또한 차대왕의 다음 왕인 제8대 신대왕 백고는 태조대왕 궁의 아들도 아니다. 백고 신대왕은 태조왕(궁)과 차대왕(수성)의 아우이다. 그러므로 『사기』에서는 이 3대에 걸친 왕들이 모두 부자관계가 아니라 형제관계로 보이고 있다.

비단 이 『삼국지』만이 아니고 『후한서』 등 중국의 옛 왕조사에는 거의 모두가 고구려의 왕들이 부자상승父子相承한 것으로 되어 있으며, 그 밖에도 고구려뿐 아니라 변두리의 이민족 나라들을 오랑캐라 경멸하는 존화사필尊華史筆의 성향이 짙어서 성의 있는 징고徵考와 사실구명史實究明을 기대하기가 쉽지 않다고 할 수 있다. 그러한 문제점을 안고 있는 중국 사서의 기록을 좇아서 『사기』를 불신하거나 왕명을 바꾸어버리는 일은 옳다고 볼 수 없을 것이다. 그러기 때문에 위궁이 산상왕의 이름이 아니라 그 아들 동천왕의 이름이라고 바꾸

---

128) 『삼국지』 권30(『二十五史』 2, 上海古籍出版社 上海書店), p.102 2단.

어버리는 것은 옳지 않다고 본다.

『삼국지』에 기록된 위궁왕 사실의 시기(景初 2년·正始 3·5년)가 동천왕 때에 해당되므로 위궁은 동천왕의 이름이라 하여, 『사기』에서 위궁으로 되어 있는 산상왕(동천왕의 아버지)의 이름을 위궁位宮이 아니고 (바로 앞 왕인 고국천왕의 이름으로 나와 있는) 이이모伊夷謨라고 단정하여 마음대로 고쳐놓는 것은 아무래도 무리가 많으며, 역사학자로서는 바람직한 자세가 못 된다고 할 수 있을 것이다.

이 문제는 오히려 동천왕의 이름 우위거와 위궁을 『삼국지』 등 중국 사서에서 혼동했거나, 아니면 동천왕의 대代로 바뀐 사실을 모르고 위궁(山上王)의 때인 그대로 알고 기록하였기 때문에 생긴 오류로도 볼 수가 있지 않을까 싶다. 해외의 사실이므로 그러한 짐작이 가능하리라 여겨진다.

4) 『위서』에서의 고구려전

이 『위서』129)의 고구려전에서 비로소 시조 주몽왕朱蒙王의 이야기가 맨 앞에 나와 있다. 물론 '동명왕' 설화는 이보다 앞서 『후한서』와 『삼국지』 등에서 전하고 있으나, 거기에서는 그나마 주몽의 이름은 나오지 않고 동명東明으로만 보이면서 '고구려전'이 아닌 '부여전'에서만 수록하고 있었다. 그러므로 현존 옛 사서史書에 고구려 본전本傳에서 주몽설화를 전하고 있기는 이 『위서』가 가장 먼저라고 할 수가 있다 할 것이다.

---

129) 『위서』 권100, 열전 제88, 고구려등전高句麗等傳.

여기에는 고구려전 첫머리에, "고구려는 부여에서 나왔으며, 그 선조를 주몽이라고 하였다.(高句麗者 出於夫餘 自言先祖朱蒙)"로 시작되어 그 시조 고주몽의 이야기부터 먼저 전하고 있다. 이 이야기 내용은 앞서 '현존의 주몽설화'를 묶어본 단원에서 이미 옮겨 다룬 바가 있다. 여기에서는 그(주몽의 생애 및 건국) 이후의 고구려 기록에 관해서만 대강 보고자 한다.

처음 주몽이 부여에 있을 때 그 아내가 임신을 했는데, 주몽이 도망을 간 뒤에 아들을 낳았고 우선 여해閭諧라 이름 지었다. 그가 장성하여 아비 주몽이 나라를 세워 임금이 된 것을 알고는 곧 어머니와 함께 그리로 찾아갔다. 주몽은 아들 이름을 여달閭達[130]이라 하였으며, 나랏일을 그에게 맡겼다. 주몽이 죽으니 여달이 대를 이어 왕위에 올랐고, 여달이 죽자 아들 여율如栗[131]이 대를 이었으며, 여율이 죽자 아들 막래莫來[132]가 대를

---

130) 여기서의 여달은 고구려 제2대 왕의 이름으로 되어 있으나, 『사기』 등 국내의 문헌에서는 고구려 제2대 왕의 이름을 유리瑠璃 또는 유리類利・유류儒留・누리累利라고도 하였고, 왕명으로는 유리명왕瑠琉明王이라 하였다. 여해나 여달이라는 이름을 썼다는 기록은 현재 국내 자료에서는 찾아볼 수가 없다.
131) 여기에서는 고구려 제3대 왕의 이름을 여율이라 하고 있다. 이 또한 국내 현존 자료에서는 찾아볼 수가 없다. 고구려 제3대 왕은 말할 것도 없이 대무신왕大武神王이다. 혹은 대해주류왕大解朱留王이라고도 하며, 그 이름이 무휼無恤이며 『유사』에서는 또 미류味留라고도 한다고 하였다.
132) 여기에서는 막래를 제3대 여율 곧 대무신왕의 아들로서 그 뒤를 이은 왕으로 하고 있으므로, 고구려 제4대 왕 민중왕閔中王을 가리킨 것으로 볼 수 있다. 반면 『사기』에 의하면 고구려 제4대 민중왕은 제3대 대무신왕의 아들이 아니고 대무신왕의 아우로 되어 있다. 민중왕의 이름은 색주色朱인데, 『유사』에서는 대무신왕의 아들이라 하였다. 이 막래라는 이름 또한 국내 자료에서는 찾아볼 수가 없다.
또 이 『위서』에서는 '막래'가 왕이 되어 부여를 쳐서 크게 이기고 예속되게 하였다고 하였는데, 실은 부여를 쳐서 크게 깨뜨리고 그 왕(帶素)까지 죽인 고구려 왕은 제4대 민중왕이 아니라 제3대 대무신왕 무휼이었다. 그렇다면 3대와 4대의 대수만 다를 뿐이지 막래왕이 무휼 대무신왕을 가리키는 것인지도 모를 일이다. 그리고

이었다. 그가 부여를 쳤는데 부여는 크게 패하여 고구려에 예속되었다.133) 막래의 자손이 서로 전하여서 후손인 궁宮에 이르렀다.

여기에서부터 궁, 곧 제6대 태조왕과 제10대 위궁位宮 곧 산상왕에 관한 이야기 등이 앞의 『삼국지』에 나온 내용과 같이 전하고 있다. 그리고 나서 여러 왕을 생략하고 갑자기, "그 현손玄孫이 을불리乙弗利134)이며, 그 아들이 소釗135)이다."라고 하여, 소 곧 고국원왕故國原王에 관해서 기록하고 있다. 연왕燕王 모용황慕容皝(여기에서는 慕容元眞)과의 전쟁에서 대패한 이야기와, 백제와의 싸움에서 고국원왕 소가

『위서』에서는 거기에 이어서, "막래의 자손이 서로 전하여 예손裔孫인 궁宮에 이르렀다."고 하였다. 궁은 물론 고구려 제6대 태조왕(또는 國祖王)이다. 앞에서도 보았지만 태조왕 궁은 제2대 유리왕의 아들 고추가古鄒加 재사再思의 아들이므로, 유리왕의 손자이고 시조 동명왕의 증손자가 된다. 그러므로 막래가 대무신왕이라면 역시 제2대 유리왕의 셋째 아들인 대무신왕은 태조왕 궁의 삼촌(그 아버지 재사와 대무신왕 무휼은 다같이 유리왕의 아들로 친형제간이 되므로)이기 때문에 '서로 전해진 후손(相傳至裔孫)'에 해당되지 않는다. 더구나 『위서』 그대로라면 여달(瑠璃王)의 아들인 여율(大武神王)의 아들이 막래(閔中王)이므로, 막래와 궁(太祖王)과는 사촌간이 되므로 더욱 "상전相傳하여 예손裔孫인 궁宮에 지至하다."라는 말은 성립이 안 된다.

133) 원문이 "내정부여 부여대패 수통속언乃征夫餘 夫餘大敗 遂統屬焉"인데, 이는 앞에서 본 『유사』의 '동부여' 쪽 "고구려 왕 무휼이 (동부여를) 쳐서 왕 대소를 죽이니 나라가 멸망하였다.(高麗王無恤 伐之殺王帶素國除)"는 대목에 해당하는 비슷한 사실이라 할 수 있다.

134) 을불리는 고구려 제15대 미천왕美川王(300~331)인데, 여기에는 을불리로 되어 있으나 『사기』를 비롯한 국내 문헌에서는 을불乙弗로 되어 있다. 『사기』와 『유사』(「王曆」)에서는 모두 "미천왕은 또 호양왕이라고도 하며, 이름이 을불인데 혹은 우불이라고도 한다.(美川王 一云 好壤王 諱乙弗利 或云 憂弗)"라고 하였다. 그리고 이 『위서』에는 "그 현손 을불리(其玄孫乙弗利)"라고 하여 미천왕 을불이 위궁 산상왕의 현손인 것처럼 보이고 있다. 이 또한 앞의 『삼국지』 고구려전의 경우처럼 위위궁과 그 아들 우위거憂位居 곧 동천왕東川王을 구분하지 않았기 때문에 불분명하게 되어 있는 것이라 할 수 있다. 제15대 을불 미천왕은 제11대 동천왕 우위거의 현손이라야 옳다.

135) 소는 제16대 고국원왕(또는 國岡上王, 331~371) 사유斯由의 다른 이름이기도 하다.

사망한 사실(『사기』 고구려 고국원왕 쪽에 이상의 일들을 전하고 있음) 등이 간략하게 기록되어 있다.

그리고는 또 느닷없이 건너뛰어 증손 연璉136) 곧 장수왕長壽王에 관하여 이야기를 전개시키고 있다. 장수왕 연의 이야기 도중에 불쑥 평양성을 중심으로 한 고구려의 위치와 의식주衣食住 및 민풍 습속과 관직명, 그리고 10월의 제천대회祭天大會(여기에는 수신제隧神祭가 빠져 있다)와 그 공회의복公會衣服 등에 관해 약설하고는 다시 국왕 연(장수왕)의 이야기로 돌아와 두서없이 계속하고 있다.

고구려 제20대 장수왕(413~491)은 제19대 영락호태왕永樂好太王, 곧 광개토대왕廣開土大王의 맏아들이며, 『사기』에는 그의 이름을 거련巨連이라 하고 또 연璉이라고도 한다 하였다. 이 『위서』에서는 그에 관해 고구려 여러 왕들 중에서 가장 많은 지면을 할애하고는, "태화 15년(491)에 연이 죽으니 나이 백여 살이었다.(太和十五年 璉死 年百餘歲)"라고 하였다. 『사기』에는 그가 재위 79년에 98세로 세상을 떠났다고 하였다.

이 『위서』에서는 연의 뒤를 손자 운雲137)이 이어 활동하였고, 그 뒤를 아들 안安138)이 이었으며, 안왕이 죽으매 아들 연延139)이 즉위

---

136) 연, 곧 장수왕은 제16대 고국원왕으로부터 4대째(제20대)의 왕이지만, 그의 할아버지 고국양왕故國襄王이 그 형 소수림왕小獸林王과 같이 고국원왕의 아들이기 때문에 장수왕 연은 고국원왕 소의 증손임이 틀림없다.
137) 여기서의 '운'은 고구려 제21대 문자왕文咨王(492~519)인데, 『사기』에서는 "문자명왕文咨明王은 또 명치호왕明治好王이라고도 하며, 이름이 라운羅雲이고 장수왕의 손자이다. 아버지는 고추대가古鄒大加 조다助多인데, 일찍 죽었기 때문에 장수왕이 궁중에 데려다 기루어 태손太孫으로 삼았다."고 하였다. 그러므로 '라운'의 이름에서 '운' 자만을 취한 것이라 하겠다.

하였고, 그 뒤를 아들 성成140)이 이었다고 하였다. 그리고는, "무정武定(543~549) 말년까지 그 조공 사신의 왕래가 끊임이 없었다.(訖於武定末 其貢使無歲不至)"라고 하여 고구려전을 끝맺고 있다.

5) 남조南朝의 사서史書에 보인 고구려

『위서』이후『수서隋書』이전의 중국 역대 왕조사 중에서 고구려를 전하고 있는 가장 대표적인 사서로는『북사北史』를 들 수가 있다. 그렇다고 다른 왕조사들에는 고구려전이 없는 것은 아니다.『송서宋書』를 비롯하여 남조南朝의 여러 왕조사에도 고구려를 전하고는 있으나,『양서梁書』를 제외하고는 그리 취할 만한 것이 없다고 할 수 있다.

『양서』는 앞서 있었던『후한서』와『삼국지』및『위서』등에서 전하는 고구려 역사를 참고하여 적당하게 초록한 것으로 다른 남조의 왕조사에 비해 어느 정도 내용이 갖추어져 있는 편이다. 그러나『송서宋書』와『남제서南齊書』에도 비록 소략하기는 하나 명목상 고구려에 관하여 전하고 있으므로 여기에 대략을 살펴보기로 한다.

---

138) 이 '안 왕도 고구려 제22대 안장왕安臧王(519~531)의 이름 흥안興安에서 '안'자만을 따서 쓴 것이라 할 수 있다. 이 안장왕은 문자명왕의 장자이다.
139) '연'은 고구려 제23대 안원왕安原王(531~545)을 가리키며, 이 또한 그 이름 보연寶延에서 끝자 '연'을 따서 부른 것임을 알 수 있다. 여기에서는 연 곧 안원왕을 안장왕의 아들로(安死 子延立)하고 있으나,『사기』에는 안장왕의 아우(安原王 諱寶延 安臧王之弟也)로 되어 있다.
140) '성' 또한 제24대 양원왕陽原王(545~559)의 이름 평성平成에서 끝글자만을 딴 것이라 할 수 있다.『사기』에는 안원왕의 장자인 양원왕 평성을 혹은 양강상호왕陽崗上好王이라고도 한다고 하였다.

(1) 『송서宋書』141)의 고구려전

'동이東夷 고구려국高句麗國'이라 전제하였으며, 내용에 들어가서 먼저 고구려 왕 고련高璉이 진晉의 안제安帝 의희義熙 9년(413)에 장사長史 고익高翼을 사신으로 보낸 사실142)에서부터 서술이 시작되어 있다. 고련은 고구려 제20대 장수왕이다.

이때의 진은 물론 동진東晉이고, 안제는 동진 말기의 황제이며, 그 의희 9년은 고구려 장수왕의 즉위 원년이 된다. 광개토대왕의 아들인 장수왕의 이름이 거련巨連(璉)이다. 그와 송나라 조정과의 관계를 서술하다가, "송의 태종 명제太宗明帝의 태시泰始(465~471) 연간에서 후폐제後廢帝의 원휘元徽 연중(473~476)에까지 조공이 끊이지 않았다."라고 하여, 고구려전을 끝맺고 있다. 매우 간략하고 내용이 빈약하다.

이 『송서』에서는 특이하게 전사前史들의 고구려전과는 전혀 상관없이 장수왕(璉)의 즉위년(東晉 말기)에서부터 송말宋末에 이르기까지의 상호 교류관계만을 간략하게 기록하고 있다. 동진을 이은 중국 남조南朝의 첫 왕조인 송(劉宋이라 함)은 고구려 장수왕 8년(420)에 건국되어 장수왕의 67년(479)에 멸망하였다. 그렇기 때문인지 『송서』에서는 '고구려국'을 다루면서 오직 장수왕 한 임금에만 국한되어 있다고 할 수가 있다.

---

141) 심약沈約 찬, 『송서』 권97, 열전 57, 동이, 고구려국.
142) 이 사실은 『사기』 권18, 「고구려본기」 6, 장수왕 원년 쪽에도 나와 있다.

(2) 『남제서南齊書』143)의 고구려전

맨 앞에 '동이東夷 고려국高麗國'이라 하여 제목처럼 내세우고 있다. 다만 『송서』에서는 '고구려국'인데 여기에는 '고려국'이라 하여 국명의 차이만 있을 뿐이지 그 명목의 모양새와 뜻은 똑같다. 그리고 그 다음의 글이 『송서』에서는 "지금 한이 다스리는 요동군(今治漢之遼東郡)의 고구려 왕 고련(高句麗王高璉)"으로 본문이 시작되어 있었는데, 이 『남제서』에서는 "서쪽은 북위와 경계가 잇닿았으며, 송나라 말기에 고구려 왕 낙랑공 고련(西與魏虜接界 宋末高麗王樂浪公 高璉)"으로 본문의 서술을 시작하고 있다. 본문의 내용도 『송서』와 비슷하나 여기에는 뒷부분이 결락되어 있다.

(3) 『양서』144)에서 전하는 고구려

이 『양서』의 고구려전은 『송서』와 『남제서』에 비해 세 갑절 넘는 분량이며, 내용도 그와는 달리 『후한서』나 『삼국지』 및 『위서』 등을 답습하였다고 할 수 있다.

앞쪽의 동명 주몽설화에서 본 바와 같이 이 『양서』에서는 그 고구려전의 첫머리에 "고구려는 그 선조가 동명으로부터 나왔다.(高句麗者 其先出自東明)"라고 하여, 흡사 『위서』의 첫머리 "고구려는 부여에서 나왔으며 선조가 주몽이라고 하였다.(高句麗者 出於夫餘 自言先朝朱蒙)"라고 한 것과 많이 비슷하다고 할 수 있다. 단지 몇 글자의 들고 남이 다르고, 주몽과 동명의 차이가 있을 정도이다. 그러면서도 그

---

143) 소자현蕭子顯 찬, 『남제서』 권58, 열전 39, 동이, 고려국.
144) 앞 주77)과 같음.

다음부터는 확 달라져서 오히려 『후한서』와 『삼국지』의 부여전에 있는 동명설화 쪽(『후한서』쪽을 더)을 취하고 있다. 그 동명설화를 부여전에서 간략하게 옮긴 다음의 이야기가 상당히 특이하다고 할 수 있다.

> (東明……앞부분 생략) 부여에 이르러 왕이 되었다. 그 뒤 갈래가 나뉘어 고구려 부족이 되었으니, 그 나라(고구려)는 한나라의 현도군이다.(至夫餘而王焉 其後支別爲句驪種也 其國漢之玄菟郡也) 요동의 동쪽 천리나 떨어진 곳에 있다. 한나라와 위나라 때에는 남쪽은 조선朝鮮과 예맥穢貊, 동쪽은 옥저沃沮, 북쪽은 부여에 인접해 있었다.
> 한나라 무제武帝의 원봉元封 4년(B.C.107)에 조선을 멸하고 현도군을 두었는데,145) 고구려를 현縣으로 삼아 소속되게 하였다.

이 대목을 통해 『양서』에서는 고구려국을 고주몽이 건국하기 이전에 이미 현縣으로 존재해 있었던 그 고구려현으로 보고 있음을 알 수 있게 된다. 다시 말해서 지금까지의 문헌들과는 달리 여기에서는 고구려현을 곧 고구려국으로 보았다는 것이다. 그래서 아예 부여의 왕이 된 "동명의 뒤에 갈래가 나뉘어진 고구려(其後支別爲句驪種也)"를 "한나라의 현도군이었다.(其國 漢之玄菟郡也)"라고 단정적인 전제를 한 것이라 할 수 있다. 그리고는 이어 "한의 무제 원봉 4년에 조선을 멸하여 현도군을 두고, 고구려를 현으로 삼아 (현도군에) 소속되게 하

---

145) 한무제漢武帝가 위만조선衛滿朝鮮을 멸하고 현도군玄菟郡 등 4군을 둔 것은 원봉元封 4년이 아니고 원봉 3년(B.C.108)이 옳다. 이미 앞에서 보았지만 이는 『전한서』「지리지」에 원봉 4년으로 되어 있어서 그대로 옮긴 것이라 할 수 있다. 앞의 주98)·99) 등에서 본 바가 있다.

였다."고 하였던 것으로 볼 수가 있다.

위의 기록을 얼른 보면 한나라 무제의 원봉 3년(『양서』에는 4년으로 하고 있음)에 설치된 현도군의 속현屬縣이었던 고구려현을 고구려국의 출발점으로 본 것 같다고도 할 수가 있다. 그러나 따지고 보면 그리 쉽게 볼 수가 없는 문제가 여기에 있다. 왜냐하면 그 관계의 원초적 기록이라 할 수 있는『전한서』「지리지」(앞에 나왔음)에서 보인 현도군(거기에는 元菟郡) 설치 당시의 세 현(3縣) 가운데 하나인 고구려현의 모습 그대로만을 옮겨 놓았다면 상관이 없다고 하겠지만, "그 나라(其國, 즉 고구려)는 한漢의 현도군玄菟郡이었다."거나 "현도군을 설치(置玄菟郡)하여 고구려를 현으로 삼아 소속되게 하였다.(以高句麗 爲縣以屬之)"라고 하였기 때문에 문제가 된다고 할 것이다.

다시 말해서 고구려가 한의 현도군이었다(其國漢之玄菟郡也)고 한 것은 고구려현이 곧 고구려국이 된 것으로 보았기 때문이라 할 수 있다. 또 고구려를 속현으로 삼았다는 것에서는 현縣이 되기 전에 이미 고구려가 존재해 있었음을 드러낸 것으로 볼 수 있다. 이러한 문제들은 나중의 국호를 살피는 쪽에서 다시금 논급하기로 한다.

이로부터는 환도丸都를 도읍으로 하는 당시의 고구려에 관해『후한서』·『삼국지』·『위서』등 전사前史의 기록들에서 적당하게 옮겨 서술하였다. 주변 환경과 백성들의 의식주 및 제귀신祭鬼神·사영성사직祠零星社稷과 사람들의 성품, 관직등급과 언어 및 5부족, 가무희락歌舞喜樂의 습속과 10월 제천대회祭天大會(『위서』를 옮긴 듯 수신襚神의 언급이 없다) 등 국내의 여러 사정들이 앞서의 제사諸史 기록과 같다.

그 다음에 중국과의 관계가 왕망王莽을 필두로 하여 간략하게 전개되어 있다. 왕망과의 관계는 앞에서 보았지만 여기에는 잠시 언급되어 있고, 중국 조정과의 관계가 본격적으로 보이기 시작한 것은 "광무光武 8년(A.D.32)에 고구려 왕이 사신을 보내어 조공하였다."146)는 것으로부터이다. 고구려의 왕명이 여기에 맨 먼저 등장하기는 궁宮 곧 태조왕太祖王부터라고 할 수 있다. 그로부터 후대 왕들의 이름들이 등장하는 것은 앞의 사서들과 같다. 그리하여, "태청太淸 2년에 연延이 졸卒함에 (梁武帝가) 조칙하여 그 아들로 연의 작위를 잇게 하다."라고 끝을 맺었다.

여기서 '연延'은 보연寶延, 곧 고구려 제23대 안원왕安原王(531~545)을 일컫는다. 이름이 나와있지 않은 안원왕의 아들은 바로 제24대 양원왕陽原王이다. 그런데 태청 2년(547)에 안원왕이 세상을 떠났다는 것은 잘못된 것이니, 양나라의 대동大同 11년(545) 곧 안원왕 15년 3월에 그가 세상을 떠났기 때문이다. 『사기』찬자도 거기에 주석을 부쳐 밝혀 놓았다. 그 밖에도 을불 미천왕의 아들 고국원왕故國原王의 이름 소釗를 유劉자로 잘못 쓰고 있다.

---

146) 이 사실은 앞서『후한서』와『삼국지』에서 이미 나온 사실이다.『사기』권14「고구려본기」2의 대무신왕大神王 15년 12월 쪽에도 같은 내용이 기재되어 있다. 그러나 여기에서 문제가 되는 것은 그 '광무 8년'의 연호에 관하여서이다.『후한서』에서는 '건무팔년建武八年'으로 되어 있는데,『삼국지』에는 '광무제팔년光武帝八年'이라 하였으며, 이『양서』에서는 '광무팔년光武八年'으로 되어 있고,『사기』에는 '입무팔년立武八年'이라 하였다. 광무제의 연호는 건무建武가 옳고, 건무 8년은 곧 광무제의 8년이다. 그러므로 광무 8년은 광무황제의 8년이 되므로 광무가 비록 연호는 아니지만 또한 틀린 말은 아니다. 그러나 입무立武는 연호 그대로라고 할 수 없으니, 이는 『사기』에서 고려 태조의 이름(王建의) '건建'을 피하여 뜻이 같은 '입立'자로 썼기 때문이라 할 수 있다. (같은『사기』의「年表」에는 '建武로 쓰고 있다.)

6) 『북사』[147]에 보인 고구려전

"고구려는 그 선조가 부여에서 나왔다.(高句麗 其先出夫餘)"라고 맨 첫머리에 시작되어 있다. 이어서 하백의 딸 이야기로부터 주몽朱蒙 출생과 성장 및 고구려 건국의 설화가 간략하게 전해져 있는데, 이 부분은 이미 앞쪽 주몽설화의 장에서 본 바가 있다.

국호를 고구려라 하고 그래서 성이 고高씨가 되었다는 것으로 주몽의 건국설화가 일단락 지어지고, 곧 이어서 "주몽이 부여에 있을 때 그 아내가 임신하였는데 그가 도망을 간 뒤에 아들 여해閭諧가 태어나 장성하였으며, 주몽이 국왕이 된 뒤 여해 모자가 찾아갔고, 주몽은 아들 이름을 여달閭達이라 고쳐 나라 일을 맡겼다."고 하였다. 이 부분과 그 다음의 왕위 계승사실(제4대 莫來까지)은 고스란히 그대로 앞에서 본 『위서』쪽에서 옮겨온 듯하다. 그러나 막래가 부여를 병합하였다는 이야기 바로 다음에는 전혀 『위서』와는 다른 글을 싣고 있다.

한나라 무제 원봉 4년에 조선을 멸하고 현도군을 두어 고구려를 현으로 삼고 소속되게 하였다.(漢武帝 元封四年 滅朝鮮置玄菟郡 以高句麗爲縣以屬之) 한의 소제(漢昭帝)가 의책衣幘과 조복朝服을 하사하여 항상 현도군을 따르도록 고취함을 받고는 차츰 교만해져서 다시는 군郡에 나아가지 않았다. 다만 동쪽 경계에 조그만 성을 쌓았는데 이름을 책구루幘溝漊라 하였다. 구루란 고구려의 성 이름(城名)이다.

---

147) 이연수 찬, 『북사』 권94, 열전 82, 고구려. 앞 주88)에 나왔음.

'고구려를 현으로 삼아 현도군에 속하게 하였다'는 것은 『위서』와 『후한서』 및 『삼국지』에서는 볼 수가 없었던 사실이다. 물론 한무제가 4군을 설치하였을 당시에 거기에 현도군이 있었고 그 군 안의 3현 중 하나로 고구려현高句麗縣이 있었다는 기록은 일찍이 『전한서』「지리지」이후로 널리 알려진 사실이다.

그러나 『전한서』를 원용한 여러 사서들 중에서 바로 앞에서 본 『양서』를 제외하고는 고구려현과 고구려국을 직접적으로 관련지으려 하거나 또는 동일시하려 했던 경우는 거의 볼 수가 없었다. 아마도 『양서』에서 옮겼을 가능성도 배제할 수는 없겠으나 그보다도 두 저서(『양서』와 『북사』)가 다같은 시대의 찬술이므로 어쩌면 당시 술사가述史家들의 치밀성이 결여한 해석의 경향 때문이 아니었을까도 여겨진다.

그로부터는 왕망王莽의 일로 시작하여 『위서』등 앞에 나온 제서諸書들의 기록과 같다. 물론 중국과의 왕래가 트인 고구려의 왕명은 막래莫來의 예손裔孫인 궁宮(제6대 太祖王)에서부터 시작되어 있다. 그 뒤 대대로 이어져 오다가 탕湯148) 곧 제25대 평원왕平原王에 이르러 수隋의 문제文帝가 황제 위에 오르자 사신을 보내었으며, 고구려 왕은 이로부터 사신을 보내어 조공하기를 끊이지 않았다고 하였다. 여기에 이르기까지 이전의 왕조사에서와 똑같은 기록이므로 그 사이의 역대 왕에 관한 언급은 모두 생략한다.

여기에서 일단 고구려 왕에 관한 기록은 중단되고,

---

148) 원문에 '탕'이라고 나와 있는 고구려 제25대 평원왕(559~590)은 혹은 평강상호왕平崗上好王이라고도 하며, 이름을 양성陽成이라 하였다. 『사기』에는 또 "『수서』와 『당서』에는 탕이라 하였다.(隋唐書作湯)"라고 전한다.

그 나라는 동쪽이 신라新羅에 이르고, 서쪽은 요수遼水를 건너 2천리이며, 남쪽은 백제百濟에 인접해 있고, 북쪽은 말갈靺鞨과 1천리나 이웃해 있다.

라고 한 다음 고구려의 위치와 의식주, 생활습속과 관직등급, 의관복식, 조세 형법 및 관혼상제 등 제반 풍속을 소개하고 있다. 거의 대부분이 『위서』와 그 이전의 『후한서』, 『삼국지』 등에서 전하는 내용과 흡사하다. 그러나 그중에는 더러 내용이 새롭거나 자세한 부분도 없지 않다.

고구려 왕이 궁실 꾸미기를 좋아하였다(其王 好修宮室)는 말은 이전의 고전들에서도 보이고 있다. 그러나 그 말에 이어 고구려의 삼경三京에 관해 기록하고 있는 것은 앞의 글들에서는 볼 수 없는 일이라 할 수 있다.

도읍인 평양성平壤城을 또한 장안長安이라 한다. 성의 동쪽 6리에 산을 따라 꼬부라져 남쪽으로 패수에 이르고, 성 안에 곡식과 기물을 창고에 쌓아두어 외적의 침범에 대비하였는데, 안에 들어가 진종일 굳게 지키도록 하였다. 왕은 그 옆에 집을 따로 두고 항상 머물러 있지 못하도록 하였다. 그 밖에 또 국내성國內城과 한성漢城이 있었는데, 또한 별도別都였다. 그 나라 안에서는 (이를) 세 군데의 서울이라 불렀다.(其國中呼爲三京) 또 요동遼東과 현도玄菟 등 수 10성城이 있는데, 모두 관사官司를 두어 통섭하게 하였다.

또 다음과 같은 기록도 전하고 있다.

불법을 신봉하고 귀신을 공경하여 음사149)가 많았다.(信佛法 敬鬼神 多
淫祠) 또 신묘神廟가 두 곳에 있었는데, 하나는 부여신夫餘神이니 나무에
부인상을 새겨서 만든 것이며, 하나는 고등신高登神이라 하여 그 시조이
니 부여신의 아들이다. 함께 관사를 두어 사람을 파견하여 지키는데, 이
는 하백녀河伯女와 주몽朱蒙을 말한다.

라고 하여, 부여신 곧 하백녀와 고등신 곧 주몽을 모신 두 신묘에 관
해 전하고 있다.

그리고 나서 다시 탕湯(平原王)과 수隋와의 관계로부터 그 이후 고
구려 왕들의 이야기가 계속된다. 탕의 뒤를 아들 원元150)이 이었으며,
수나라 문제文帝와의 관계 및 양제煬帝 즉위 이후의 고구려 침공과 그
전쟁 과정 및 실패151)를 간략하게 적고는, 수 양제의 몇 차례 부름에
고구려 왕 원, 곧 영양왕嬰陽王이 끝내 응하지 않았고 드디어 중국 천
하가 혼란하게 되어 다시금 고구려를 침공하려던 양제의 계획은 영
영 이루어지지 않았다는 것으로 이 고구려전은 끝나고 있다.

위와 같이 고구려 제26대 영양왕 원元에 이르기까지 언급하고 있
으나, 이『북사』의 고구려전은 역대 중국 왕조사의 고구려전 중에서
『당서唐書』를 제외하고는 그 분량이 가장 많은 편이다.

---

149) 음사淫祠는 내력을 알 수 없고 바르지 않은 귀신을 모시는 사당이다.
150) 여기서의 '원'은 고구려 제26대 영양왕嬰陽王(590~618)의 이름이다. 평원왕의 맏아
들인 영양왕을 또 평양왕平陽王이라고도 하였고, 이름이 원이지만 또 대원大元이라
고도 하였다.(『사기』권20,「고구려본기」8)
151)『사기』권20,「고구려본기」제8의 영양왕 9년(598) 쪽에는 수 양제 이전의 문제가
30만 대군을 보내어 고구려에 쳐들어왔다가 성공하지 못하고 물러갔다는 사실을
기록하였으며, 동왕 22년(611) 2월부터 25년(614) 10월에 이르기까지에는 양제의
고구려 침략전쟁 전말이 기록되어 있다.

고구려 309

7) 『수서』152)에서 전하는 고구려

여기에서는 아예 '고려高麗'라는 제목을 따로 두고, "고구려의 선조는 부여로부터 나왔다.(高麗之先 出自夫餘)"라고 시작되어 있다. 이어서 주몽의 탄생연기로부터 건국(朱蒙建國自號高句麗 以高爲氏)에 이르는 이야기를 매우 간략하게 옮긴 다음에, 주몽의 사후 아들 여달閭達이 이었으며, 그 손자 막래莫來153)에 이르러 군사를 일으켜 부여를 병합하였다고 하여 종래의 기록들을 요약해서 옮기고 있다. 왕대를 껑충껑충 뛰어서 기록하고 있는데다가 잘못된 부분들이 더러 눈에 띈다.

수隋 고조高祖(文帝)가 등극한 뒤 고구려 왕 탕湯(제25대 平原王)이 사신을 보내어 조공한 사실을 언급하고는 이어 그 나라의 위치와 도읍인 평양성 등 삼경과 관직 습속 등을 『북사』 등에서 전하는 내용들과 비슷하게 기록하였으며, 다시 탕 곧 평원왕의 이름이 등장한다. 특히 수제隋帝가 탕왕에게 보낸 글이 전체 내용에 비해 조금 장문으로 들어 있다. 그리고는 탕이 병으로 죽고 그 아들 원元 곧 제26대 영양왕嬰陽王이 뒤를 이었으며, 수나라와의 관계 및 양제煬帝가 고구려 왕 원(영양왕)을 여러 차례 불렀으나 원왕이 끝내 응하지 않았음을 전하고 있는데, 이 부분은 『북사』에서 전한 내용과 같다.

그러한 『수서』의 고구려전에는 두드러지게 잘못 쓰여진 왕명 하

---
152) 위징 찬, 『수서』 권81, 열전 46, 동이, 고려.
153) 이 막래에 관해서는 앞 주132)에서 자세히 본 바가 있다. 여기에 있는대로 대수를 따지면 제4대 민중왕閔中王에 해당되지만, '군사를 일으켜 부여를 병합하였다'는 내용에는 제3대 대무신왕大武神王에 부합되는 것으로 볼 수 있다.

나를 보여주고 있다. 곧 이 본문에 들어있는 "위궁의 현손의 아들을 일러 소열제라 한다.(位宮玄孫之子曰 昭列帝)"라고 한 이 '소열제昭列帝'이다. 이미 보았지만 앞 사서들에는 위궁의 현손을 을불리乙弗利라 하고 그 아들을 소釗라 하였다. 그러므로 위궁의 현손인 을불(제15대 美川王)의 아들이면 소, 곧 제16대 고국원왕故國原王이 된다.

지금까지 보아온 옛 중국 왕조사의 고구려전에서는 고구려의 역대 왕명을 일컬을 때 한번도 제대로 왕의 묘호廟號를 쓴 일이 없었다. 오직 시조 동명왕에 대해서만 동명東明이라는 묘호를 쓴 것으로 보이고 있으나, 그 경우도 실은 고구려전에서가 아니고 부여전에 국한되어 있다고 할 수 있다. 그 경우에도 동명왕이라는 왕王자를 붙이지 않고 동명東明이라고만 쓰고 있다. 고구려전에서는 주몽朱蒙이라는 이름만을 쓰고 있다.

국내의 경우 시조왕을 『사기』에서는 '동명성왕東明聖王'이라 하였고, 『유사』에서는 '동명성제東明聖帝'라 하였다. 그러나 그 후대의 왕들에게 '제帝'를 붙여 시호나 묘호를 쓴 예를 찾아볼 수가 없다. 더구나 중국의 사서에서는 고구려의 시조마저도 이름에 왕 자를 붙이지 않았는데, 하물며 후대의 왕명에야 말할 나위가 있겠는가.

이 『수서』 또한 앞쪽 사서들에서 옮겨 썼기 때문에 거기에 등장하는 고구려 왕들의 이름을 주몽朱蒙·여달閭達·막래莫來·위궁位宮 등이라 하여 아무에게도 왕王자를 붙이지 않았다. 그러다가 갑자기 "위궁현손지자왈 소열제位宮玄孫之子曰 昭列帝" 곧 위궁(山上王)의 현손인 을불 미천왕美川王의 아들을 일러 소열제라 한다는 것이다. 이 소열제는 중국의 옛 소열제가 아니라 바로 고구려의 고국원왕을 가리키고 있다. "소열제는 뒷날 백제에 죽음을 당하였다.(昭列帝 後爲百濟所殺)"라고 하였으니 고국원왕이 틀림없다.

『사기』에 의하면 미천왕 을불의 아들 고국원왕은 그 41년(371) 10월에 백제 왕이 3만의 군사를 거느리고 평양성을 공격해 왔을 때 직접 군사를 이끌고 나가 막다가 날라온 화살에 맞아 죽었다고 하였다.154) 여기에서 말하는 소열제는 고구려 제16대 고국원왕이 확실하다고 하겠다.

그렇다면 고국원왕을 왜 소열제라 하였을까? 그 시조 동명성제마저 주몽이라고 하여 왕王자를 붙이는 것도 인색한 그들(중국 述史家)이었는데, 고구려 역사에서 별로 뛰어난 왕도 아닌 고국원왕을 소열제昭列帝라고 하여 왕王도 아니고 제帝자를 붙이고 있으니 아무래도 쉽게 납득이 안 간다. 이는 지금까지의 중국 왕조사와 이『수서』자체의 고구려전 서술 흐름과 취급의 태도로 보아 도저히 있을 수 없는 현상이라고 하지 않을 수가 없다.

설령 소열왕昭列王이었다 하더라도 왕王자를 쓰지 않을 그 자리에 제帝자가 들어갔다는 것은 특히 중국의 왕조사이기 때문에 더욱 상상조차 할 수 없는 일이라 할 수 있다. 같은 이름이 연이어 두 번씩이나 나온 상황으로 봐서 서사書寫나 간행상의 잘못이라기보다는『수서』찬자의 근본적 착오로 보는 편이 옳을 것 같다. 찬자 위징魏徵155)

---

154)『사기』권18,「고구려본기」제6, 고국원왕故國原王 41년 10월 쪽. 그 달 23일에 세상을 떠났다고 하였다.
155)『수서』의 찬자 위징(?~643)은 당나라 태종(唐太宗) 때의 명신名臣이다. 그는『사기』에도 이름이 나오고『유사』에도 이름이 나온다. 이『유사』에는 권1의 '태종춘추공太宗春秋公' 쪽에도 들어 있으므로 그 항목을 다룰 때 위징을 좀더 자세히 살펴보기

은 당나라 초에 활약한 당대 대표적인 지식인인데 그와 같이 엉뚱한 실수를 한 데에는 반드시 어디엔가 까닭이 있었으리라 여겨진다.

앞에서도 보았지만 고구려 제16대 고국원왕은 또 국강상왕國岡上王(岡上王)이라고도 하며, 이름이 사유斯由 또는 소釗라고 하였다. 그러므로 비교적 다양한 편인 그의 이름이지만 소열제昭列帝라고 일컬을 만한 근거를 국내 자료에서는 찾아볼 수가 없다.

그런데 이 『수서』에서 고구려전의 내용을 많이 참고하여 원용하고 있는 『위서魏書』 고구려전에 보인 다음의 글귀 "其玄孫乙弗利利子釗烈帝時"에서 소열제昭列帝의 착오가 생긴 근거를 찾을 수가 있지 않을까 하는 생각을 해본다. 물론 이 글귀의 뜻은 "그 현손이 을불리이며 을불리의 아들이 소釗이다. 열제烈帝 때에"가 된다. 그러나 소釗라는 이름을 떼어쓰지 않고 열제烈帝에 붙여서 풀이한다면 "을불리의 아들 소열제 때에"가 된다. 곧 "을불리의 아들 소는(利子釗 烈帝時)"과 "을불리의 아들인 소열제 때에(利子 釗烈帝時)"의 차이라고 할 수 있다.

앞쪽 여러 사서들의 사례로 보아 소釗가 고구려 제15대 미천왕 을불(중국 史書에는 乙弗利)의 아들인 제16대 고국원왕의 이름임을 알기 때문에 거기에서 쉽게 떼어서 열제烈帝와 따로 볼 수가 있지만, 그렇지 않고 소와 열제가 각각 다른 인물이라는 사실을 모를 경우에는 소와 열제를 붙여서 한 사람의 이름으로 볼 수도 있을 것이다. 아마 『수서』 찬자도 소열제釗烈帝를 붙여서 하나의 인명으로 보았던 듯하며, 그러한 소열제釗烈帝를 소열제昭列帝로 글자를 바꾸어 썼던 것이 아

로 한다.

니었던가 싶다.

실제 釗는 昭와 통하는 글자이다. 釗는 '힘쓸소'자이지만 '밝다', '드러나다'라고도 써서 昭와 같은 뜻이기도 하다. 列은 烈과 뜻은 다르지만 모양이 같아서 뜻말보다는 인명이므로 찬자가 아래 넉점을 생략하고 편의하게 쓴 것으로도 볼 수가 있을 것 같다. 그래서 찬자(魏徵 또는 筆寫者)가 소釗와 열제烈帝를 붙여서 동일인명으로 보고, 이왕이면 쓰기 좋고 인명스러운 '소열제昭列帝'라는 이름으로 적었을 것이라고 유추해 보는 것도 그리 지나친 억측은 아닐 것이라고 본다.

어떻든 『수서』에서는 이 대목을 원용서라 할 『위서』에서 요약해 옮긴 것처럼 보이면서도 『위서』에서, "(位宮……) 其玄孫乙弗利 利子釗 烈帝時" 곧 "위궁의 현손은 을불리이고 을불리의 아들이 소釗이니, 열제烈帝의 때에"라고 한 대목에서 『수서』는 "위궁의 현손의 아들을 소열제라 한다.(位宮玄孫之子曰昭列帝)"라고 요약하였다. 여기에는 을불리乙弗利(美川王)의 아들 소釗도 없고, 북위北魏의 선제先帝인 열제烈帝도 없다. 그리고 『위서』에서 "소는 나중에 백제에 죽임을 당하다.(釗後爲百濟所殺)"라고 하였는데, 이를 『수서』에서는 "소열제는 나중에 백제에 죽임을 당하다.(昭列帝後爲百濟所殺)"라고 하였다. 여기에 이르러 『위서』의 "소釗, 열제烈帝"가, 『수서』에서 '소열제昭列帝'로 바뀌어버린 사실을 의심할 수가 없다고 할 것이다.

열제烈帝는 북위北魏(이때는 代國) 탁발씨托跋氏의 선제先帝 중의 하나인 열황제烈皇帝인데, 이름은 탁발예괴托跋翳槐이며 혜제惠帝 5년(329)에 즉위하였다가 오래지 않아 물러났고, 또 양제煬帝 3년(337)에 복위復位하였다가 곧 돌아간 인물이다.156) 대왕代王 탁발예괴(昭烈帝)

가 즉위한 해(329)는 고구려 제15대 미천왕의 30년이고, 16대 고국원왕 소의 즉위한 해(331)는 열제의 즉위 3년에 해당된다.

당시 고국원왕이 즉위한 뒤에 요동의 모용씨慕容氏와 싸움이 잦았으므로 북위의 왕조사인 『위서』에는 소쇠 때가 위魏 곧 북위의 역사에서 보아 열제 때가 해당되므로, 고국원왕의 이름 소 밑에 붙여서 "열제 때에 모용씨와 서로 공격하였다.(烈帝時 與慕容氏相攻擊)"라고 하였던 것이다. 이 대목을 옮기면서 『수서』에서 "위궁位宮의 현손의 아들을 소열제라고 하였는데, 모용씨에게 격파되어(玄孫之子曰昭列帝 爲慕容氏代所破)"라고 하였음을 알 수가 있다.

이상의 사실들을 통해서 볼 때 『수서』 찬자(魏徵, 또는 그 부분의 실제 집필자)가 『위서』를 전반적으로 참고하였으면서도 이「서기序記」의 사실은 자세히 살펴보지 못하였던 것이라 할 수 있다. 그렇지 않고서야 고구려 왕 소쇠의 이름을 소열제昭列帝라고 하였을 리가 만무하였을 것이기 때문이다.

8) 『당서唐書』에 보인 고구려전, 기타

앞에서 본 바와 같이 『당서』에는 『구당서舊唐書』와 『신당서』의 두 가지가 있으며, 흔히 『당서』라 할 때에는 『신당서』를 가리키지만 실제 서명도 『당서唐書』[157]라 하고 있다. 여기서의 『당서』도 물론 『신당서新唐書』이다.

---

156) 『위서』 권1, 제기帝紀 제1, 서기序記. 열황제烈皇帝 및 열황제복위烈皇帝復位 쪽.
157) 송기宋祁 찬, 『당서』 권220, 열전 145, 동이전, 고려.

본문 안에서 한마디도 고구려라는 국명을 쓰지 않고 고려로 일관하고 있는 이 고구려전의 첫머리에는, "고려는 본디 부여의 별종이다.(高麗本扶餘別種也)"라고 시작하였다. 지금까지 본 사서들과는 달리 그 시조의 탄생 성장 및 건국에 관한 언급이 한마디도 없다. 곧바로 고구려의 위치, 관직과 5부部 및 습속들을 앞 왕조사 등에서 간략하게 옮겨놓았다.

그리고는 대뜸, "수나라 말에 그 왕 고원高元158)이 죽고 배다른 아우 건무建武159)가 그 뒤를 이었다. 무덕武德160) 초에(隋末 其王高元死 異母弟建武嗣 武德初)"라고 하여 그동안의 모든 역사를 생략하고 수의 말(隋末)을 딛고 당나라의 건국 초로 건너뛰었다. 이는 당나라 역사를 다룬 『당서』이므로 그 이전의 역사는 앞서 있었던 왕조사에 미루어 버리고, 당나라가 건국된 해에 죽은 고구려 왕(嬰陽王 元)과 그 해에 새로 즉위한 왕(榮留王 建武)의 이름이 등장하면서 고구려와 당과의 관계가 시작되어 있다.

이로부터의 기록은 주로 당나라 초에서부터 고구려가 멸망할 때까지의 일이며, 상당한 부피로 서술되어 있다. 여기에 담겨 있는 내용들은 거의 대부분이 『사기』「고구려본기」의 뒤쪽(榮留王과 寶藏王代)과, 「신라본기」의 문무왕文武王 쪽, 그리고 나중에 보게 될 『유사』

---

158) 고원은 고구려 제26대 영양왕嬰陽王(590~618)인데 또는 평양왕平陽王이라고도 하며, 이름이 원이고 혹은 대원大元이라고도 한다.
159) 건무는 제27대 영류왕榮留王(618~642)이며, 이름이 건무이고 또는 성成이라고도 하였다. 그는 영양왕의 배다른 동생이었다.
160) 무덕(618~626)은 당나라를 세운 고조高祖의 연호이다. 이 무덕 원년(618)에 고구려 영양왕이 세상을 떠나고 영류왕이 즉위하였다.

의 몇 군데에서 비교적 자세하게 전해져 있으므로 여기에서는 이 부분을 생략하기로 한다.

이밖에 중국의 왕조사에 있어서 『주서周書』와 『남사南史』 및 『오대사五代史』 등에도 고구려를 소항목으로 전하고 있음을 보게 된다.

『주서』161)의 고려전에는 비교적 짤막하면서도 시조 주몽으로부터 탕湯(제25대 平原王)에 이르기까지 앞 사서들을 참고로 하여 매우 간명하게 요약되어 있다.

『남사』162)에도 고구려전이 들어 있으나, 같은 찬자(李延壽)의 『북사』에서 전하는 자세한 고구려전을 앞에서 이미 보았으므로, 그 (『북사』의) 고구려전을 요약한 이 『남사』의 고구려전은 생략하기로 한다.

『오대사』에는 『구오대사舊五代史』163)와 『신오대사』164)의 두 가지가 있다. 이들 신·구의 두 『오대사』에도 모두 고려를 소항목으로 하고 있으나, 지금까지 보아온 사서들의 고구려전에 비하여 분량도 극히 적을 뿐 아니라 내용도 매우 빈약하다고 할 수 있다.

5. 국호 고구려와 고구려현

고구려 항목을 살펴봄에 있어서 끝으로 대충 마무리 짓고 넘어가야 할 문제가 고구려 국호와 고구려현高句麗縣의 관계라고 할 것이다.

---

161) 영호덕분 등찬, 『주서』 권49, 열전 41, 이역異域 상, 고려.
162) 이연수 찬, 『남사』 권79, 열전 69, 동이, 고구려.
163) 설거정薛居正 등찬, 『구오대사』 권138, 외국열전外國列傳 제2, 고려.
164) 구양수 찬, 『오대사』 권74, 사이四夷 부록 제3, 고려.

이 문제에 관해서는 앞쪽에서 잠시 언급한바가 있으나 자세히 살펴보지는 못한 편이었다.

이 고구려 항목을 전하고 있는 『유사』의 해당 본문에는, "국호를 고구려라 하였다. 그래서 고高를 성씨로 삼았다.(國號高句麗 因以高爲氏)"라고 하였는데, 이는 이미 앞에서 보았다. 물론 『유사』 자체에서 밝힌 바와 같이 이 '국호 고구려……'의 사실은 『사기』「고구려본기」에서 옮겨온 것이다. 앞에서 본 「단군고기壇君古記」에서도 똑같이 보이고 있다.

중국의 옛 왕조사에서는 고구려의 시조설화에 동명류東明類와 주몽류朱蒙類의 두 갈래가 있었는데, 동명설화는 주로 부여전(부여전이 없는 『양서』의 경우에는 고구려전)에 들어 있고 거기에는 '국호 고구려'가 안 보인다. 시조를 주몽의 이름으로 전하는 고구려전에는 모두가 '국호를 고구려라 하고 그래서 성을 고씨로 삼았다'는 사실을 전하고 있다. 그러므로 건국자인 주몽(동명성왕)이 나라를 세우고는 곧 나라 이름을 고구려라 하였음을 알게 된다.

그러나 『양서梁書』에서는 다음과 같이 다르게 전하고 있다.

> 동명이 부여에 이르러 왕이 되었으며, 그 뒤 갈래가 나뉘어 고구려 부족이 되었다. 그 나라는 한나라의 현도군이다.(東明……至夫餘而王焉 其後支別爲句驪種也 其國漢之玄菟郡也)
> 한의 무제 원봉 4년에 조선(衛滿朝鮮)을 멸하고 현도군을 두었는데, 고구려를 현으로 삼아 소속되게 하였다.(漢武帝元封四年 滅朝鮮置玄菟郡 以高句麗爲縣以屬之)165)

이에 의한다면 동명은 처음부터 부여의 왕으로 출발하였으며, 고구려의 건국자로는 보이고 있지 않다. 그 뒤(동명이 왕이 된 직후인지 그의 사후인지, '其後'의 시점이 모호하다) 언제쯤엔가 갈래가 나뉘어져 고구려 부족이 되었다는 것도 퍽 애매한 표현이지만 항목의 첫머리에 '고구려'라 하였으므로 부여의 왕이었던 동명이 국호를 고구려라 한 것이 그때였다는 것인지 분명하지가 않다. 그러면서 "그 나라는 한의 현도군이다.(其國 漢之玄菟郡也)"라고 하여 고구려가 한4군의 하나인 현도군이었음을 밝혔다.

그리고는 또 "한의 무제가 위만조선을 멸하고(元封 4년으로 되어 있으나 실은 원봉 3년·B.C.108의 일임) 4군을 설치했을 때 현도군에 고구려를 현으로 삼아 소속되게 하다.(以高句驪 爲縣以屬之)"라고 하였다. 이는 곧 고구려가 이미 존재해 있었는데, 4군을 설치하면서 그중의 하나인 현도군에다가 현縣의 하나로 예속시켰다는 것이 된다. 그러므로 여기에 보이고 있는 두 구절을 묶어보면, '고구려는 한 4군의 하나인 현도군이니, 처음 현도군을 설치하고 (이미 존재해 있던) 고구려를 그 속현屬縣으로 예속시켰기 때문'이라고 할 수가 있을 것이다.

한마디로 말해서 고구려가 한의 현도군이었다는 것은 고구려현이 곧 고구려국이 되었다는 뜻으로 한 말이라 할 수 있다. 그러한 '고구려현高句麗縣 곧 고구려국高句麗國'설은 『양서』 이전의 중국 왕조사에서는 일찍이 볼 수가 없었다. 그러나 그 '고구려현 곧 고구려국'설의 원초적 근거라 할 수 있는 고전은 『양서』보다 까마득히 앞선 『전한

---

165) 『양서』에 관해서는 앞 주77)·144)에 나왔음.

서』라고 할 수 있다.

앞쪽에서 이미 본 바가 있지만 『전한서』「지리지」166)에는 한의 무제武帝 때에 설치한 4군 가운데 하나인 현도군玄菟郡에 세 현(3縣)이 있고 그 첫 번째에 고구려현高句麗縣의 이름이 보이고 있다. 이『전한서』의 「지리지」에는 현도를 원도元菟라 하였으며, 현도군을 포함한 4군의 설치를 원봉元封 4년으로 하고 있으나 실은 원봉 3년(B.C.108)에 4군이 설치되었다. 이때 곧 한의 4군이 설치되면서 현도군에 고구려현이 예속되었다는 무제의 원봉 3년은, 동명왕이 고구려 나라(高句麗國)를 세운 해로 알려져 있는 원제元帝의 건소建昭 2년(B.C.37)보다도 71년이나 앞선 것이 된다.

그리고『후한서』의「군국지郡國志」167)에는 현도군의 6성城을 들고 있는데, 그 맨앞에 고구려성高句麗城이 나와 있다. 물론 고구려현에 고구려성이 있었겠지만 고구려라는 이름은 현도군의 3현과 6성의 하나로 각각 그 앞자리를 차지하고 있음을 보게 된다. 이러한 고구려현과 고구려성이 한 4군의 하나인 현도군에 있었다는 것이며, 이는 동명왕이 고구려 나라를 세우기 70여 년 전의 일이었다는 것이다.

말하자면 22세에 나라를 세워 고구려라 이름하였다는 동명왕 주몽이 태어나기 근 50년 전에 이미 고구려라는 이름의 현과 성이 있었다는 것이 된다. 그런데도 이 사실을 전하고 있는『전한서』와『후한서』및『삼국지』등 중국의 옛 왕조사에는, 이 고구려현(성)이 곧 고구려국이 되었다거나 또는 서로간에 긴밀한 관계나 역사적 유대가

---

166) 앞의 주96)과 같음.
167) 앞의 주100)과 같음.

있었다는 기록을 찾아보기가 어렵다. 아마도 훨씬 후대에 이루어진 『양서』에 와서 비로소 그렇게(玄菟郡 高句驪縣 곧 高句驪國) 기록되어진 것으로 볼 수가 있다 하겠다.

『양서』가 집필될 당시(唐代) 또는 그 후대의 중국 왕조사에서 고구려전을 한 항목으로 다루고 있는 경우에 『양서』에서와 같거나 비슷한 기록을 더 볼 수가 없다. 단지 훨씬 후대의 『송사宋史』168)에서 다음과 같은 기록을 보게 된다.

> 고려는 본디 고구려라고 한다. 우임금이 9주로 나뉘었을 때 기주의 땅에 속하였고, 주나라가 기자의 나라로 삼았으며, 한나라 때에는 현도군이었다.(高麗本日高句驪 禹別九州屬冀州之地 周爲箕子之國 漢之玄菟郡也) 요동에 위치하고 부여에서 나뉘어진 갈래였으며, 평양을 나라의 도읍으로 하였다.

이는 『송사』의 「외국전外國傳」에 '고려'라는 항목을 따로 두고 고려의 역사를 시작하는 첫머리 서술부분이다. 여기에서는 맨 먼저 당시(宋때)의 고려가 곧 이전의 고구려高句驪임을 전제하였다. 그러므로 고구려에 관해 약술하고 나서 자연스럽게 고려의 역사로 이어져 서술되어 있다. 지금 여기에서는 다만 이제 인용한 부분만을 문제삼고자 한다.

이『송사』에서는 '고려는 본디 고구려'라고 하면서 고려는 '麗'로 쓰고, 고구려는 '驪'자로 쓰고 있다. 『전한서』에서 고구려가 한漢 현

---

168) 원元 탈탈脫脫 등 수찬, 『송사』 권487, 열전 246, 외국전外國傳 3, 고려.

도군의 현縣이나 성성城으로 표기되었을 때는 물론 '驪'였으며, 나라 이름으로 일찍 표기했던 『후한서』에도 '驪'로 되어 있고, 『삼국지』에는 '麗'로 하였다. 그 후로 중국 역대 왕조사에서는 나라에 따라 고구려를 '麗'와 '驪'의 두 가지 중에서 어느 한쪽을 택해 썼다. 후대로 내려오면서는 주로 '麗'를 썼고, 『수서』와 『당서』 등에서는 고구려를 아예 고려高麗라 썼다.

시대적으로 가장 후대가 되는 『송서』는 바로 앞 시대인 『당서』나 『오대사』는 물론이고 그 앞의 『수서』에서도 취하지 않은 '고구려高句驪'를 택하여, "한나라의 현도군이었다.(漢之玄菟郡也)"라고 하였는데, 이는 분명히 『양서』의 설을 답습한 것임을 알 수 있다. 『양서』가 속한 남북조시대에 있어서 『위서』 곧 북위北魏의 왕조사에서는 분명히 '고구려高句麗'라 쓰고 "주몽이 나라를 세워 이름을 고구려라 한다." 하였다.

남조의 첫 왕조사인 『송서』에서는 '고구려高句驪'라 하였으나 그 다음의(梁朝의 바로 앞) 『남제서』에서는 '고려高麗'라 썼으며, 이 두 왕조사(『宋書』·『南齊書』)에는 '고구려가 현도군'이었다거나 '고구려현高句驪縣'과 고구려의 관계를 전혀 언급하지 않았다. 다시 말할 것도 없이 『송사』에서 '고구려高句驪'라고 한 것이나 '한지현도군야漢之玄菟郡也'라 한 것은 『양서』에서의 그 해당 글자를 몇 시대나 건너뛰어 그대로 옮겨놓은 것이라 할 수 있다.

"고구려가 한의 현도군이었다.(其國 漢之玄菟郡也)"거나, "현도군을 두어 고구려를 현으로 삼아 소속되게 하였다.(置玄菟郡 以高句驪爲縣 以屬之)"는 이 『양서』의 설은 그 근원이 『전한서』의 현도군 소속 '고구려현高句驪縣'과 『후한서』의 "고구려를 현으로 삼아 현도군에 속하게 하다.(以高句驪爲城 使屬玄菟)"에서 유래된 것이라고 볼 수 있으나, 이제 본 것처럼 『양서』를 제외하고는 고구려전을 다룬 중국의 옛 왕조사에서는 그러한 '고구려현 곧 고구려국'설을 보이고 있지 않았다.

우리 국내의 옛 문헌에서도 그러한 관련설은 볼 수가 없었다. 그러나 『제왕운기帝王韻記』에서 단 한군데 그러한 설 한마디를 보이고 있다. 『제왕운기』[169]에는 동명왕 주몽의 건국을 다음과 같이 읊었다.

　　한나라 원제의 건소 2년 갑신에(漢元立昭二甲申)
　　마한의 왕검성에 나라 열었네.(開國馬韓王儉城)

그리고는 그 아래에 "지금 서경西京(지금의 평양)이다. 고구려는 현의 이름으로 나라를 세웠다.(今西京也 以高句麗縣名立國)"라고 주석을 달아놓았다.

한나라 원제元帝의 건소建昭 연호를 입소立昭라 한 것은 고려 태조 왕건王建의 이름 '建'을 피해서 뜻이 같은 '입立'으로 바꾼 것이다.(앞쪽에서 이미 보았음) 곧 건소 2년 갑신(B.C.37)에 고구려가 세워진 사실을 읊은 것인데, 여기에서는 이 사실보다도 그 아래에 붙여놓은 주석이 문제의 초점이 된다. 곧 "고구려는 현의 이름으로 나라를 세웠다.(以高句麗縣名立國)"는 이 한마디이다. 또는 "고구려현의 이름으로써(고구려는 고구려라는 현의 이름으로) 나라를 세웠다."라고도 할 수 있다. 이

---

[169] 이승휴 찬, 『제왕운기』 권하. "여조성고麗祖姓高" 이하, 고구려 시조 동명왕과 고구려를 간략하게 읊은 부분.

는 말할 나위없이 『전한서』에 나온 '현도군의 고구려현'이 곧 고구려국이 되었다는 『양서梁書』의 설과 같다고 할 수 있다.

어떻든 중국 사서에서는 『양서』에서 고구려현과 고구려국을 연결지었고, 국내에서는 『제왕운기』에서 그 설을 따르고 있다. 그러나 우리는 『사기』「고구려본기」에서 다음과 같은 기록을 보게 된다. 곧 고구려 제2대 유리왕瑠璃王 33년(A.D.14) 8월 쪽에,

> 왕이 오이烏伊와 마리摩離에게 명하여 2만 명의 군사를 거느리고 서쪽의 양맥梁貊을 치게 하여 그 나라를 멸하였으며, 군사를 더 나아가게 하여 한나라의 고구려현高句麗縣(현도군에 속해 있던 縣)을 습격하여 빼앗았다. (……進兵襲取 漢高句麗縣縣屬玄菟郡)

라고 하였다.

이를 통해 볼 때 "고구려를 현도군의 속현屬縣으로 삼았으므로 그 나라(고구려)는 한漢의 현도군(其國漢之玄菟郡)이었다."라고 했던 『양서』의 설이 허구였음을 확인할 수 있게 되었다. 『사기』에 전하는 바로는 고구려가 건국된 뒤에도 오랫동안 현도군과 고구려는 앙숙이 되어 싸움이 끊이지 않았으므로, '고구려가 한나라의 현도군이었다'는 것에는 아무래도 문제가 있다고 하겠다. 고구려가 현도군이었다면 고구려 곧 현도군은 한나라의 기반에서 벗어나 새로운 나라 고구려를 세웠으니, 현도군은 당연히 사라지고 고구려만이 존재했어야 논리상 맞지 않겠는가 하는 것이다. 그런데도 현도군은 여전히 한나라의 땅으로 존재하면서 고구려와 전쟁이 잦았다.

다시 말한다면 『양서』에서 '그 나라(고구려)가 현도군이었다'고 한

것이 현도군 안에 고구려현이 있었기 때문에 그러한 표현을 했을 뿐이지, 실은 고구려가 현도군의 속현屬縣으로 있었으므로 '그 나라는 현도군에 속해 있었던 현이었다는 뜻으로 한 말이라고 할 수도 있다. 그래서 그 아래에, "한漢무제가 현도군을 설치하고 고구려를 현으로 삼아서 거기에 속하게 하였다."고 한 것으로 볼 수도 있다. 설령 그렇다고 한다면 동명왕 주몽이 나라를 일컬어 고구려를 건국한 것은 기존의 고구려현을 하나의 국가로 발전시킨 것이라고 할 수가 있다. 고려의 『제왕운기』에서, "고구려는 현의 이름으로 나라를 세웠다."라고 한 것은 바로 그러한 뜻이라 하겠다.

그렇다면 고구려 나라가 세워짐으로써 그 현(高句麗縣)은 (나라 곧 고구려국이 되었으니까) 없어져야 옳을 것이다. 다시 말해서 고구려국이 세워진 70여 년 전부터 현도군에 속해 있었던 고구려현은 그 고구려가 건국(建國・立國)하므로 인해 현의 이름이 저절로 떨어져 나갔을 것이기 때문이다. 그런데도 이제 본 것처럼 『사기』에는 고구려현이 고구려 제2대 유리왕 때까지 현도군의 속현인 채로 그 존재를 보이고 있다. 뿐만 아니라 그 고구려현을 쳐서 빼앗았다는(進兵襲取 漢高句麗縣) 것이다. 『사기』에서는 고구려국과 구분하기 위해서인 것처럼, '현도군의 속현인 한漢의 고구려현'이라고 강조하였다.

『사기』의 이 기록은 매우 중요한 증언이 아닐 수 없다. 한의 현도군에 속해 있던 고구려현과 고구려국과의 관계를 밝혀주는 산 역사 자료(史料)라고 할 수가 있다. 말할 것도 없이 이에 의하여 고구려라는 나라는 한漢의 현도군에 속해 있던 고구려현高句麗縣과는 아무 상관없이 건국(開國・立國)되었고, 또 발전하여 이른바 중국의 동북부에 크게 군림해 왔음을 알게 한다고 하겠다.

그와 같이 봄으로써 고구려현과 고구려국과의 역사적 관계를 이해할 수가 있게 되었다고 하더라도 여기에 한 가지 풀리지 않는 문제가 남는다고 할 수 있다. 주몽이 건국하였을 당시 이미 고구려라는 현縣의 이름이 있었는데 어째서 나라 이름을 고구려라 하였는가 하는 문제이다. 고구려현의 존재를 모르고 국호를 고구려라 하였는지, 알고도 그와 상관없이 국호로 삼았는지 알 수가 없다. 고구려현으로부터 고구려 나라가 성립된 것이 아니라면 무슨 까닭으로 나라 이름을 고구려라 하였을까?

지금까지 우리는 중국의 옛 왕조사인 『전한서』 이후 『후한서』와 『삼국지』 및 『위서』 등과, 국내의 현존 고전인 『동명왕편』・『사기』 동명왕전 및 『고기古記』의 잔편 등을 통하여, 주로 고구려의 상고사에 관하여 살펴보았다. 그러나 현존하는 그 옛 자료를 통해서는 고구려현과 고구려국과의 관계를 보다 더 자세히 알 수가 없다. 그러므로 고구려라는 고을의 이름이 이미 있어왔는데도 또 나라 이름을 고구려라 하였던 까닭은 아무래도 풀기 어려운 문제로 남는다고 할 수가 있을 것이다.

국호 고구려와 고구려현과의 문제 해결에는 전혀 상관이 없으나, 고구려의 국호에 관한 이 대목의 마무리를 지으면서 안재홍의 다음 글을 참고로 옮겨본다.

국호의 고구려는 대체 건국 최초부터의 국호가 아니오. 줄잡아서 몇 대代 후의 일이니, 고구려는 커고리로 고구려 융성 후의 독자獨自의 명칭

이오. 다만 이 구려駒驪는 그 유래가 오래다.170)

---

170) 안재홍, 『조선상고사감』 상권, p.127.

변한卞韓 · 백제百濟

Ⅰ. 원문과 새김글
  1. 원문
  2. 새김글

Ⅱ. 내용 살펴보기
  1. 제목을 통한 문제점
  2. 옛 사전史傳에 보인 변한
    1)『후한서』에 보인 변진弁辰
    2)『삼국지』에 전해진 변한
    3)『진서晉書』 및 그밖의 왕조사에 보인 변한

Ⅰ. 원문과 새김글

1. 원문

卞韓 百濟(亦云南扶餘 卽泗沘城也)

新羅始祖 赫居世卽位十九年壬午 卞韓人以國來降 新舊唐書云 卞韓苗裔在樂浪之地 後漢書云 卞韓在南 馬韓在西 辰韓在東 致遠云 卞韓 百濟也 按本記 溫祚之起 在鴻嘉四年甲辰 則後於赫世東明之世四十餘年 而唐書云 卞韓苗裔在樂浪之地云者 謂溫祚之系 出自東明 故云耳 或有人出樂浪之地 立國於卞韓 與馬韓等幷峙者 在溫祚之前爾 非所都在樂浪之北也 或者濫九龍山 亦名卞那山 故以高句麗爲卞韓者 蓋謬 當以古賢之說爲是 百濟地 自有卞山 故云卞韓 百濟全盛之時 十五萬二千三百戶

2. 새김글

변한·백제〔또한 남쪽부여라고도 하며 곧 사자1)성이다.〕

신라 시조 혁거세왕의 즉위 19년 임오(B.C.39)에 변한 사람이 나라를 바쳐 항복해 왔다.2)

『신당서新唐書』3)와 『구당서舊唐書』4)에는 "변한의 후예들이 낙랑 땅에 있었다."고 하였다. 『후한서後漢書』5)에는, "변한은 남쪽에 있고 마한은 서쪽에 있으며 진한은 동쪽에 있다."고 하였다. 최치원崔致遠은 이르기를, "변한은 백제이다."6)라고 하였다.

「본기本記」7)를 살펴보면, 온조溫祚가 일어난 것은 홍가鴻嘉 4년 갑

---

1) 저본에는 '자泚(泗泚城)로 되어 있으나, 『사기』에는 비泚로 되어 있어서 오늘날 거의 대부분의 학자들은 사비泗泚를 옳은 것으로 보고 있다. 여기에서는 『유사』 저본의 원문인 '자泚'를 그대로 두었다.
2) 『사기』 권1, 「신라본기」 1, 시조 혁거세왕 19년 정월(春正月) 쪽에, "변한이 나라를 들어 항복해 왔다.(卞韓以國來降)"라고 하였다.
3) 『신당서』는 송宋의 송기宋祁 찬, 『당서唐書』를 말하는 것이며, 여기에 나온 해당 사항은 『당서』 권220, 열전 145, 동이東夷, 신라전新羅傳 첫머리에 "신라는 변한의 묘예이며, 한의 낙랑땅에 거주하였다.(新羅 弁韓苗裔也 居漢樂浪地)"에서 따온 말이다. 흔히 『당서』라고 할 때에는 이 『신당서』를 가리키는 것이며, 이 아래 줄에 나오는 『당서』도 물론 이 『신당서』이다.
4) 후진後晉 유후劉昫 찬, 『구당서』 권199 상, 열전 149, 동이, 신라전. 뜻은 『신당서』와 같으나 원문은 몇 글자가 더 있으므로 참고로 옮겨본다. "新羅國 本弁韓之苗裔也 其國在漢時樂浪之地."
5) 송宋 범엽范曄 찬, 『후한서』 권115, 동이전 75, 한전韓傳. 여기에는 세 가지 한나라(三韓) 중에서 변한은 변진弁辰으로 되어 있다.
6) 이 말은 『사기』 권46, 열전 6, 최치원전에 들어있으며, 앞 마한쪽의 주8)에서 이미 본 바가 있다.
7) 이 「본기本記」는 「본기本紀」가 옳으며, 『사기』 권23의 「백제본기百濟本紀」 1을 가리키는 것이다.

진(B.C.17)8)의 일이니, 혁거세왕이나 동명왕 때보다 40여 년 뒤가 된다. 『당서唐書』에서 "변한의 후예가 낙랑 땅에 있었다."고 한 것은 온조왕의 계통이 동명왕으로부터 나왔기 때문에 그렇게 말한 것이다. 혹 어떤 인물이 낙랑 땅에서 나서 변한에 나라를 세우고 마한 등과 대립한 것이 온조왕 이전이었을 뿐이며, 도읍이 낙랑의 북쪽에 있었다는 것은 아니다. 어떤 이가 함부로 구룡산九龍山9)을 또한 변나산卞那山이라 이름하기 때문에 고구려를 변한卞韓이라고 한 것은 잘못된 것이다. 마땅히 옛 현인(최치원)의 말이 옳다고 하겠다.

 백제 땅에는 본디 변산卞山이 있었으므로 변한이라고 하였다.10) 백제가 전성하였을 때에는 15만 2천3백호11)였다고 한다.

---

8) 온조왕이 홍가 4년 갑진에 나라를 세운 것으로 되어 있으나, 실은 「백제본기」에는 홍가 3년(B.C.18)으로 되어 있다. 이 『사기』의 연표에도 온조왕의 즉위년을 홍가 3년 계묘로 하고 있다. 『유사』권1의 「왕력」에도 온조왕의 즉위를 계묘년으로 하고 있으므로, '홍가 4년 갑진'은 '홍가 3년 계묘'(B.C.18)의 착오임을 알 수가 있다.
9) 이 구룡산은 평양의 동북쪽에 있는 지금의 대성산大成山을 가리키는 것이며, 이 구룡산을 또한 변나산이라고도 일컬었던 모양이나 자세한 것은 알 수가 없다.
10) 변산은 지금의 부안扶安 변산邊山이다. 『동국여지승람』권34, 부안현扶安縣의 산천山川 쪽에 다음과 같이 적혀 있다. "변산邊山은…… 일명 능가산楞伽山이며, 또 일명 영주산瀛洲山이다. 혹은 변산卞山이라고도 하였는데, 말이 바뀌어 변산邊山이 되었다. 변한卞韓이 이(卞山)로 인해 이름이 지어졌다고 하나 그게 사실인지 아닌지를 알 수가 없다.(……卞韓之得名以此 未知是否)"
11) 『사기』권37, 잡지雜志 6, 지리地理 4, 백제에는, 5부部 37군郡 200성城에 76만호가 있었다고 하였으니, 그 호수戶數에 많은 차이가 난다.

Ⅱ. 내용 살펴보기

1. 제목을 통한 문제점

'변한卞韓 백제百濟'라는 이 제목을 두 가지 뜻으로 읽을 수가 있다고 본다. 하나는 '변한과 백제'라는 동격同格으로 볼 수 있는 것이고, 또 하나는 '변한이 백제가 되다'라는 역사적 선후관계로 볼 수도 있다는 것이다. 앞의 경우나 나중의 경우가 모두 제목의 부제처럼 붙여져 있는 주석은 백제에 관한 것이다. 즉 변한과 백제를 동격으로 볼 경우에는 "백제를 또한 남쪽 부여라 하며 그 도읍은 곧 사자성이다.(亦云南夫餘……)"로 해석이 되고, 변한과 백제를 역사적 선후관계로 보게 되면 "(변한이 백제가 되었으므로 변한을 이은) 백제를 또한 남쪽 부여라고도 하며……"라고 풀이될 수가 있다.

이렇게 해석하건 저렇게 풀이하건 간에 제목으로는 변한과 백제가 이 항목의 주제인 것만은 틀림이 없다. 그런데도 변한을 중심으로 하면서 백제에 관해서는 거의 언급이 없다. 이 항목의 첫머리에는 오히려 변한이 신라에 항복한 것을 전하고 있다. 본문에 들어가면서 "변한이 백제이다.(卞韓百濟也)"라는 최치원의 말에 비로소 백제가 한 마디 나와 있을 정도이다. 그리고 끝부분에 "백제 땅에 변산卞山이 있었기 때문에 변한卞韓이라 하였다 한다. 백제가 전성했을 때에는 15만 2천 3백호였다."고 맺으면서, 백제가 두 번 이어 나오고 있다.

변한은 자료가 많지 않으니까 더 자세한 것을 전할 수가 없었다고 할 수 있겠으나, 백제는 자료면에서나 역사상의 비중에 있어서 변한과는 견줄 수가 없을 만큼 많은 편이다. 그런데도 백제의 역사에 관해서는 한 마디의 언급도 없다고 할 만큼 소홀해 있고, 다만 '변한이 백제'라는 말과 백제가 전성했을 때의 가호 수(15만 2천 3백호)를 밝히고 있으나, 이 또한 『사기』「지리지」에서 전하는 호수(76만호)보다 거의 다섯 배나 적은 가호 수이다.

또 이 제목의 부제에서 보여주고 있는, "또한 남쪽 부여(南夫餘)이며 곧 사자성이다."라고 한 것은 변한에 관한 것이 아니고 백제에 관한 주석이다. 이는 말할 것도 없이 백제의 수도였던 (지금의) 부여를 북쪽의 옛 부여扶餘에 견주어서 부여 곧 사자(비)성을 도읍으로 한 백제를 '남쪽의 부여'라고 일컬었음을 풀이한 것이다. 그만큼 제목상으로는 변한보다도 오히려 백제에 더 무게를 둔 것처럼 보이면서도 실제 내용에서는 '남쪽 부여'인 백제에 관한 기록이 없다. 그래서 제목과 내용이 서로 걸맞지 않는 항목이라 할 수 있을 것이다.

이는 혹시 이 『유사』의 권2에서 보게 될 '남부여南夫餘・전백제前百濟' 항목에서 백제가 다루어질 것이기 때문에 이 항목에서는 백제를 생략한 것인지도 모를 일이라 하겠다. 여기에서도 백제에 관하여서는 그리로 미루려고 한다.

2. 옛 사전史傳에 보인 변한

지금까지 본 『사기』와 『유사』 외에 변한에 관한 기록을 보이고 있는 국내의 자료로서 『제왕운기』를 들 수 있다. 여기에는, "자연히 경계가 나뉘어 삼한이 이루어졌고, 삼한은 각각 얼마쯤의 고을들을 가졌다.(自然分界成三韓 三韓各有幾州縣)"라고 한 다음 몇 줄을 건너뛰어 '마馬・진辰・병幷' 또는 '진辰・마馬・변弁'으로 삼한의 머리글자만 보일 정도일 뿐이다. 그러므로 마한 진한은 물론 변한에 관한 언급은 볼 수가 없다.

이제 본 『유사』의 이 항목에서 『당서唐書』와 『후한서後漢書』에 들어있는 변한에 관한 한마디씩을 인용해 옮긴 부분을 보았다. 극히 간략한 그 인용구 외에도 중국의 옛 왕조사에는 더러 변한에 관한 기록이 보이고 있으므로 여기에 그 대강을 옮겨서 참고로 삼고자 한다. 『유사』에는 신・구 『당서』를 먼저 인용하고 있으나, 여기에서는 왕조사의 차례에 따라 살펴보기로 한다.

1) 『후한서』에 보인 변진弁辰

『후한서』의 「동이전東夷傳」[12]에 전하고 있는 3한韓에 관한 기록은 이미 앞의 마한馬韓 쪽에서 마한을 중심으로 하여 본 바가 있다. 여기에서는 변한에 관하여서만 보기로 한다. 이 『후한서』에서는 변한을

---

12) 『후한서』 권115, 동이전 75, 한전韓傳(弁辰). 앞의 주5)와 같음.

변진弁辰이라 하고 있다.

> 한韓에는 세 가지가 있으니, 첫째는 마한이요, 둘째는 진한이며, 셋째는 변진이다. 변진은 진한의 남쪽에 있으며 또한 열두 나라이고, 그 남쪽은 왜倭와 인접해 있다.
> 변진은 진한辰韓과 섞여 살며, 성곽과 의복이 모두 같으나 언어와 풍속은 다르다. 그 사람들의 모양새는 모두 장대하고 머리털이 아름다우며, 의복이 깔끔하고 깨끗하였다. 형벌과 율법이 엄격하고 준열하였으며, 그 나라가 왜국과 가까웠으므로 문신을 한 자가 더러 있었다.

삼한이라 하여 마馬·진辰 두 나라를 한韓이라 하였으니, 세 번째의 나라도 변한이라야 옳을 것인데 여기에는 변진이라 하고 있다. 물론 변진이 변한임에는 틀림이 없다. 이때 중국에서는 변한을 변진이라고도 썼던 것으로 볼 수 있다. 이상이 『후한서』에 보이고 있는 변한(변진) 관계의 전부라고 할 수 있다.

2) 『삼국지』13)에 전해진 변한

> 한韓나라에 세 가지가 있으니 첫째는 마한이고, 둘째는 진한이며, 셋째는 변한이다.

이 첫머리 한韓의 세 가지(三種)는 얼른 보아 앞의 『후한서』의 경우와 같은 것으로 보기가 쉽다. 그러나 세 번째가 앞에서는 변진弁辰이었는데 여기서는 변한弁韓인 것이 다르다. 그러나 본문에 들어가서

---

13) 『삼국지』 권30, 「잡지」 30, 동이, 한전韓傳(弁韓·辰).

는 다시 변진으로 나와 있다.

변진弁辰 또한 열두 나라(12國)이며, 또 여러 작은 별읍別邑에는 각각 거수渠帥가 있어서 큰 것(大者)에는 이름이 신지臣智이며, 그 다음에 험측險側이 있고, 다음에 번예樊濊이며, 다음에 쇄해殺奚, 다음에 차읍借邑이 있었다.

그리고는 이어서 진한과 합친 24국의 이름을 들고 있다. 그에 이어 진왕辰王과 진한과 마한의 풍습 등이 언급되어 있고 나서, 또 '변진弁辰'의 이름이 소제목처럼 따로 나와 있다. 말하자면 이 삼한전에서는 변진의 이름을 소제목처럼 두 번씩이나 내세우고 있는 셈이다. 두 번째의 이 '변진弁辰' 아래에는 "진한과 섞여 살며(弁辰與辰韓雜居)"라고 시작되어 "법속이 특히 엄준하다.(法俗特嚴峻)"라고 끝나 있어서 그 설명이 조금 더 자세한 정도일 뿐이지 내용은 앞에서 본 『후한서』의 변진 쪽 내용과 흡사하다.

『삼국지』의 삼한전 전체로 보아 『후한서』에 보인 삼한전의 거의 갑절이 더 되는 부피이지만 이 변한(변진)에 관해서도 『후한서』 쪽에 비해 설명과 분량이 많은 편이다. 그러나 전반적으로 간략하게 전해진 셈이다.

3) 『진서』 및 그 밖의 왕조사에 보인 변한

『진서晋書』14)에는 마한전과 진한전은 나와 있어도 변한전은 없다.

---

14) 『진서』 권97, 열전 67, 사이四夷, 동이전(馬韓·辰韓).

변한에 관해서는 마한전의 첫머리 시작에, "한韓에 세 가지가 있으니 첫째 마한, 둘째 진한, 셋째 변한이다."라고 되어 있으며, 또 진한전에서 진한에 관해 기록하는 사이에 "변진弁辰 또한 12국이 있다."라고 한 것이 전부라고 할 수 있다. 이름만 보이면서도 이 또한 삼한을 열거할 때에는 변한弁韓이고, 서술의 중간에는 변진弁辰으로 하고 있음을 보게 된다.

『양서梁書』15)에는 한韓전이 따로 없으나 백제전을 시작하면서 삼한의 이름이 나오고 그 세 번째가 변한이라고 하였다. 그리고는 "변한과 진한은 각각 12국이다."라고 하였는데, 변한에 관해서는 이것이 전부이다. 『남사南史』16) 또한 『양서』의 경우와 같이 삼한전이 따로 없고, 백제전 앞머리에 나와 있는 삼한의 이름과 그 세 번째가 변한이며, 변한과 진한이 각각 12국이라 한 것이 글자 하나 틀리지 않고 『양서』 그대로를 옮긴 듯 하다.

『구당서舊唐書』와 『신당서新唐書』에는 신라전에 보이고 있는데 이는 앞에서 이미 보았다.17) 이 밖에 또 『신오대사新五代史』18)에는 "신라는 변한의 유종이다.(新羅 弁韓之遺種也)"라는 한 마디를 보이고 있다. '유종'은 후예라는 뜻으로 『당서』에 나오는 '묘예苗裔'와 같다.

이상의 중국 왕조사를 통해서 볼 때 오래된 사서에서는 변진弁辰이라 보이고 조금 내려오면서는 변한과 변진을 같이 썼으며, 후대로 와서는 변한이라고만 쓰고 있음을 볼 수 있다. 그리고 변한으로 보면

---

15) 『양서』 권54, 열전 48, 제이諸夷, 동이전(百濟).
16) 『남사』 권79, 열전 69, 이맥夷貊 하下, 동이 백제.
17) 앞의 주3)과 주4).
18) 『오대사』 권74, 사이四夷 부록 제3, 신라.

훨씬 후대가 되는 『당서』와 『오대사』에서는, '백제가 변한의 뒤를 이었다(변한의 땅에서 일어났다)'는 종래의 설과는 달리 '신라가 변한의 후예였다'고 하였음을 볼 수 있었다.

진한辰韓과 신라新羅
금입택金入宅 · 사절유택四節遊宅

Ⅰ. 원문과 새김글
  1. 원문
  2. 새김글

Ⅱ. 내용 살펴보기
  1. 이 항목의 문제점
  2. 옛 중국 왕조사에 비친 진한
    1) 『후한서後漢書』에 전하는 진한
    2) 『삼국지三國志』에 보인 진한
    3) 『진서晉書』 및 그밖의 왕조사에 보인 진한

Ⅰ. 원문과 새김글

1. 원문

辰韓(亦作秦韓)

　後漢書云 辰韓耆老自言 秦之亡人來適韓國 而馬韓割東界地以與之 相呼爲徒 有似秦語 故或名之爲秦韓 有十二小國 各萬戶稱國 又崔致遠云 辰韓本燕人避之者 故取涿水之名 稱所居之邑里 云沙涿漸涿等(羅人方言 讀涿音爲道 故今或作沙梁 梁亦讀道)

　新羅全盛之時 京中十七萬八千九百三十六戶 一千三百六十坊 五十五里 三十五金入宅(言富潤大宅也) 南宅 北宅 亐比所宅 本彼宅 梁宅 池上宅(本彼部) 財買井宅(庾信公祖宗) 北維宅 南維宅(反香寺下坊) 隊宅 賓支宅(反香寺北) 長沙宅 上櫻宅 下櫻宅 水望宅 泉宅 楊上宅(梁南) 漢歧宅(法流寺南) 鼻穴宅(上同) 板積宅(芬皇寺上坊) 別敎宅(川北) 衙南宅 金楊宗宅(梁官寺南) 曲水宅(川北) 柳也宅 寺下宅 沙梁宅 井上宅 里南宅(亐所宅) 思內曲宅 池宅 寺上宅(大宿宅) 林上宅

(靑龍之寺 東方有池) 橋南宅 巷叱宅(本彼部) 樓上宅 里上宅 梇南宅 井下宅

又 四節遊宅

春東野宅 夏谷良宅 秋仇知宅 冬加伊宅 第四十九憲康大王代 城中無一草屋 接角連墻 歌吹滿路 晝夜不絶

2. 새김글

진한 〔진한辰韓을 또한 진한秦韓이라고도 한다.〕

『후한서後漢書』1)에는 이러하다.

진한의 노인들이 스스로 말하기를, "진秦나라에서 망명한 사람들이 한韓나라로 오니 마한이 동쪽 경계의 땅을 떼어주었다."고 하였다. 그들은 서로 동아리(동무친구)2)라고 불렀으며, 진나라 말과 비슷하였으므로 혹은 나라 이름을 진한秦韓이라고도 하였다. (이 진한에는) 작은 나라가 열둘(12소국)이 있어서 각각 일만 호씩이었으며 모두 나라라고 일컬었다.

또 최치원은 이르기를, "진한은 본디 연燕나라 사람들이 피난 와서 이루어진 나라이므로 탁수涿水3)의 이름을 따서 거주하는 읍리를 사탁沙涿·점탁漸涿 등으로 불렀다."라고 하였다.〔신라 사람들의 옛말에 탁涿을 도道로 발음하였으므로 지금도 혹은 사량沙梁이라 쓰고 량을 또한 도道로 읽는다.〕4)

---

1) 『후한서』 권115, 동이전東夷傳 75, 동이東夷, 한전韓傳.
2) 원문은 '도徒'이며 무리라는 뜻인데, 여기에서는 목적이 같은 사람들의 한패거리 곧 '동아리'라고 할 수가 있다. 그러나 서로 불렀다(相呼)는 것이므로 '동무'·'친구'라는 뜻으로 쓴 말인 듯하다.
3) 탁수는 중국 하북성河北省의 탁녹현涿鹿縣 탁녹산에서 발원하여 해하海河로 흘러가는 강물 이름이다.
4) 이 괄호 안의 글은 찬자의 주석이다. 그리고 『유사』 원문의 내용으로 '진한辰韓'의 실제 항목 내용은 여기에서 끝나 있다.

신라 금입택과 사절유택5)

신라가 전성하였을 때는 서울 안에 17만 8천 9백 36호구, 1천 3백 60방6), 55리7)였으며, 서른다섯 군데의 부유한 큰 저택(金入宅)8)이 있었다. 남댁9)·북댁·우비소댁·본피댁·양댁·지상댁(본피부)·재매정댁(김유신공의 조종집)10)·북유댁·남유댁(반향사의 아랫동네)·대댁·빈지댁(반향사 북쪽)·장사댁·상앵댁·하앵댁·수망댁·천댁·양상댁(양부 남쪽)·한기댁(법류사 남쪽)·비혈댁(위와 같음)·판적댁(분황사 윗동네)·별교댁(천북)·아남댁·금양종댁(양관사 남쪽)·곡수댁(천북)·유야댁·사하댁·사량댁·정상댁·이남댁(우소댁)·사내곡댁·지댁·사상댁(대숙댁)·임상댁(청룡사 동쪽의 못에 있음)·교남댁·항질댁(본피부)·누상댁·이상댁·명남댁·정하댁이다.11)

---

5) 『유사』 원문에는 여기에 '신라 금입택新羅金入宅'이라는 제목이 없다. 그러나 앞(항목풀이)에서도 잠시 언급한 바가 있지만, 다음에 이어지는 "신라가 전성하였을 때"로부터 "35금입택三十五金入宅……"의 대저택 이름과 그 다음의 '사절유택四節遊宅' 항목 내용은 사실 '진한'과는 상관없는 신라의 옛 일이다. 그러므로 여기에서 항목을 달리하여야 마땅한데도 구분되어 있지 않으므로 편의상 '신라 금입택'이라 이름붙이고, 다음 항목으로 엉뚱하게 '우사절유택又四節遊宅'이라 나누어진 것을 합쳐서 하나의 항목으로 삼았다.
6) 나중에 보게 될 『유사』 권5 피은 8의 염불사念佛師 이야기에는, "도성 안(城中)의 360방坊 17만호戶"라고 하였다.
7) 이병도는 여기서의 '이里'와 앞쪽의 '방坊'이 서로 뒤바뀐 것이 아닌가(坊與里恐互倒)라고 보았다.(『유사』영인본 p.50의 윗단 註記)
8) 찬자는 이 '금입택金入宅'에 "부자로 잘사는 큰 저택을 말한다.(言富潤大宅也)"라고 주석하였다.
9) 집 이름(宅名)의 원문은 여기에 붙여 적지 않고 본 책의 원문으로 미룬다.
10) 이 재매정댁財買井宅의 터는 현재 경주시慶州市 교동 91번지에 그 우물터가 남아있어서 사적 246호로 지정 보호되고 있다.

또 사철의 놀이 저택은12)

봄에는 동야댁東野宅, 여름에는 곡량댁谷良宅, 가을에는 구지댁仇知宅, 겨울에는 가이댁加伊宅이다.

제49대 헌강대왕憲康大王 때에는 (서울) 성안에 초가집이 하나도 없었고, (집들은) 처마와 담장이 서로 연이어 있었으며, 노래와 풍류 소리가 길에 가득 차서 밤낮으로 끊이지 않았다.13)

---

11) 본문에는 분명히 '35 금입택金入宅'이라 하고 있으면서도 실제 거기에 열거되어 있는 대저택 이름은 서른아홉 곳이다. 이는 아마도 앞에서 본 '78국' 항목의 실제 내용은 78국인데 그 제목이 '72국'으로 잘못 쓰여진 경우와 같은 것이 아닌가 싶다. 즉 '三十九'가 '三十五'로 잘못 기록된 것이 아닐까?

12) 앞에서 잠시 언급한 바와 같이 원문에서는 '우사절유택又四節遊宅'이라 하여 분명히 하나의 항목 이름으로 나와 있다. 그래서 어떤 이는 '又'자가 잘못 붙은 불필요한 글자라 떼어버려야 한다고 보기도 한다. 그러나 실은 앞의 '서른다섯 군데 큰 저택(三十五金入宅)'에 이어진 글로 보는 것이 옳을 것 같다. 그러므로 여기에서는 이를 따로 붙인 항목(別項) 이름으로 보지 않고 앞 글에 이어서(35금입택 외에 또 '사절유택'이 있음을 드러내기 위해) 줄을 바꾸어 쓴 것으로 보고자 하였다. 그러기 때문에 진한에 관한 부분이 끝나고 신라의 일이 시작되는 이 사이에 '신라 금입택과 사절유택'의 제목 이름을 붙여본 것이었다. 따라서 이 부분은 '또 사철놀이 저택은'이라 하여 줄을 바꾸어 앞(金入宅) 이야기와 구분하였다.

13) 제49대 헌강왕 때의 이 일은 나중에 보게 될 이 책(『유사』)의 권2 '처용랑 망해사處容郎 望海寺' 쪽에도 거의 같은 뜻으로 보이고 있다.

Ⅱ. 내용 살펴보기

1. 이 항목의 문제점

 이 진한辰韓 항목의 원문에는 진한에 관한 일이 간략하게 기록되어 끝난 다음에, 곧바로 줄도 바꾸지 않고 이어서 "신라가 전성하였을 때(新羅全盛之時)……"라고 하여 신라의 일이 시작되고 있다. 그리하여 신라 전성 때의 서울 안(京中)의 호구(戶)·방坊·이里의 수를 밝히고 나서, 서른다섯(실은 서른아홉) 부유한 큰 저택(金入宅)을 열거하였다. 신라의 이 일까지도 진한의 항목에 들어있는데, 그 분량으로도 진한의 일보다 신라의 일이 더 많다.

 그리고 항목을 따로 하여, '또 사철 놀이 저택(又 四節遊宅)'이라고 하였다. 앞의 주석에서도 밝혔지만 이는 하나의 항목이름으로는 맞지가 않는 제목이다. 그 내용으로 봐서도 앞쪽 글에 이은 말로 보아야 할 성격이다. 즉 신라 전성기의 부유한 서른아홉의 대저택을 열거하고, '또 사철 놀이 저택'으로 봄·여름·가을·겨울의 유택遊宅을 열거한 것으로 되어 있기 때문이다. 그리고 사철의 유택 다음에 제49대 헌강왕 때의 일(성 안에 초가집이 없고 처마와 담장이 연이어 있으며, 풍류소리가 밤낮으로 끊이지 않았음)이 당시(신라 전성 때)의 성세盛世를 뒷받침하고 있다.

다시 말해서 "신라전성지시新羅全盛之時"에서 "가취만로주야불절歌吹滿路晝夜不絶"에 이르기까지의 글 가운데에, 서른아홉 금입택과 사철 유택이 열거되어 있다. 이는 곧 앞 글(신라 전성의 때……)과 본 글(서른아홉 부유한 큰 저택과 사철의 놀이 저택)과 마무리 글로 구성된 하나의 손색없는 항목이라 할 수 있다. 오히려 '진한' 쪽보다 더 짜임새 있는 항목으로 볼 수도 있다. 그러므로 이 '진한'의 항목 속에 들어 있는 '신라 전성지시' 이하 '금입택'의 부분은 '진한'에 해당되지 않으므로 그 항목에서 떼어내야 마땅한 것이다.

그 "신라 전성의 때…… 부유한 큰 저택……"과 '또 사절 유택' 이하의 글이 그 형식으로나 내용으로 보아 틀림없는 하나의 항목이다. 그런데도 잘못 갈라져서 앞쪽은 '진한'의 항목 뒤에 붙게 되고, 뒤쪽은 엉뚱하게도 일종의 접속어인 "또 사계절에 놀이하는 집으로는(又四節遊宅)"을 제목으로 삼고 그 이하를 한 항목으로 만들어버린 것이라 할 수 있다. 이는 아마도 처음 집필 때나 초간初刊 당시의 잘못이라기보다는 나중에 복각復刻하면서 어떻게 착오가 생긴 것이 아니었던가 싶다.

또 한편으로는 "변한이 백제이다.(卞韓 百濟也)"라고 한 최치원의 말에 따라 변한의 항목 명을 '변한卞韓・백제百濟'라고 붙인 경우와 같이, 진한의 항목에도 신라의 일부를 함께 넣었던 것이 아닌가라고 할 수도 있다. 앞의 '마한馬韓' 쪽에서 최치원이 "마한은 고구려이며 진한은 신라이다.(馬韓麗也 辰韓羅也)"라고 하였음을 보았다. 그러나

'변한 백제'라고 제목하여 백제 밑에 "또한 남부여南夫餘 곧 사자성泗沘城이다."라고 주석까지 붙여놓았지만 실은 내용에는 사자성에 도읍한 남부여 곧 백제에 관해서는 언급이 없었다. 반면에 '진한辰韓'에는 제목 밑에 "또한 진한秦韓이라고도 쓴다."는 주석만 붙였을 뿐, 신라에 관한 제목이나 부제는 전혀 언급이 없다.

그러므로 변한과 백제를 한 항목의 제목으로 묶어놓고도 백제를 다루지 않은 경우와는 달리, 아예 제목에 신라를 동반하지 않은 '진한' 쪽에는 내용에도 진한만이 다루어졌다고 할 수 있다. 다만 편집상의 착오인지 복각 때의 실수였던지는 자세치 않으나, 어쨌든 진한이 끝나고 '신라 금입택과 사절유택'의 항목이 나누어져야 할 쪽에 구분이 안된 채 제목없이 앞 항목인 '진한'에 붙여졌다가 뒷부분의 '우사절유택又四節遊宅'에 이르러 항목 명처럼 잘못 구분이 지어졌던 것으로 볼 수가 있다고 하겠다.

그러기 때문에 여기에서는 아예 '진한'과 '신라 금입택·사절유택'을 각각 다른 항목으로 분리해서 보는 것이 옳다고 할 수 있다. 그러나 별개의 항목이면서도 '진한'의 항목에 잇대어 '신라……'의 항목을 다룬 것은 진한에 연결되어 있는 원문을 따르기 위함이었다. 원문을 변경시킬 수는 없으므로 거기에 구분을 가능하게 하는 간격을 두고, '우사절유택又四節遊宅'을 별 항목에서 끌어다가 신라 쪽에 붙임으로써 서로가 신라의 같은 항목임을 보이고자 하였다.

그래서 새김글에서는 항목 명을 붙이고 진한과 신라를 분리하였다. 그러면서도 원문의 형태를 깨뜨리지 않으려고 진한의 항목 뒤에 이어서 신라의 항목을 두었다.

2. 옛 중국 왕조사에 비친 진한

삼한 가운데 마한과 변한에 관해서는 이미 앞에서 보았다. 진한 또한 국내의 자료로서는 『유사』외에 별로 볼만한 것이 없다. 단지 중국의 옛 왕조사王朝史를 통해서 진한의 역사를 어느 정도 이해할 수가 있으므로, 시대의 순서에 따라 대충 살펴보고자 한다.

1) 『후한서後漢書』14)에 전하는 진한

『유사』의 이 항목 첫머리에 "후한서운後漢書云"이라 하여 『후한서』에 전하는 진한관계의 일부를 인용하는 것으로 시작하고 있다. 삼한 쪽의 서두와 간혹 필요한 마한·변한에 관한 언급을 피하고 가급적 진한에 관한 글만을 따서 옮겨보기로 한다.

진한은 동쪽에 있으며 열두 나라인데, 그 북쪽에 예맥濊貊과 인접해 있다. 진한의 노인들이 스스로 말하기를 진秦나라에서 망명한 사람들이 힘든 노역을 피하여 한나라(韓國)에 이르니 마한이 동쪽 경계의 땅을 떼어주었다고 하였다. 그네는 나라(國)를 일컬어 방邦이라 하고 활(弓)을 호弧라 하며 도적(賊)을 구寇라 하고 행주行酒15)를 행상行觴이라 하였으며, 서로를 동아리(동무·친구)라고 불렀다. 진나라 말과 비슷하였으므로 혹은 나라 이름을 진한秦韓이라고도 하였다.

---

14) 이 항목 주1)과 앞 '변한卞韓' 항목의 주5)와 같음.
15) 행주는 행배行杯와 같은 말로서 '잔에 술을 부어 돌림' 또는 '잔에 술을 쳐서 드림'의 뜻이다. 행상行觴도 같은 뜻이다.

성책城柵에는 옥실屋室이 있으며, 여러 작은 별읍別邑에는 각각 우두머리(渠帥)가 있었다. 큰 읍에는 신지臣智라 이름하고, 다음에는 검측儉側16)이며, 다음이 번지樊祗17)이고, 다음이 쇄해殺奚이며, 다음이 읍차邑借이다. 토지가 비옥하여 오곡이 잘되었고, 뽕나무 심고 누에쳐서 명주비단 짤 줄을 알았다. 소와 말을 타고 시집 장가가는 행례에는 길가는 사람들이 길을 비켜주었다.

그 나라에는 철鐵이 나왔는데, 예맥과 왜倭와 마한과 아울러 거래를 했다. 모든 무역에는 모두 철로 화폐를 삼았다. 시속에는 노래와 춤과 술과 풍악을 즐겼다. 아이가 태어나면 그 머리를 납작하게 하려고 모두 돌로 (머리를) 눌렀다고 한다.18)

2) 『삼국지三國志』에 보인 진한

이 『삼국지』「위지魏志」19)의 '한전韓傳'에 들어있는 진한 역시 앞의 『후한서』에서와 같이 "한에는 세 가지가 있다."고 시작된 삼한의 하나로 보이고 있다. 진한에 관한 부분만을 옮겨본다.

진한은 옛 진국이다.(辰韓者 古之辰國也) 진한은 마한의 동쪽에 있다. 그곳 노인들이 대를 이어 전해 듣고 스스로 말하기를, "옛날 망명한 사람들이 진秦의 노역을 피하여 한국韓國에 오니, 마한이 그 동쪽 경계의 땅을 떼어주었다."고 하였다. 성책이 있었으며, 그 언어는 마한과 같지 않았으니, 나라(國)를 이름하여 방邦이라 하고 활은 호弧라 하며 도둑을 구寇라

---

16) 『삼국지』의 변진弁辰 쪽에는 '험측險側'이라 하였다.
17) 『삼국지』의 변진弁辰 쪽에는 '번예樊穢'로 되어 있다.
18) 『후한서』에 전하는 '진한에 관한 것은 이것이 전부이다. 『유사』의 이 항목 앞머리의 『후한서』 인용문은 이 글의 앞쪽에서 주로 따온 것이다.
19) 『삼국지』 권30, 「위지」 30, 동이 한전, 진한辰韓.

하고 잔에 술을 부어 돌리는 것(行酒)을 행상行觴이라 하였으며, (그들끼리) 서로 모두 동아리(동무·친구)라 불렀다. 진秦나라 사람들과 비슷하였으나 연燕나라와 제齊나라의 명물名物과는 같지 않았다.

낙랑인樂浪人을 아잔阿殘이라 일컬었다. 동방사람들의 이름에 아我를 아阿라 하는데, 낙랑인은 본디 그 나머지 사람(殘餘人)이라 하여 지금 그렇게 (阿殘이라) 일컫는다. 진한은 처음에 여섯 나라였으나 차츰 나뉘어져 열두 나라가 되었다.

앞의 『후한서』에서 전하는 내용과 비슷하고 같은 부분도 있으나 많이 요약되어 있고, 또 그 전반적인 모습 자체도 참고가 될 것 같아서 진한에 관한 전문을 모두 옮겨보았다.

3) 『진서晉書』 및 그 밖의 왕조사에 보인 진한

① 『진서』[20]

『진서』에도 '한韓'의 세 가지 곧 마한·진한·변한을 먼저 들고 있다. 그러나 이는 한전韓傳이 따로 없어서 그런지 마한馬韓전 앞머리에 시작말로 보이고 있다.

이 『진서』에는 변한전이 빠져있고 마한과 진한만 소제목을 따로 두고 있다. 이 진한전에는 "진한은 마한의 동쪽에 있다."로 시작되어 앞에서 본 『후한서』와 『삼국지』의 진한전(마한전도 참고한 듯)에 전하는 내용을 요약해서 옮겨놓았다. 다만 거기에는 여태 보지 못했던 다음과 같은 중요한 부분도 전하고 있다.

---

20) 『진서』 권97, 열전 67, 사이四夷, 동이전東夷傳 진한辰韓.

진한은 항상 마한 사람을 군주로 삼았다. 비록 여러 대를 서로 이어 살아왔으면서도 (진한인은) 자립하지를 못하였다. 그들이 흘러들어온 이주민이었기 때문에 마한의 통제를 받은 것이 분명하다고 하겠다. 춤을 즐기고 큰 거문고(瑟)를 잘 탔는데, 슬瑟은 모양이 축筑(거문고 비슷한 대로 만든 악기)과 닮았다.

무제(西晉의 武帝)의 태강太康 원년(280)에 그 왕이 사신을 보내어 방물을 바쳤으며, 2년에도 다시 와서 조공을 열고 그 7년(286)에도 또 보내왔다.

② 『양서梁書』와 『남사南史』 및 기타

앞 항목(변한)에서 언급한 것처럼 이 『양서』21)에는 삼한전三韓傳이 따로 없다. '제이諸夷'전의 동이東夷 백제百濟 쪽에, "마한 · 진한 · 변한의 세 한나라(三韓國) 중에서 변한과 진한이 각각 열두 나라(12國)이다."라고 하였으며, 신라新羅 쪽에 "신라는 그 선조가 본디 진한의 종족이다.(新羅者 其先本辰韓種也)"라고 시작하여 앞의 사서 특히 『진서』에 있는 '진한'의 일부를 옮겨놓았다. 그 끝에 "진한은 처음에 여섯 나라였으나 차츰 나뉘어져 열두 나라가 되었는데, 신라는 곧 그 하나이다."라고 하였다.

『남사』22)에서는 또한 앞의 『양서』에서 옮긴 듯 '백제' 쪽의 시작에 세 한나라(三韓國)의 하나로 진한의 이름이 나온다. '신라' 쪽에는 그 선대先代의 일을 아예 『북사北史』 쪽으로 미루고 있다.23)

---

21) 『양서』 권54, 열전 48, 제이, 동이전, 백제 · 신라.
22) 『남사』 권79, 열전 69, 이맥夷貊 하, 동이전, 백제 · 신라.
23) 이 『남사』 신라 쪽의 시작에서, "신라, 선대의 일은 『북사』에 자세하다.(新羅 其先事詳北史)"라고 하였다. 이 『남사』와 다음 『북사』의 찬자가 같은 한 사람(唐의 李延壽)이

『북사北史』[24)]의 신라 쪽에는 첫머리 시작부터 앞『양서』의 신라전에 보인 진한에 관한(서너 자의 군글자衍字를 빼고는) 그대로를 옮겨놓은 것처럼 똑같다. 그래서 진한에 관한 부분을 옮기지 않기로 한다.

이 이후의 『수서隋書』・『당서唐書』 등 왕조사에는 진한에 관한 것이 보이지 않는다.

기 때문이다.
24) 『북사』 권94, 열전 82, 신라.

신라新羅 시조始祖 혁거세왕赫居世王

Ⅰ. 원문과 새김글
 1. 원문
 2. 새김글

Ⅱ. 내용 살펴보기
 1. 이 항목의 위치(「기이紀異」편에 있어서)
 2. 혁거세왕의 이름 문제
 3. 나라 이름 문제
 4. 중국 왕조사에 비친 초창기 신라
  1) 『양서梁書』에 전하는 신라
  2) 『남사南史』와 『북사北史』에 보인 신라
  3) 『수서 隋書』와 『당서唐書』에 전하는 초기 신라

Ⅰ. 원문과 새김글

1. 원문

新羅始祖 赫居世王

辰韓之地 古有六村 一曰閼川楊山村 南今曇嚴寺 長曰閼平 初降于瓢嵓峰 是爲及梁部李氏祖(弩禮王九年置 名及梁部 本祖太祖天福五年庚子 改名中興部 波潛東山彼上東村屬焉) 二曰突山高墟村 長曰蘇伐都利 初降于兄山 是爲沙梁部(梁讀云道 或作涿 亦音道) 鄭氏祖 今曰南山部 仇良伐麻等烏道北廻德等南村屬焉(稱今曰者 太祖所置也 下例如)三曰茂山大樹村 長曰俱(一作仇)禮馬 初降于伊山(一作皆比山) 是爲漸梁(一作涿)部 又牟梁部孫氏之祖 今云長福部 朴谷村等西村屬焉 四曰觜山珍支村(一作賓之 又賓子 又氷之)長曰智伯虎 初降于花山 是爲本彼部崔氏祖 今曰通仙部 柴巴等東南村屬焉 致遠乃本彼部人也 今黃龍寺南味呑寺南有古墟 云是崔侯古宅也 殆明矣 五曰金山加利村(今金剛山栢栗寺之北山也) 長曰祗沱(一作只他)初降于明活山 是爲漢歧部(又作韓歧部)裵氏祖 今云加德部 上下西知乃兒等東村屬焉 六曰明活山高耶村 長曰虎珍 初降于金剛山 是爲習比部薛氏祖 今臨川部 勿伊村仍仇彌村闕谷

(一作葛谷)等 東北村屬焉 按上文此六部之祖 似皆從天而降 弩禮王九年 始改六部名 又賜六姓 今俗中興部爲母 長福部爲父 臨川部爲子 加德部爲女 其實未詳

前漢地節元年壬子(古本云建虎元年 又云建元三年等 皆誤) 三月朔六部祖各率子弟 俱會於閼川岸上 議曰 我輩上無君主臨理蒸民 民皆放逸 自從所欲 盍覓有德人 爲之君主 立邦設都乎 於是乘高南望 楊山下蘿井傍 異氣如電光垂地 有一白馬跪拜之狀 尋撿之 有一紫卵(一云靑大卵) 馬見人長嘶上天 剖其卵得童男 形儀端美 驚異之 浴於東泉(東泉寺在詞腦野北) 身生光彩 鳥獸率舞 天地振動 日月淸明 因名赫居世王(蓋鄕言也 或作弗矩內王 言光明理世也 說者云 是西述聖母之所誕也 故中華人讚仙桃聖母有娠賢肇邦之語是也 乃至雞龍現瑞 産閼英 又焉知非西述聖母之所現耶) 位號曰居瑟邯(或作居西干 初開口之時 自稱云 閼智居西干一起 因其言稱之 自後爲王者之尊稱) 時人爭賀曰 今天子已降 宜覓有德女君配之 是日沙梁里閼英井(一作娥利英井) 邊有雞龍現 而左脇誕生童女(一云龍現死而剖其腹得之) 姿容殊麗 然而唇似雞觜 將浴於月城北川 其觜撥落 因名其川曰撥川 營宮室於南山西麓(今昌林寺) 奉養二聖兒 男以卵生 卵如瓠 鄕人以瓠爲朴 故因姓朴 女以所出井名名之 二聖年至十三歲 以五鳳元年甲子男立爲王 仍以女爲后 國號徐羅伐 又徐伐(今俗訓京字云徐伐 以此故也) 或云斯羅 又斯盧 初王生於雞井 故或云雞林國 以其雞龍現瑞也 一說脫解王時 得金閼智 而雞鳴於林中 乃改國號爲雞林 後世遂定新羅之號 理國六十一年 王升于天 七日後遺體散落于地 后亦云亡 國人欲合而葬之 有大蛇逐禁 各葬五體爲五陵 亦名蛇陵 曇嚴寺北陵是也 太子南解王繼位

2. 새김글

신라 시조 혁거세왕

진한辰韓의 땅에는 옛적에 여섯 마을이 있었다.

첫째는 알천閼川 양산촌楊山村이니, 그 남쪽이 지금의 담엄사曇嚴寺[1]이다. 어른(촌장)은 알평謁平인데, 처음(하늘에서) 표암봉瓢嵓峰에 내려왔다. 이분이 급량부及梁部 이李씨의 조상이 되었다. 〔노례왕弩禮王 9년(32)에 급량부를 두었다. 고려 태조 천복 5년 경자(940)에 중흥부中興部로 고쳤으며, 파잠波潛·동산東山·피상彼上·동촌東村이 여기에 속하였다.〕[2]

둘째는 돌산突山 고허촌高墟村이며, 어른은 소벌도리蘇伐都利이다. 처음 형산兄山에 내려왔는데 그가 사량부沙梁部〔梁은 도道라 읽고 혹은 탁涿으로도 쓰이나 또한 발음은 道이다.〕[3] 정鄭씨의 조상이 되었다. 지금은 남산부南山部라고 하는데, 구량벌仇良伐·마등오馬等烏·도북道北·회덕廻德 등 남쪽의 마을들이 여기에 속하였다.

셋째는 무산茂山 대수촌大樹村[4]이며 어른은 구례마俱(仇)禮馬이다.

---

1) 담엄사는 『사기』 권1의 혁거세왕 61년 3월 조와 『유사』의 이 항목(新羅始祖赫居世王) 끄트머리에는 혁거세왕 능의 남쪽에 있다고 하였다. 현재 경주시 탑리塔里에 그 터가 있다. 『동국여지승람東國輿地勝覽』과 『동경잡기東京雜記』에는 '담엄사曇嚴寺'로 되어 있다. 그리고 이 담엄사는 『유사』 권3 흥법 3의 '아도기라阿道基羅' 쪽에, 신라 서울 안에 있었다는 앞부처님 때(前佛時)의 법수가 길이 흐르는 땅(法水長流之地) 일곱 군데 절터(七處伽藍之墟) 가운데의 하나인 일곱 번째의 서청전 터(七曰婿請田今曇嚴寺)로 보이고 있다.
2) 이 괄호 안 부분의 글은 찬자의 주석이다.
3) 이 부분도 찬자의 주석이다.

처음 이산伊山 또는 개비산皆比山에 내려왔으니 그가 점량부漸梁(涿)部 또는 모량부牟梁部 손孫씨의 조상이 되었다. 지금은 장복부長福部라고 하는데, 박곡촌朴谷村 등 서쪽 마을이 여기에 속한다.

넷째는 자산觜山 진지촌珍支村5)(賓之라고도 하며 또 賓子 또는 氷之라고도 함)이며, 어른은 지백호智伯虎이다. 처음 화산花山에 내려왔는데 그가 본피부本彼部 최崔씨의 조상이 되었다. 지금은 통선부通仙部인데 시파柴巴 등 동남쪽 마을이 여기에 속하였다. 최치원은 본피부 사람이다. 지금 황룡사皇龍寺 남쪽의 미탄사味呑寺6) 남쪽에 옛터가 있다 하니 이는 최치원의 옛집임이 분명할 것이다.

다섯째는 금산金山 가리촌加利村(지금 경주의 금강산이니 栢栗寺의 북쪽산)이며, 어른은 지타祇沱(只他)이다. 처음 명활산明活山에 내려왔으니 그가 한기부漢(韓)歧部 배씨의 조상이 되었다. 지금은 가덕부加德部라고 하는데, 상서지上西知・하서지下西知・내아乃兒 등 동쪽 마을이 여기에 속하였다.

여섯째는 명활산明活山 고야촌高耶村이며, 어른은 호진虎珍이다. 처음 금강산(백율사 북산)에 내려왔으니 그가 습비부習比部 설薛씨의 조상이 되었다. 지금은 임천부臨川部인데 물이촌勿伊村・잉구미仍仇彌

---

4) 『사기』 권1의 '시조 혁거세' 쪽에서는 여기서의 세 번째인 이 무산 대수촌을 네 번째로 하고 있다.(四日 茂山大樹村)
5) 여기서의 네 번째인 자산 진지촌이 『사기』 혁거세왕 쪽에서는 세 번째(三日)로 되어 있어서 앞 주의 무산 대수촌과 그 순서가 바뀌어 있다. 그리고 『사기』에서는 이 진지촌 밑에 주를 달아 "혹은 간진촌이라고도 한다.(或云 干珍村)"라고 하였다.
6) 황룡사는 너무나 유명한 절인데다가 나중에 따로 이 절을 전하는 항목이 있으므로 여기에서는 언급하지 않기로 한다. 미탄사는 경주시 구황동 낭산狼山 서쪽에 있었던 절인데, 현재 3층석탑을 복원한 절터를 이곳으로 추정하고 있다.

촌·궐곡闕谷(또는 葛谷) 등 동북쪽 마을이 여기에 속하였다.

  위의 글을 살펴보면 이 여섯 부의 조상들은 모두 하늘로부터 내려온 것 같다. 노례왕 9년(A.D.32)에 비로소 여섯 부의 이름을 고치고 또 여섯 성씨를 정해 주었다. 지금 세간에는 중흥부(처음 급량부)를 어머니라 하고, 장복부(본디 점량부)를 아버지라 하였으며, 임천부(습비부)를 아들이라 하고, 가덕부(한기부)를 딸이라고 하는데, 그 내용은 알려져 있지 않다.

  전한前漢의 지절地節 원년 임자(B.C.69) [古本에 건무 원년 AD.25이라 하고 또 건원 3년 B.C.138이라 하는 등은 모두 틀린 것임] 3월 초하루에 여섯 부의 조상들이 각기 자제들을 거느리고 알천閼川의 언덕 위에 함께 모였다. (그들이) 의논하기를, "우리들은 위로 백성을 다스릴 임금님이 없으므로 백성들이 모두 아무 거리낌 없이 놀며 제멋대로 행동하고 있으니, 덕망 있는 이를 찾아 임금님으로 삼고 나라를 세워 도읍을 정해야 하지 않겠는가."라고 하였다.

  이에 (회의를 마치고) 높은 곳에 올라 남쪽을 바라보니 양산楊山 밑 나정蘿井(우물 이름) 곁에 이상한 기운이 번갯불처럼 땅에 내리비치는데 흰말 한 마리가 꿇어앉아 절하는 형상을 하고 있었다. 그곳을 찾아가 살펴보니 자주빛 알(혹은 푸른 큰 알)이 하나 있었으며 그 말은 사람들을 보자 길게 울고는 하늘로 올라갔다.

  그 알을 쪼개니 용모와 자태가 단정하고 아름다운 사내아이가 나왔다. 놀랍고도 이상히 여겨 그 아이를 동천東泉 [동천사東泉寺는 사뇌들(詞腦野)의 북쪽에 있다.]에 목욕시켰더니, 몸에서 광채가 났다. 새와 짐승들이 따라 춤추며 하늘과 땅이 진동하고 해와 달이 맑고도 밝았다.

그로 인하여 그를 혁거세왕이라 이름하였다.〔이는 신라 말이다. 혹은 불구내왕弗矩內王이라고도 하니, 밝게 (광명으로) 세상을 다스린다는 말이다. 풀이하는 이가 이르기를, "이(혁거세왕)는 서술성모西述聖母[7]한테서 탄생한 것이다. 그러므로 중국 사람이 선도성모仙桃聖母를 기린 글에 '어진 이를 낳아 나라를 창건했다'는 말이 있음이 이것이다."라고 하였다. 계룡이 상서로움을 나투어 알영(혁거세왕후)을 낳았다는 것까지도 또한 서술성모의 나툰 바라고 보면 안 되겠는가.〕[8] 그의 왕호를 거슬한居瑟邯이라고 하였다.〔혹은 거서간居西干이라고도 한다. 이는 그가 처음 입을 열었을 때 스스로 일컫기를, "알지거서간閼智居西干[9]이 한번 일어났다."라고 하였는데, 그 말로 인하여 일컬어졌으니 이로부터 거서간은 임금된 이의 존칭이 되었다.〕[10]

그때의 사람들이 다투어 치하해 말하기를, "이제 천자天子가 이미 내려왔으니, 마땅히 덕 있는 왕후를 찾아서 배필을 삼아야 할 것이다."라고 하였다. 이 날 사량리沙梁里의 알영정閼英井(또는 娥利英井)가에 계룡雞龍(닭처럼 생긴 용)이 나타나 왼쪽 옆구리에서 여자 아기를 낳았다.〔또는 용이 나타나 죽었는데 그 배를 갈라서 아이가 나왔다고도 한다.〕 그 모습과 얼굴은 유달리 고왔으나 입술이 닭의 입부리와 같았다. 월성月城의 북쪽 냇물에 가서 목욕을 시켰더니 그 부리가 빠져 떨어지고 정상적인 어린아이 입술이 되었다. 그래서 그 냇물 이름을 발천撥

---

7) 서술성모 곧 선도성모仙桃聖母에 관한 이야기는 이 『유사』 권5, 「감통感通」 7의 '선도성모 수희불사仙桃聖母隨喜佛事'에서 자세히 보게 되므로 그리로 미룬다.
8) 괄호 안에 설명된 이 글은 모두 찬자의 주석이다.
9) 알지거서간은 나중에 보게 될 '금알지金閼智' 항목에서 '알지閼智'를 "어린이의 일컬음(小兒之稱)"이라 하였고, 거서간居西干은 이(혁거세) 항목에서 "임금의 존칭(王者之尊稱)"이라 하였으니 '아기임금(님)'이란 뜻이라 할 수 있다. 알지閼智에 관해서는 그 해당 항목에서 좀더 자세히 보기로 한다.
10) 이 괄호 안의 글도 찬자의 주석이다.

川(부리가 빠져 떨어진 내)이라고 하였다.

남산의 서쪽 기슭(지금의 창림사昌林寺)11)에 새로 집(宮室)을 지어 두 성스러운 어린이를 정성스레 길렀다. 남자아이가 태어났던 알이 바가지(박) 같았는데 그곳 사람들은 바가지를 박이라 하였기 때문에 그래서 성을 박朴씨라 하였다. 여자아기는 그가 나온 우물 이름(알영)을 이름으로 하였다. 성스러운 두 어린이의 나이 열세 살이 되는 오봉五鳳 원년 갑자(B.C.57)에 남아를 세워 왕으로 삼고, 그 소녀는 왕후로 삼았다.

나라 이름을 서라벌12) 또는 서벌徐伐〔지금 세간에서 경京자의 뜻말을 서벌(서울)이라 함은 이 때문이다.〕13) 혹은 사라斯羅 또는 사로斯盧라고도 하였다. 처음에 왕이 계정雞井14)에서 태어났기 때문에 혹은 계림국雞林國이라고도 하였는데, 계룡雞龍이 상서로움을 나투었기 때문이었다는 것이다. 일설에는 탈해왕脫解王 때 닭이 우는 숲속에서 금알지金閼智를 얻었기 때문에 국호를 고쳐 계림雞林이라 하였다고도 한다. 후대에 와서 신라新羅라는 국호를 정하였다.15)

---

11) 창림사는 지금 경주시 내남면 탑리(內南 塔里)에 그 터가 남아있다. 『동국여지승람』 권21, 경주부慶州府 고적古跡 쪽에 창림사에 관한 기록이 간략하게 전해져 있다.
12) 원문이 "國號徐羅伐"인데, 『사기』권1 「신라본기」 1의 시조 혁거세거서간 쪽에는 "國號徐那伐"이라 하였고, 같은 『사기』권34 「지리지」 1의 앞면에는 "國號徐耶伐"로 되어 있다. 이 '耶'는 '那'의 오자가 아닌지?
13) 이 괄호 안의 부분도 찬자의 주석이다.
14) 여기에서의 왕은 혁거세를 가리키는 것인데, 혁거세왕이 태어났던 우물은 계정雞井이 아니고 나정蘿井이었다. 그래서 학자들은 계정을 왕이 태어난 곳이 아닌 왕후 알영의 탄생한 우물로 보고자 하였다. 그러나 그 우물 또한 계정雞井이 아닌 알영정閼英井이었다. 아마 무언가 잘못된 자료를 옮긴 듯하다.
15) 이는 제22대 지증왕智證王 4년(517)에 신라新羅라는 국호가 확정된 사실(『사기』권4, 「신라본기」 4, 지증마립간智證麻立干)을 말한 것이다.

나라를 다스린 지 61년 만에 혁거세왕은 하늘로 올라갔는데, 7일 뒤에 그 유해가 땅에 흩어져 떨어졌다. 왕후도 또한 세상을 떠났다. 나라 사람들이 (흩어져 떨어진 왕의 유해를) 한데 모아 장사지내려고 하니 큰 뱀이 나타나 방해하므로 다섯 몸뚱이를 따로 장사지내어 다섯 릉(五陵)이 되었으며, 또한 뱀릉(蛇陵)이라고도 이름하였다. 담엄사 북쪽의 능이 이것이다.

　태자였던 남해왕이 왕위를 계승하였다.

Ⅱ. 내용 살펴보기

1. 이 항목의 위치(「紀異」편에 있어서)

이 '신라 시조 혁거세왕新羅始祖赫居世王'의 항목은 그대로가 한 편의 신라 건국신화이다. 이 신화는 신라의 건국주 박혁거세를 주인공으로 하고 있으며, 또한 신라 박씨의 시조설화이기도 하다고 할 수 있다.

혁거세왕의 이 신화16)는 건국신화라는 점에서는 앞에서 본 단군왕검檀君王儉 신화와 동명왕 주몽東明王朱蒙신화 및 나중에 보게 될 가락국의 수로왕首露王신화 등과 같은 성격의 탄생·건국 이야기로 볼 수가 있다. 그러나 『유사』의 편집체재 상에서 본다면 그 신화들과는 좀 격이 다른 면에서 생각해볼 수가 있지 않을까 싶다. 무엇보다도 그 신화들은 나라 이름(國家名)의 항목 속에 들어있고, 이 혁거세 신화는 한 나라 시조의 임금 이름을 항목의 제명으로 삼고 있는 점에 우선 겉보기의 차이가 있다고 할 것이다.

---

16) 황패강, 「박혁거세신화 논고」(『한국서사문학연구』, 단국대학교출판부, 1972).

앞 책의 풀이 글에서도 언급한 바가 있지만 『유사』의 「기이紀異」 편은 정사正史인 『사기』의 왕조王朝 「본기本紀」 격에 해당시킬 수 있는 부분이라 할 수 있다. 왕조사의 본기에서 누락되었거나 내용이 다른 이야기, 곧 기문이사奇聞異事들을 모아 가급적 국가별로 시대의 차례에 따라 편집 정리한 편목이다. 그래서 편목의 이름을 「기이紀異」라 하였을 것이다.

「기이」편에 해당하는 『사기』의 「본기本紀」는 건국의 연대 순서라 하여 신라·고구려·백제의 차례로 각기 기록되어져 있다. 곧 『삼국사기』이므로 「신라 본기」·「고구려 본기」·「백제본기」로 구분하여 각각 세 나라의 시조왕으로부터 마지막 왕에 이르기까지의 역대 왕들을 수록하고 있다. 그러므로 『유사』도 삼국으로 각각 나누어서 기이紀異가 작성되어져야 옳을 것인데 실은 그렇지가 않다. 책의 제목만 삼국三國이지 신라·고구려·백제 세 나라 외에도 많은 나라들이 등장하고 있다. 지금까지 본 바와 같이 '고조선古朝鮮'으로부터 '진한辰韓'에 이르기까지의 항목들이 모두 나라 이름이나 지역명으로 일관되어 있었다.

그러한 항목들은 삼국이라는 범주에 들지 않은 시대나 국가에 해당하는, 말하자면 고조선이나 위만조선 등의 옛 국가나 (고구려와 백제를 제외한) 낙랑·가야·말갈·발해 등 삼국초기 또는 신라통일 후에까지 존재했던 나라들이다. 이들 항목은 삼국이라는 범위 밖이기도 하지만 오래되었거나 군소국가들이기 때문에, 또는 삼국(『유사』에서는 후삼국도 포함시키고 있음)의 세력을 벗어나 있은 이유 등으로 자료가 많이 남아있지 않아서 나라 이름만을 들어서 간략하게 다룬 정도라고 할 수도 있을 것이다.

　다시 말해서 자료가 남아있는 한계 안에서 수록하였기 때문에 '고조선'이라는 제목 아래에 단군신화만을 주로 전하였고, '위만조선'은 중국의 옛 사서에 전해져 있는 그대로를 옮겼기 때문에 건국자 및 그 국망에 이르기까지의 전말이 전해졌다고 할 수 있다. 북부여(동부여 포함)는 하늘에서 내려온 천제天帝 또는 천제의 아들 해모수解慕漱에 의해 건국되었다고 하였으나 그 밖의 나라들은 거의 대부분 건국자도 알려져 있지 않다.

　삼국 밖의 나라들은 그러한 사정으로 단편적인 기록이 불가피하였다고 하더라도, 『삼국유사』라는 주제 안에 들어있는 고구려와 백제는 그러하지 않아야 할 것이라고 본다. 그러나 앞에서 보았다시피 고구려 항목은 나라 이름으로 되어있으면서도 실제 내용은 시조 동명왕의 탄생 및 건국신화 한편만으로 이루어져 있을 뿐이며, 건국 후는 물론 그 후대 왕들의 기록이 전혀 이어져 있지 않다.17) 백제는 변한卞韓에 붙은 항목으로 되어있으나 변한의 역사도 매우 소략하게 보이고 있지만, 백제는 겨우 국호(百濟)만 몇 번 나올 뿐 시조의 건국은 물론 그 후의 국가적 전개에 관해서는 한 마디의 언급이 없다.18)

---

17) 비단 이 항목(新羅始祖赫居世王) 이전만이 아니고 그 후에도 고구려 왕조사에 관한 항목이나 그 역사 계승을 알게 하는 기록이 없다. 다만 「기이」편의 두 번째 권 첫 항목인 '문무왕 법민文武王法敏' 쪽에 고구려 멸망 당시의 사실과, '흥법興法 제삼第三'편의 첫 항목 '순도조려順道肇麗'와 그 끝 항목 '보장봉로寶藏奉老 보덕이암普德移庵'에서 불교 전래와 고구려 말 보장왕 때의 국망 전후의 나라 사정이 간략하게 보이고 있을 정도이다.

18) 시조설화나 건국신화는 물론 백제 왕조사의 연결된 기록이 이 '신라 혁거세왕' 항목의 전후 즈음에서는 찾아볼 수가 없다. 그러나 훨씬 뒤쪽인 「기이」편 제2의 신라 왕조 마지막 왕인 김부대왕金傅大王(敬順王)의 항목이 끝난 다음에 '남부여南夫餘 전백

고구려가 멸망한 뒤 신라 통일 후에 일어난 발해渤海가 고구려는 물론 부여扶餘보다도 앞에 다루어져 있는 것은 말갈靺鞨의 뒤를 이었기 때문이라 할 수 있다. 연표(王曆)나 『사기』의 「본기本紀」 순서로 보아 신라보다 늦은 고구려와 백제가 신라의 앞에 들어있는 것도 왕조사王朝史적인 순서가 아닌 말갈·발해의 관계와 비슷한 사례에서가 아닌가 한다. 그래서 부여에 이어 고구려가 나오고, 변한에 붙어 백제가 나왔던 것이라고 할 수 있기 때문이다. 그렇게 본다면 '혁거세왕'의 항목 앞에 신라의 금입택과 사절유택이 먼저 나와 진한의 다음에 자리한 것도, 그러한 편집사례에 따라 신라가 진한을 이은 역사를 상징적으로 드러내 보인 것이 아니었던가 싶다.

그러므로 『사기』의 「본기」에 없거나 내용이 다르거나, 또는 기괴한 기록(奇事異傳)이라 하여 「기이」라고 이름붙인 이 편목篇目의 성격에 맞는 삼국의 본기本紀 외적外的인, 이른바 『삼국유사』 기이편紀異篇의 본격적인 기록이 이 '신라시조 혁거세왕'의 항목에서부터 시작된다고 보아도 크게 무리는 없을 것이라고 여겨진다. 그 이전의 기록들은 이제 본 것처럼 왕조사적王朝史的 본기本紀 이전의(또는 그 후대라도 史傳의 연결을 위해) 이문일사異聞逸事들을 국가(지역)명 위주로 모아 묶은 산일집散佚集 같은 일종의 도입導入 부분이라고 할 수가 있을 것이다.

거듭 말하지만 『삼국유사』이니까 삼국이 주제이므로 신라만이 아

제前百濟라는 항목을 두고 백제의 이야기를 전하고 있다. 이 항목은 나중에 보게 되어 있지만 주로 소부리所夫里라고도 일컫는 부여에 도읍을 옮긴 후의 백제를 전하고 있다. 그러면서도 여기에서 백제 시조 온조왕溫祚王의 건국이야기도 간략하게 전하고 있다.

니라 고구려와 백제도 신라처럼 기이紀異편의 내용을 갖추는 것이 당연하다 할 것이다. 그러나 고구려의 경우는 나라 이름을 제목으로 하면서도 동명왕의 신화만을 『사기』와 『법원주림法苑珠林』에서 옮겨 실은 정도로 끝나고, 그 후대의 왕들은 아무도 항목화하지 않았다.

백제의 경우도 이제 본 것처럼 백제라는 이름만이 변한卞韓과 함께 제목으로 나와 있으나 내용은 거의 없고, 나중에 편말篇末의 '남부여 전백제南夫餘 前百濟'라는 항목에서 현재의 부여에 도읍을 옮긴 이후의 사정과 『사기』에서 옮겨온 시조 온조왕溫祚王의 건국이야기가 전해져 있으며, 그에 이어서 '무왕武王'의 항목이 왕명으로 유일하게 나와 있다. 그에 앞서 「기이」편 1 말의 '태종 춘추공太宗春秋公' 쪽에 백제 멸망전후의 사정이 비교적 자세하게 보이고 있을 정도였다.

그와 같이 고구려와 백제의 왕조사적 기이전紀異傳이 엮어지지 않았던 까닭은 무엇보다도 거기에 묶여질 역대왕의 기이적 자료가 없었기 때문이었다고 할 수 있을 것이다. 혹자는 찬자(一然)가 영남지방 출신 김씨인데다가 주로 활동무대가 그 지역이었기 때문에 자료수집의 한계 등의 이유로 『유사』 전반에 걸쳐 신라 중심의 결과를 가져왔다고 보기도 한다. 물론 그렇게 볼 여지가 없지 않겠지만 일부러 지역차별을 했을 리는 만무하다. 고의로 고구려와 백제의 자료를 수집하지 않았거나 또는 자료가 있었는데도 짐짓 수록하지 않았던 것은 더더욱 아니었을 것이다. 한마디로 말해서 『사기』의 본기(高句麗本紀・百濟本紀) 외에 따로 기록할 기이紀異의 자료를 얻지 못하였기 때문이라 할 수 있다.

반면에 신라에는 시조 혁거세왕을 비롯해 기이편에 수록된 역대

왕들과 그에 관련된 기사들이 모두 「본기本紀」의 기록과는 다른 내용으로 되어 있다. 설령 비슷한 내용이나 같은 이름의 이야기라 하더라도 자세히 보면 반드시 본기와는 다른 부분이 눈에 띄며, 또 간혹 '국사운國史云'이나 '안 본기按本紀'라 하여 『사기』에서 일부를 인용한 경우에도 대비하거나 이설異說의 확인을 위한 참고용일 뿐이지, 『사기』의 본문 그대로를 모두 옮겨놓은 사례는 볼 수가 없다. 그야말로 시조 혁거세왕을 비롯하여 마지막 임금(金傅王)에 이르기까지의 기이사실 수록은 어김없는 신라의 기이전(新羅紀異傳) 그대로이다.

『유사』「왕력」의 삼국 순서나 『사기』「본기」의 왕조 차례로 보아 「기이」도 신라 다음에 당연히 고구려의 「기이」가 나와야 하는데, 고구려의 기이는 「고구려 본기」외의 자료에서 구하지 못한 탓인지 그 자리가 빠져 있다. 백제의 기이사실 곧 '남부여南夫餘 전백제前百濟'·'무왕武王'의 두 항목이 신라 기이 뒤에 이어져 있다. 그리고 '후백제後百濟 견훤甄萱'이 후삼국後三國의 대표 주자처럼 들어 있고, 그 뒤에 「가락국기駕洛國記」가 기이편의 부록처럼 마지막을 장식하고 있다. 물론 후삼국의 하나인 '후고려後高麗 궁예전弓裔傳'도 『사기』'궁예전弓裔傳' 밖의 기이자료를 구하지 못하였기 때문에 하나의 항목을 차지하지 못하였던 것으로 볼 수가 있다.

이제 본 바와 같이 신라 위주의 기이편紀異篇이 된 데에는 그러한 까닭이 있었음을 알 수 있다. 비록 자료의 한계 때문이기는 하나 현재 우리가 보게 되는 『유사』의 기이편은 분명히 신라의 시조왕인 혁거세전赫居世傳에서부터 그 자리가 잡혀졌다고 할 수 있다. 그러므로 내용면에서 본다면 실질적인 「기이」편은 신라 왕조의 기이紀異가 그 중심을 이루고 있으며, 특히 혁거세왕의 항목은 신라 왕조 기이紀異의 첫 자리일 뿐 아니라 「기이」편 전체의 전형적 위치에 자리한다고 할 수가 있을 것이다.

2. 혁거세왕의 이름 문제

이 항목에서는 혁거세왕의 이름에 관해 다음과 같이 전하고 있다.

    그 알을 쪼개니 용모와 자태가 단정하고 아름다운 사내아이가 나왔다. 놀랍고도 이상히 여겨 그 아기를 동천東泉에 목욕시켰더니, 몸에서 광채가 났다. 새와 짐승들이 따라 춤추며 하늘과 땅이 진동하고 해와 달이 맑고도 밝았다. 그로 인해 그를 혁거세왕이라 이름하였다.

그리고는 그 아래에 찬자는 다음과 같이 주석을 달아놓았다.

    (혁거세왕) 이는 신라 말(鄕言)이다. 혹은 불구내왕弗矩內王이라고도 하니, 광명으로 세상을 다스린다(光明理世)는 말이다.

라고 하였으며, 또 "위호位號를 거슬한居瑟邯이라 하였다." 하고는 그 밑에 주석을 달아,

    혹은 거서간居西干이라고도 한다. 이는 그가 처음 입을 열었을 때 스스로 일컫기를 "알지거서간閼智居西干이 한번 일어났다."라고 하였는데, 그 말로 인하여 일컬어졌으니 이로부터 거서간은 임금된 이의 존칭이 되었다.

라고 하였다. 그리고 그(혁거세)가 태어났다는 알이 바가지(瓠) 같았으므로 성을 박朴씨라 하였다는 것이다.

『사기』에도 신라 시조왕의 첫머리에 "시조의 성은 박씨이며 이름이 혁거세였다." 하였고, "왕위에 올라 거서간이라 일컬었다."고 하였다. 그리고 성을 박씨로 한 것에 대해서도, "진한 사람들은 바가지(瓠)를 박이라 하였는데 처음에 (그가 태어났을 때) 큰 알이 바가지 같았으므로 박씨를 성으로 하였다. 거서간은 진한 말로 왕이다."라고 하였다.19) 『유사』에서와 별로 다를 바가 없다고 하겠다.

그런데 앞의 『유사』쪽에서, 처음 태어나 몸에 광채가 나고 일월이 청명하였기 때문에 붙인 아기의 이름을 '혁거세왕(因名 赫居世王)'이라 하였다는 '왕王'에는 문제가 있다고 하겠다. 이제 갓 태어난 아기 이름에 왕자를 붙인 것은 잘못된 것이라 할 수 있다. 아마도 나중에 왕이 되었으므로 미리 아기 이름(혁거세) 밑에 왕 자를 붙인 것이 아닌가 싶다. 『사기』에는 이름을 혁거세라고만 하였고, 『유사』나 『사기』에서 모두 그(혁거세)가 즉위하여 (왕호를) 거서간居西干 또는 거슬한居瑟邯이라 하였다는 것이니, 이때 비로소 거서간·거슬한(王과 같은 말임)이라 하였으므로 아기 이름 끝에 왕이라 붙이는 것은 옳지가 않다고 할 것이다.

거서간·거슬한을 '굿한'이라고 한 안재홍은 혁거세왕의 이름에 관해 다음과 같이 말하고 있다.

---

19) 『사기』 권1, 「신라본기」 1, 시조始祖 혁거세거서간赫居世居西干. "始祖姓朴氏 諱赫居世 …… 卽位 號居西干. …… 辰人謂瓠爲朴 以初大卵如瓠 故以朴爲姓 居西干 辰言王."

혁거세赫居世는 태조太祖인 일개인一個人의 이름이 아니오 붉의뉘의 이두문吏讀文으로 신정기神政期라는 시대구분상의 한 숙어(一熟語)요 …… 이제 불구내弗矩內를 우리 글로 고쳐 '불구내'로 하고 불구내를 붉의뉘라 고쳐서 일개의 문어文語로 만들고 '붉의뉘'는 즉 붉의뉘의 전화轉化로 여겨 비로소 그 하문下文 '광명이세야光明理世也'라의 해설과 쩍 들어맞음을 알 것이다. 붉은 광명光明이오 뉘는 세世의 의義 누리의 원형原型이니 여기에서 붉의 뉘 즉 붉의 뉘는 광명光明의 세世, 즉 그 원문 '광명光明의 이리하는 세대世代'라는 뜻으로서의 '광명이세야光明理世也'라가 명백明白하여지고, 광명은 즉 붉의 직역이고 의역하여 붉의 진의眞意는 광명으로 상징되는 신神을 이름이니, 붉의뉘는 즉 '신神의 세世', 신神의 치세治世 — 신정기神政期제정기祭政期를 이름인 것이 판명된다. 그리하여 혁거세赫居世의 혁赫은 의독義讀하여 불 혹은 붉으로 읽어 불구내弗矩內의 불弗에 대하여 거居는 의독意讀하여 거이니 즉 붉의 종성終聲 ㄱ과 의의 전음全音과의 합음合音인 긔로 처서 불구내弗矩內의 거矩에 대하고 세世는 다시 뉘로 의독義讀하여 불구내弗矩內의 내內와 대함으로써 혁거세왕赫居世王은 즉 붉의뉘의 군왕君王이란 뜻으로 된 것이다.

그러므로 혁거세赫居世는 건국시조建國始祖인 일개인一個人의 명자名字가 아니요, 육부연합六部聯合에 의한 근세류近世流의 국가가 형성되는 직전까지 연장된 신정기神政期를 이름으로, 고대사회의 말기末期까지 통한 아득한 원시시대 이래의 역사적 일정단계를 표시한 말이다. 혁거세赫居世는 구원久遠한 세대世代의 통칭이다.[20]

(줄간격은 최종 편집에서 수동으로 조정한 것입니다. 일일이 조정하는 번거로움이 있음)

또 이병도는 혁거세에 관해 다음과 같이 주석하고 있다.

혁거세赫居世는 실상 휘諱가 아니라 존호尊號이니, 혁赫은 즉 광명光明·명철明哲·현명賢明의 어語인 '붉'의 차훈借訓이요, 거세居世는 왕호王號 '거서간居西干'의 거서居西와 동음의同音義의 말로 볼 것이다. 거서간은 『삼국유사』(卷1)에는 거슬한居瑟邯이라 하였거니와(干과 邯은 역시 尊稱), 거세居世·거슬居瑟도 동음의同音義의 말로서, 삼한군장三韓郡長 칭호의 중국측 사음寫音인 '건길지鞬吉支'의 길지吉支와 일본측 사음寫音인 'コニキシ'의 キシ에 상당한 말이니, 혁赫은 여기의 건鞬(大의 말인 '큰'의 사음인 듯)과 コニ(同上)와 같이 거세居世를 형용하고, 거세居世는 거서居西·거슬居瑟·길지吉支·キシ와 같은 말로 보면 좋다. 그러면 혁거세는 명왕明王·철왕哲王·성왕聖王의 뜻으로 해석된다. 『삼국사기』에서 거세居世와 거서간居西干을 구별하여, 일一은 휘諱, 일一은 위호位號로 이분二分한 것은 잘못된 것인 듯.[21]

라고 한 그는 혁거세의 성에 대해 "박씨朴氏는 실상 혁거세赫居世의 혁赫(붉)에서 취한 것이다."[22]라고 하였다.

그리고 양주동은 그의 『고가연구古歌研究』에서 다음과 같이 보이고 있다.

불거내弗居內는 '볼군뉘', '혁거세赫居世'의 역어譯語. 단但 유사급遺事及

---

20) 안재홍, 『조선상고사감』, 상권(민우사, 1947), pp.174~176.
21) 이병도 역주, 『삼국사기』 1책(박문서관, 1947), p.35 및 (을유문화사 간행, 1996 개정판 상권) p.7의 주)1.
22) 위의 책, p.37(개정판은 같은 페이지) 주)3).

及 사기史記에 신라시조어휘新羅始祖御諱를 '혁거세赫居世'라 기술記述하였음은 혹或 고기古記의 '혁赫・거세간居世干'(赫居西干・붉ᄌᆞ한, 'ᄌᆞ한'은 '始祖'의 義)을 오인誤認한 결과가 아닐까. 그렇다면 어휘御諱는 기실其實 '혁赫'(붉)뿐이오, '거세居世'는 '거서간居西干'(ᄌᆞ한)의 '거서居西'에 해당한다. 사기史記의 '혁거세거서간赫居世居西干'은 혹或 '혁거세(거서)간赫居世(居西)干'.23)

혁赫(붉)만이 혁거세의 이름(御諱)이라는 이 주장은 실제 양주동의 설이 최초가 아니다. 양주동보다 훨씬 앞선 조선조 현종顯宗・숙종肅宗 때에 생존했던 이유장李惟樟(1624~1701)은 그의 『동사절요東史節要』에서,

시조의 성은 박씨요 이름은 혁이며, 호는 거서간(방언으로 존장을 일컬음이니, 다른 책에서는 西를 世로도 씀)이다.(始祖姓朴氏 名赫 號居西干 一 方言尊長之稱 他本 西作世一)24)

라고 하였다. 여기에서는 아주 명확하게 "이름(名)은 혁赫이며 호號는 거서간居西干이다."라고 하였는데 이 호는 일반적인 명호名號의 호가 아니고 『유사』나 『사기』에서 말한 위호位號 곧 왕호이다. 이유장은 어디에서 근거하였는지 모르나 매우 간략하면서도 자신있게 적어놓았다고 할 수 있다.

---

23) 양주동, 『고가연구』(일조각, 1983, 증정 중판增訂 重版. 양주동전집Ⅰ, 1995), p.313.
24) 이유장 찬撰, 『동사절요』 권1, 3장 앞면(고려대학교, 藏板本). 이 『동사절요』의 찬자 이유장은 호가 고산孤山이며 조선 현종・숙종 때의 인물로 전의인全義人이었으나 안동安東에 살았다고 전해진다. 그의 자세한 행적은 알 수가 없으며, 이 『동사절요』도 언제 어디에서 간행되었는지 자세히 알 수 없다.

이상의 기록과 견해들은 각각 나름대로 깊이가 있고 일리가 있다고 할 수 있다. 그리고 그들의 견해에는 서로 공통점도 있고 차이점도 있음을 보게 된다. 지금까지 본 그들의 견해들을 다시금 검토하여 각기의 특징과 공통점 및 차이점들을 살펴보기로 한다.

우선 혁거세赫居世를 신라 시조의 이름(諱)으로 보지 않으려는 견해를 들 수 있다.

안재홍은, "혁거세赫居世는 태조太祖인 일개인의 이름이 아니오…… 혁거세왕赫居世王은 즉 '붉의뉘'의 군왕君王이란 뜻으로 된 것이다. 그러므로 혁거세는 건국시조인 일개인의 명자名字가 아니오."라고 하였다. 곧 혁거세는 신라 시조 한 사람의 이름이 아니라는 것이다.

이병도의 경우, 혁거세는 실상 이름(諱)이 아니라 존호尊號라고 하였다. 이유장과 양주동은 혁거세의 이름(御諱)을 실은 '혁赫'(붉)뿐이고, 혁거세의 '거세居世'는 '거서간居西干'(又한)의 '거서居西'에 해당된다고 하였다.

다시 말해서 안재홍은 혁거세를 신라시조 한 개인의 이름이 아니고 구원久遠한 세대의 통칭이라고 하였다. 그러나 그 뒤의 왕들에게는 각각 이름을 붙여 그 통칭은 시조임금에게서 그쳤으므로 결과적으로는 혁거세가 시조왕의 이름처럼 되어버렸다는 것이 그의 논조라 하겠다.

이병도가 혁거세를 이름(諱)이 아니고 존호尊號라 한 것도 안재홍의 경우와 비슷한 것 같으나 뜻으로 보면 많이 다르다. 안재홍은 혁거세를 시조(그는 太祖라 했음)인 한 개인의 이름이 아니고 '붉의뉘'의 이두문으로 신정기神政期라는 시대구분상의 한 숙어로써 혁거세왕은 곧 '붉의뉘'의 군왕이란 뜻이므로 혁거세는 건국시조인 한 개인의 명자名字가 아니고 구원한 세대의 통칭이라는 것이다. 이에 반해서 이병도는 혁거세가 이름이 아닌 존호이므로 명왕明王·철왕哲王·성왕聖王의 뜻으로 해석이 된다고 하였다. 그러므로 그의 성으로 되어 있는 박씨朴氏도 실은 혁거세赫居世의 혁赫(밝)에서 따온 것이라고 하였다.

혁거세가 시조왕의 이름(諱)이 아니라는 점에서는 안재홍과 이병도의 견해가 같다고 할 수 있으나, 혁거세는 시조왕 개인의 이름이 아니고 구원한 세대의 통칭이라는 견해(안재홍)와 이름은 아니지만 존호尊號였다는 견해는 전혀 같을 수가 없다고 할 것이다. '신라시조의 이름이 실은 혁赫(붉)뿐'이라고 한 이유장과 양주동의 견해도 따지고 보면 '혁거세赫居世'라는 석자로 된 시조왕의 이름이 아니었다는 논조라고 할 수 있다. 그러나 이는 앞 두 분의 견해처럼 이름(諱)이 아니라고 전적으로 부인한 것이 아니고, 세 글자(赫居世)가 아닐 뿐이지 그중의 '앞글자 赫만은 시조왕의 이름'이라는 점이 앞의 두 견해와는 전혀 다르다고 하겠다.

그리고 혁거세의 뜻풀이에 대한 그들의 견해를 볼 수가 있다. 앞에서 본 바이지만 안재홍은 혁거세를 다음과 같이 풀이하였다.

> 불거내弗居內를 우리 글로 고쳐 '불구내'로 하고 불구내를 '붉의뉘'라 고쳐서 하나의 글말(文語)로 만들고, '붉의뉘'를 곧 '붉의뉘'의 전화轉化로 보면 비로소 그 아래 글 '광명이세야光明理世也'의 해설과 딱 들어맞음

을 알 것이다. '붉'은 광명이오 '뉘'는 세世의 뜻이며 누리의 원형이니, 여기에서 붉의뉘 즉 붉의 뉘는 광명光明의 세世 곧 그 원문 '광명光明의 이리하는 세대世代'라는 뜻이 명백해지며, 광명은 곧 붉의 직역이고 의역하여 붉의 진의眞意는 광명光明으로 상징되는 신神을 이름이니, '붉의뉘'는 즉 '신神의 세世', 신神의 치세治世 — 신정기神政期·제정기祭政期를 이름인 것이 판명된다.

라고 하여,

혁거세赫居世의 혁혁은 불거내弗居內의 '불弗'에 해당하고, 거居는 '긔'('거'와 '의'의 合音)로 하여 불거내弗居內의 '구矩'에 당하고, 세世는 '뉘'로 읽어 불구내弗矩內의 '내內'에 해당함으로써 혁거세왕은 곧 '붉의뉘'의 군왕君王이란 뜻이 된다.

고 하였다.

이병도는 혁거세의 "혁혁은 즉 광명光明·명철明哲·현명賢明의 어語인 '붉'의 차훈借訓이요, 거세居世는 왕호王號 '거서간居西干'의 거서居西와 동의어同音義의 말로 볼 것이며, ……사기史記에 거세居世와 거서간居西干을 구별하여 하나는 휘諱, 하나는 위호位號로 이분二分한 것은 잘못된 것인 듯"하다고 하였다. 그리고 그는 또,

혁거세赫居世가 탈출脫出한 난란의 크기가 박(瓢)과 같다 하여 성姓을 박朴이라 했다는 사기史記·유사遺事의 전설傳說도 물론 후인後人의 부회附會한 바로서, 실상은 혁거세의 '혁혁'이 방언方言의 '밝(光明)'의 차훈자借訓字이므로, 후세에 이와 동음同音인 박朴으로써 성姓을 추칭追稱한 데

불과한 것이다. 또 혁거세의 '거세居世'도 실상은 그 위호位號인 거서간居西干 일운一云 거슬한居瑟邯의 '거서居西'·'거슬居瑟'과 동음동어同音同語로 보지 않으면 아니됨에도 불구하고, 사기史記 및 유사遺事에는 이를 구별하여 일은 인명人名, 일은 위호位號로 하여 '혁거세거서간赫居世居西干'이라고 첩서疊書하기까지 하였다. …… 혁赫은 불거내弗居內(弗居는 붉 혹은 밝, 內는 오) 즉 붉은·밝은의 한역漢譯으로 볼 수밖에 없으니, 혁거세(赫居西干·赫居瑟邯)는 바로 명왕明王·성왕聖王 혹은 철인哲人·현지자賢知者의 의義일 것이다.25)

라고 하였다.

일찍이(1931년에) 그의 역저『잡고雜攷』를 통해,

　　삼국유사三國遺事 혁거세赫居世의 주문註文에 "蓋鄕言也 或作弗居內王言光明理世"라고 있는 것에서 혁赫의 방언方言이 불거내弗居內임을 알게 된다. 주문註文에 있는 불거내弗居內는 고기古記에 근거한 것이겠지만, 삼국유사에 의해 오늘에까지 전해졌으므로 우리들은 저자著者를 향해 깊이 감사하는 바이다.26)

라고 오늘날까지 불구내弗矩內의 사실을 유일하게 전해준『유사』저자에게 깊이 감사하고 있는 일본인 학자 아유카이 후사노신鮎貝房之進은,

---

25) 이병도,『한국사―고대편』(진단학회 편, 을유문화사, 1959), pp.371~372.
26) 아유카이 후사노신鮎貝房之進,『잡고―신라왕호고·조선국명고』(國書刊行會, 1972), pp.30~31.

신라시조新羅始祖의 이름 혁赫은 방언方言 불거내弗居內의 후대後代의
의역명意譯名이다. 즉 시조는 위장부偉丈夫로서 '신생광채身生光彩'였다
고 한다면 진한辰韓 사람은 이를 외경畏敬하여 불거내弗居內라고 일컬어
이름하였을 것이다. …… 즉 불거내弗居內는 이 말의 분사법分詞法이 붉 은
(pūlkan)이다.27)

라고 하였다. 아유카이도 『동사절요』에서처럼 신라 시조왕의 이름
을 혁赫이라 하였고 그것은 신라말(方言) 불구내弗矩內(그는 '붉은'이라
하였음)를 후대에 뜻으로 옮긴 이름(義譯名)이라고 하였다.

거서간居西干(居瑟邯)을 안재홍은 우리의 옛 발음으로 '굿한'이라
하였고, 양주동은 'ㄱㆍ한'이라 하였다. 이 거서간이 왕호(位號)인 것은
『유사』나 『사기』에 있는 그대로 아무도 이의가 없었으나, 혁거세의
옮긴말(譯語)이라는 불구내弗矩內와 연결시키면서는 견해의 차이들
을 보이고 있음을 볼 수가 있다.

안재홍은 불구내를 혁거세의 옮긴말(譯語)이라고 하여, '붉(붉)의
뉘' 곧 붉ㆍ붉(弗ㆍ赫)의ㆍ긔(矩ㆍ居) 뉘ㆍ누리(內ㆍ世)는 그대로 광
명이세光明理世가 된다고 하였다. 이유장(『東史節要』)은 아예 이름(名)
이 혁赫이고 호號가 거서(세)간居西(世)干이라 하였는데, 그 앞에 성이
박씨朴氏라고 한 것에서 박朴이 붉(赫)에서 온 사실을 모르고 있었음
을 알 수가 있다. 그 훨씬 뒷날에 이르러 이병도ㆍ양주동ㆍ아유카이
(鮎貝) 등의 학자들은 불구내弗矩內를 혁거세赫居世의 향언鄕言으로
보면서도 '붉ㆍ붉ㆍ붉은ㆍ붉은'이라 하여, 신라 시조왕의 이름을 '혁

---

27) 위의 책, pp.31~32. 같은 책의 p.38에도 "불거내弗居內는 붉은"이라 하였다.

赫' 한 자로만 보았다. 그리하여 그들은 혁거세의 '거세居世'를 '거서居西'와 같은 말로 보고 거세(서)간居世(西)干을 왕호라고 하였다.

다시 말해서 신라 시조 혁거세거서간은 거세居世와 거서간居西干이 겹쳐져 쓰인 말이므로, 실제로 있어서는 혁거세왕(居西干)이 아니고 밝은(赫) 임금님(居世·居西干)이라고 해야 한다는 것이며, 따라서 불거내弗矩內도 붉(붉)의 뉘(누리) 곧 혁거세赫居世가 아니고 '밝안·'밝은'의 뜻인 '혁赫' 한 자의 신라 말(鄕言)이라는 것이다.

3. 나라 이름 문제

혁거세가 임금님이 되어 나라를 세우고, 나라 이름(國號)을 서라벌徐羅伐이라 하였다는 것은 앞의 원문에서 보았다. 그리고 이 항목에서는 서라벌에 이어, 또 서벌徐伐·사라斯羅·사로斯盧라고도 하고 혹은 계림국雞林國이라고도 한다고 하였다.

『유사』 찬자는 '서벌徐伐' 아래에 주석을 달아 "지금(당시 高麗) 세간에서 경京자의 뜻 말을 서벌이라 함은 이 때문이다."라고 하였다. '서벌'은 물론 지금 우리가 쓰고 있는 말의 '서울'이다. 양주동은 서라(나)벌徐羅(那)伐을 '시불'이라 하였으며, 국호의 하나인 계림雞林(始林)과 경주慶州의 별칭인 동경東京까지도 그 원어는 '시불'이라고 보았다. 그리하여 그는,

'사斯'(시)는 족명族名이오, '신로新盧·신라新羅·사로斯盧·서나徐那'는 '동토東土·동방東方'의 의의의 '시니'이며, '서야벌徐耶伐' 또는 '서

벌徐伐'은 나경羅京 현 경주慶州가 융·흥隆興됨으로써 해도시該都市를 '시 너불' 또는 '시불'이라 칭한 것이니, '시불'은 도시명인 동시에 국호였다. …… 이상 '서벌徐伐·시림始林·계림鷄林'은 모두 '시불'의 차자借字인 데 축약되어 'ㅅ블·쌀'이 되고 혹은 '셔블—셔볼—셔울'로 음전音轉되어 보통명사로서의 '경京'의 훈訓이 된 것은 주지周知의 일이다.28)

라고 하였다.

이병도는 서나벌徐那伐(徐羅伐·徐伐)을 다음과 같이 풀이하고 있다.

서나벌徐那伐은 『삼국유사』(卷1)에는 서라벌徐羅伐 또는 서벌徐伐이라 하고 혹은 서야벌徐耶伐이라 서書하기도 하니, 서나徐那·서라徐羅·서야徐耶는 사로斯盧·사라斯羅·신라新羅와 같은 어음語音의 이사異寫로 서, 서徐·사斯·신新은 즉 신新의 어語인 '새'에 당하고〔즉 蘇伐의 蘇와 같이 솟(高·上)의 사음寫音인 것 같고〕,29) 나那·라羅·야耶·노盧는 '나라'(國)의 고어古語인즉, 바로 신국新國30)의 뜻이며, 벌伐은 불弗·화火·비리卑離·부리夫里와 한 가지 성읍城邑·도시都市를 의미하는 동방고어東方古語이다. 그러면 서나벌徐那伐은 신국新國의 도성都城31)이란 뜻으로 볼 수 있다. 현금어現今語의 '서울'은 이 서나벌徐那伐의 약칭인 서벌徐伐 즉 '서불'에서 전래된 말이라고 한다.32)

---

28) 앞의 양주동, 『고가연구』, pp.385~387.
29) 괄호 안의 이 부분은 같은 역주자인 이병도 역주의 『삼국사기』 상(을유문화사, 1996년 개정판), p.17의 주3)에 있다. '즉' 이하의 이 글은 역주자의 이전 역주본에 있는 "신新 의 어語인 '새'에 당當하고"를 모두 빼고 그 자리에 이 글을 넣어 바꾼 것이다.
30) 이 '신국'도 위의 개정판에는 '상국上國'으로 되어 있다.
31) 이 부분(新國의 都城)도 위 개정판에는 '상국읍上國邑(首都)'으로 되어 있다.
32) 이 인용문 모두는 앞 주21)에서 본 이병도 역주본 『사기』 1책(박문서관, 1947), p.35의 주3)에 있는 내용이다.

이는 양주동의 설과 비슷한 점이 있다고 하겠다.

안재홍은 신라의 국명에 관해 다음과 같이 서술하고 있다.

> 신라新羅의 국명기원國名起原은 자못 말이 많다. 신라新羅·사라斯羅·사로斯盧로 쓰는 자者로 '시라' 즉 동국東國, '새라' 즉 신국新國의 어의語義로 침이 선유이래先儒以來의 정설定說이오 또 매우 근리近理하다. 그러나……신라新羅 사로斯盧 등은 '시로' 혹 '실'의 사음寫音으로 고대사회古代社會의 협곡峽谷에 요채要砦를 두어 종족생활種族生活의 근저부根底部를 삼는 데서 기원起原됨 같으니……마한馬韓 진한辰韓에 다 각각 '시로' 국명國名 있는 터에 하나만이 신국新國을 일컬을 의의意義가 서지 않고 서벌徐伐의 벌伐을 국國의 뜻으로 보아 '소불' '새라'가 마찬가지 신국新國의 훈訓으로 뵈일 법하나 '소불'은 진방제국震方諸國 공통共通한 도시국가都市國家 혹은 국가수도國家首都의 명사로 되어 '불'의 일반적인 명칭에 대비하여 '소불' 즉 '습올'(숍불) — 과성褁城의 의미로 된 바이니 '과褁'의 고어古語 '숍'으로서 금어今語에도 전북全北 이리裡里를 '숍리'라고 하는 것은 좋은 증좌證左이다. 서벌徐伐 이미 '숍불'이거니 사로斯盧 홀로 '새나라' 될 수는 없다. 마한馬韓 변진弁辰 제국중諸國中에 오직 사로斯盧만이 신국新國될 이유도 없고, 진국辰國의 유민遺民이 북방에서 위만衛滿에게 쫓기어 남하南下한 부대部隊라고 치더라도 그는 거의 동시대의 사로斯盧와 가라등加羅等 열국列國을 창건함이오 사로斯盧 하나만이 아니다.33)

이는 사로국斯盧國이 변진弁辰 24국 중의 하나로 들어 있고(『三國志』「魏志」) 그래서 삼한 78국(凡七十八國 — 『後漢書』등) 가운데 하나이며, 진한辰韓 열두 나라 중에서 신라도 그 하나(新羅則其一也 — 『梁書』)였

---

33) 안재홍, 『조선상고사감』 상(민우사, 1947), pp.169~172.

는데, '어찌 서벌·사로만이 새나라(新國)이겠는가?'라는 것이 그의 논조라고 할 수 있다. 그는 사로·서라벌·서벌·서울이 우리의 옛 나라들(震方諸國)의 공통된 도시국가 혹은 국가 수도首都의 일컬음인 '소불'·'솝울'·'솝불'(褱城의 의미)에서 온 것으로 보고 있다.

이상에서 신라 건국 당시의 나라 이름(서라벌·서벌 등)에 관한 선학들의 견해 몇 가지를 옮겨 보았다. 신라의 국호에 관해서는 앞에 나온 첫 번째 책의 「왕력王曆」편, 신라 제1 혁거세赫居世 쪽과 제15 기림니질금基臨尼叱今 쪽의 풀이 글에서 대강을 살펴본 바가 있으므로 여기에서는 이 정도에서 생략하기로 한다.

4. 중국 왕조사에 비친 초창기 신라

앞에서 본 바와 같이 삼국 중에서 고구려는 그 건국자 동명왕의 이야기가 일찍이 『후한서』와 『삼국지』의 '부여국'전에 나와 있고, '고구려'전은 그에 이어 따로 두고 있으면서도 시조왕의 탄생과 건국의 설화가 없었다.(앞쪽 부여전에 나왔으므로) 거기에는 백제도 신라도 전하는 바가 없다. 그 뒤의 『송서』·『남제서』·『위서』·『주서』에 이르기까지 고구려와 백제만 있을 뿐 신라는 보이지 않는다. 다만 '백제국' 다음에 들어 있는 '왜국倭國' 전에 "신라新羅·임나任那·가라加羅·진한秦韓·모한慕韓 6국六國……"이라 하여 6국의 하나로 아무 설명없이 그 국명만 보이고 있을 뿐이다.

현존 중국의 왕조사王朝史에서 비로소 '신라전'이 보이기는 『양서』부터라고 할 수 있을 것이다. 『양서』를 비롯해 옛 신라를 전하고 있는 몇 사서들에서 관계되는 부분을 대강 옮겨보기로 한다.

1) 『양서梁書』에 전하는

신라는 그 선대가 본디 진한辰韓 종족이다.(앞의 '辰韓' 쪽에서 본 진한에 관한 부분은 모두 생략함) 진한은 처음 6국이었으나 나중에 12국이 되었으며, 신라는 곧 그 중의 하나이다. 그 나라는 백제의 동남쪽 5천여[34] 리에 있으며, 그 땅의 동쪽은 큰 바다가 있는 해변이다. 남쪽과 북쪽은 고구려와 백제에 인접해 있다. 위나라(魏) 때에는 신로新盧라 하고, 송나라(宋) 때에는 신라新羅 혹은 사라斯羅라 하였다.

그 나라는 소국이라 스스로 사신을 보내어 중국과 통교하지 못하다가, 보통普通 2년(521)에 모태募泰[35]라는 이름의 왕이 비로소 백제의 사신에 따라 양나라에 사신을 보내어 방물方物을 바쳤다. 그 나라의 시속에 성城을 '건모라健牟羅'라고 하였으며, 그 읍성 중 안에 있는 것을 탁평啄評이라 하고 밖에 있는 것을 읍륵邑勒이라 하였으니, 또한 중국말의 군현郡縣이다. 나라 안에 여섯 탁평(6啄評)과 쉰두 군데의 읍륵(52邑勒)이 있었다.

토지가 기름져서 오곡이 잘 자랐으며, 뽕나무와 삼(麻)이 많아 명주와

---

34) 원문에는 분명히 "기국 재백제동남오천여리其國在百濟東南五千餘里," 곧 "그 나라(신라)가 백제의 동남쪽 5천여 리에 있다."고 되어 있다. 그러나 백제와 신라의 사이가 5천여 리나 된다는 것은 말이 안 된다. 이는 아마도 『남사』(권79, 열전 69 신라)의 "재백제동남오십여리在百濟東南五十餘里"의 '오십五十'을 '오천五千'으로 잘못 쓴 것으로 보아야 할 것 같다.
35) 이 『유사』 권3 흥법興法 3, '원종흥법原宗興法' 쪽에는 『책부원귀冊府元龜』를 인용하였는데, 거기에는 법흥왕法興王의 "성을 모(姓募)라 하고 이름을 진(名秦)이라 한다."라고 하였다. 그러므로 여기서의 '태泰'는 '진秦'의 오자로 볼 수 있다. 따라서 이 신라왕 모태募泰, 실은 모진募秦은 제23대 법흥왕이며, 양나라에 처음으로 사신을 보냈다는 보통 2년(521)은 법흥왕의 8년이 된다.

베로 옷을 만들었다. 소와 말을 타고 남녀의 차별이 있었다. 그 벼슬 이름에 자분한지子賁旱支·제한지齊旱支·알한지謁旱支·일고지壹告支·기패한지奇貝旱支가 있었으며, 관례冠禮를 유자례遺子禮라 하였다. 저고리를 위해尉解라 하고 바지를 가반柯半이라 하였으며 신을 세洗라고 하였다. 그들의 절하는 것이나 행동이 고구려와 서로 비슷하였다 한다. 글자가 없어서 나무에 금을 새겨 언어의 신표를 삼았으나, 백제에서 (문자가) 전해진 뒤에야 문자가 보급되었다.36)

이는 『양서』에서 전하는 '신라'전의 전문(앞쪽의 辰韓에 관한 부분만을 빼고)을 우리 글로 옮긴 것이다. 전언傳言에 의존해서 전혀 고증이 안 된 것 같은(엉성한 면을 보이고 있는) 글이기는 하나, 현존 중국왕조사에서는 처음으로 보게 되는 '신라전'이라 비록 간략한 내용이지만 매우 귀중한 자료라고 할 수 있다. 특히 군현의 읍성邑城에 해당하는 탁평啄評·읍륵邑勒의 존재와, 자분한지子賁旱支 등의 벼슬 이름(官名)과 위해尉解·가반柯半·세洗 등의 용어 및 백제에 의해 비로소 문자를 통용하게 되었다는 사실들은 어디에서 근거한지는 알 수가 없으나, 국내의 문헌에서는 일찍이 볼 수 없었던 희귀한 사료에 속한다고 할 수 있을 것이다.

2) 『남사南史』와 『북사北史』에 보인 신라

『남사』와 『북사』는 각각 다른 왕조사이지만 그 찬자(唐의 李延壽)가 동일인이기 때문에 한 항목으로 묶어서 보기로 하였다. 그러나 실

---

36) 『양서』 권54 열전 48, 동이전 신라.

제 내용에는 각기 차이가 있으므로 같은 항목 안에서라도 분단지어서 각각 보기로 한다.

(1) 『남사』

"신라, 그 선대의 일은 북사北史에 자세하다."라고 시작되는 이 『남사』의 신라전37)은, 그 첫머리에는 『북사』의 자세한 기록을 언급했으면서도 실제 기록 내용은 『북사』와 다르다.

"백제의 동남쪽 50여 리(『梁書』에는 '五千여 리')에 있다."로부터 신라에 관해 간략하게 전하고 있는 내용은, 그대로 『양서』의 신라전을 옮겨놓은 듯하다. 몇 글자의 다른 점과 생략 부연의 약간 차이가 있을 뿐, 『양서』에서 전하는 내용과 같으므로38) 여기에서는 그 중복을 피하여 『남사』의 신라전을 옮기지 않기로 한다.

(2) 『북사』

그 첫 시작(新羅者 其先本辰韓種也)은 『양서』와 똑같으며, 그 다음의 진한에 관한 부분도 『양서』와 비슷하나 오히려 『후한서』나 『삼국지』 쪽의 진한전을 참고하여 더 세련되게 쓰여졌다고 할 수 있다. 신라에 관한 부분만을 대강 간추려 옮겨보기로 한다.

신라는 또한 사로斯盧라고도 한다. 그 왕은 본디 백제 사람인데, 바다

---

37) 『남사』 권79, 열전 69, 동이東夷, 신라新羅.
38) 『양서』의 내용과 같으나, 관명에 있어서 『양서』에 없는 '일한지壹旱支'가 『남사』에는 자분한지子賁旱支 다음 두 번째에 들어 있다. 끝에서 두 번째에 위치한 일길지壹吉支는 『양서』에는 일고지壹告支로 되어 있다.

로 해서 도망쳐 신라로 들어가 드디어 임금이 되었다. 그 나라는 처음에 백제에 부속되었다.39) 세대를 전하기 30대40) 진평왕眞平王에 이르러 수隋나라의 개황開皇 14년(594)에 사신을 보내어 방물을 바쳤다. 수나라 문제文帝는 진평왕에게 '상개부낙랑군공 신라왕上開府樂浪郡公新羅王'을 배명하였다.

그 관직에 17등급이 있으니, 첫째가 이벌간伊罰干으로 존귀하기가 상국相國과 같다. 다음이 이척간伊尺干이고 다음이 영간迎干41)이며, 다음이 파미간破彌干이고 다음이 대아척간大阿尺干이며, 다음이 아척간阿尺干이고 다음이 을길간乙吉干이며, 다음이 사돌간沙咄干이고 다음이 급복간及伏干이며, 다음이 대나마간大奈摩干이고 다음이 나마奈摩이며, 다음이 대사大舍이고 다음이 소사小舍이며, 다음이 길사吉士이고 다음이 대오大烏이며, 다음이 소오小烏이고 다음이 조위造位이다.42) 외지에 군현郡縣이 있으며, 그들의 문자와 군병이 중국과 같다. 건장한 사람을 뽑아 모두 군에 입대시키며, 봉화와 순라와 군부대의 조직이 갖추어 있고, 풍속과 형정刑

---

39) "其王本百濟人 自海逃入新羅遂王 其國初附庸于百濟."
40) 원문에 "전세삼십지진평傳世三十至眞平"으로 되어 있어서, 진평왕을 신라 제30대의 왕으로 하고 있으나 실제 진평왕은 신라의 제26대 왕이다. 그 아래에 있는, 개황 14년 곧 진평왕 16년(594)에 수 문제로부터 '상개부낙랑군공신라왕'을 배수한 사실은 『사기』의 「신라본기」 제4 진평왕 16년 쪽에 그대로 들어 있다.
41) 이 '영迎'자는 잡迊자의 오자일 것이다. 여기의 '영간迎干'은 『사기』 직관지職官志의 '삼왕잡손三日迊飡'에 해당되기 때문이다.
42) 『사기』 권38 잡지雜志 제7, 직관職官 상上에 기록되어 있는 17등等을 참고로 옮겨본다. 一日 伊伐飡(或云 伊罰干·或云 干伐飡·或云 角干·或云 角粲·或云 舒發翰·或云 舒弗邯). 二日 伊尺飡(或云 伊飡). 三日 迊飡(或云 迊判·蘇判). 四日 波珍飡(或云 海干·破彌干). 五日 大阿飡(여기에서부터 첫 번째의 伊伐飡까지는 眞骨만이 받을 수 있고, 다른 宗門은 안 된다). 六日 阿飡(或云 阿尺干·阿粲 — 이 阿飡은 重阿飡으로부터 四重阿飡에 이른다). 七日 一吉飡(或云 乙吉干). 八日 沙飡(或云 薩飡·沙咄干). 九日 級伐飡(或云 級飡·及伏干). 十日 大奈麻(或云 大奈末 — 重奈麻로부터 九重奈麻에 이른다). 十一日 奈麻(或云 奈末 — 중奈麻로부터 七重奈麻에 이름). 十二日 大舍(或云 韓舍). 十三日 舍知(或云 小舍). 十四日 吉士(或云 稽知·吉次). 十五日 大烏(或云 大烏知). 十六日 小烏(或云 小烏知). 十七日 造位(或云 先沮知).

政과 의복 등이 고구려·백제와 대략 같다.

　해마다 정월 첫날 아침43)에 서로 하례하고 왕이 모든 관원들에게 연회를 베풀며, 그날 해와 달의 신주에 절하였다. 8월 보름에는 풍악을 배설하고 관인들에게 활쏘기를 시켜 말과 베를 상으로 주었다. 나라에 큰 일이 있으면 곧 관원들을 모아 자상하게 의논하여 정하였다.44)

　여기에는 지금까지 보지 못했던 희한한 사실을 전하고 있다. "신라왕은 본디 백제 사람이었고 바다로 도망을 쳐서 신라에 들어와 왕이 되었다."는 것이다. 신라의 어느 왕인지를 밝히지는 않았지만 "세대를 전하기 30대 진평왕에 이르러(傳世三十至眞平)"라는 대목의 (비록 26대 진평왕이 30대로 잘못되어 있다 하더라도) 문세로 보아서는 백제에서 신라로 도망 와서 왕이 되었다는 그가 신라의 첫 임금일 것이라는 심증을 갖게 한다고 할 수 있다. 다시 말해서 진평왕의 대수가 틀렸다고 하더라도 그 '세대를 전하기(傳世)'라는 이 한 마디가 '세대를 전한 임금(傳世之主)' 또는 '세계世系를 전한 첫임금(傳世初主)'의 뜻을 함축한 것으로 볼 수가 있기 때문이다.

　실제 오늘날 볼 수 있는 역사 자료상에 있어서 신라의 첫 임금은 고사하고 역대왕 중에서도 백제 사람으로서 신라에 넘어와 왕이 된

---

43) 원문은 "달마다 첫 아침(每月旦)"으로 되어 있으나, 그 다음에 이어지는 "서로 하례하고 왕이 모든 관원들에 연회를 베풀며, 그 날 해와 달과 신주에 절하였다."는 사실과, 그에 상대적으로 이어서 '8월 보름'의 행사를 들고 있는 사례 등으로 미루어, '매월단每月旦'이 아닌 '매정월단每正月旦' 곧 '해마다 정월 첫날(아침)'이 옳다고 할 수 있다. 더구나 『수서』 권81, 동이전 '신라의 그 해당부분에 '每正月旦'이라고 되어 있으므로 每와 月 사이에 正이 빠진 것으로 보고 '正月'을 살려서 새겼다.

44) 이연수 찬, 『북사』 권94 열전 82, 신라.

인물은 없다. 더구나 시조왕(첫임금) 혁거세가 백제 사람으로 도망와서 신라 왕이 되었다는 것은 있을 수가 없는 일이다. 구태어 바다를 통해 신라에 들어와 왕이 된 이를 찾는다면 신라 제4대 탈해왕脫解王을 들 수가 있을 것이다. 그러나 탈해왕에 관해서는 이「기이」편의 '제4탈해왕第四脫解王' 쪽과「기이」편 권2의 끄트머리「가락국기駕洛國記」쪽에서 보게 되며, 또 『사기』권1 '탈해니사금脫解尼師今' 쪽에도 보이고 있지만, 탈해왕은 '용성국龍城國' 또는 '완하국琓夏國' 혹은 '다바나국多婆那國' 출생으로 그 나라는 왜국倭國의 동북쪽 1천여 리에 위치하였다는 것이므로 백제와는 상관없이 먼 곳이었다.

그와 같이 역사 사실과는 전혀 관련지을 수 없는 이야기라 할 수 있다. 그리고는 이어서 신라가 처음에 백제에 부속되었다(其王本百濟人 自海逃入新羅遂王 其國初附庸于百濟)라고 하였다. 곧 신라가 백제의 속국 곧 부용국附庸國이었다는 것이다. 물론 백제 사람이 건너와 왕이 되었으므로 백제를 큰집(또는 本國)으로 섬겼을 것이라는 논조라고 하겠다. 이 또한 근거를 찾아볼 수가 없다. 이러한 기록은 현재로서는 역사 사실로 인정할 수가 없다. 그러나 역사성이 있건 없건, 근거가 있건 없건 간에 이러한『북사』의 기록 자체는 놀라운 일이라 하지 않을 수 없다. 비록 근거를 밝히지는 않았어도 어디엔가 근거될 만한 자료가 있었을 것이다. 역사 사실의 왜곡이라 하더라도 그 왜곡된 연유는 분명히 있었을 것이기 때문이다.

3) 『수서隋書』와 『당서唐書』에 전하는 초기 신라

(1) 『수서』45)

"신라국은 고구려의 동남쪽에 있으며 한漢 때에 낙랑樂浪의 땅에 살았다. 혹은 사라斯羅라고도 일컫는다."라고 시작하여, 위장魏將 관구검毌丘儉이 고구려를 쳐서 격파하였다는 이야기를 섞어 전하면서, "그(신라) 왕은 본디 백제 사람인데 바다로 도망쳐서 신라에 들어가 왕이 되었다.(其王本百濟人 自海逃入新羅遂王) …… 신라의 왕은 그 선대가 백제에 부용附庸하였다."라고 하여, 앞의 『북사』에서 보았던 사실을 거의 그대로 옮겨놓고 있다. 진평왕(여기에는 金眞平)이 개황開皇 14년에 수나라 고조(高祖文帝)로부터 배명拜命 받았다는 사실과, 신라의 17등관十七等官의 명칭 등, 신라전의 끝까지가 그대로 『북사』의 것을 옮긴 것처럼 보이고 있다.

(2) 『구당서』46)

지금까지의 중국 왕조사 중에서 가장 후대에 속하며 또한 신라와 관계가 깊었던 왕조가 당唐나라이다. 그러나 이 '신라전'에 의하면 신라의 초기 역사에 관해서는 그 정보가 상당히 어두웠던 것같이 보인다. 앞의 『수서』에서는 신라 역대왕의 이름 가운데 진평왕의 이름만이 나와 있었는데, 이 『구당서』에서는 여러 왕명 중에서 진평왕의 이름이 가장 먼저 보이고 있다. 그래서 여기에서는 진평왕의 이름이 나오는 이전까지의 신라 기록만을 옮겨서, 당시의 중국 사람들이 이해한 신라 초기의 사정의 일면을 엿보고자 한다.

---

45) 위징魏徵 찬, 『수서』 권81, 열전 46, 동이전, 신라.
46) 유후劉昫 찬, 『구당서』 권199 상, 열전 149, 동이전, 신라.

신라국은 본디 변한의 후예(新羅國 本弁韓之苗裔也)이다. 그 나라는 한漢 때의 낙랑樂浪 땅에 있었다. 동쪽과 남쪽은 모두 큰 바다에 닿아있고, 서쪽은 백제와 인접하고 북쪽은 고구려와 이웃해 있으며, 동쪽과 서쪽이 천리이고 남쪽과 북쪽이 2천리인데 성읍城邑과 촌락이 있다. 왕이 거처하는 곳을 금성金城이라 하며, 둘레가 칠팔리나 되고 지키는 군사가 3천 명으로 사자대獅子隊를 설치하였다. 문관과 무관의 벼슬에는 대체로 17등급이 있었다.

물론 여기에는 17등관의 명칭이 밝혀져 있지 않다. 이(文武官凡有十七等)에 이어서 곧 왕명으로는 처음으로 나오는 진평왕의 이름이 등장하고, 그로부터 수나라 및 당나라가 신라와 왕래가 잦았던 관계를 기록하고 있다. 수나라 이후 당나라와 신라의 관계 및 신라 국내의 사정은 『사기』등에 자세히 전하고 있을 뿐만 아니라, 신라의 건국초기와 시조에 관하여 밝히는 이(혁거세왕) 항목에는 해당되지 않는다.

(3) 『신당서新唐書』[47]
이 『신당서』에도 첫머리 시작은 『구당서』와 똑같이 "신라는 변한의 후예이다.(新羅 弁韓苗裔也)"라고 하였으며, 그 다음부터도 글자의 몇 자 차이와 오자는 있으나, 앞에서 본 『양서』·『수서』·『구당서』 등의 '신라전' 내용과 거의 같다. 예를 들면 『양서』의 '건모라健牟羅'를 '침모라侵牟羅'라 쓰고, '탁평啄評'을 '훼평喙評'이라 쓴 예 등을 들

---

47) 송기宋祁 찬, 『당서』 권220, 열전 145, 동이전, 신라.

수가 있다. 그러나 여기에는 앞의 왕조사들에서 보기 어려운 몇 가지가 눈에 띄인다. 대충 옮겨본다.

- 그 족명族名에 제1골第一骨과 제2골骨은 형제의 딸·고모·이모·사촌 자매 중에서 아내를 택하여 삼았다. 왕족이 제1골인데 아내 또한 제1골이고 자녀를 낳으면 모두 제1골이 되며, 제2골의 여자에게는 장가를 들지 않는데 비록 혼인을 하였더라도 첩실밖에 안 된다. (여기서의 제1골은 성골聖骨이며, 제2골은 물론 진골眞骨이다.)
- 일에는 반드시 대중이 함께 논의論議를 하였는데 화백和白이라 일컬었으며, 한 사람이라도 이의異義가 있으면 그만두었다.48)
- 왕의 성은 김씨이며 귀인貴人의 성은 박씨이다. 백성은 성이 없고 이름뿐이다.(民無氏 有名)

이는 김씨가 신라 왕이었을 당시 곧 당나라 때이므로 그렇게 쓴 것이라 할 수 있다.

이상에서 중국의 옛 왕조사에 비친 신라의 초창기에 관해 그 대강을 보았다. 이들 기록에는 한마디도 신라의 건국신화나 그 시조에 관한 언급이 없다. 이미 앞에서 본바 있는 고구려의 건국자 동명왕東明王 주몽朱蒙이 부여夫餘 또는 고구려의 시조로서 탄생설화와 건국신화가 일찍부터 전해져 있는 것과 매우 대조적이라 할 수 있다. 신라가 고구려는 물론 백제보다도 늦게 중국왕조사에 초라하리만큼 미미하게 비쳐지고 있는 것은 아마도 고구려와 백제에 의해 육로와 해로가 오래 막혀 있었기 때문이었을 것으로 볼 수가 있다.

---

48) 이는 이른바 신라의 '화백和白제도'에 대한 간략한 설명이다.

제2대 남해왕南解王

Ⅰ. 원문과 새김글
 1. 원문
 2. 새김글

Ⅱ. 내용 살펴보기
 1. 신라 왕호의 변천
 2. '삼황의 제1(三皇之弟一)' 문제

Ⅰ. 원문과 새김글

1. 원문

第二 南解王

　南解居西干亦云次次雄 是尊長之稱 唯此王稱之 父赫居世 母閼英夫人 妃雲帝夫人(一作雲梯 今迎日縣西有雲梯山聖母 祈旱有應)前漢平帝元始四年甲子 卽位 御理二十一年 以地皇四年甲申崩 此王乃三皇之弟一云 按三國史云 新羅稱王曰居西干 辰言王也 或云呼貴人之稱 或曰 次次雄 或作慈充 金大問云 次次雄方言謂巫也 世人以巫事鬼神尙祭祀 故畏敬之 遂稱尊長者爲慈充 或云尼師今 言謂齒理也 初南解王薨 子弩禮讓位於脫解 解云 吾聞 聖智人多齒 乃試以餠噬之 古傳如此 或曰麻立干(立一作袖) 金大問云 麻立者 方言謂橛也 橛標准位而置 則王橛爲主 臣橛列於下 因以名之

　史論曰 新羅稱居西干 次次雄者一 尼師今者十六 麻立干者四 羅末名儒崔致遠 作帝王年代曆 皆稱某王 不言居西干等 豈以其言鄙野不足稱之也 今記新羅事 具存方言 亦宜矣 羅人凡追封者 稱葛文王

未詳 此王代樂浪國人來侵金城 不克而還 又天鳳五年戊寅 高麗之裨屬七國來投

2. 새김글

제2대 남해왕

남해거서간南解居西干1)은 또한 차차웅次次雄2)이라고도 한다. 이 차차웅은 존귀한 어른의 칭호이며, 오직 이(남해) 왕만을 일컬었다. 아버지는 혁거세왕이고 어머니는 알영부인이며, 왕비는 운제부인이다. 〔운제雲帝는 雲梯로도 쓴다. 지금 영일현迎日縣의 서쪽 운제산雲梯山에는 성모聖母가 모셔져 있는데, 가물 때 빌면 영험이 있다고 한다.〕3)

전한의 평제平帝 원시 4년 갑자(A.D.4)에 즉위하여, 21년을 다스리다가 지황地皇 4년 갑신甲申4)에 세상을 떠났다. 이 왕을 삼황三皇의 하나5)라고 하였다.

---

1) 『사기』 권1과 권4에 의하면 신라에는 거서간居西干이라 한 왕이 시조 혁거세왕 하나뿐인 것으로 되어 있다. 그러나 이 『유사』에서는 제2대 남해왕도 거서간이라 일컬은 것으로 되어 있다. 『유사』에는 이 밖에도 앞쪽의 「왕력王曆」 제2 남해차차웅南解次次雄 아래에서 "이 왕의 위호도 또한 거서간이라 한다.(此王位亦云居西干)"고 하였다.
2) 『사기』 권1에는 남해차차웅의 이름아래, "차차웅은 자충慈充이라고도 한다. 김대문金大問이 말하기를, '방언方言에 무당(巫)을 이르는 말이니, 세상 사람들이 무당은 귀신을 섬기고 제사를 숭상하기 때문에 두려워하고 공경한다. 그래서 존중하는 어른(尊長)을 자충이라 한다' 하였다."라고 주석을 붙였다.
3) 이 부분은 찬자의 주석이다.
4) 중국 신新(王莽의 나라)의 연호인 지황地皇은 3년까지이며, 지황 4년에 해당하는 해는 경시更始 원년 계미癸未(A.D.23)이므로 실제 역사상 지황 4년 갑신은 없는 셈이 된다. 갑신년은 경시 2년(A.D.24)이다. 그러므로 여기에 있는 대로라면 실제 없는 지황 4년 보다는 갑신년 쪽을 택하는 것이 옳을 듯하다. 『사기』 권29, 「연표年表」(상)에도 남해왕이 돌아간 해를 경시 2년 갑신으로 하고 있다.
5) 『영인본』 및 『신정본』 등에는 이 부분이 "삼황지제일三皇之弟一"로 되어 있다. 그래서 '삼황의 아우되는 한 사람'으로 새긴 이도 있고, 또 이 '弟一'을 '第一'의 틀린 글자로

『삼국사기』에 보면, 신라에서는 임금을 거서간이라고 하였으니 진한辰韓의 말로는 왕이다. 혹은 존귀한 사람을 일컫는 말이라고도 한다 하였다.6) 또는 임금을 차차웅次次雄 혹은 자충慈充이라고도 하였다. 김대문金大問7)이 이르기를, "차차웅은 신라 말로 무당을 이른다. 세상 사람들이 무당은 귀신을 섬기고 제사를 숭상하므로 두려워하고 공경하였다. 그래서 존중하는 어른을 일컬어 자충이라고 하게 되었다."고 하였다.8)

또 (임금을) 니사금尼師今이라고도 하는데, 이는 잇금(齒理 곧 잇자국)을 이른 말이라고 하였다. 처음에 남해왕이 세상을 떠나자 그 아들 노례弩禮가 탈해脫解에게 왕위를 양보하려고 하니 탈해가 말하기를, "내가 듣기로는 성스럽고 지혜로운 사람은 이(齒)가 많다고 하더라." 하여 떡을 물어 잇금을 시험하였는데, 예부터 이와 같이 전해져 있다.9)

보고 '삼황의 제일(첫째)'이라 번역한 학자도 있으며, 어떤 이는 또 이 대목을 아예 "삼황지제이三皇之第二"로 고쳐서 '삼황 중의 둘째'라고 번역하기도 했다. 그러나 안재홍은 그의 『조선상고사감』 상권(민우사, 1947) p.184에서, "삼황은……천天·지地·인人 3황皇이므로 '삼황지제일三皇之第一'이라는 것은 곧 삼황의 하나라는 뜻으로 보아야 한다."고 하였는데, 그는 혁거세왕을 천황씨天皇氏, 남해왕을 지황씨地皇氏, 노례弩禮왕을 인황씨人皇氏로 보고자 하였다. 이(三皇之第一) 문제는 본 항목의 살펴보기에서 좀더 자세히 보기로 한다.
6) 이 대목은 『사기』 권1의 맨 첫머리 '시조 혁거세거서간' 이야기에 들어 있다.
7) 김대문은 7·8세기에 걸쳐 살았던 신라의 귀족 학자로 알려져 있으나, 그의 자세한 행적은 알 수가 없다. 『사기』 권48 「열전」6(설총薛聰전 뒤쪽)에는 그가 "신라의 귀문자제貴門子弟이며, 성덕왕聖德王 3년(704)에 한산주漢山州 도독都督이 되었다."라고 하였으며, 저서에 『고승전高僧傳』·『화랑세기花郎世記』·『악본樂本』·『한산기漢山記』 등이 있었다고 한다.
8) 이 대목은 같은 『사기』 권1의 '남해차차웅' 바로 밑에 붙여놓은 주석 글이다.
9) 이 이야기 또한 『사기』 권1의 '유리니사금儒理尼師今' 앞머리 쪽에 들어 있다.

또 왕을 마립간麻立干(立은 수袖로도 씀)이라고도 하였다. 이에 김대문은 말하기를 "마립麻立이란 신라말로 말뚝(橛)이라고 하는데 지위를 표시하는 말뚝(궐표橛標)은 벼슬에 따라 두게 되므로 왕의 궐표는 곧 주主가 되고 신하의 궐표는 그 아래에 배열하게 되므로 그래서 이름한 것이다."라고 하였다.10)

사론史論에 이르기를,11) "신라에는 거서간과 차차웅이라 일컬은 왕이 각각 한 분, 니사금이라 한 왕이 열여섯,12) 마립간이라 일컬은 왕이 넷이다.13) 신라 말기의 유명한 학자 최치원이 지은 『제왕연대력帝王年代曆』에는 모두 왕이라 일컫고 거서간 등이라는 말은 하지 않았는데, 어찌 그 말(거서간 · 차차웅 · 니사금 · 마립간 등)이 촌스러워서 일컬을만한 가치가 없었기 때문이었을까? 지금 신라의 일을 적으면서 그 당시에 썼던 말을 그대로 살려서 쓰는 것이 또한 옳을 것이다."라고 하였다.14) 신라 사람들은 대체로 보아 추봉한 이(追封者)를 갈문왕葛文王이라고 일컬었는데 자세한 것은 알 수가 없다.

---

10) 김대문의 이 말은 『사기』 권3의 '눌지마립간訥祇麻立干' 시작글 밑에 붙여놓은 주석이다.
11) 원문은 "사론왈史論曰인데, 이는 『삼국사기』에 있는 논왈論曰을 가리킨다. 곧 '사史'는 『삼국사기』이며 '논왈論曰'은 거기에서 신라 왕의 일컬음에 관해 논한 말이다.
12) 『사기』에 있는 대로 옮겼기 때문에 니사금尼師今이라 한 왕이 열여섯(16명)이라고 한 것은 당연하지만, 니사금을 니질금尼叱今이라 하고 있는 『유사』의 권1, 「왕력王曆」에는 제3대 노례弩禮 니질금으로부터 제16대 걸해乞解 니질금에 이르기까지 열네 임금이 니질금(니사금)으로 되어 있다.
13) 『사기』를 인용한 이 글에는 마립간이라 한 왕이 넷으로 되어 있으나, 『유사』의 「왕력」에서는 제17대 내물奈勿 마립간으로부터 제22대 지정智訂 마립간에 이르기까지의 여섯 왕을 마립간이라 한 것으로 되어 있다. 다시 말해서 『사기』에서는 니사금이 16명, 마립간이 4명인데, 『유사』에서는 니질금이 14명, 마립간이 6명으로 되어 있다.
14) 이 대목 곧 '사론왈'에서 여기까지는 『사기』 권4의 '지증마립간智證麻立干' 앞부분 '논왈論曰'에서 옮겨온 것이다.

이 남해왕 대에 낙랑군 사람들이 금성金城(당시 신라 왕성)에 쳐들어 왔다가 이기지 못하고 돌아갔다. 또 천봉天鳳 5년 무인(A.D.18 곧 남해왕 15년)에 고구려의 소속이었던 일곱 나라가 항복해 왔다.

Ⅱ. 내용 살펴보기

1. 신라 왕호의 변천

　이 '제2대 남해왕' 항목에서 가장 먼저 눈에 띄는 것은 그 왕호의 특이함이다. 앞의 주1)에서도 잠시 본 바가 있지만 첫머리에 시작하면서 남해거서간을 '차차웅次次雄'이라고도 한다고 하였다. 그 부왕이 되는 시조 혁거세왕을 거서간居西干이라 하였는데, 아들되는 남해왕은 거서간이라고도 하고 또 차차웅이라고도 한다는 것이다.
　이 차차웅은 존귀한 어른 곧 존장尊長을 일컬음인데, 오직 이 남해왕만을 그렇게 불렀다는 것이다. 앞 항목에서 거서간을 '임금(王者)의 존칭'이라고 하였으며, 이 항목에서 인용한 『사기』에는 '거서간은 진한 말로 왕이며(居西干 辰言王), 혹은 존귀한 사람을 일컫는 말(呼貴人之稱)'이라 하였다.(주 6)에 나왔음) 또 이 항목에서 인용하고 있는 『사기』의 글에는 차차웅도 '존귀한 어른을 일컬음(稱尊長者)'이라 하였다. 그렇다면 '거서간'이나 '차차웅'이 모두 왕을 일컫는 말로써 그 뜻은 똑같다고 할 수 있다. 뜻으로 본다면 '남해왕(南海居西干)은 또한 존장尊長이라고도 일컫는 왕(次次雄)이라 한다', 곧 '왕(居西干)은 왕

(次次雄)이다'라는 말이 된다고 하겠다.

문제는 뜻(王)에 있는 것이 아니라 말(居西干과 次次雄)의 차이에 있다. 이 항목에서 인용하고 있는 『사기』의 논왈論曰에서는 "거서간과 차차웅이라 일컬은 왕이 각각 한 분"이라고 하였다.[15] 이는 말할 것도 없이 『사기』「신라본기」에 있는 그대로 '거서간 하나는 혁거세왕이며, '차차웅' 하나는 남해왕이다. 그러나 이제 본 바와 같이 이 『유사』에서는 거서간이 혁거세왕과 남해왕의 둘이며, 차차웅은 남해왕 하나뿐이다.

이것은 『사기』 쪽이 옳고 『유사』 쪽이 틀렸다거나, 『유사』 쪽이 옳고 『사기』 쪽이 틀린 것이라고 단정적으로 말할 수 있는 성격은 아니라고 할 수 있다. 흔히 『사기』가 정사이고 『유사』가 야사이므로 정사인 『사기』 쪽의 기사에 역사성을 부여하려고 하는 경향들이 없지 않다. 그러나 이 경우에는 그렇게 보아서는 안 된다. 대체적으로 『유사』를 찬술할 때 이미 앞서 간행된 정사인 『사기』를 보았으리라는 것은 일반적 상식이라 할 수 있다. 그러므로 『사기』에 없거나 『사기』와는 다른 기록일 경우 터무니없는 것이 아니고 『사기』와 다르거나 없는 자료를 찾아 수록하는 것이 『유사』의 『유사』다움인 것은 두말할 나위가 없다.

그러한 『유사』이기 때문에 『사기』에는 거서간의 왕호를 쓴 왕이 혁거세 하나뿐으로 되어 있으나 이제 본 것처럼 남해왕도 거서간이라 일컬은 사실을 밝혀놓은 것이라 할 수 있다. 더구나 이 항목에서

---

15) 위와 같은 인용문에서 다음 부분임. "論曰 新羅王 稱居西干者一 次次雄者一."

거서간이라 쓴 왕이 신라에서는 하나뿐이었다는 『사기』의 기록을 그대로 옮겨 싣고 있으면서도 버젓이 그 항목 첫머리에 '남해거서간 이라 하고 또 '차차웅'이라고 내세웠다. 제1책의 「왕력」에서 이미 보았지만 거기에서는 '제2第二 남해차차웅 南海次次雄'이라 앞에 내세워 놓고 나중에 "이 왕의 위호를 또한 거서간이라 한다.(此王位亦云 居西干)"라고 하였다. 말하자면 『사기』에서 '거서간은 혁거세왕 하나뿐이라는 설을 『유사』에서 뒤엎은 셈이지만 보다도 바로잡아 놓았다고 하는 표현이 옳을 것 같다고 하겠다.

그러나 거서간이나 차차웅의 의미에 관해서는 『사기』에서 전하는 것 말고는 따로 『유사』 찬자가 수집한 자료는 없었던 모양이다. 이제 본문에서 본 것처럼 『사기』에서 전하고 있는 거서간과 차차웅의 뜻풀이와, 그 후대왕인 '니사금과 '마립간麻立干'에 관해서도 『사기』에 전하는 그대로를 옮겨놓았을 뿐 그 밖의 이설異說은 거론하지 않았다. 그리고 신라의 왕호에 '거서간이 하나, 차차웅이 하나, 니사금尼師今이 열여섯, 마립간麻立干이 넷이었다'는 기록까지도 『사기』에서 옮겨 실었다. 그러면서도 아무런 설명이나 이의를 제기하지 않았다.

다만 「왕력王曆」표나 「기이紀異」편의 왕호 표기에서 『사기』와 다른 면을 표출하고 있다. 즉 니사금尼師今을 여기에서는 '니질금尼叱今'이라 하고 있으며, 이 니질금 곧 니사금이 『사기』에는 16명이라 하였으나 이 『유사』에는 14명으로 되어 있다. 『사기』에는 4명으로 되어 있는 마립간도 여기에는 6명으로 하고 있다. 니사금(니질금)이라 일컫게 된 사연과 마립간이라 부르게 된 까닭도 『사기』에 있는 그대로를 옮겼을 뿐, 그에 관한 『유사』 나름의 언급은 한마디도 보이지 않는다.

거서간과 차차웅의 두 가지 일컬음을 썼다는 남해왕의 이 항목에서 『유사』 찬자는, 신라 특유의 왕호 사례를 『사기』에서 이끌어다가 왕王으로 통칭하기 시작한 법흥왕 이전까지의 신라 왕호 변천사를 보여주고 있다. 그러나 뜻으로 보면 모두 똑같이 임금에게 붙인 존호尊號인데 어째서 처음에 거서간居西干이라 했다가 그 다음 왕 혼자서 차차웅次次雄이라 하고, 그 다음부터는 10여 명(『사기』엔 16명, 『유사』에선 14명)이 니사(질)금尼師(叱)今이라 하였으며, 나중에는 몇 왕(『사기』에 넷, 『유사』에 여섯)이 마립간麻立干이라 하였는지 그 까닭을 밝혀놓지 않았다. 다 같이 향언鄕言 또는 방언方言이라고 하면서 그처럼 몇 가지로 다르게 불려졌던 데에는 반드시 그럴 만한 연유가 있었을 것이나, 애석하게도 『유사』에서는 그 자료를 수집하지 못하였던 것으로 볼 수가 있다.

안재홍은 신라 왕호의 '변천의 경위經緯'라 하여 다음과 같이 적고 있다.

혁거세거서간赫居世居西干 혹 거슬한居瑟邯은 '굿한'으로 '제정장祭政長'이니 산만散漫한 일직제一職制인 것이오. 二世 남해南解의 차차웅次次雄은 '지지웅'이니 '대제사大祭司' 즉 사제장祭司長이오 '승관장僧官長'이라 자못 긴절緊切한 총할적總轄的인 직제職制오. 三世 노리지弩理智의 니질금尼叱今은 '닛검'이니 세습군世襲君이라 비로소 근세국가적近世國家의 기구機構임을 생각게 하는 자者이나 '님검'의 '주군主君'인 자임에 비하여 오히려 그 초기적初期的 직제職制임을 알바이다.

제17대 내물奈勿의 '마립간麻立干'은 '마리한'이오, '마루한' 또는 '말한' 등으로 호용互用되는 자이니 '종간宗干' 즉 '대한大汗'의 뜻으로 황제皇帝에 상당相當한 위호位號이다.16)

안재홍 본인은 '신라 왕호의 변천 경위'라고 전제하였으나, 변천의 경위를 명쾌하게 밝힌 글로 보기는 좀 아쉬운 점이 남는다고 하겠다.

2. '삼황의 제1(三皇之弟一)' 문제

본문에서 보았지만 신라 제2대인 남해왕을 '삼황의 제일(三皇之弟一)'이라고 한 이 글귀는 상당히 황당하면서도 어떤 문제가 암시된 듯이 보인다.

우선 저본에 '제일弟一'이라고 되어 있는 이 '제일弟一'에도 학자들의 견해는 일치하지 않는다. 제일은 차례 곧 순서적 개념으로 첫째, 첫 번째라는 뜻이기 때문에 '제弟'를 '제第'의 오자로 보고 대부분의 학자들은 '第一'로 고쳐서 읽는다. 그러나 어떤 이는 이 '弟'를 그대로 두고 원문의 '삼황지제일三皇之弟一'을 "3황의 아우 되는 한 사람"17)으로 새긴 이도 있다. 또 어떤 이는 남해왕이 두 번째 왕이기 때문에 '제일弟一'을 '제이第二'로 고쳐서 "삼황三皇 중의 둘째"라고 하였다.18)

'弟一'이 옳으냐, '第一'(또는 第二)이 옳으냐 하는 문제는 저본에 '弟'자가 등장했으므로 비로소 제기된 것이라 할 수 있다. 물론 애초

---

16) 앞의 주5)에 나온 안재홍의 『조선상고사감』 상, pp.186~187.
17) 리상호 번역, 『삼국유사』(북한 과학원 출판사, 1960), p.91.
18) 한국정신문화연구원 편, 『역주 삼국유사』 I, p.238.

에 '第一'로 되어 있었더라면 아무도 문제를 삼지 않았을지도 모를 일이라 하겠다. 그러나 그 앞에 놓인 '삼황三皇'과 연결시켜 볼 때에는 여전히 문제의 소지는 남는다고 할 수가 있다.

여기서의 '삼황'은 문자상으로는 그 자체에 아무런 하자가 없으나, 신라의 제2대 임금인 남해왕을 가리켜 '삼황지제일三皇之弟(第)一'이라고 하였기 때문에 문제가 되는 것이다. 삼황은 원래가 중국 상고시대의 신화적 전설 속의 세 임금을 가리키는 것인데, 그 설에는 대체로 다음의 여섯 가지를 들 수가 있다.

① 복희伏羲·신농神農·황제黃帝 ② 복희·신농·여와女媧 ③ 복희·신농·수인燧人 ④ 복희·신농·축융祝融 ⑤ 천황天皇·지황地皇·태황泰皇 ⑥ 천황·지황·인황人皇이다.

그러므로 지금 이 항목에서 남해왕을 지칭하는 삼황은 그러한 중국의 태고적 삼황을 가리키는 것이 아님을 알 수 있다. 아무래도 신라의 삼황이 따로 있었던 것으로 보아야 옳을 것 같으며, 아울러 남해왕은 그 신라 삼황 중의 하나였을 것이라고 할 수가 있을 것이다.

앞의 주5)에서도 잠시 보았지만 안재홍은 그의 『조선상고사감』에서 「혁거세赫居世와 천지인天地人 삼황三皇」이라는 소제목으로 이 문제를 서술하였는데, 여기에 해당하는 요긴한 부분만을 잘라서 옮겨 본다.

　　신라사新羅史를 한 개의 상식안常識眼으로 보더라도 혁거세왕赫居世王의 천강설화天降說話와 남해왕南解王의 '남기' 어휘와 노례왕弩禮王의 '누리'인 인세적人世的인 어의등語意等은 어데인지 천지인天地人 삼황적三皇

的인 취미를 자아 일으키게 하는 바이다. 그런데 『삼국유사』는 예例에 의하여 이러한 전설적傳說的 재료를 충실히 전하여 주고 있다. 동同『유사遺事』에 남해차차웅南解次次雄의 일을 소개하고 "此王乃 三皇之第一云"의 일문一文을 머물렀다. 삼황三皇은 이 경우에 오직 상고사上古史의 전설적傳說的인 공통의 유형인 천지인天地人 삼황으로 해석됨이 당연하고, "乃三皇之第一"이라는 것은 즉 삼황三皇의 一이라는 문의文意로 해석함이 타당함을 생각게 한다. 이제 이를 차례를 따라 천명闡明하려 한다.

(一) 혁거세赫居世의 붉의 뉘는 더욱 명백한 신神의 대代를 표시하는 바로 신대神代의 종국자終局者이오 근세적 사회의 개벽자開闢者인 시조始祖는 문득 신황神皇 즉 '천황씨天皇氏'인 것이다.

(二) 혁거세왕赫居世王이 이미 제일대第一代인 천황씨天皇氏인데 남해왕南解王은 제이대第二代인 '지황씨地皇氏'인 것이다. 남해南解는 해解의 일음一音 '기'임에 인하여 그 발음發音이 '남기' 즉 '남기'로 볼 것이며, ……남해차차웅南解次次雄의 '남기'는 번듯한 자생산육孶生産育의 물력적物力的 기반基盤으로 되는 대지인연大地因緣의 지황씨地皇氏인 것이다. 그 위호位號 '자충慈充' 혹은 '차차웅次次雄'이 '지중'의 표음表音으로 사제장祭司長의 칭호稱號여서 아직도 신정기적神政期의 운의韻意를 띄고 있는 것도 일증좌一證左이오, 그 왕후王后 운제부인雲帝夫人이 운제산雲梯山 성모聖母로서 신대적神代的 운의韻意를 가진 것이 또 일증一證이다.

(三) 제삼세第三世 노례니질금弩禮尼叱今은 그 자체의 어의語意에서 인세황적人世皇的 본색本色을 가졌으니 그 '인황씨人皇氏'로서의 존재가 스스로 명백하다. (1) 노례弩禮는 '누리'이라 『삼국유사』에 '세리지世里智'로 지었으니 '누리'의 인세人世임은 설명을 요要치 않고, (2) 이 노례니질금弩禮尼叱今의 대代에 육부기구六部機構의 재정리再整理와 국가직관國家職官의 대정비大整備를 행한 것을 기술하여 인세황人世皇의 인세현실적人世現實的인 대설시大設施였음을 뵈었으니 또 그 증좌證左요, (3) 그 존호尊號가 니질금尼叱今의 '닛검'이어서 김대문金大問이 해설한 치리齒理의 '닛검'

으로서는 아니오 비로소 세습군주世襲君主로서의 '닛검' 즉 '니웃는검'인 어의語意를 뵈인 것이 그 증좌證左이다. ……제삼세第三世인 노례弩禮 '닛검'이 인황씨人皇氏인 것이 명백하다.19)

그는 그와 같이 혁거세왕을 천황씨天皇氏・남해왕을 지황씨地皇氏・제3대 노례왕(『사기』에는 儒理尼師今)을 인황씨人皇氏라고 하여, 중국의 태고적부터 전승해온 '천天・지地・인人' 삼황사상을 신라의 삼황으로 고증구명하였다고 볼 수가 있다. 그러기 때문에 그는 '삼황지제일三皇之弟一'을 거침없이 '삼황지제일三皇之第一'이라 하여 '삼황의 하나(三皇의 一)'라는 뜻으로 풀이하는 것이 타당하다고 하였다.

일본학자가 엮은 『삼국유사고증』에는 이(三皇之弟一) 문제에 관해 대략 다음과 같이 보이고 있다.

> 삼황三皇은 중국의 고전설古傳說에 보이는 태고太古의 제왕명帝王名. (三皇名의 諸說 및 神靈・神人說 생략) …… 이러한 삼황三皇의 신령神靈・신인설神人說에 연유해서 삼황三皇의 제弟라고 하였을 것이다.20) 前間氏는 弟를 第로 읽어서, 삼황三皇을 남해南解・유리儒理・탈해脫解라 하여, 남해시조설南解始祖說을 수창首唱하였으나, 원전原典에는 제第로 볼 수 있는 것이 없다. 또 弟를 第로 읽어야 할 근거를 보인 고증考証도 찾아낼 수 없으므로 여기에서는 원전原典 그대로 弟라 읽는다. 남해南解를 第一로 하지 않고 弟의 一人이라 한 것은, 나말羅末 또는 여초麗初의 유학자儒學者의 소중화사상小中華思想・모화사상慕華思想을 가장 단적端的으로 보인

---

19) 앞의 『조선상고사감』 상, pp.184~186.
20) 미시나 쇼에이三品彰英 유찬遺撰, 『三國遺事考証』 상, p.465에서는 원문 "此王乃三皇之弟一云"을 "남해왕은 저 삼황의 아우(弟)라고도 말해진다."라고 번역하였다.

것이라고 하겠다.

여기에서는 '弟'를 그대로 보아야지 '第'로 고쳐 읽어서는 안 되며, 『유사』 원전 그대로 남해왕을 '삼황의 아우인 한 사람(弟의 一人)'이라고 보는 것이 옳다는 논조이다. 그래서 그(『考証』저자)는 이 '三皇의 弟의 一人'이라 한 것은 신라 말이나 고려 초의 유학자들의 소중화사상小中華思想 및 모화사상慕華思想을 가장 단적으로 나타낸 것이라고까지 강조하였다.

그리고 그는 '弟'를 '第'로 읽으면 안 된다고 하였다. 원전에도 '第'로 되어 있지 않으며, 또 '弟'를 '第'로 읽을 근거를 보인 고증도 찾아볼 수가 없다는 것이다. 그러나 국내외의 유수한 자전字典은 말할 것도 없고 우리가 손쉽게 구해볼 수 있는 옥편에서도 '弟'가 '第'와 같은 뜻으로 쓰이는 사례를 보이고 있다. 여기에서는 번잡함을 피하여 대표적인 두 자전을 보기로 들고자 우선 중국의 『한어대사전漢語大詞典』을 보고, 다음에 일본의 『대한화사전大漢和辭典』을 들기로 한다.

『한어대사전』에는 '弟'자를 1, 2, 3 세 글자로 나누어 각각 따로 써서 풀이를 하고 있다. 그 첫 번째인 '弟' 1의 맨 첫머리 ①에 '次第'라 하였으며, 이어서 차제次第에 대한 『설문說文』·『여씨춘추呂氏春秋』 등의 고전을 이끌어다가 예문을 들고 있다. 물론 차제次第는 우리말로 차례·순서이다. 그 다음의 ②에 "같은 부모에게서 나중에 태어난 남자로 형兄에 대한 말"이라 하였다. 우리의 아우 제弟가 여기에 해당한다. 그 다음 ③에 고대에는 누이(妹)도 제弟라고 하였다. ④와

⑤에 친척이나 친구의 나이 적은 남자, 자기를 낮추어 일컬음 등이고, ⑥에 문하생·학생 곧 제자 등 ⑪문항에 이르기까지의 용례를 들고 있다.21)

『대한화사전』에는 '弟'를 모두 ⑫문항으로 나누었는데, "① 아우(동생) ② 누이 ③ 나이가 적음(年下)·젊은이 ④ 겸손하게 자기를 낮춘 일컬음. ⑤ 제자 ⑥ 차례(次第)·순서, 또는 第로도 쓴다." 하고는 다른 문항과 같이 여러 고전을 이끌어 예문을 들었는데 특히 이 문항 ⑥에서는 '弟一'을 '第一'과 같은 뜻으로 쓰는 용례를 들고 있다.22)(⑦에서 ⑫까지 문항은 생략).

이상의 두 자전을 비교해 본다면『한어대사전』에서는 ⑪ 문항 중의 첫 번째 ①에서 '次第'(차례·순서)를 들고 다음 ②에서 '아우 곧 동생'을 설명하였는데,『대한화사전』에서는 ⑫문항 가운데 ①에 '아우 곧 동생'을 들고 여섯 번째 ⑥에서 '차례(次第)·순서 또는 第로도 쓴다고 하였다. 비록 ⑥에서 이 설명을 다루고 있으나 오히려 ①문항에서 '차례(次第)'를 다룬『한어대사전』쪽보다 더 자세한 설명을 붙였다고 할 수 있다. 이『대한화사전』에서는 '弟'를 '第'와 같은 뜻으로도 쓴다고 하면서 고전을 인용하여 '第一'을 '弟一'로도 쓸 수 있음을 보이고 있으며, 아울러 弟一 곧 第一을 '첫 번째'라는 뜻만이 아니고 차례로 말한 것(여럿) 중의 '하나'라고 해석할 수 있는 예문을 인용하였다.

---

21) 한어대사전집위원회 편,『한어대사전』권2(漢語大詞典出版社, 1988), p.99.
22) 모로하시 데쓰지諸橋轍次 저,『대한화사전』권4(大修館書店, 1959), p.698 3단.

앞에서 안재홍은 '삼황지제일三皇之弟一'을 '弟一'이 맞느니 안맞느니 아무 시비곡절도 없이 그냥 '삼황지제일三皇之第一'이라 쓰고는 '내 삼황지제일乃三皇之第一'이라는 것은 '즉卽 삼황三皇의 하나(一)'라는 문의文意로 해석함이 타당할 것이라고 하였었다. 이제 본 자전들의 '弟'에 대한 풀이글을 통해서 그의 해석이 옳았음을 확인할 수가 있다고 하겠다. 그리고 신라 시조(혁거세)왕과 제2대 남해왕과 제3대 노례(유리)왕을 각각 천황씨·지황씨·인황씨라 하여 신라의 삼황三皇으로 본 것도 매우 의미 깊은 견해였다고 할 수가 있을 것이다.

제3대 노례왕 弩禮王

Ⅰ. 원문과 새김글
 1. 원문
 2. 새김글

Ⅱ. 내용 살펴보기
 1. 최초의 향가 鄕歌 도솔가 兜率歌
 2. 쟁기·빙고 氷庫·수레의 최초 제작
  1) 비로소 쟁기류를 만들다
  2) 빙고와 수레의 제작

Ⅰ. 원문과 새김글

1. 원문

第三 弩禮王

朴弩禮尼叱今(一作儒禮王) 初王與妹夫脫解讓位 脫解云 凡有德者多齒 宜以齒理試之 乃咬餠驗之 王齒多 故先立 因名尼叱今 尼叱今之稱 自此王始 劉聖公更始元年癸未卽位(年表云甲申卽位) 改正六部號 仍賜六姓 始作兜率歌 有嗟辭 詞腦格 始製犁耜及藏氷庫 作車乘 建虎十八年 伐伊西國滅之 是年 高麗兵來侵

2. 새김글

제3대 노례왕

박노례니질금朴弩禮尼叱今은 또 유례왕儒禮王[1]이라고도 한다.

처음에 왕은 매부인 탈해脫解에게 왕위를 넘겨주려고 하였다. 그러자 탈해가 말하기를, "대체로 덕이 있는 이는 치아가 많다고 하였으니, 잇금으로 시험해 보는 것이 좋으리다."[2]라고 하였다. 그래서 떡을 물어 잇자국을 시험해 보니 노례왕의 치아가 많았으므로 그가 먼저 임금자리에 올랐다. 그러한 연유로 이름을 니질금尼叱今(닛금·잇금)이라 하였으며, 니질금이란 일컬음은 이 왕으로부터 비롯되었다. 유성공劉聖公[3]의 경시更始 원년 계미(A.D.23)에 [『사기』 「연표」에는 갑신년(A.D.24)[4]에] 즉위한 노례왕은 6부의 이름을 고쳐 정하고 이어

---

1) 『사기』 권1, 「신라본기」 1에서는 이 왕을 '유리니사금儒理尼師今'이라 하여, 『유사』의 '니질금尼叱今'을 '니사금尼師今'이라 하고 '유례儒禮'를 '유리儒理'라 하고 있음을 보게 된다.
2) 원문은 "凡有德者多齒 宜以齒理試之"인데, "덕이 있는 이는 이(치아)가 많다. ……"는 이 대목에 해당하는 『사기』의 본문을 앞의 남해왕 쪽에서 인용한 것을 본 바가 있지만 『사기』 유리니사금 쪽의 원문은 "聖智人多齒 試以餠噬之" 곧 "성스러운 지혜가 있는 사람은 이가 많다."라고 되어 있다. 다시 말해서 『유사』에는 '유덕자有德者'이고, 『사기』에는 '성지인聖智人'의 차이이다.
3) 유성공은 중국 한실漢室의 종친이었는데, 당시 한왕조를 뒤엎고 신新의 황제가 된 왕망王莽을 치고 스스로 황제가 되었던 유현劉玄이다. 그의 자가 聖公이었으며, 황제가 된 2년에 적미赤眉의 적군에게 죽자 후한의 광무제光武帝가 그를 추봉하여 회양왕淮陽王이라고 하였다.
4) 이 괄호 안의 글은 『유사』 찬자의 주석이며, 『유사』의 「왕력」에도 노례왕이 갑신甲申년에 즉위한 것으로 되어 있다. 그러므로 원문의 '경시 원년 계미癸未 즉위'는 『유사』에서 수록할 때의 원 자료 그대로였던 것을 찬자가 『사기』의 「연표」를 인용하여 갑신

여섯 성씨를 내려주었다.5)

  비로소 도솔가兜率歌6)를 지었는데, (거기에) 차사嗟辭7)와 사뇌격詞腦格8)이 있었다. 처음으로 쟁기와 따비 및 얼음창고를 만들고 수레도 만들었다.9) 건무 18년(노례왕 19년, A.D.42)에 이서국伊西國을 쳐서 멸망시켰다.10) 이 해에 고구려 군사가 침범해 왔다.11)

  임을 주석으로 밝히고, 또 자신이 작성한 「왕력」에서도 그렇게 바로잡은 것으로 볼 수가 있다고 하겠다.
5) 이 사실은 『사기』 권1, 「신라본기」 1의 유리니사금儒理尼師今 9년(AD.32) 봄에 있은 일로, 자세히 보이고 있다.
6) 이 도솔가에 관해 『사기』 권1, 「신라본기」의 유리니사금 쪽에 다음과 같이 보이고 있다. "5년(A.D.28) 11월에 왕이 나라 안을 순행하다가 한 노파가 굶주리고 추위에 몸이 얼어 다 죽어가는 것을 보게 되었다. 왕은 말하기를 '내가 왕으로 있으면서 백성들을 잘 살게 하지 못하여 노약자를 이 지경에 이르게 하였으니 이는 나의 죄이다.' 하고는, 옷을 벗어 덮어주고 음식을 먹게 하였다. 곧 담당 관리에게 명하여 곳곳마다 홀아비와 홀어미, 고아와 자식없이 늙어 병든 이로서 살아갈 능력이 없는 자들을 찾아내어 살길을 열어주게 하였다. 이에 이웃 나라 백성들에게까지 소문이 나서 찾아오는 자가 많았다. 이 해에 백성들의 세간살이가 즐겁고 편안하여, 비로소 도솔가兜率歌를 지었다. 이것이 가악歌樂의 비롯이다."
7) 차사는 일종의 감탄사 곧 감동의 발어사인데, 양주동은 다음과 같이 말하고 있다.(출전은 나중에 보인 주12)에 나옴)
  "차사嗟辭는 생각건댄 이 후렴後歛에 관용慣用되는 '아으 둥둥다리 · 위 다링디리' 등을 이름인데, 이 '아으 · 아으으 · 이 · 위' 등은 사뇌가詞腦歌 중에도 '아야阿耶 · 아사야阿邪也' 등으로 기사記寫되어 있다."
8) 사뇌격은 향가鄕歌의 격조 또는 격식이라 할 수 있다. 사뇌詞腦는 사뇌가 곧 향가이므로, 그 격格은 격조格調 또는 격식으로 볼 수 있기 때문이다.
9) 이러한 사실은 『사기』 유리니사금(곧 『유사』의 弩禮王) 쪽에는 보이지 않으며, 오히려 『사기』 권4 「신라본기」 지증마립간智證麻立干 쪽에 그 일부의 사실이 보이고 있다. 즉, 제22대 지증왕 3년(502) 3월에 각 주州와 군郡의 책임자에게 명하여 농사를 권장케 하고, 비로소 소로 논밭갈이(牛耕)를 하게 하였으며, 그 6년(505) 11월에는 처음으로 책임부서에 명하여 얼음을 저장(藏氷)하도록 하였고, 또 선박의 편리를 마련케(制舟楫之利) 하였다는 것이다.
10) 이 이서국 멸망의 사실은 『사기』의 해당 제3대 유리(노례)니사금 19년(A.D.42)은 물론 『사기』 전반에 걸쳐서 찾아볼 수가 없다. 다만 『사기』에는 신라 제14대 유례儒

Ⅱ. 내용 살펴보기

이 항목은 분량이 많지 않은 편이나 문제거리는 없지가 않다. 특이한 신라 왕호 중에서 니질금尼叱今 또는 니사금尼師今의 일컬음이 이 왕에서부터 시작되었고, 그 이름을 붙이게 된 연기담緣起談도 특이하므로 이 항목에서 다룰 만한 첫 번째의 문제거리라 할 수 있다. 그러나 앞의 남해왕 항목에서 신라 왕호 변천의 문제가 제기되어 거기에서 니질금尼叱今(尼師今)의 문제도 대강 살펴보았기 때문에, 여기에서 다시금 다루지 않기로 하였다.

그러므로 여기에서는 이 왕 때 비로소 지어졌다는 도솔가兜率歌와, 처음으로 만들었다는 쟁기류의 농기구와 얼음창고 및 수레 등에 관한 문제를 살펴보기로 한다.

禮니사금 14년(297)에 이서국 사람들이 신라의 금성金城을 쳐들어왔다는 사실(伊西古國 來攻金城)만이 보일 뿐이다. 이 이서국에 관해서는 (이 책의) 앞쪽 '이서국伊西國' 항목에서 이미 살펴본 바가 있다.

11) 고구려 군사가 신라에 침범해 왔다는 이 기록도 『사기』에는 보이지 않는다.

1. 최초의 향가鄕歌 도솔가兜率歌

도솔가를 짓게 된 동기와 그 연유에 관해서는 『사기』의 유리니사금 5년 쪽에 전해져 있다. 그 전문을 앞의 주6)에서 옮겨 보았다. 그러나 『유사』의 이 항목에서는 그 연유에 관해서는 한마디의 언급도 없이 불쑥 "비로소 도솔가를 지었는데, 차사와 사뇌격이 있었다.(始作兜率歌 有嗟辭詞腦格)"라고만 하였다. 이것이 이 항목에서 보이고 있는 도솔가에 관한 전부이다.

『유사』 찬자가 도솔가의 연기담을 전하지 않은 까닭은, 아마도 『사기』의 「본기」에 자세히 나와 있을 뿐만 아니라 그보다 더 자세하거나 또는 그와 다른 이야기를 수집하지 못하였기 때문이 아니었을까 싶다. 비록 중복을 피하여 그 이야기를 옮기지는 않았으나 그 사실 자체는 하도 중요하므로, 그냥 지나치지 못하고 "비로소 도솔가를 지었다."라고 강조한 것이라 할 수 있다. 그리고는 "(도솔가에는) 차사嗟辭와 사뇌격詞腦格을 갖추어 있다."고 하여, 『사기』에 언급이 빠진 '도솔가의 중요한 일면'을 드러낸 것으로도 볼 수가 있다.

다시 말해서 『사기』에서는 비록 그 연기담은 전하였지만 실제 도솔가에 관해서는 "비로소 도솔가를 지었으니, 이는 가악의 비롯이다.(始製兜率歌 此歌樂之始也)"라는 한마디(원문으로 11자)뿐이다. 이제 보았다시피 『유사』의 이 항목에서도 "비로소 도솔가를 지었는데, 차사와 사뇌격이 있었다.(始作兜率歌 有嗟辭詞腦格)"라고 한마디(11자)만을 썼다. 그러므로 '도솔가를 전하고 있는 두 고전이 똑같이 원문 글자는 각각 열한 자썩이다. 그러나 연기담을 앞세운『사기』나 짓게 된 사연을 생략해버린『유사』가 모두 그 앞쪽 반마디는 "비로소 도솔가를 짓다."(각 원문의 앞 두 번째 글자가 '제製'와 '작作'으로 다르지만 뜻은 같음)라고 같은 말을 쓰고 있으나, 그 뒤쪽 글에는 서로 큰 차이를 보이고 있다.

『사기』의 이 뒷마디, "이는 노래(歌樂)의 비롯이다."라고 한 그 글자대로라면 이해하기가 좀 모호하다. 앞 글 하고 붙여 읽음으로써, '신라 제3대 유리(노례) 임금 5년 11월에 비로소 도솔가를 지었는데, 이는 신라 노래(歌樂)의 비롯이 된다'는 말로 통해진다. 그러므로『사기』에서 보여주는 도솔가 이야기의 끝마디는, '도솔가가 신라 최초의 노래(歌樂)'라는 사실을 밝힌 것뿐이라고 할 수 있다. 반면에『유사』에서는 같은 글자 수(뒷 반 마디 여섯 자)이면서도 "차사와 사뇌격이 있다.(有嗟辭詞腦格)"라고 하여, 도솔가가 사뇌가 곧 향가적 특성 또는 그 요소를 지니고 있음을 단적으로 표현하고 있다.

두 경우에 있어서 이미 앞 반마디(始作·製兜率歌)의 '비로소 짓다(始作·始製)'를 통해 도솔가가 '신라 최초의 노래'임을 드러낸 것으로 볼 수 있다. 그러므로『사기』에서 "이는 노래의 비롯이다.(此歌樂之始也)"라고 한 것은 '도솔가가 신라 최초의 가요였다'는 사실을 다시금 강조한 것 외에는 다른 의미를 찾을 수가 없다고 할 것이다. 그러나 이제 본 바와 같이『유사』의 경우에는 단지 이 반마디를 통해서 신라 최초의 노래인 '도솔가'가 이른바 신라 특유의 향가鄕歌로서 그 요소와 특성을 갖추고 있음을 밝힌 것이라 할 수 있다.

도솔가에 관한『유사』의 이 한마디를 풀어서 본다면, "향가 특유의 감동적 감탄사(嗟辭)와 사뇌가의 격조(詞腦格)를 간직한 도솔가를 비로소 지었다."라고 할 수가 있을 것이다. 이 도솔가에 관해 양주동은 다음과 같이 말하고 있다.

> 유리왕대儒理王代에 남상濫觴된 '도솔가兜率歌'는 상고上古의 순연純然한 종교적 의식의 축사祝詞와 근고近古의 서정요敍情謠의 중간형식中間形式을 보인 자로서, 그 가락歌樂의 형식이 아즉 집단적인 것은 구형舊型을 그대로 전수傳守하나, 그 내용이 현저히 즉생활적卽生活的・서정적敍情的이었음을 추측할 수 있다. 다만 그것이 개인의 서정가요敍情歌謠가 아니오, 어디까지나 사기소설史記所說과 같이 민속환강民俗歡康・시화연풍時和年豊을 구가謳歌한, 혹은 님금의 어진 정사政事를 칭송稱頌한 민중民衆의 노래였을 뿐이다. '도솔가兜率歌'는 단적으로 '농민農民의 노래'인 동시에 나대羅代의 국풍國風・아송雅頌의 남상濫觴이라 할 수 있다.12)

그는 이에 앞서 차사嗟辭에 관해,

> '차사嗟辭'는 생각건댄 이 후렴에 관용慣用되는 '아으 둥둥다리・위 다링디리' 등을 이름인데, 이 '아으・아으으・이・위' 등은 사뇌가詞腦歌 중에도 '아야阿耶・아사야阿邪也' 등으로 기사記寫되어 있다.

라고 하였다. 그리고 그는 이어 도솔兜率을 주석하여,

> '도솔兜率'의 불전원어佛典原語는 범梵 Tusita 일작一作 '도솔타兜率陀・도술兜術・도사다都史多・투슬치鬭瑟哆', 음音 '두솔'(古音 '두솓')이므로,

---

12) 양주동, 『고가연구』(『양주동 전집』 1, 동국대학교출판부, 1995), p.17.

'도솔兜率'은 '돗·듯'에 해당한다. 이렇게 해解한다면 '도솔가兜率歌'는 곧 '돗놀애(텃노래·國都歌)'의 차자借字이다. '도(두·터)'는 '양梁·훼喙·도道·토吐·제堤' 등자等字로 기사記寫되는 '기基'의 의義.13)

라고 하였다. 그리고 그는 여기에 나오는 사뇌격詞腦格의 '사뇌'에 관해서도 그의 명저『고가연구』에「사뇌가詞腦歌」라는 항목으로 깊이 고찰한 글을 담고 있다. 이 글에서 그는『사기』와『유사』및『균여전均如傳』등을 주로 상고하여,

'사뇌詞腦·시뇌詩惱·사내思內·신열辛熱'이 모두 '시니(스니·싀니·시니)'의 차자借字로서 그 원의原義는 '동천東川·동토東土', 그 전의轉義가 '향鄕'임을 알 것이다. 이제 이 의의에 의依하여 차등어此等語가 관용冠用된 제악무명기타諸樂舞名其他를 점검點檢컨댄,

신열악辛熱樂·시뇌악詩惱樂·사내악思內樂·사내무思內舞·사내금思內琴·사뇌가詞腦歌·사뇌격詞腦格.

등어等語는 모두 '동방東方·동토東土'의 의의로서 저 외국악外國樂인 '당악唐樂·당무唐舞' 등과 구별되는 동방고유東方固有의 악樂·무舞·가歌·금琴 및 격조格調를 표시表示하는 어휘語彙임이 요연瞭然하다.

라고 밝혔으며 또,

'시니'란 말은 당시에 이미 그 전통적傳統的인 원의原義 '동방東方'·'동토東土'의 의의 외外에 그 제삼의전第三義轉인 '향鄕'의 의의를 병유竝有하였으므로, 당악唐樂과 대칭對稱되는 '사뇌가詞腦歌·사내악思內樂·신열

---

13) 위의 책, pp.15~16.

舞辛熱舞'는 당시 역자습속譯者習俗에 의하여 '향가鄕歌·향악鄕樂·향무鄕舞'로 대역對譯된 것이다. …… 동방東方의 가악歌樂을 당악唐樂과 대칭對稱하여 '사내악思內樂·신열악身熱樂·사뇌가詞腦歌·사뇌격詞腦格'이라 하는 등 이 '시뇌'란 특칭特稱이 사기史記·유사遺事·균여전均如傳에 공통共通히 사용된 것은 상술上述과 같거니와……

이상以上 오인吾人은 '사뇌詞腦·사내思內' 및 '시뇌詩腦·신열辛熱'로써 칭호稱號되는 '동방東方·동토東土'의 의의義의 가악歌樂이 일방一方으로 '향가鄕歌·향악鄕樂'이라 대역對譯된 소이연所以然을 술述하였다. 곧 문제의 '사뇌詞腦·사뇌가詞腦歌'는 '향가鄕歌'의 원어原語를 전음사全音寫한 것에 불외不外한다. 그러므로 사기史記·유사遺事·균여전均如傳 중中엔 혹 고기古記·고체古體대로 '사뇌詞腦·사내思內·신열辛熱' 등으로 기사記寫된 일방一方 '향가鄕歌'라고도 운위云謂한 것이다.

'향가鄕歌'의 '향鄕'자字의 어의語義는 '향언鄕言·향악鄕樂' 등어等語의 '향鄕'과 공共히 '시뇌' 곧 '동토東土'의 원의原義어니와, 이를 하필何必 '향鄕'자字로 역譯한 것은 기술旣述한 바와 같이 당시에 '시뇌'란 말이 일방一方 '향鄕'의 훈訓으로 통용되었기 때문이다. 그러면 이 '사뇌가詞腦歌'는 광의廣義로 보면 일체一切 '동방고유東方固有의 노래'를 의미意味하나, 협의狹義로 보면 곧 '신라新羅의 가요歌謠'이니 '사뇌詞腦' 곧 '시뇌'는 원의原義·전의轉義 수종數種의 뜻이 있으나 요컨댄 '신라新羅'와 동의어同義語로서, 본래 나인羅人이 '사내악思內樂·신열악辛熱樂·사뇌가詞腦歌'라 운위云謂하였음은 곧 자국自國의 가악歌樂을 의미意味함이었다. 그러므로 '사뇌가詞腦歌'는 실제적으론 유리왕대儒理王代의 '신열악辛熱樂'[14]으로도 호칭呼稱된 '도솔가兜率歌'가 그 남상濫觴이오.……

그런데 이 동방東方의 가요歌謠, 곧 신라고유新羅固有의 가요歌謠는 우리가 마땅히 어원語原대로 '시닛놀애' 또는 '사뇌가詞腦歌'로 불러야 할 것

---

14) 이는 『사기』 권32 잡지雜志 1의 악지樂志에 보인 "會樂及辛熱樂 儒理王時作也"를 이름이다.

이니, 대개 '향가鄕歌'란 역어譯語는, 그 원의原義는 하여튼 나중엽羅中葉 이후 시속관념時俗觀念에 의한 역자譯字임이 사실인즉 그리 가상可尙한 역자譯字가 아니다. 오인吾人은 재래在來 '향가鄕歌'란 말이 나대가요羅代歌謠의 총칭總稱으로 널리 속용俗用됨에 감鑑하여 굳하야(구태여) 이를 마다 아니하되 하문下文엔 일체一切 '사뇌詞腦'라 일컫고자 한다.15)

라고 하였다. 그와 같은 그의 연구에 의하여 신라 최초의 향가인 '도솔가'와 '사뇌격詞腦格'에 관한 많은 것이 밝혀졌으며, 향가의 원어가 '시닛노래' 또는 '사뇌가詞腦歌'였음도 알 수가 있었다. 그는 '향가'라는 말이 신라시대 가요의 총칭으로 널리 쓰였지만 어디까지나 역어譯語이므로, 자신의 저술에서는 일체 사뇌詞腦로 일관하겠다고 하였다.

어쨌든 "차사와 사뇌격을 갖춘 도솔가를 비로소 지었다."고 한 『유사』의 극히 짧은 이 한마디는 매우 중요한 역사적 증언이기도 하다고 할 것이다.

2. 쟁기·빙고氷庫·수레의 최초 제작

1) 비로소 쟁기류를 만들다

앞에서 보았지만 이 노례(유리)왕 때에 처음으로 쟁기와 따비(犁耜) 및 얼음창고(藏氷庫)를 만들고, 또 수레(車乘)도 만들었다고 하였다. 이는 말할 것도 없이 신라의 초기에 있어서 농경農耕 및 생활문화의 새로운 장을 열어놓았다고 할 만큼 매우 중요한 역사사실이라 할

---

15) 앞의 『고가연구』, pp.45~49.

수가 있을 것이다.

　이 기록대로라면 신라에는 그 이전에 농사짓는데 가장 중요한 농기구인 쟁기류가 없었다는 것이 된다. 농사는 예부터 논밭갈이로부터 시작된다고 할 만큼 중요하기 때문에 농경農耕이 농사짓는 일의 대명사로 되어왔다고 해도 과언이 아니다. 그러한 농경기구 중에서도 직접 논밭을 가는데 쓰이는 가장 요긴한 도구가 쟁기 또는 따비라고 할 수 있다. 원문이 여사犁耜(곧 쟁기'려' 보습'사')이므로 흔히 쟁기와 보습이라고들 새기지만, 여기에서는 그보다 '쟁기와 따비'로 보는 것이 옳다고 할 것이다. 보습은 독립된 농구가 아니고 쟁기 끝에 붙이는 일종의 부속품으로 말하자면 쟁기날인데, 이 '사耜'자가 보습이라는 뜻 말고도 '따비로 갈다'는 뜻도 있기 때문이다. 그러나 따비를 생략하고 '쟁기'라고만 써도 무방하다.

　여하튼 그와 같은 농기구인 쟁기를 만들어 농사짓는데 편리하게 쓰도록 한 것은 당시로서는 여간 중요한 일이 아니라고 할 수 있다. 그러나 『사기』에는 유리儒理·노례弩禮왕 때에 그러한 사실이 있었다는 기록을 전혀 찾아볼 수가 없다. 다만 그보다 훨씬 뒷날의 제22대 지증왕智證王 3년(502) 쪽에서, "3월에 각 주와 군(州郡)의 주관主官에게 명하여 농사를 권장하게 하고, 비로소 소로 논밭갈이를 하게 하였다."16)는 사실이 보이고 있다.

　이는 『유사』에서 이제 본 '쟁기와 따비를 비로소 제작했다고 한 일과 연관되는 기록이라 할 수 있을 것 같다. 농기를 제작하는 일이

---

16) 『사기』 권4, 「신라본기」 4, 지증마립간智證麻立干 3년. "三月 分命州郡主勸農 始用牛耕."

농사를 권장하는 일의 일환이기도 하지만, 우경牛耕 곧 소로 갈이를 하자면 필수적으로 쟁기가 있어야 하기 때문이다. 그러므로 비로소 소갈이(牛耕)를 하게 했다는 그때 곧 지증왕 3년 무렵에 소갈이에 반드시 필요한 쟁기류도 만들어졌을 것으로 볼 수가 있겠다는 것이다. 그렇다면 처음으로 쟁기를 만든 것이 제3대 노례(유리)왕 때가 아니고 제22대 지증왕 3년의 일로 볼 가능성도 있을 것 같다고 하겠다.

그러나 소갈이(牛耕)가 시작되었으므로 비로소 쟁기나 따비가 만들어졌으리라고 생각하는 것은 정답이 못 된다. 소를 이용해서 논밭갈이를 할 때에는 거기에 꼭 필요한 쟁기류의 농기구가 반드시 있어야 하지만, 쟁기나 따비류는 소가 없어도 사용가능하기 때문이다. 소를 이용해서 밭갈이하기 이전에도 그랬지만 최근까지도 소없이 사람이 멍에를 메고 따비질하는 산촌의 풍경은 흔히 볼 수 있는 일이었다. 그와 같이 소갈이의 비롯과 쟁기류의 첫 제작이 반드시 동일시기가 아닐 경우도 배제할 수가 없으므로, 쟁기류의 비롯과 소갈이의 처음 시기를 꼭 같은 시기로 결부시켜서 보지 않을 수도 있다고 하겠다.

그러므로 노례왕 때의 '비로소 쟁기류를 만들었다'는 기록을 지증왕 때의 '처음으로 소갈이를 시작하였다는 사실과 결부시켜 그 역사성을 부인할 이유는 못 된다고 할 수 있다. 『사기』가 정사이니까 『사기』에 없는 『유사』의 기록은 신빙성이 없다고 할 수도 있겠으나, 『사기』에서 빠져있기 때문에 『유사』에서 수록한 것으로 볼 수가 있다. 실제 역사적 사실이든 틀린 사실이든 간에 우리는 『사기』나 『유사』의 기록을 존중하지 않을 수가 없다. 그래서 『유사』에 전하는 이 기록을 통해서 노례왕 때에 비로소 논밭갈이에 사용하는 쟁기류를 만들었다는 사실을 알게 되었다고 할 수 있다. 물론『사기』의 기록에 의하여 22대 지증왕 때에 처음으로 논밭갈이에 소를 이용한 사실(始用牛耕)을 알 수 있게 되었다.

2) 빙고와 수레의 제작

(1) 얼음 저장

쟁기와 마찬가지로 이 노례왕 때에 빙고氷庫 곧 얼음창고와 수레(車乘)도 만들었다고 하였다. 이 또한『사기』의 유리(노례)왕 쪽에는 보이지 않는다.

소갈이(牛耕)의 경우처럼 22대 지증왕 쪽에 얼음창고의 기록이 보이고는 있으나, 소갈이와 같은 해(지증왕 3년)가 아닌 지증왕 6년(505)의 일로 보이고 있다. 곧 거기에는,

> 11월에 비로소 책임부서에 명하여 얼음을 저장하게 하였으며, 또 선박의 편리를 마련하였다.[17]

여기서의 얼음 저장(藏氷)은『유사』에서의 '얼음창고' 곧 얼음 저장의 곳집(藏氷庫)과 같은 것이라 할 수 있다. 이러한 얼음의 저장을『유사』에서는 제3대 노례(유리)왕 때에 비롯된 것이라 하였는데, 이『사기』에서는 제22대 지증왕 6년의 일로 하고 있다. 이 얼음저장(藏氷)의 사실은 앞의 소갈이(牛耕)의 경우보다는 더 동질성을 지녔다고 볼

---

[17]『사기』권4,「신라본기」4, 지증마립간 6년. "冬十一月 始命所司 藏氷 又 制舟楫之利."

수가 있다. 노례(유리)왕 때에 처음으로 얼음창고(藏氷庫)를 만들었다고 했는데, 그 훨씬 뒤인 지증왕 6년에 또 비로소 유사有司에 명하여 얼음을 저장하게 하였다는 것이다. 기록상으로 보기에는, "비로소 얼음창고를 만들다.(始製藏氷庫)"와 "비로소 유사에 명하여 얼음을 저장하게 하다.(始命所司藏氷)"는 분명히 다르다. 글자 수도 한 글자의 많고 적은 차이가 있지만, 기록된 글자 자체도 '始'와 '藏氷' 세 글자만 서로 같을 뿐 모두 다른 글자이다.

이와 같이 시행한 왕도 다르고 연대도 많은 차이가 나고 문자적 외형도 같지 않으나, 그 내용의 뜻은 거의 비슷하다. 비슷하다기보다 똑같다고 할 수가 있다. '비로소 얼음을 창고에 저장하게 하였다'는 거나, '비로소 얼음을 저장하게 명하였다'는 것은 결국 같은 말이기 때문이다. 여기에서 문제가 되는 것은 어느 처음(始)이 진짜 '비롯'인가 하는 것이다.

제3대 노례(유리)왕 때(연대가 밝혀져 있지 않음)에 비로소 얼음창고를 만들어 얼음을 저장한 이후로 역대 왕들이 줄곧 계속해 왔다면 그것은 하나도 이상한 일이 아니다. 그러나 그보다 450여 년 뒤인 22대 지증왕 6년(505)에 또 얼음을 비로소 저장하게 하였다는 것이니 문제가 안 될 수가 없다. 그렇다면 어느 쪽의 비롯(始)을 옳다고 봐야 할 것인가? 이 또한『사기』에서는 지증왕 6년의 장빙藏氷 사실을 최초의 일로 보고 수록하였을 것이고,『유사』에서는 그 뒤에 노례왕 때의 장빙고藏氷庫 사실을 수집하였기 때문에 최초의 일로 보고 수록하였을 것으로 볼 수가 있다고 하겠다.

그러므로『사기』를 편찬할 때에는 지증왕 6년의 얼음저장을 최초의 일로 알고 기록하였으니까 그대로 옳고, 또『유사』에서는 노례왕 때의 얼음저장 사실을 나중에 수집하여 최초의 사실로 수록하였으니 그 또한 옳다고 하지 않을 수가 없을 것이다. 그러나 동일한 사실의 비롯이 둘일 수가 없으며, 더구나 서로 450여 년의 간격을 두고 각각 최초가 될 수는 없는 일이다. 그렇다고 확실한 역사적 근거도 없이 어느 쪽이 옳고 어느 쪽이 그르다고 단정한다는 것 또한 옳다고 할 수 없다. 다만 역사적 확증이 없는 현재로서는 두 고전을 존중하여,『유사』에는 이러(노례왕 때로)하고,『사기』에서는 저렇게(지증왕 6년으로) 전해져 있다는, 말하자면 두 설을 함께 이해하려는 입장말고는 다른 도리가 없다고 할 것이다.

(2) 수레 제작

노례왕 때 쟁기 및 얼음창고를 비로소 제작하면서 수레(車乘)도 만들었다고 하였다. 앞의 두 가지와는 달리 이 수레에 관하여서는『사기』에 그 시작을 알게 하는 기록을 찾아볼 수가 없다. 얼음저장을 전하고 있는『사기』의 지증왕 6년 쪽에는, "유사에 명하여 얼음을 저장하게 하고 또 배의 편리를 마련하게 하였다.(又制舟楫之利)"고 하였다.

그러므로 노례왕 때의 수레 제작은『사기』의 유리왕 쪽이나 지증왕 쪽에 보이지 않는 것으로 미루어 그에 대한 이설異說이 없는 것으로 볼 수가 있다. 따라서『유사』의 "비로소 쟁기 및 얼음창고와 수레를 제작하였다.(始製犁耜及藏氷庫 作車乘)" 중에서 '비로소 수레를 만들다'의 이 부분은 따로 문제삼을 만한 거리가 없다고 하겠다.

제4대 탈해왕脫解王

Ⅰ. 원문과 새김글
  1. 원문
  2. 새김글

Ⅱ. 내용 살펴보기
  1. 도래인渡來人 탈해왕
  2. 석탈해昔脫解의 임금된 사연

Ⅰ. 원문과 새김글

1. 원문

第四 脫解王

脫解齒叱今(一作吐解尼師今) 南解王時(古本云壬寅年至者謬矣 近則後於弩禮卽位之初 無爭讓之事 前則在於赫居之世 故知壬寅非也) 駕洛國海中有船來泊 其國首露王 與臣民鼓譟而迎 將欲留之 而船乃飛走 至於雞林東下西知村阿珍浦(今有上西知下西知村名) 時浦邊有一嫗 名阿珍義先 乃赫居王之海尺之母 望之謂曰 此海中元無石嵒 何因鵲集而鳴 拏船尋之 鵲集一船上 船中有一櫃子 長二十尺 廣十三尺 曳其船置於一樹林下 而未知凶乎吉乎 向天而誓爾 俄而乃開見 有端正男子幷七寶奴婢滿載其中 供給七日 迺言曰 我本龍城國人(亦云正明國 或云琓夏國 琓夏或作花厦國 龍城在倭東北一千里) 我國嘗有二十八龍王 從人胎而生 自五歲六歲繼登王位 敎萬民修正性命 而有八品姓骨 然無揀擇 皆登大位 時我父王含達婆 娉積女國王女爲妃 久無子胤 禱祀求息 七年後産一大卵 於是大王會問群臣 人而生卵古今未有 殆非吉

祥 乃造櫃置我 幷七寶奴婢載於船中 浮海而祝曰 任到有緣之地 立國成家 便有赤龍 護船而至此矣 言訖其童子曳杖率二奴 登吐含山上 作石塚 留七日 望城中可居之地 見一峰如三日月 勢可久之地 乃下尋之 卽瓠公宅也 乃設詭計 潛埋礪炭於其側 詰朝至門云 此是吾祖代家屋 瓠公云否 爭訟不決 乃告于官 官曰 以何驗是汝家 童曰 我本冶匠 乍出隣鄕 而人取居之 請堀地撿看 從之 果得礪炭 乃取而居焉 時南解王知脫解是智人 以長公主妻之 是爲阿尼夫人 一日吐解登東岳 廻程次 令白衣索水飮之 白衣汲水 中路先嘗而進 其角盃貼於口不解 因而噴之 白衣誓曰 爾後若近遙不敢先嘗 然後乃解 自此白衣 讋服 不敢欺罔 今東岳中有一井 俗云遙乃井是也

及弩禮王崩 以光虎帝中元二年丁巳六月 乃登王位 以昔是 吾家取他人家 故因姓昔氏 或云 因鵲開櫃 故去鳥字 姓昔氏 解櫃脫卵而生 故因名脫解

在位二十三年 建初四年己卯崩 葬疏川丘中 後有神詔 愼埋葬我骨 其髑髏周三尺二寸 身骨長九尺七寸 齒凝如一 骨節皆連瑣 所謂天下無敵力士之骨 碎爲 塑像 安闕內 神又報云 我骨置於東岳 故令安之 (一云 崩後二十七世文虎王代 調露二年庚辰三月十五日辛酉 夜見夢於太宗 有老人貌甚威猛 曰我是脫解也 拔我骨於疏川丘 塑像安於土含山 王從其言 故至今國祀不絶 卽東岳神也云)

2. 새김글

제4대 탈해왕

탈해이질금脫解齒叱今[1]은 또 토해니사금吐解尼師今이라고도 한다. 남해왕 때 〔옛 책에는 임인년壬寅年에 이르렀다고 하였으나 틀린 것이다. 가까운 쪽의 임인년[2]은 노례왕의 즉위보다 뒤가 되니 애초에 왕위를 서로 사양한 일이 없었을 것이며, 그 앞쪽의 임인년壬寅年[3]이었다면 혁거세왕 때의 일이 되므로 임인년이 아님을 알 수 있다.〕[4] 가락국의 바다 가운데에 어떤 배가 와서 머물렀다. 그 나라의 수로왕首露王이 신하와 백성들과 함께 북을 치며 맞이하여 머물도록 하려 하였으나, 그 배는 나는 듯이 달려가서 계림(신라)의 동쪽 하서지촌下西知村 아진포阿珍浦〔지금도 상서지上西知·하서지下西知라는 마을 이름이 있다.〕[5]에 이르렀다. 그 때 갯가에 한 노파가 있었는데 이름이 아진의선阿珍義先[6]이며 혁거

---

1) 니질금尼叱今(尼師今)을 여기에서는 치질금齒叱今으로 하고 있다. 그러나 본디 잇금(齒理)에서 유래된 말이므로 치齒는 뜻말인 이 또는 니(웃니·아랫니·덧니 따위)로 읽어야 옳은 것이다.
2) 두 임인년 중에서 가까운 쪽의 임인년은 노례왕 19년(A.D.42)을 가리킨다.
3) 그 앞쪽의 임인년은 혁거세왕의 39년(B.C.19)이 된다. 남해왕 때 탈해가 신라에 왔다는 원문 아래에 찬자는 '고본古本'을 이끌어와 주석하면서, 제2대 남해왕南解王 때에는 '고본'에서 말하는 임인년이 없으므로 가장 가까운 노례왕 19년의 임인도 해당이 안 되고 그 앞의 혁거세왕 39년도 남해왕 때가 아니므로 임인년설은 옳지 않다고 한 것이다. 그러나 『사기』 탈해왕 쪽에서는 탈해왕의 도래渡來를 시조 혁거세왕 39년(B.C.19)의 일로 하고 있다.
4) 이 부분은 찬자의 주석(割註)이다.
5) 이 괄호 안의 부분도 찬자의 주석인데, 아진포는 지금의 경북 월성군 양남면 하서리下西里라고 한다.

세왕의 해척지모海尺之母[7]였다. 바다를 바라보면서 혼잣말로 "이 바다 가운데에는 원래 바위산이 없는데 어째서 까치들이 모여 지저귀는고?"라고 하고는 배를 잡아타고 찾아가 보니, 한 배 위에 까치들이 모여 있었으며 그 배 안에는 궤짝 하나가 있었는데 길이가 20자, 넓이가 13자나 되었다.

그 배를 끌어다 어느 나무숲 밑에 두고는 흉한지 길한지를 알 수가 없어서 하늘을 향해 뜻을 아뢰었다. 조금 있다가 그 궤짝을 열어보니 거기에 단정하게 생긴 동자가 있었으며, 아울러 일곱 가지 보배(칠보)와 종들이 그 안에 가득 실려 있었다. 노파 아진의선이 그들을 7일 동안 바라지 하였더니 동자가 말하기를,

"나는 본디 용성국龍城國 사람인데, [또는 정명국正明國, 혹은 완하국琓夏國이라고도 한다. 완하는 혹 화하국花廈國이라고도 하며, 용성국은 왜倭국의 동북쪽 1천리에 있다.][8] 우리나라에는 일찍이 스물여덟 용왕이 있었으며,

---

6) 여기에서는 분명히 노파의 이름을 아진의선(有一嫗名 阿珍義先)이라 하고 있는데도, 안재홍은 『조선상고사감』(상권, p.178)에서, "아진의선은 노구老嫗(노파・할멈)인 개인의 이름이 아니오 노구에 대한 예속적禮俗的 칭호稱號이니 ……아진의선은 즉 '아지오모'로서 숙모叔母의 어의語意오 상대上代에는 모열母列의 존속尊屬으로 족장적族長的인 지위에 있고 동시에 일혈족단체一血族團體 또는 일씨족단체一氏族團體의 여계수장女系首長으로 된 자에 대한 대칭대명사代稱代名詞로 되었던 말일 것이다."라고 하였다.

7) 해척지모에 대하여서도 안재홍은 그의 저서(위와 같은 책, pp.178~179)에서, "해척海尺은 혹 '해치'로 '일자日者' 즉 태양자太陽者란 말로도 되니 그 세계世界에서의 태양太陽적 존재存在라는 말로도 볼 법하나 그리 진적眞的한 자者 아니오 해칭간海秤干이 발치한으로 된 예처럼 해海의 고어古語 바랄을 좇아 발치로 봄이 타당하니 발지發支 혹은 벌지伐智로도 쓸만한 자로 양부장梁部長 훼부장喙部長으로서의 직명職名인 것을 생각게 한다. …… 해척海尺은 喙部長(불부장)으로 그 왕통王統을 입승入承하게 된 바일 것이다. 발치는 불치로서 즉 불치임은 물론이다."라고 하였다.

이병도 역주본(李丙燾 譯註本, p.199)과 이재호 역주본(李載浩 譯註本, p.115) 등에서는 "혁거왕지해척지모赫居王之海尺之母"를 "혁거세왕의 고기잡이 할멈"이라고 하였다.

제4대 탈해왕 431

사람의 태에서 태어났다. 다섯 살이나 여섯 살 때부터 왕위를 계승하여 만 백성을 교화하여 성품과 생활을 바르게 하도록 하였다. 나라 안에 8품의 성골姓骨9)이 있으나 그 품골品骨을 가리지 않고 모두 큰 지위에 오를 수 있다.

그때 나의 부왕인 함달바숨達婆10)는 적녀국積女國11)의 왕녀를 맞아들여 왕비로 삼았으나 오래도록 아들이 없었으므로 천지신명에 빌어서 자식 얻기를 구하였다. 7년 뒤에 큰 알 하나를 낳게 되자 대왕은 여러 신하들에게 어찌할 바를 물었다. '사람이 알을 낳는다는 것은 고금에 없는 일이니 아마도 상서로운 길조는 아닌 듯 하나이다.' 하므로, 궤짝을 만들어 나(알에서 나온 탈해)를 그 안에 넣고 칠보와 종들을 함께 배에 싣고는 바다에 띄우면서 축원하기를, '인연있는 땅에 닿아서 나라를 세우고 가문을 이루어라.'라고 하였다. 배가 바다에 나오자 문득 붉은 용이 나타나 배를 호위하여 이곳까지 오게 되었다."고 하였다.

말을 마치고 그 동자는 지팡이를 끌면서 두 종을 거느리고 토함산 위로 올라갔다. 돌움막(石塚)을 만들고 거기에 7일을 머물면서 성 안

---

8) 이 괄호 안의 부분 또한 찬자의 주석이다.
9) 8품 성골八品姓骨은 글자 그대로 여덟 등급으로 나눈 겨레붙이의 골품骨品제도이다.
10) 함달바를 『삼국유사 고증』 상(pp.491~492)에서는 불교의 음악신音樂神인 건달바乾闥婆(gandharva)와 같은 이름으로 보고 설명하고 있으나(정신문화연구원 『역주본』 1권, p.250 주12)에서도 그런 뜻으로 옮기고 있다), gandharva 곧 건달바健達婆(健達縛・健闥婆・乾沓和・彦達婆 등)를 ham-tār-pha 곧 함달바숨達婆라고 쓰는 사례는 볼 수가 없다. 함달바는 탈해왕의 부왕 이름으로 전해져 있을 뿐이지 실은 건달바와는 상관이 없는 것으로 보이고 있다.
11) 이 적녀국은 『사기』 권1(신라본기 1) 탈해왕(脫解尼師今) 쪽에는 그냥 '여국女國'으로만 되어 있다.

에 살만한 곳이 있는가를 바라보았다. 마침 초승달과 같이 생긴 한 봉우리를 보게 되었는데 그 지세가 오래 살 만한 곳이었다. 산을 내려가 찾아가니 그곳은 바로 호공瓠公12)의 집이었다. 그래서 속이는 꾀를 쓰기로 하여 숫돌과 숯을 그 집 옆에 몰래 묻어 놓았다.

이튿날 아침에 그는 호공의 집 문 앞에 가서, "이 집은 우리 조상 때의 집이다."(그러니 비워달라)고 하였다. 호공은 그렇지 않다고 하여 서로 다투다가 해결이 나지 않았으므로 결국은 관가에 고발하게 되었다. 관가에서는 "무엇으로 너의 집이었음을 증명할 수 있겠느냐?"라고 하였으므로, 동자(탈해)는, "우리는 본래 대장장이였는데 잠시 이웃 고을로 나간 사이에 다른 사람이 차지하여 살고 있는 것입니다. 땅을 파서 조사해 보기를 바랍니다."라고 하였다. 관가에서 그 말대로 땅을 파보니 과연 거기에서 숫돌과 숯이 나왔다. 그래서 그(탈해)는 그 집을 차지하여 살게 되었다.

그때 남해왕은 탈해가 지혜로운 사람임을 알고 맏공주로 그의 아내가 되게 하니, 바로 아니阿尼13)부인이었다.

하루는 탈해(원문에는 吐解라 하였음)가 동악東岳(토함산)에 올라갔다가 돌아오는 길에 하인14)을 시켜 물을 마시려고 구해오게 하였다.

---

12) 『사기』 권1, 시조 혁거세왕 38년 봄 2월 쪽에는 당시 대국으로 자처하던 마한에 호공이 사신으로 가서 신흥국新興國 신라의 위상을 알리고 돌아온 것으로 보이고 있다. 그리고 거기에는 호공에 관하여 다음과 같이 간략하게 전하고 있다. "호공瓠公은 그 족성族姓이 자세치 못하나 본디 왜인倭人으로서 처음에 바가지(瓠)를 허리에 매고 바다를 건너왔기 때문에 호공이라고 일컫게 되었다."
13) 이 아니부인을 『사기』 권1, 탈해니사금 쪽에는 '아효부인阿孝夫人'이라 하였으며, 『유사』 권1, 「왕력王曆」에서는 '아노阿老부인'이라 하였다.
14) 원문의 '백의白衣'는 하인을 가리킨다.

하인이 물을 떠가지고 오다가 도중에서 먼저 마시고 (나중에 주인에게) 드리려 하였는데, 그 물그릇이 하인의 입에 붙어 떨어지지 않았다. 그래서 (탈해가) 나무라니, 하인이 "이 뒤로는 가깝거나 먼데서거나 다시는 먼저 마시지 않겠습니다."라고 다짐해 말하자 물그릇이 입에서 떨어졌다. 이로부터 하인은 그를 두려워하고 복종하여 다시는 속이지 않았다. 지금 동악 안에 한 우물이 있는데 세간에서 말하는 요내정遙乃井15)이 이것이다.

노례왕이 세상을 떠나자 후한 광무제 중원中元 2년 정사(A.D.57) 6월에 탈해는 왕위에 올랐다.16) 옛날(昔)의 우리 집이라고 하여 남의 집을 빼앗은 까닭으로 해서 성을 석昔씨라 하였다고도 하며, 혹은 까치로 인연하여 궤짝을 열어보았기 때문에 까치 작鵲자에서 새 조鳥자를 떼어버리고 성을 석昔씨로 하였고, 알을 벗어나(脫) 궤짝에서 풀려(解) 나왔으므로 이름을 탈해脫解라 하였다고도 한다.17)

---

15) 요내정을 안재홍은 앞에서 본 책(『조선상고사감』상, p.204)에서, "예내우물(濊家井의 義)의 이두吏讀인 것 같다."고 하였다. 이 요내정의 정확한 위치는 밝혀져 있지 않으나, 오늘날까지 전해오기는 지금의 토함산 석굴암石窟庵 석불전石佛殿 아래에 있는 우물 곧 감로정甘露井이라고 한다.

16) 원문에는 "光武帝 中元六年丁巳六月 乃登王位" 곧 탈해왕이 후한 광무제의 중원 6년 정사 6월에 즉위한 것으로 되어 있다. 그러나 광무제의 정사丁巳년은 6년이 아니고 2년이며, 광무제는 중원中元 2년 정사 2월에 세상을 떠났으므로 '중원육년中元六年'은 '이년二年'의 잘못이므로 바로 잡아 놓았다. 『사기』권29 「연표年表」에도 중원中元 2년이 '정사丁巳'로 되어 있으며, 『유사』의 「왕력」에도 탈해왕이 '정사丁巳'년에 즉위한 것으로 되어 있다. 그리고 탈해왕이 그해 6월에 즉위하였다는 것도 틀린 것이라 할 수 있다. 이 원문에도 노례(유리)왕이 세상을 떠나고 탈해가 즉위한 것으로 되어 있지만, 『사기』에는 유리儒理(弩禮)왕이 그 34년(丁巳) 9월에 자신이 죽은 뒤 왕위를 탈해가 잇도록 하라는 유언을 남기고 다음 달 10월에 세상을 떠난 것으로 보이고 있다. 그러므로 탈해왕의 즉위는 유리(노례)왕이 사망한 10월 이후라야 옳으며, 따라서 6월에 즉위하였다는 것은 잘못된 것임을 알 수가 있다.

탈해왕은 왕위에 있은지 23년 되는 건초 4년 기묘(A.D.79)에 세상을 떠났으며,[18] 소천의 언덕(疏川丘) 가운데에 장사지냈다.[19] 나중에 신령이 고하기를 "내 뼈를 조심해서 묻어라."고 하였다. 그 머리뼈의 둘레가 석자 두 치이고, 몸 뼈의 길이는 아홉 자 일곱 치이며, 이(치아)는 엉켜 하나로 뭉친 것 같고, 뼈마디는 모두 연결되어 있어서 이른바 천하에 짝이 없는 역사(力士)의 뼈였다 한다.[20] 그 뼈를 부수어 찰흙과 섞어 상(곧 塑像)을 만들어 대궐 안에 모셨다. 신령이 또 알리기를, "내 뼈를 동악(토함산)에 안치하라."고 하였으므로 거기에 모시게

---

17) 『삼국사절요三國史節要』권2에는 『사기』와 『유사』 외의 『수이전殊異傳』을 인용하여 또 하나의 탈해왕전을 전하고 있다. 비교적 간략한 편인 이 『수이전』의 인용문에는 탈해가 알에서 나올 때의 상황과 그의 이름에 관해 지금까지(『사기』 및 『유사』에서)와는 다른 사연을 다음과 같이 보이고 있다. "아진포에 이르렀는데, 촌장 아진 등이 함(櫝)을 여니 알이 나왔다. 갑자기 까치가 날아와서 알을 쪼아 짜개니, 거기에 사내아이가 있었으며 스스로 탈해라 일컬었다.(來至阿珍浦 村長阿珍等開櫝出卵 忽有鵲來啄卵開 有童男自稱脫解)" 즉, 『유사』와 『사기』의 탈해 이야기와는 달리, 함(櫝) 속에서 알(卵)인 채로 신라에 건너왔으며 아진포에 도착하여 함에서 나온 알을 까치가 쪼아서 사내아이가 태어났고 그 아기가 스스로 이름을 탈해라 하였다는 것이다. 그러므로 여기에는 옛날(昔) 살던 집이라든지 까치작(鵲) 자에서 떼어와 성을 삼고, 벗어나(脫) 풀려났다(解) 하여 탈해라 이름하였다는 이야기는 전혀 찾아볼 수가 없다. 안재홍은 석탈해의 이름을 풀이하여, 昔(예)은 '예濊'를 가리키고 탈해脫解는 지방 수장首長인 '따기ㅣ·땋기'를 이르는 말이므로 곧 석탈해는 '예濊지방의 수장'을 뜻한다 하였다. (『조선상고사감』 상, p.203)
18) 『사기』 권29 「연표」에는 탈해왕이 그 24년 건초 5년 경진(A.D.80)에 세상을 떠난 것으로 되어 있다.
19) 「왕력」에는 "미소소정의 언덕 가운데(未召疏井丘中)에 수장水葬하였다." 하였으며, 『사기』 탈해니사금 쪽에서는 "성북의 양정구에 장사지냈다.(葬城北壤井丘)"라고 하였다.
20) 여기에서는 탈해왕의 유골, 머리뼈 둘레가 3척 2촌, 신장이 9척 7촌이라 하여 천하무적의 역사力士 유골로 보이고 있으나, 이 『유사』에 수록되어 있는 「가락국기駕洛國記」에는 이와 정반대의 기록을 보이고 있다. 곧 「가락국기」에는 탈해의 신장이 석자이고 머리 둘레가 한 자(身長三尺 頭圍一尺)의 지극히 작은 사람(小人)으로 보이고 있기 때문이다.

하였다. 〔혹은 이르기를, 탈해왕이 세상을 떠난 뒤 27대21) 문무왕文武王 때, 조로調露 2년 경진(680) 3월 15일 신유辛酉의 밤에 태종왕22)의 꿈에 매우 위엄있고 용맹스러운 모습의 노인이 나타나 "나는 탈해인데 내 뼈를 소천언덕(疏川丘)에서 파내어 소상塑像을 만들어 토함산에 안치하라."고 말하였으므로 왕은 그 말대로 따랐다. 그래서 지금까지도 나라 제사(國祀)가 끊이지 않으니, 이를 곧 동악신東岳神이라 한다 하였다.〕23)

---

21) 원문은 "崩後二十七世文武王代", 곧 "탈해왕이 세상을 떠난 뒤 27세 문무왕대에"라고 되어 있다. 이는 신라 제30대 문무왕이 제4대 탈해왕으로부터 27대 왕이 된다는 뜻이다.
22) 여기에서 문무왕대文武王代라 해놓고 또 조로 2년(680) 곧 문무왕 20년에 그 부왕인 태종무열왕의 꿈에 탈해왕이 나타났다고 한 것은 잘못된 것이므로, 이 '태종왕'은 '문무왕'의 착오임을 알 수 있다.
23) 이 부분 또한 찬자의 주석이다.

Ⅱ. 내용 살펴보기

1. 도래인渡來人 탈해왕

 이 항목은 신라 제4대 탈해왕의 도래 설화渡來說話가 주제로 되어 있다고 할 수 있다. 역사학이나 인류학적 견지를 떠나서 이『유사』나『사기』등의 고전古傳적 문헌을 중심으로 하는 우리 민족의 역사에 있어서, 이민족異民族의 도래인渡來人이 이 땅의 국왕이 된 사례로는 탈해왕이 유일하다고 할 것이다.
 물론 이보다 훨씬 앞서서 기자箕子와 위만衛滿이 조선朝鮮으로 와서 왕이 되었다는 것이 사실이라면, 석탈해가 최초의 외래 왕일 수는 없다. 그러나 앞 책에서 본 바가 있지만, 이『유사』에서는 "주周의 무왕武王이 기자를 조선에 봉하였다.(周武王卽位己卯 封箕子於朝鮮)"라고만 되어 있을 뿐 조선에 와서 왕이 되었다는 말은 없다. 뿐만 아니라 기자의 동래설(箕子東來說)을 입증할 만한 역사적 근거가 없고, 또 오늘날 학계에서는 한결같이 '기자 동래설'을 전설 이상으로 인정하지 않는 것이 사실이다.

그렇다면 역사적으로 분명하게 근거가 있는 위만을 최초의 이족異族왕으로 보는 것이 당연하다고 할 수 있다. 그러나 이 또한 엄격히 말해서 도래인渡來人으로 보기는 어렵다. 앞 책의 '위만조선衛滿朝鮮' 쪽에서 본 바가 있지만 그는 한족漢族의 연인燕人으로 조선에 망명해 온 것으로 보이고 있으나, 여러 가지 정황으로 미루어 보아 인접한 연燕 지방에 끌려가 있었던 조선 유민流民이거나 그 후예일 것으로 볼 수가 있다.

어쨌든 해외의 먼 나라에서 배를 타고 건너와 신라 왕의 사위가 되고 또 국왕이 되었다는 것은, 전설이든 사실이든간에 우리 민족사에 있어서 특이한 일이라고 하지 않을 수가 없다. 앞쪽의 혁거세왕 항목에서 잠시 본 바가 있는 『북사北史』의 "그 왕은 본디 백제 사람인데, 바다로 해서 도망쳐 신라로 들어가 드디어 임금이 되었다."(其王本百濟人 自海逃入新羅 遂王)24)라고 한 이 왕의 이름이 밝혀져 있지 않으나, 아마도 석탈해왕의 이야기가 와전되어 그렇게 전해지기도 한 것이 아니었던가 싶다.

탈해왕의 도래설화에 관해 안재홍은 그의 저서에서,

> 석탈해昔脫解의 일편설화는 즉 예계濊系의 일지방一地方 수장首長이 멀리 해양海洋 각 방면을 회항廻航하여 가라加羅의 신국新國을 거치어 신라 육부新羅六部에까지 되찾아왔음을 말함이다. 신작연기神鵲緣起를 인하여 작鵲의 조변鳥邊을 떼고 석씨昔氏로 하였다는 것은 신라新羅 중엽 이후 한자파자법漢字破字法에 의하여 구성된 말이니, '석昔'은 그 훈訓 '예'의 표음

---

24) 당唐 이연수李延壽 찬, 『북사』 권94, 열전列傳 82, 신라新羅.

자表音字로 '예濊'의 '예'를 이름일 것이다. 탈해脫解는 '따기 즉 '땋기'(地方 首長)이니, 일운一云 '토해吐解'는 '뜨기'의 표음表音일 것이다.25)

라고 하였다.

이 글의 뒷부분은 앞의 주17)에서 잠시 본 바가 있다. 그는 『유사』나 『사기』의 석탈해 도래설화에 나오는 출생국이나 그 사연들을 인정하려 하지 않고, 석탈해昔脫解라는 이름 풀이에서 그 해답을 찾으려하고 있음을 보게 된다. 즉 안재홍은 석탈해의 성으로 되어 있는 '석昔'이 『유사』에 전하는 그런 사연과는 전혀 상관없는 '예濊'를 뜻하는 글자일 것으로 보았다. 탈해脫解 또한 지방 수장首長을 가리키는 '따기'·'땋기'이니, 탈해를 혹은 토해吐解라고도 한다는 이 '토해吐解'는 '뜨기'의 표음表音일 것이라고 하였다. 그래서 그는 탈해가 바다 멀리의 용성국龍城國(또는 正明國·琓夏國·花厦國)에서 온 이방인이 아니고 다 같은 동이지국東夷之國인 예부족濊部族 또는 예계濊系의 수장首長이 해양의 각 방면을 회항廻航해서 가라국加羅國을 거쳐 신라에까지 되찾아왔음을 말한 것이라고 하였다. 먼 해외에서 온 이민족이 아니었기 때문에 '되찾아왔다'고 표현한 것으로 볼 수 있다.

안재홍의 말대로라면 '석탈해昔脫解'는 바다 저 멀리의 용성국 또는 완하국에서 건너온 이민족의 도래인이 아니라, 바로 신라 인접지역의 예濊지방 수장으로서 바다 멀리 여러 곳을 돌아다니다가 되돌아와 신라에 정착했다는 것이 된다. 석탈해昔脫解 곧 '예따기'·'예땋기'라는 이름이 그것을 말해준다는 것이다. 그렇다면 '석탈해昔脫解'

---

25) 안재홍, 『조선상고사감』 상, p.203의 주. 앞의 주17)에서 잠깐 언급한 바 있음.

는 인명이 아닌 것으로 되니, 그의 진짜 이름은 알 수가 없는 것이 된다. 그러나 출신 지방의 수장이라는 사실을 알리는 낱말이 왕명으로 둔갑했다는 것도 우스운 일이거니와, 이름이 없는 왕이 있다는 것도 말이 안 된다.『수이전殊異傳』에서, '스스로 일컬었다'는 탈해(自稱脫解)는 신라 제4대 임금의 이름이며, 그 이름이 설사 '예따기'·'예땋기'라고 하여 '예濊지방의 수장'이라는 말과 같다고 하더라도, 여기에서는 당연히 역사적 왕명(脫解王)으로 보는 것이 옳다고 할 것이다.

어떤 이는 석탈해 이야기에 나오는 야장설화冶匠說話와 난생卵生설화를 미루어서 '용성국龍城國'은 서역으로부터 중국 중남부 해안지역을 경유하여 해로로 신라에 도착하기까지의 어느 지역에 위치한 소국이 아니었던가 하는 추론을 하기도 한다.26) 그러나 더 정확한 역사적 근거나 보다 신빙할 만한 고증자료가 없는 한『유사』와『사기』및『수이전』에서 전하는 '석탈해 도래설渡來說'이 현재로서는 가장 오래되고 귀중한 고전이므로, 이에 의해 연구하지 않으면 안 되리라고 본다.

2. 석탈해昔脫解의 임금된 사연

앞의 노례왕 항목에서도 본 바가 있지만 탈해왕은 처남인 제3대 노례왕과 서로 왕위를 사양한 것으로 전해져 있다. 인류의 역사를 통해볼 때 왕위의 쟁탈전은 매우 치열하고 또 악랄하였다. 다른 부족이

---

26) 강인구,「신라왕릉의 재검토 2-탈해왕릉」(『윤무병박사 회갑기념논총』, 1984).

나 이웃나라와의 싸움은 말할 나위도 없거니와 가까운 친척은 물론 형제간이나 심지어는 부자간에도 피비린내 나는 왕권다툼의 싸움으로 죽이고 또 죽는 사례가 적지 않았다.

탈해왕의 경우는 전혀 예외의 사례라 할 수 있다. 진한辰韓의 후예도 아니고 서라벌의 백성도 귀족도 아니다. 나라 이름도 생소하고 그 위치도 분명찮은 바다 멀리 저쪽에서 부모형제 없이 종(奴婢)만 데리고 건너온 소년을(물론 자라서 어른이 된 뒤에) 신라 왕(제2대 남해왕)이 부마로 삼았으며, 그 다음 왕인 노례왕(유리왕)은 자기 차례인 임금의 자리를 매부인 탈해에게 양보하려 하였다. 탈해 또한 사양하여 덕있는 이(有德者)는 치아가 많다는 말에 따라 잇금(齒理)으로 시험하고는 결국 노례왕이 먼저 임금이 되었었다.

노례(유리)왕은 그 34년 10월에 세상을 떠났는데, 그에 앞서 유언하기를 "탈해는 그 신분이 국척國戚(남해왕의 사위였으므로)인데다가 대보大輔의 벼슬에 있으면서 여러 번 공적을 쌓아 명망을 떨쳤었다. 짐의 두 아들은 그의 재능에 훨씬 미치지를 못하니, 내가 죽은 뒤에 그(탈해)로 하여금 임금의 자리를 잇게 하라."라고 하였다.[27]

그에 앞서 유리(노례)왕이 잇금의 시험에 의해 탈해에게 양보하려던 마음을 접고 왕위에 올랐다는 사연은 이미 본 바가 있다. 그러나 『사기』에는 그 이야기에 이어 김대문의 말(金大問 則云)이라 하여 니사금尼師今 및 왕위계승에 관해 다음과 같이 전하고 있다.

---

27) 『사기』 권1, 「신라본기」 1, 유리왕儒理王 34년 가을 9월(秋九月) 쪽.

니사금은 방언인데 치리齒理를 이른 말이다. 옛날 남해왕이 죽음에 다달아 아들 유리와 사위 탈해에게 말하기를, "내가 죽은 뒤에 너희 박씨 석씨의 두 성씨가 나이 많은 이(年長者)로 왕위를 잇도록 하라."고 하였다. 그 뒤에 김씨 성이 또한 흥하게 되어 세 성씨(三姓)의 나이 많은 이가 서로 왕위를 이었기 때문에(以齒長相嗣故) 니사금이라 일컫는다.28)

이 김대문이 말하였다는 "니사금은 치리齒理를 이른 말이다."라고 한 치리(잇금)는, 앞에서 보아온 『유사』나 이 『사기』(김대문의 이 말)의 바로 앞에 나와 있는 종래의 고전古傳 곧 '떡을 씹어서 잇자국이 많은 이로 왕을 삼았다'는 잇금(齒理)과는 다름을 알 수 있다.

다시 말해서 예부터 전해지는 종래의 치리齒理, 곧 '잇금'은 왕위를 서로 사양하던 유리(노례)와 탈해의 두 사람 사이에서 있었던 이야기로만 국한되어 있었다고 할 수 있다. 서로 왕위를 양보하다가 탈해가, "덕이 (성스러운 지혜가) 있는 이는 치아가 많다고 들었는데 잇금으로 시험해서 치아 많은 이가 왕이 되도록 합시다."라고 하여 잇자국이 많은 노례(유리)가 임금의 자리에 올랐다는 것이다. 그리고 유리왕은 세상을 떠나기에 앞서 유언을 남겨 탈해가 왕위에 오를 것을 당부하였고, 탈해는 제4대 신라 왕이 되었다. 이민족 도래인이면서도 그렇게 인품과 겸양의 덕으로 기존 왕조의 임금 자리에 추대되었다는 것은 동서고금에 유례를 찾기 힘든 매우 드문 일이라 할 것이다.

그런데 『사기』에서 김대문의 말(金大問則云)이라 하여 전하고 있는, "니사금은 방언인데 치리齒理를 이르는 것이다." 하고는 남해왕

---

28) 『사기』 위와 같음. 동왕 원년 쪽. 니사금尼師今에 관한 김대문金大問의 말.

이 세상을 떠나면서 아들 유리와 사위 탈해에게 "너희 박·석 두 성에서 연장자로 왕위를 계승하게 하라." 하였으며, 그 뒤 김씨 성이 흥하자 세 성씨 중에서 연치가 많은 이로 왕위를 상승하였기 때문에 니사금이라 일컬었다고 한 이 이야기에는 문제가 있다고 할 수 있다. 앞에서의 치리齒理는 '잇금'이라 하여 치아가 많은 사람을 가리기 위해 시험해 본 '잇자국'을 말하는 것이므로 '잇금'을 한문글자로 나타낸 것이 '니질금尼叱今' 또는 '니사금尼師今'이라 하였다. 그러나 지금 여기(김대문의 말)에서는 이 치리齒理를 잇자국의 잇금으로 풀이하고 있지 않음을 보게 된다.

김대문의 이 말에서 보인 "니사금은 방언인데 치리齒理를 이름이다."라고 한 '치리'는 연장자 곧 연치年齒가 많은 차례로 왕위를 계승한다는 뜻이라 할 수 있다. "연장자로서 왕위를 잇게 하라.(以年長而嗣位)"는 말을 그 다음에 다시 쓰면서는 "연치가 많은 이로써 서로 계승하게 하라.(以齒長相嗣)"고 하였다. '이연장이사위以年長而嗣位'의 앞말을 보지 않고 '이치장상사以齒長相嗣'라는 글자만을 본다면, '치아(이)가 긴 사람으로 서로 잇게 한다'는 뜻으로 볼 수도 있다. 또 '치장상齒長相' 석자만을 떼어서 본다면 '이빨이(이가) 긴 모양' 또는 '치아가 긴 상'의 뜻이 되기도 한다. 그러나 나이를 연치年齒라고 하므로 여기서의 치장齒長은 연장年長과 똑같은 말이다. 그러므로 '김대문의 말(金大問則云)'이라 하여 전해지는 이 이야기의 치리齒理, 곧 '이(니)사금尼師今'은 '연치年齒'가 많은 순리順理 또는 법리法理에 따라 왕위를 계승하였다는 뜻이 함축되어 있는 말이라 할 수 있다.

그렇게 본다면 예로부터 전해진 종래(古傳)의 '잇금(齒理)'은, 제3대 노례(유리)왕과 제4대 탈해왕 사이에 있었던 왕위 사양(양보)의 미덕을 '니사금尼師今・이질금齒叱今'이라는(이때 처음으로 쓰게 된) 왕호에 결부시킨, 말하자면 노례왕과 탈해왕 두 사람에 국한된 왕위 계승의 전설이라 할 수 있다. 그에 견주어 이 뒤의 이야기(김대문의 말)는 두 사람의 잇자국 시험이나 양위讓位와는 상관없이 제2대 남해왕의 유언에 의해 박씨와 석씨의 두 성씨(나중엔 김씨를 포함한 3성) 사이에 연장(齒長)자가 왕위를 계승하였는데, 그래서 이사금(方言으로는 齒理)이라 일컬었다는 것이다. 이는 분명히 앞 설에 대한 이설異說이 아닐 수 없다.

실제 『유사』나 『사기』에 보면 탈해왕 이후의 신라 왕들이 그 연치 많은 이(齒長・年長者)의 순으로 왕위를 계승하고 있는 것은 아니다. 탈해왕 다음에 유리(노례)왕의 둘째 아들 바사婆娑가 그 형인 태자 일성逸聖을 제치고 제5대 왕이 되고, 바사왕의 뒤를 그 아들 기마祇摩가 제6대 왕이 되었으며, 기마왕의 다음에 그 부왕인 바사왕의 형이며 유리왕의 맏아들인 일성逸聖이 뒤를 이어 제7대 왕으로 등극하였다. 탈해왕은 아들 대에는 왕이 없고 그 손자 벌휴伐休가 제9대 왕으로 즉위하였다.

이 설(김대문의 말)은 아마도 니사금이라는 왕호가 박・석・김의 3성에 걸쳐서 쓰여졌기 때문에 뒷날 어떤 이가 그렇게 지어서 붙인 것이 아닌가 여겨진다. 어떻든 『유사』의 이 잇금(齒理)설화를 통하여 노례왕과 탈해왕 사이에 있었다는 왕위 양보의 미덕을 보게 된다고 할 수 있다. 따라서 이족異族의 도래인인 탈해가 신라의 제4대 왕으로 즉위한 사연의 일부를 보여주는 이야기라고 할 수가 있을 것이다.

금알지金閼智 탈해왕대脫解王代

Ⅰ. 원문과 새김글
  1. 원문
  2. 새김글

Ⅱ. 내용 살펴보기
  1. 『삼국사기』에서 전하는 내용과의 비교
    1) 『삼국사기』에서 전하는 이야기
    2) 서로 같은 점과 다른 점
  2. 금아기 설화와 그 특성
    1) 금알지 이름 금아기
    2) 설화 내용의 특성

Ⅰ. 원문과 새김글

1. 원문

金閼智 脫解王代

　永平三年庚申(一云中元六年誤矣 中元盡二年而已) 八月四日 瓠公夜行月城西里 見大光明於始林中(一作鳩林) 有紫雲從天垂地 雲中有黃金櫃掛於樹枝 光自櫃出 亦有白雞鳴於樹下 以狀聞於王 駕幸其林 開櫃有童男 臥而卽起 如赫居世之故事 故因其言 以閼智名之 閼智卽鄕言小兒之稱也 抱載還闕 鳥獸相隨 喜躍蹌蹌 王擇吉日 冊位太子 後讓於婆娑 不卽王位 因金櫃而出 乃姓金氏 閼智生熱漢 漢生阿都 都生首留 留生郁部 部生俱道(一作仇刀) 道生未鄒 鄒卽王位 新羅金氏自閼智始

2. 새김글

금¹⁾알지 탈해왕대

영평永平 3년 경신庚申〔A.D.60, 혹은 중원中元 6년이라고도 하나 틀린 것이다. 중원은 2년으로 끝났을 뿐이다.〕²⁾ 8월 4일 밤에 호공瓠公이 월성月城 서쪽 마을을 가다가 시림始林³⁾ 속에서 크게 밝은 빛이 빛남을 보았다. 거기에는 자줏빛 구름이 하늘로부터 땅에 드리워져 있고 구름 가운데에 황금 궤⁴⁾가 나뭇가지에 걸려 있었으며, 빛은 그 궤짝에서 나오고 있었다. 또한 흰 닭이 나무 밑에서 울고 있었다.

호공이 그러한 사실을 왕에게 아뢰었다. 왕이 직접 그 숲으로 가서 궤를 열어보았더니 그 안에 누워있던 사내아이가 벌떡 일어났다. 흡

---

1) 황금궤黃金櫃(『사기』에는 금독禽櫝)에서 나왔기 때문에 붙인 이름의 첫 글자이므로 금金이라 읽는 것이 옳다. 그러나 후대에 와서 성으로 쓰여지게 되어 김씨가 된 이후로는 '금알지'가 '김알지'로 읽혀져 왔다. 본디 원문의 글자대로 읽으면 '금알지'가 되지만, 그 설화가 전하는 연원에 따라 당시의 신라 말로 본다면 '금알지金閼智'는 실은 '금아지' 또는 '금아기'가 된다고 할 수 있다. 이 '알지閼智'에 관해서는 다음의 주6)에서 보기로 하며, 또 '금아지·금아기'의 문제는 나중 살펴보기 장의 해당 분단에서 좀 더 자세히 보기로 하겠다.
2) 이 중원은 중국의 후한後漢 광무제光武帝의 연호인데, 중원(A.D.56~57)은 2년뿐이었으므로 『유사』 찬자가 주석을 달아 이를 밝힌 것이다. 그러나 여기에서는 알지閼智의 이야기를 영평 3년 곧 탈해왕 4년(A.D.60)의 일로 하고 있으나, 『사기』 권1 「신라본기」 탈해왕 쪽에서는 9년(A.D.65)의 일로 되어 있다. 즉 『사기』에는 탈해왕 9년 3월 쪽에 알지 탄생의 이 이야기를 전하고 있다. 전반적인 내용의 줄거리는 『유사』나 『사기』에서 전하는 바가 거의 같지만 이야기 전개에는 약간의 차이가 있다.
3) 여기에 주석을 달아 "혹은 구림鳩林이라고도 한다." 하였다. 이 시림을 구림이라고 하는 외에도 또 계림鷄林이라고도 일컬었다. 앞쪽 시조 혁거세왕과 탈해왕 이야기에서 본 바와 같이 계림은 나라 이름으로도 불리웠다.
4) 이 궤櫃를 『사기』 탈해왕 9년 3월 쪽의 이야기에서는 독櫝으로 쓰고 있다.

사 혁거세왕의 옛일5)과 같았으므로(혁거세가 처음 閼智라고 한) 그 말에 연유하여 알지閼智라고 이름하였다. 알지는 곧 신라(당시 그 고장) 말의 어린아이(아기)를 일컬은 말이다.6)

그 아기를 안고 대궐로 돌아오니 새와 짐승들이 서로 뒤따르며 기뻐서 뛰놀고 춤을 추었다. 왕은 길한 날(吉日)을 가려서 알지를 태자로 책봉하였다. 그러나 뒤에 그는 바사婆娑왕(신라 제5대)에게 사양하고 임금의 자리에 오르지 않았다.

황금의 궤에서 나왔기 때문에 성을 금(나중에 김)씨라고 하였다. 알지는 열한熱漢7)을 낳고, 열한은 아도阿都8)를 낳고, 아도는 수류首留를 낳고 수류는 욱부郁部9)를 낳고, 욱부는 구도俱道(또는 仇刀)10)를 낳고, 구도가 미추未鄒11)를 낳으니 미추가 곧 왕위에 올랐다. 그와 같이 신라의 김씨는 알지로부터 비롯되었다.

---

5) '혁거세왕의 옛일(故事)'이라고 한 것은, 혁거세왕이 태어난 일과 그가 처음 입을 열었을 때 "알지거서간이 한번 일어났다.(閼智居西干一起)"라고 하였다는 말을 가리킨 것이라 할 수 있을 것이다.

6) 어린 아이(小兒)를 일컬은 말이었다는 이 알지閼智의 알閼은 아娥(나중에는 阿)로도 발음되었으므로 '閼智'는 곧 '아지阿只·아기'가 된다. 이 '아지' 곧 '아기'는 모든 어린애(小兒)의 범칭이므로 이름이 될 수 없고, 황금 궤에서 나온 아기(閼智)이므로 그 이름을 '금아지' 또는 '금아기(金閼智)'라 하였을 것으로 볼 수 있다. 이 문제는 다음 살펴보기 장의 해당 대목에서 자세히 살펴보기로 한다.

7) 이 열한을 『사기』 권2 미추왕 쪽에는 '세한勢漢'이라 하였으며, 「문무왕릉비文武王陵碑」(『조선금석총람』 상, p.109)에는 '성한왕星漢王'으로 보이고 있다.

8) 이 아도는 『사기』의 미추왕 쪽에서는 '아도阿道'로 되어 있다.

9) 욱부는 앞의 『사기』 미추왕 쪽에서는 '욱보郁甫'로 되어 있다.

10) 구도俱道·구도仇刀를 『사기』 미추왕 쪽에는 '구도仇道'라 하였다.

11) 미추를 『사기』에서는 '미추味鄒'라 하였으며, 『유사』 권1의 「왕력」에서는 미추를 '미소味炤·미조未祖' 또는 '미소未召'라고도 한다고 하였다.

Ⅱ. 내용 살펴보기

1. 『삼국사기』에서 전하는 내용과의 비교

　금알지의 이야기는 이『유사』외에『사기』에도 전하고 있다.『사기』가『유사』보다 먼저 간행되었지만 수록된 고전古傳의 원형은 그 반대일 수도 있다. 그러나 여기에서는 어느 쪽이 더 오래되고 더 원형에 가까운가 하는 문제보다도 우선 현재 전해져 있는 두 이야기를 서로 견주어 살펴보는 데에 의의를 두고자 한다.

　그래서 먼저『사기』에서 전하는 금알지 이야기를 옮겨보고, 다음에 서로의 내용을 대강 견주어 살펴보기로 한다.

1) 『삼국사기』에서 전하는 이야기

『사기』에 전해져 있는 신라 제4대 탈해왕 때의 관계 설화부분을 우리 글로 풀어서 옮겨 본다.

　9년(A.D.65) 봄 3월의 어느 날 밤에 탈해왕은 금성金城의 서쪽 시림始林의 나무숲 사이에서 닭 우는 소리가 나는 것을 듣고, 날이 샐 무렵에 호공瓠公을 보내어 살펴보게 하였다. 호공이 가서 보니 금색의 작은 궤가 나뭇가지에 걸려 있는데, 그 아래에 흰 닭이 울고 있었다. 호공이 돌아가 보고 하니, 왕은 사람을 시켜 그 궤를 가져오게 하여 열어보게 하였다. 그 안에는 어린 사내아이가 있었는데, 그 생김새가 뛰어나게 잘 생겼다.

왕은 기뻐하여 좌우를 돌아보면서 "이는 하늘이 나에게 아들을 보내준 것이 아니겠는가." 하고는 아기를 거두어 키웠다. 차츰 자라 장성하니 총명하고 지략이 많았다. 이름을 알지閼智라 하였으며, 그가 금궤에서 나왔다고 해서 성을 김씨라 하였다. 시림이라는 숲의 이름도 계림鷄林이라고 쳤으며, 이로 인해 나라 이름도 계림이라 하였다.12)

그(미추왕의) 선조 알지閼智는 계림鷄林에서 나왔으며, 탈해왕이 그를 얻어 궁중에서 기루었다. 나중에 벼슬에 올라 대보大輔가 되었다. 알지가 세한勢漢을 낳고, 세한이 아도阿道를 낳았으며, 아도가 수류首留를 낳았고, 수류는 욱보郁甫를 낳았으며, 욱보가 구도仇道를 낳았으니, 구도는 곧 미추味鄒의 아버지이다. 첨해왕沾解王이 아들이 없어 나라에서 미추를 임금으로 세웠다. 이것이 김씨가 나라를 갖게 된 비롯이다.13)

『사기』에서 전하는 알지에 관한 사연은 이것이 모두 다라고 할 수 있다.

앞쪽 곧 탈해왕 때의 이야기는 알지의 탄생설화가 중심이며, 뒤쪽의 것은 시조 알지 이후 미추왕에 이르기까지의 간략한 세계世系라고 할 수 있다. 다시 말해서『사기』의 탈해왕과 미추왕의 두 군데에서 짤막하게 보이고 있는 알지에 관한 기록을 합친 내용이『유사』의 '금

---

12)『사기』권1,「신라본기」1, 탈해니사금脫解尼師今. "九年 春三月……."
13)『사기』권2, 미추니사금味鄒尼師今 머리글 부분.

알지' 쪽에 한 항목으로 들어가 있다고 할 수 있다.

2) 서로 같은 점과 다른 점

한마디로 말해서 양쪽 '금알지' 전은 이야기의 전반적 윤곽이 똑같다. 물론 신라 김씨 시조라는 신비로운 한 인물의 탄생설화가 중심을 이루고 있으므로 똑같아야 할 것은 너무나 당연하다고 할 수 있다. 그러나 오랜 세월 여러 사람의 입을 통해 전해져 내려온 이야기이며 때문에 꼭 같지 않을 수도 있을 것이다.

그래서 여기에 두 기록의 같은 면과 다른 점을 견주어 보기로 한다. 우선 같은 점부터『유사』기록의 순서에 따라 살펴본다.

(1) 같은 부분

첫째, 금알지金閼智라는 주인공의 이름이 같다.

둘째, 탈해왕 때(脫解王代)라는 시대가 같다.

셋째, 시림始林이라는 장소와 황금 궤(『유사』에는 '黃金櫃,'『사기』에는 '金色小櫝')라는 물건과 나뭇가지에 걸려 있었다(掛樹枝)는 상황이 같다.

넷째, 흰닭이 나무 밑에서 울었다(白雞鳴於樹下)는 사실이 서로 같다.

다섯째, 그 궤 안에 사내아이가 있었다는 것도 같으며,

여섯째, 탈해왕이 기뻐하여 대궐에서 키웠고, 이름을 알지閼智라 하였으며, 금궤에서 나왔다 하여 성을 김씨라 하였다는 내력도 같다.

이쯤 되면 전부 같은 것이 아니겠느냐고 할 수도 있다. 그러나 양 전兩傳이 서로 다른 점도 적지가 않다.

(2) 다른 점

  첫째, 그 연대가 같지 않다. 탈해왕 때라는 시대는 같으나 두 기록이 그 연대는 각각 다르니,『사기』에서는 탈해왕 9년(A.D.65) 3월의 일로 되어 있고,『유사』에서는 영평永平 3년 곧 탈해왕 4년(A.D.60) 8월 4일의 일로 되어 있다.

  둘째,『유사』에서는 호공瓠公이 월성의 서쪽 마을에 밤길을 가다가 시림始林 가운데 크게 밝은 빛이 있음을 본 것으로 이야기의 발단이 되어 있는데,『사기』에는 탈해왕이 밤에 금성의 서쪽 시림의 나무숲 사이에서 닭이 우는 소리를 듣고 새벽에 호공을 보내어 살펴보게 한 것으로 이야기가 시작되어 있으니 서로 다르다.

  셋째,『유사』에는 호공이 시림에서 대광명大光明을 보았는데 거기에 하늘로부터 땅에까지 드리운 자운紫雲 가운데에 황금궤가 나뭇가지에 걸려 있고 그 궤에서 빛이 나온 것으로 보이고 있으나,『사기』에는 그러한 상황이 전혀 없고 다만 금색의 작은 궤가 나뭇가지에 걸려 있었다(有金色小櫝 掛樹枝)고만 되어 있을 뿐이다.

  넷째,『유사』에는 금궤를 열었을 때 그 안에 사내아이가 누웠다가 벌떡 일어났는데 흡사 혁거세의 고사故事와 같았으므로 그(혁거세가 처음 알에서 나왔을 때 첫마디가 "閼智居西干 一起"라고 한) 말에 연유해서 알지閼智라고 이름하였다는 것이었으나,『사기』에는 궤를 여니 어린 사내아이가 그 안에 있었는데 생김새가 뛰어나게 잘생겼다고 하였을 뿐 누워 있다가 일어났다는 말은 없다. 그리고 그 이름도『유사』와는 전혀 다르게 "자라면서 총명하고 지략이 많아서 이름을 알지라고 하였다.(乃長聰明多智略 乃名閼智)"는 것이다.

다섯째, 궤에서 나온 알지를 안고 대궐에 돌아오니 새와 짐승들이 서로 뒤따르며 기뻐서 뛰놀고 춤을 추었다는 이야기는 『유사』에만 있고 『사기』에는 없다.

여섯째, 알지를 대궐로 데려온 탈해왕이 길일吉日을 택하여 태자로 책봉하였으나, 나중에 알지는 왕위에 오르지 않고 바사왕婆娑王에게 임금자리를 양보하였다는 사연도 『유사』에만 있고 『사기』에는 없다. 단지 『사기』에는 탈해왕이 알지를 아들처럼 거두어 기루었다고만 하였다.

이상과 같이 알지에 관한 두 기록의 대강을 견주어 보았다. 대체적으로 『유사』 쪽이 자세한 편이고, 『사기』 쪽은 간략한 편이다.

여기에 부쳐서 한마디 언급해야 할 문제가 있다. 이는 곧 「문무왕릉비文武王陵碑」에 나오는 '성한왕星漢王'에 관하여서이다. 온전치 못한 상태로 일부만 남아있는 이 글 속에, "15대조 성한왕이 하늘에서 내려와 선악에서 비로소 양육되시다.(十五代祖星漢王 降質圓穹誕靈仙岳肇臨)"14)라는 대목이 있다.

여기에 나오는 성한왕의 '성한星漢'을 학계에서는 『유사』의 '열한熱漢'과 『사기』에서의 '세한勢漢'과 같은 인물로 보고 있다. 그리고 이병도는 이 성한과 금아기(金閼智)를 동일 인물로 보았다. 즉 그는, "성한星漢이 곧 김金씨의 원조遠祖로 알지강생설閼智降生說과 비슷한 기재記載가 동비同碑에 실려 있음을 보면 이는 실상 알지閼智와 동일 인물이요 다른 사람이 아닌 듯하다."고 하였다.15) 그러나 이 불완전하

---

14) 「신라문무왕릉비」(『조선금석총람』 상), p.109.
15) 이병도 역주, 『삼국사기』 상(을유문화사, 1996 개정판), p.54, 주30).

게 남아있는 비문의 글귀만으로는 그 동일인 여부를 확실하게 알기는 어렵다.

2. 금아기 설화와 그 특성

1) 금알지 이름 금아기

이제 원문의 새김글에서 본 바와 같이 알지閼智라는 이름은, 탈해왕이 황금궤를 열었을 때 그 안에 누워 있던 사내아이가 벌떡 일어났는데 흡사 혁거세왕의 고사故事와 같았으므로 알지라 이름하였다는 것이다. 그 고사란 앞의 혁거세왕 쪽에서 보았지만 혁거세왕이 처음 알에서 태어났을 때 스스로 "알지거서간 일기閼智居西干一起"(알지거서간이 한번 일어났다)라고 하였다는 것을 두고 한 말이라 할 수 있다. 이 '한번 일어났다(一起)'는 것은 알지가 '벌떡 일어났다(卽起)'는 것과 같은 것으로 보고 그때 일어난(一起한) 아기가 스스로 "알지거서간閼智居西干"(거서간은 임금이나 존경받을 만한 인물에 대한 존칭)이라 하였다는 말에서 '알지'라는 이름을 따온 것으로 보이고 있다 하겠다.

그렇다면 알지는 '알지거서간'이라고 일컬었다는 장본인인 그 아기의 이름으로 삼았어야지 그런 말과는 전혀 상관없이 '일어났다(卽起)'고만 되어 있는 아기의 이름을 '알지'라고 하였다는 것은 좀 무리가 있지 않나 싶다. 그러나 한편으로 생각해보면, "알지거서간이 한번 일어났다."고 하였다는 그 아기는 처음 알에서 나왔을 때 목욕을 시키니 몸에서 광채가 나고 새와 짐승들이 춤을 추었으며 천지가 진동하고 일월이 청명하였으므로 이름을 '혁거세赫居世'라 하였다고 하여, 이미 이름이 지어졌기 때문에 '알지'라는 이름을 붙이지 않았을 것이라고 할 수도 있을 것 같다.

실제 혁거세의 이름처럼 태어났을 때의 상황적 상징성을 연유로 해서 지어진 이름이라고 한다면, '알지'보다는 황금궤黃金櫃나 거기서 비쳐나왔다는 대광명大光明과 연결되는 이름이 오히려 설득력이 더 있지 않겠는가 여겨진다. 어쨌든 『유사』에서는 전해진 대로 수집해서 기록하였을 뿐이니까 이 문제를 탓할 수는 없는 일이라 하겠다.

그런데 『유사』에서는 이 대목(閼智라 이름하였다)에 이어서 "알지는 곧 이 고장 말로 어린이(아기)를 일컬음이다.(閼智卽鄕言 小兒之稱)"라고 하였다. '알지'는 오늘날의 '아기'라는 말이 된다는 것인데, 근세의 조선시대에도 아기를 '아지阿只'라고 하였다.16) '알지閼智'의 알閼을 '아娥'17)로도 썼으므로 '알지閼智'를 '아지'라 발음하였음을 알게 되는데, 후대로 오면서 '아기'를 옛 발음 그대로 '아지'라 하여 한자로 '아지阿只'라고 써온 것으로 볼 수가 있다. 실은 오늘날까지도 '기'와 '지'를 같이 쓰는 사례를 영남지방에서 많이 보게 되는데, 예를 들면 '길'을 '질', '김金서방'을 '짐서방, '기름(油)'을 '지름', '김치'를 '짐치'라고

---

16) 최근까지도 아기 또는 어린아이를 한자로 '阿只'라 하였는데, 조선시대의 한 사례로 유명한 서산대사 휴정休靜(1520~1604)의 「제부모문祭父母文」(『淸虛堂集』 2卷本 하권)에서 아지阿只가 나오는 한마디를 옮겨 보기로 삼는다. "어머님이 돌아가신 날 아침에 소자(휴정 자신)를 '아가야!' 하고 세 번을 부르시고는 큰 소리로 통곡하셨다.(我母乘化之朝 則母也爲小子 三喚阿只 一聲痛哭)"(4남 1녀의 막내였던 휴정의 9세 때 그 어머니가 별세하시다.)

17) 『유사』의 「왕력」편과 「기이」편의 '혁거세왕' 항목에는 그 왕후 알영閼英의 이름을 '아이영娥伊英'·'아영娥英'·'아리영娥利英'이라고도 한다 하였다. 곧 '알閼'을 '아娥'로도 발음하였음을 보이고 있다.

하는 등으로 이루 다 헤아릴 수 없을 만큼 많다.

일본 학자 아유카이鮎貝도 일찍이 그의 글에서,

'지只'는 '기'의 음音이 없다. 그러나 『삼국유사』의 기타祇沱 일작지타一作只陀, 또 지금 '아지阿只'(小兒)를 '아기'라 하는 것에서도 알 수 있다. '지智'는 전혀 '기'의 음이 없다. 그러나 「동국군현연혁표東國郡縣沿革表」에 '지일작지只一作智'라고 하였다. 또 신라新羅의 알지閼智는 곧 아지阿只이다. 그렇다면 '지智'도 또한 '기'라고 하였다는 것이 된다.18)

라고 하였다. 이는 곧 자전字典 상으로는 '지只'자에 '기'라는 발음이 없지만 『유사』에서 '기타祇沱'를 '지타只陀'라고도 쓰고 또 '아지阿只'(어린애 小兒)를 '아기'라고 한 사례를 들어서 실제 '지只'를 '기'라고도 발음하였음을 밝힌 것이며, 또한 '지智'도 자전에는 전혀 '기'라는 발음이 없으나 '알지閼智'는 실제 '阿只(아기)'이므로 '기'로도 발음하였다는 것이다. 그러므로 그는 아예 '알지閼智'를 '아지阿只' 곧 '아기'로 본 것임을 알 수 있다.

그의 말대로 실제 신라 당시에 '알지'를 '아기'로 발음했는지는 자세히 알 수가 없으나, 뒷날의 표기인 '아지阿只'와는 전혀 같은 뜻의 말임은 틀림이 없다. 그렇다면 한문글자 그대로의 '김알지金閼智'는 '황금(또는 금색)의 궤에서 나온 아기'라는 뜻으로 붙인 '금아기'가 확실하다고 할 수 있을 것이다. 지금까지 알려져온 것처럼 성은 김씨이

---

18) 아유카이 후사노신鮎貝房之進, 「차자고借字攷」(『雜攷－俗字攷・俗文攷・借字攷』, 國書刊行會, 1972), p.809.

고 이름이 알지閼智라고 한다면 그 이름에는 약간의 문제가 남는다고 하겠다. 알지는 곧 아기이며 일반적 어린애(小兒)를 일컫는 범칭이 되는데, 한 왕조(新羅)의 김씨 왕족 시조 이름을 아기閼智(小兒)라고 하는 것은 격에 맞지 않을 것이기 때문이다.

다시 말해서 "혁거세의 고사와 흡사하므로(혁거세가 태어나서 처음 말하였다는) 그 말을 연유해서 이름을 알지閼智라고 하였다."는 그 사연보다는 '황금(금빛 나는) 궤에서 나온 아기이므로' 이름을 '금아기金閼智'라고 하였다는 쪽이 훨씬 더 상황적 상징성에 부합되며 또한 설득력이 있다고 할 수 있다. 그러므로 이 항목의 원문에서, "금궤에서 나왔으므로 성을 김씨라 하였다.(金櫝而出乃姓金氏)"라고 한 것은 잘못 전해진 것으로서, 실은 "금궤에서 나온 아기이므로 금아기라 이름하였다.(金櫝而出乃名金閼智)"라는 말이 후대에 와서 와전되어 그렇게 기록된 것이 아니었을까 여겨진다.

신라의 옛 역사를 자세히 살펴보면 신라 사람들은 이름에 성을 붙여 쓰지 않았다. 중국식으로 이름 앞에 성을 붙여 쓰기는 통일 전후 중국과의 교류가 빈번해지면서부터라고 할 수 있는데 그것도 왕족과 귀족에 한하여서라고 할 수 있다. 신라 상대의 인물들에 성을 붙인 사례(昔于老·朴堤上·金堤上 등)가 없지 않으나 거의가 후대에 기록하면서 붙인 것으로 보이는데, 하여튼 이러한 문제는 나중에 그 항목에서 문제삼기로 하고 여기에서는 자세한 설명을 피하기로 한다. 특히 시조설화에서 성姓의 유래를 보이고 있는 사례를 앞쪽 '혁거세왕'과 '탈해왕' 항목에서 보았지만, 박씨朴氏와 석씨昔氏 성이 처음부터 그들의 이름 앞에 붙여졌던 것이 아니고 후세에 붙여진 사실임을 여러 학자의 연구를 통해 밝혀진 바가 있었다.

이 금알지金閼智의 경우도 예외는 아니라고 할 수 있다. 처음부터 금궤에서 나온 아기이므로 '금아기' 또는 '금아지'라 하였던 것을 나중에 한자로 표기하면서 '金閼智'라 하였다고 할 수 있다. 이 '閼智'가 지금 한자발음으로는 '알지'이지만 당시로서는 '아지·아기'라 발음하였을 것은, 이제 본 바처럼 '알영閼英'을 '아리영娥利英'·'아영娥英'이라 한 사실에서 알 수가 있다.

그 '아지·아기'란 말은 먼 훗날까지 이어져서 '阿只'라는 한자로 우리 곁에까지 와 있다고 할 수 있다. 그러므로 '금아지·금아기(金閼智)'는 이름이며, '금金'자는 성이 아닌 이름 석 자의 앞 글자였음을 알게 된다. 그러나 뒷날 씨족氏族과 그 성을 밝혀서 한자로 표기해야 할 시대에 이르러 '김씨金氏'가 된 것이라고 할 수가 있을 것이다.

그렇게 본다면 『사기』에 "자라서 총명하고 지략이 많았으므로 이름을 알지라 하였다.(乃長 聰明多智略 乃名閼智)"고 한 것도 실은 금알지金閼智의 본디 이름과는 거리가 먼 후세에 지어붙인 이름풀이라고 할 수가 있겠다. 근래에 간행된 일본의 『삼국유사고증』에는 이 금알지에 관해 다음과 같이 서술하고 있다.

알지閼智의 지智는 존칭의 어미語尾이고, 알閼은 '알(卵)'·'곡물'·'껍질을 벗겨서 드러내는 일'·'껍질을 벗겨 나타난 것'을 원의原義로 하고 있다. 알(卵)이나 곡물은 그 안에 신비한 영력靈力을 간직하며, 생명력의 용기容器로 여겨져서, 원시사회인의 숭배하는 신령神靈의 상징으로 보여졌다. 신문물新文物의 사용과 함께 알을 성스러운 그릇(聖器)으로 삼고,

또 궤자櫃子나 황금궤黃金櫃 등으로 대신하는 경우도 있다. 이와 같이 알지閼智는 신령 그 자체, 또는 신神의 매개체를 가리키는 것으로서, 신화神話 형성에 있어서 국조신國祖神·왕자王者의 시조로 되어간다. 또 강림降臨하는 신神은 생성력을 상징하는 소아小兒의 모습으로 나타난다. 그래서 알지閼智를 '鄕言 소아지칭야鄕言 小兒之稱也'라 하고 있는 것이다. ……

　알지閼智는 신령 그것을 가리키는 명칭이고, 혁거세赫居世는 북방아시아민족의 배천교拜天敎에 의한 빛을 가리키는 명칭이며, 알지閼智란 말은 보다 오랜 것으로 남방계南方系의 민족문화에 연결되어 있다.19)

여기에서 저자는 알지閼智를 신령 그 자체이며, 또한 신령 그것을 가리키는 명칭이라고까지 추켜올려 놓았다. 그리고는 "알지라는 말은 보다 오랜 것으로 남방계 민족문화에 연결되어 있다."고 하였다. 그는 '금알지金閼智'라는 이름에서 '알지閼智'만을 이름으로 보고, 그 뜻을 크게 신비주의적으로 비약시켜서 풀이하였다고 하겠다.

　다시금 한마디로 묶어서 맺는다면 알지閼智는 아지阿只 곧 아기라는 어린애(小兒)의 범칭이므로 이름이 아니며, '금아기金閼智'가 그 정확한 이름이다. 즉 황금빛 궤에서 나온 아기(閼智)라는 뜻으로 부른 이름이 '금아기'인데, 신라 때 한자로 써서 '金閼智'라 하였으나 발음은 '금아지' 또는 '금아기'가 옳다고 할 수 있다. '기'와 '지'는 지금도 같이 쓰이므로 '금아지'와 '금아기'는 둘 다 옳다고 할 수 있겠으나, 오늘날 우리 말에는 짐승의 어린 것(새끼)에 주로 아지(소의 어린 것을 송아지, 개의 새끼를 강아지, 말은 망아지 따위)라 붙이고, 사람의 어린애는 아기라 하므로 '금아기'라 부르는 것이 당연하다고 하겠다.

---

19) 미시나 쇼에이三品彰英 유찬遺撰, 『삼국유사고증』 상, pp.499~500.

'금아기金閼智'는 아명이면서 이름이었기 때문에 성장하여 어른이 되고 또 나중에 신라 김씨 왕실의 시조로 받들리면서도 그 이름 '금아기'는 그대로 썼는데, 이는 흡사 금색의 개구리를 닮았다고 금개구리(金蛙)라 이름붙인 어린애가 나중에 임금이 되고도 그를 '금개구리 왕(金蛙王)'이라 하였고, 또 어릴 때 활을 잘 쏜다고 붙인 이름 주몽朱蒙은 왕이 된 뒤에도 주몽왕이라 한 사례와 같다고 할 것이다.

2) 설화 내용의 특성

동서고금을 막론하고 하나의 왕국에는 반드시 그 나라를 세운 창건의 시조왕이 있기 마련이다. 역사가 오랜 왕조일수록 그 시조의 탄생과 건국에 따른 이야기는 일반 백성의 생애와는 달리 매우 신비롭게 전해지고 있다. 그러한 왕국은 창건주의 자손들에 의해 계승되었으므로 건국의 시조는 곧 그 씨족의 시조이기도 하며 아울러 건국의 설화는 시조탄생의 신화로부터 시작된다고 할 수 있다.

우리 조상들이 세운 옛 나라에서 그 사례를 『유사』를 통해 찾는다면 고조선古朝鮮이 그러했고, 고구려와 신라 및 가락이 그러했다. 그 중에서도 최초의 민족국가인 고조선은 대대상승代代相承의 씨족적 왕통王統 면에서는 후대 국가(고구려·신라·가락)들보다 오히려 선명하지가 못한 편이다. 고조선의 개국조인 단군檀君임금에게는 아들 부루夫婁(혹설에는 고주몽도 단군의 아들이라 함)가 있었다고 전해져 있으나, 부루는 부여의 왕으로서 그 성을 해씨解氏라 하여 하늘님 아들(天帝子) 해모수解慕漱의 뒤를 잇고 있으며, 주몽은 고구려의 건국시조로서 성을 고高씨라 하여(그 자손들은 解氏라고도 하였음) 단군의 고조선과는 상승적相承的 관계를 전혀 보이지 않고 있다.『유사』의 전하는 대로라면 고조선은 개창조 단군의 자손들이 대를 이어가며 계승한 나라로 되어 있지 않고, 단군임금 혼자서 천5백여 년을 다스린 것으로 보이고 있다. 말하자면 고조선은 비록 천5백여 년 동안을 계속하였다고 하나 그 대수代數는 단군임금 당대에서 끝난 셈이 된다.

아무튼 하나의 왕국에는 개국시조의 신비로운 탄생 이야기를 필두로 하여 그 왕조의 역사가 전개되어 있다. 그 시조의 자손들이 대를 이어 나라를 다스렸기 때문에 하나의 시조설화가 왕조의 역사와 더불어 후대에까지 전해져 온 것은 사실이다. 그러나 신라의 왕조만은 예외라고 할 수 있으니, 시조의 탄생설화가 셋씩이나 전해져 있기 때문이다.

한 개창조의 탄생 및 건국설화가 세 가지 유형으로 각각 전해진 것이 아니고, 세 사람의 시조 이야기가 하나의 신라라는 나라에 전해져 있는 것이 이 경우이다. 신라가 나라는 하나이면서도 세 씨족의 국왕이 나라를 다스려왔기 때문에 각 씨족에는 시조가 있고 그 씨족마다 시조설화가 따로 성립되어 전해져 왔다. 이미 앞에서 본 건국시조 혁거세왕 설화가 그 첫 번째이며, 석탈해왕 이야기가 두 번째 설화이고, 지금의 이 금아기(금아지) 이야기가 세 번째 설화이다.

이들 세 설화는 각각 특징들을 가지고 있다. 혁거세왕 설화는 나중의 두 설화와는 달리 국가 개창조로서의 건국신화가 더 들어 있고, 석탈해 설화는 도래인渡來人으로서의 특징을 보이고 있다. 이들과는 달리 왕위에 오르지 못했던 금아기는 3성姓 중 가장 늦게 등장했으면서도 왕좌를 제일 오래 누렸던 후손을 둔 시조로서의 특수한 탄생신화를 전하고 있다.

혁거세는 하늘에서 내려온 큰 알(大卵) 속에서 태어났고, 석탈해는 어머니의 몸에서 큰 알로 태어났다가 그 알에서 나왔으며, 금아기는 하늘로부터 내려온 금빛 나는 궤 안에서 나왔다고 한다. 혁거세가 하늘에서 내려온 알에서 나왔다는 것은 가락국 수로왕首露王의 경우와 비슷하다고 하겠으나, 수로왕의 경우는 하늘에서 내려온 금합자金合子 속에 든 황금 알에서 나왔다는 점이 다르다. 어머니가 낳은 알에서 태어났다는 탈해의 경우는 고구려 시조 주몽의 경우와 흡사하지만, 주몽이 천제天帝의 아들 해모수를 아버지로 두었다는 점이 탈해와는 다르다고 하겠다. 하늘에서 내려온 황금궤에서 나온 금아기의 경우는 금합자金合子에서 나왔다는 수로왕의 경우와 비슷하다고 하겠으나, 금합자에서 바로 나온 것이 아니고 그 안에 든 황금알(黃金卵)에서 나왔다는 점이 서로 다르다고 하겠다.

신라의 세 설화만을 비교해 본다면 탈해 하나만이 인간의 어머니(母胎)로부터(비록 알이지만) 태어났고, 혁거세와 금아기는 인간을 부모로 하여 태어나지 않았다. 그 둘은 하늘로부터 내려온 자취를 보이면서 하나는 자줏빛(혹은 푸른) 알에서 나왔고, 하나는 황금빛의 궤에서 나온 것이 다르다. 처음 혁거세가 자줏빛(또는 푸른색) 큰 알의 모습으로 양산楊山밑 우물(蘿井)가에 출현하였을 때는 하얀 말이 그 앞에 무릎을 꿇고 절하다가 사람이 가까이 가자 길게 울고는 하늘로 올라갔으며, 탈해가 바다를 건너올 때 탄 배를 붉은 용이 호위하고 까치 떼가 그 배 위에 모여 지저귀었고, 금아기가 시림始林에 출현하였을 때 자줏빛 구름이 하늘에서 땅에 드리운 가운데에 크게 빛을 내는 황금궤가 나뭇가지에 걸려 있었으며 그 아래에서 흰 닭이 울고 있었다는 것이다.

그와 같이 시조탄생의 신화적 모습들을 전하고 있다. 첫 번째와 두 번째 설화의 주인공은 각각 씨족 최초의 국왕으로 등극하였다. 그러나 세 번째 주인공만은 왕이 되지 못했다. 그러면서도 왕실과의 자연스런 접근을 보여주고 있다 할 것이니, 도래인 왕족 석씨의 시조이면서 당시의 왕이었던 탈해왕이 금궤 안에서 나온 어린아기를 안고 대궐로 돌아와 양육하였다는 사실이 그러하다. 뿐만 아니라 길일을 택하여 그를 태자로 삼았다는 것에서 더욱 왕실의 일원으로서의 위치를 굳히고 있음을 보게 된다고 하겠다. 그는 스스로 사양하여 왕위에 오르지 않았다고 하였으나, 나중에 그의 후손들이 왕위에 올라 대를 이어감으로써 신라 왕가 3성 중에서 가장 강력한 주도권을 발휘한 왕조를 형성하였다고 할 수 있다.

그가 태어난 곳인 시림始林은 그의 태어남을 알린 흰 닭의 울음소리로 인연해서 숲 이름을 닭숲, 곧 계림鷄林이라 고쳐 불렀으며, 그 계림은 나라의 이름으로까지 일컬어지기에 이르렀다. 이는 그가 비록 왕위에 오르지는 못하였지만 금아기(金閼智)의 출현과 그 후 신라에 끼친 그의 영향력이 적지 않았음을 보여준 하나의 상징적인 자취이기도 하다고 하겠다.

신라 왕조 세 씨족 중 맨 나중의 시조설화인 '금아기 설화'는 혁거세나 수로왕의 경우와 마찬가지로 하늘에서 내려온 강생降生설화에 속한다. 고주몽이나 석탈해의 경우처럼 어머니의 몸을 통해 태어난 이른바 모태母胎 및 입태入胎 탄생과는 달리, 하늘에서 내려온 아기로 전해져 있으므로 강탄降誕 또는 강생의 신화라고 할 수 있다는 것이다. 그러면서도 금아기는 크게 빛나는 황금의 궤 안에서 알도 아니고 갓난애도 아닌 누워 있다가 벌떡 일어난 사내아이(童男)의 모습으로 이 세상에 출현한 것이었다.

혁거세의 탄생 신화는 그대로 신라의 새나라를 창건한 건국시조로서의 상징성을 보인 것이라 할 수 있으며, 석탈해의 도래渡來설화는 외래인의 수용과 동화 및 왕좌王座의 공유共有를 통해 기존 부족중심사회의 배타적 폐쇄성을 타파한 화합 협력의 지혜를 보여주는 설화적 역사의 일면이라고도 하겠다. 그러한 역사의 바탕위에서 전개된 금아기의 출생설화에서는 신생국 신라의 찬연한 앞날과 힘찬 발전을 예고해 보여주고 있다 할 것이다

금아기의 탄생설화에는 다른 강생설화의 경우보다 더 크게 빛이 강조되어 있음을 보게 된다. 혁거세왕의 경우에는, "이상한 기운이 번갯불처럼 땅에 드리웠다."20)고 하였으며, 수로왕의 경우에는 "자주색의 줄(繩)이 하늘에서 드리워져 땅에 닿아 있었고, 그 줄의 끝에는 붉은 보자기에 싸인 금합자가 보였다."21)라고 되어 있다. 이는 혁거세와 수로왕이 하늘로부터 내려와 탄생할 때의 광경인데, 여기에는 빛(光明)이 뚜렷하게 드러나 있지 않다.

반면에 금아기의 경우는 먼저 "시림始林 속에서 큰 빛(大光明)이 보였다."고 하였다. 그리고는 거기에 "자줏빛 구름이 하늘로부터 땅에

---

20) 앞에서 본바 있는 『유사』 같은 권의 '신라시조 혁거세왕'. "異氣如電光垂地……"
21) 『유사』 권2, 「가락국기駕洛國記」. "唯紫繩自天垂而著地 尋繩之下乃見紅幅裏金合子."

드리웠고 그 구름 속에 황금궤가 나뭇가지에 걸려 있었으며, 빛은 그 궤에서 나왔다."는 것이다. 아기가 들어있는 큰 알이 하늘로부터 내려올 때 "이상한(기이한) 기운이 번갯불처럼(如電光) 땅에 드리웠다."고 하였으니, 이 혁거세아기의 경우는 그래도 한줄기의 빛 같은 것(如電光)을 드러내 보였다고 할 수 있다. 수로首露아기의 경우는 단지 '자주색 줄(唯紫繩)'이라고만 되어 있어서 전혀 빛(光明)을 드러내지 않았다. 그러나 금아기의 경우는 아예 대광명大光明으로 나타나 있다.

  이 대광명이 바로 조그맣게 출발한 신생국 신라의 찬란한 앞날을 예고한 것으로도 볼 수가 있지 않을까 싶다. 그 큰 빛을 내고 있는 황금궤가 열리면서 그 안에 누워 있던 사내아기가 벌떡 일어났다는 것도, 매우 역동적인 힘을 보여주는 것이라고 할 수가 있겠다. 박朴·석昔·금金의 세 성씨 중에서 맨 나중의 성씨인 금씨의 왕조에 이르러, 반도의 동남단에서 세력을 넓히다가 급격하게 성장하여 드디어는 삼국통일의 대업을 이룩하는 주인공 역할을 하게 된다. 이러한 역사가 전개되고 또 이루어질 것을 예고하고 상징한 것이 이 금아기 강생降生 설화의 내용이라고 할 수가 있을 것이다.

연오랑延烏郎과 세오녀細烏女

Ⅰ. 원문과 새김글
  1. 원문
  2. 새김글

Ⅱ. 살펴보기
  1. 『수이전殊異傳』과 『동국여지승람東國輿地勝覽』의 영일迎日 전설
  2. 영일전설의 역사성

Ⅰ. 원문과 새김글

1. 원문

延烏郎 細烏女

　第八阿達羅王卽位四年丁酉 東海濱有延烏郎細烏女夫婦而居 一日 延烏歸海採藻 忽有一巖(一云一魚) 負歸日本 國人見之曰 此非常人也 乃立爲王(按日本帝記 前後無新羅人爲王者 此乃邊邑小王 而非眞王也) 細烏怪夫不來歸尋之 見夫脫鞋 亦上其巖 巖亦負歸如前 其國人驚訝 奏獻於王 夫婦相會 立爲貴妃 是時新羅日月無光 日者奏云 日月之精 降在我國 今去日本 故致斯怪 王遣使求二人 延烏曰 我到此國 天使然也 今何歸乎 雖然 朕之妃有所織細綃 以此祭天可矣 仍賜其綃 使人來奏 依其言而祭之 然後日月如舊 藏其綃 於御庫爲國寶 名其庫爲貴妃庫 祭天所名迎日縣 又都祈野

2. 새김글

연오랑과 세오녀[1]

제8대 아달라왕阿達羅王의 즉위 4년 정유(157) 무렵, 동쪽 바닷가에 연오랑延烏郎과 세오녀細烏女라는 부부가 살고 있었다. 하루는 연오랑이 바다에 나가 바닷말(海藻)[2]을 따고 있었는데, 갑자기 바위 하나(혹은 고기 한 마리)가 나타나서 그를 태우고 일본으로 갔다. 그 나라 사람들이 그를 보고는 "이 분은 예사로운 인물이 아니다."라고 하여, 그를 모셔 왕으로 삼았다.〔『일본제기日本帝記』[3]를 살펴보면 그 전후에 신라 사람으로 일본 왕이 된 이가 없으니, 이는 변두리 고을의 작은 왕이지 진짜 일본 국왕은 아닐 것이다.〕[4]

그 아내 세오는 남편이 집에 돌아오지 않으므로 이상히 여겨 나가 찾다가 남편이 바위 위에 벗어놓은 신발을 보게 되었다. 그도 그 바위에 오르니 바위가 또한 앞서 연오의 경우처럼 세오녀를 태우고 일

---

1) 연오랑延烏郎 세오녀細烏女 이야기는 이 밖에도 서거정徐居正의 『필원잡기筆苑雜記』 권2에 『신라수이전新羅殊異傳』에서 인용한 글을 싣고 있다. 전체 내용은 거의 같으나, 주인공의 이름 '연오랑延烏郎'을 여기에는 '영오迎烏'로 하고 있는 것이 다르다. 또 『동국여지승람』 권23에는 이 두 가지 기록을 섞어서 옮겨놓았다.
2) 이 '조藻'를 미역 또는 해초海草라 번역하는 이도 있으나, 수초水草의 종류 가운데 하나인 조藻는 식용수초인 '말'이며, 여기에 보이고 있는 것은 '바닷말' 해조海藻이다.
3) 이 「기이紀異」편의 권2, '원성대왕元聖大王' 쪽에는 『일본제기日本帝紀』라고 되어 있어서, 이 『일본제기日本帝記』와는 기紀와 기記의 차이가 난다. 뜻도 같으므로 같은 책임이 틀림없겠으나, 그 내용을 전혀 알 수가 없다. 어떤 이는 현재 전하는 일본의 옛 사전史傳인 『고사기古事記』와 『일본서기日本書紀』를 견주기도 하지만 또한 알 수가 없다.
4) 이 괄호 안의 글은 찬자의 주석이다.

본으로 갔다. 그것을 본 그 나라 사람들이 놀라워하며 왕에게 아뢰어 (세오녀를) 바치니, 부부가 서로 만나게 되었으며, 세오녀는 귀비貴妃가 되었다.

이때 신라에서는 해와 달의 빛이 없어졌다. 일관5)이 왕에게 아뢰기를, "해와 달의 정기가 우리나라에 내려와 있었는데 지금은 일본으로 가버렸기 때문에 이러한 괴변이 생기게 된 것입니다."라고 하였다. 신라의 아달라왕은 사신을 보내어 두 사람(연오와 세오)을 찾아오게 하였다.

일본 왕이 된 연오가 (신라 사신에게) 말하기를, "내가 이 나라에 오게 된 것은 하늘이 시킨 일인데, 이제 어떻게 돌아가겠는가? 그러나 짐의 왕비가 짠 고운 비단이 있으니 이것으로 하늘에 제사지내면 될 것이다."라고 하여 그 비단을 주었다. 사신은 그 비단을 가지고 신라에 돌아와 왕에게 아뢰었다. 왕은 그 말대로 제사를 지냈으며, 제사를 지낸 뒤에 해와 달이 전과 같이 빛나게 되었다.

세오귀비가 짰다는 그 비단을 신라 왕실에서는 임금님 창고에 간직하여 나라 보배(國寶)로 삼았으며, 그 창고를 이름하여 귀비고貴妃庫라고 하였다. 하늘에 제사지낸 곳을 영일현迎日縣6) 또는 도기야都祈

---

5) 원문은 '일자日者'인데, 이는 곧 일관日官을 가리키는 것이다. 일자 곧 일관은 천문을 보고 또 길일吉日을 택하며, 국가의 길흉화복을 점치는 관리이다.
6) 영일迎日, 곧 해와 달의 빛을 맞아들인 고을이라는 뜻으로 영일현迎日縣의 지명이 붙여진 것처럼 전해져 있으나, 실제 영일현의 이름은 신라 때가 아닌 고려 때에 붙여진 것으로 보이고 있다. 『사기』 권34, 「지리지」 1에는, "의창군義昌郡의 임정현臨汀縣은 본디 근오지현斤烏支縣이었으나 경덕왕景德王이 임정현으로 고쳤으며, 고려 때에 영일현이 되었다."고 하였다. 그 뒤의 『고려사』 권57, 「지리지」 2의 '연일延日'과 『동국여지승람』 권23의 '영일현迎日縣'에도 같은 내용이 들어있으나, 이 두 군데에는 "본디 '근오지현斤烏支縣'이었으며 또한 '오량우현烏良友縣'이라고도 한다."라고 하였다. 또 『고

野7)라고 하였다는 것이다.

려사』에서는 '연일현延日縣'이라 하고 있다.
7) 도기야는 지금의 경상북도 영일군迎日郡 동해면東海面 도구동都邱洞을 가리킨다고 하며, 그 가까운 오천면烏川面 일월동日月洞에는 세오녀가 짠 비단을 가져와 제사지낸 곳이라는 일월지日月池가 있다.『동국여지승람東國輿地勝覽』권23 영일현迎日縣의 고적古跡 쪽에는 '일월지日月池' 아래 할주割註에 "현의 동쪽 10리에 도기야가 있다.(在縣東十里都祈野)"라고 하였다. 양주동은 그의『고가연구』, p.159・p.203에서, "영일迎日의 원명原名은 '돋이(히도디)'인데 이를 '근오지斤烏支'라 사寫함은 '부斧・근斤'의 훈訓 '도치(돗귀)'에 의함이오, '도기都祈'는 바로 '도디・도치'의 음전音轉 '도기・돗기'"라고 하여, 영일의 고호古號인 '근오지斤烏支'는 일명 '도기都祈'이며, 그 원명은 '도디・도치・돗기' 곧 '도끼'가 된다고 하였다.

Ⅱ. 내용 살펴보기

1. 『수이전殊異傳』과 『동국여지승람東國輿地勝覽』의 영일迎日 전설

　연오랑 세오녀의 이른바 영일迎日 전설은 여기 말고도 두어 군데 전해져 있다. 그 하나가 『필원잡기筆苑雜記』에 들어있는 『수이전殊異傳』[8]의 '영오 세오' 이야기이다. 앞서 본 '연오랑 세오녀'와 같은 전설이므로 중복되는 내용이지만 서로 견주어보기 위하여 그 전문을 풀어 옮겨 본다.

　　동쪽 바닷가에 부부가 살고 있었는데, 남편은 영오迎烏라 하고 아내는 세오細烏라 하였다. 하루는 영오가 바닷가에서 바닷말을 따고 있었는데, 갑자기 표류하여 일본국의 작은 섬에 이르러 그곳의 임금이 되었다. 세오

---

8) 이 『수이전』은 『신라수이전新羅殊異傳』을 가리킨다. 『신라수이전』은 현재 전하지 않는 책인데, 거기에서 인용한 단편의 글들이 현존 고전의 몇 군데에 남아있어서 그 존재의 일부를 알 수 있을 따름이다. 권문해權文海의 『대동운부군옥大東韻府群玉』에서는 최치원崔致遠의 찬인 것으로 보기도 하였으나, 『해동고승전海東高僧傳』에서는 '박인량朴寅亮의 수이전殊異傳'이라 하고 있다.

가 그 남편을 찾다가 또한 표류되어 그 나라에 도착하여 왕비가 되었다.

　그때 신라에는 해와 달의 빛이 없어져 버렸다. 일관이 왕에게 아뢰기를 "영오와 세오는 해와 달의 정기(精)이온데 지금 일본으로 갔기 때문에 이러한 괴변이 있게 된 것입니다."라고 하였다. 왕이 사신을 보내어 두 사람을 구해오게 하였더니, 영오가 말하기를 "내가 여기에 오게 된 것도 하늘의 뜻이다." 하였다. 그리고는 세오가 짠 비단을 신라 사신에게 부쳐 보내면서 "이것을 가지고 하늘에 제사를 지내면 좋게 될 것이다."라고 하였다. 그 뒤 하늘에 제사 지낸 곳을 영일迎日이라 이름하였으며, 이로 인해 영일현을 두게 되었다. 이때가 신라 아달라왕阿達羅王의 4년(157)이다.9)

『필원잡기』에 전해진 『수이전』의 '영오 세오' 이야기 전문을 옮겨보았다. 『유사』에서 전하는 '연오랑 세오녀'보다 많이 요약되어 있다. 연오延烏의 이름도 영오迎烏라 하고 있다. 너무 줄여놓았기 때문에 『유사』의 '연오랑 세오녀' 이야기가 없었다면 이해하기 어려운 부분이 더러 있다. 『필원잡기』에서는 『수이전』에 있는 그대로를 옮긴 것인지 아니면 자의로 줄여서 옮긴 것인지를 알 수가 없다. 연오를 영오迎烏라 한 것을 제외하고는 내용의 줄거리가 크게 다르지 않으므로, 본래 같은 자료를 『수이전』 아니면 그것을 옮기면서 『필원잡기』 저자가 간추려 기재한 것인지를 분간하기가 어렵다.

　내용의 줄거리는 크게 차이가 없다고 하더라도 서술의 형태와 상황의 설명에는 적지않은 차이를 보이고 있다. 첫 시작부터가 다르다.

---

9) 서거정徐居正 찬, 『필원잡기』 권2. "東海濱有人 夫曰迎烏 妻曰細烏 一日迎烏採藻海濱 忽漂至日本國小島爲主 細烏尋其夫 又漂至其國 立爲妃 是時新羅日月無光 日者奏日 迎烏細烏 日月之精 今去日本 故有斯怪 王遣使求二人 迎烏曰 我到此天也 乃以細烏所織綃 付送使者曰 以此祭天可矣 遂名祭天所曰迎日 仍置縣 是新羅阿達羅四年也."

『유사』 쪽에서는 "제8대 아달라왕 즉위 4년 정유에, 동쪽 바닷가에 연오랑과 세오녀라는 부부가 살고 있었다.(第八阿達羅王 卽位四年丁酉 東海濱有延烏郎細烏女夫婦而居)"로 시작되어 있는데, 『수이전』 쪽에는 "동쪽 바닷가에 어떤 사람이 있었는데, 남편은 영오이고 아내는 세오라 하였다.(東海濱有人 夫曰迎烏 妻曰細烏)"라고 시작하였으며, 맨 끄트머리에 "이는 신라 아달라왕 4년의 일이다.(是新羅阿達羅王四年也)"라고 하였다.

연오가 일본으로 가게 된 상황에 대해서도 한쪽은 좀 설명적인데, 한쪽은 너무 생략되어 있는 차이를 볼 수 있다. '연오랑 이야기'에서는 "갑자기 한 바위(또는 고기 한 마리)가 나타나 (그를) 태우고 일본으로 갔다.〔忽有一巖(一云 一魚)負歸日本〕"라고 하였는데, '영오 세오'에서는 "갑자기 표류하여 일본국에 이르렀다.(忽漂日本國)"라고 하여 일본에 이르게 된 상황을 '표漂' 한 자로 설명하고 있다. 앞뒤 사정없이 물결에 떠밀려 흘러갔다는 표류의 '漂' 한 글자만을 불쑥 써놓았을 뿐이다.

그 부인 세오녀의 경우도 마찬가지이니, 돌아오지 않는 남편을 찾아 나섰다가 남편이 벗어놓은 신을 보고 그 바위에 오르니 또한 바위가 부인을 태우고 남편이 도착한 그곳으로 가 닿았다는 것이다. 반면에 뒤의 이야기에서는 남편을 찾던 세오도 "또 표류하여 그 나라에 이르렀다.(又漂至其國)"라고만 하였다. 연오랑이 일본의 왕이 되고 또 세오녀는 왕비가 되었다는 사연도 앞 이야기에는 설명이 좀 구체적인데, 뒤의 경우는 아무런 설명이 없다. 그 뒷부분도 생략이 심해서, "그런 다음에 해와 달이 다시 빛났다.(然後日月如舊)" 또는 "그 비단을 어고御庫에 간직하여 국보國寶로 삼고 그 어고를 귀비고貴妃庫라 하였다."는 말과 또 맨 끄트머리의 '도기야都祈野'란 말도 모두 생략되어 있다.

『수이전』에서 처음부터 그렇게 초록했던 것인지, 『필원잡기』에서 『수이전』에 있는 대로 옮기지 않고 임의로 줄여서 옮겼는지를 알 수가 없다. 만약에 오늘날 『유사』의 이 이야기가 전해지지 않고, 『필원잡기』에 수록된 『수이전』의 이야기만 전해져 있었다면 우리는 '연오랑 세오녀'의 전설을 지금처럼 자세히는 모를 뻔하였다고 하겠다.

그런데 실은 위의 두 곳 외에 또 한 군데에서 '연오랑과 세오녀'의 이야기를 전하고 있는 문헌이 있다. 다름아닌 『동국여지승람東國輿地勝覽』이다. 이 책의 권23 영일현迎日縣 쪽에 '연오랑 세오녀'의 이야기를 전하고 있다. 내용을 보면 『유사』에 전하는 바를 주로 옮긴 듯하나, 주인공 이름은 '영오迎烏'라 하는 등 『수이전』의 것을 옮긴 흔적도 적지 않다. 아마도 이 두 기록을 적당하게 취하여 초록한 듯하다. 그러므로 제3의 '연오랑 세오녀전'으로 보기는 어렵다고 할 수 있으며, 따라서 여기에 그 전문을 옮기지 않기로 한다.

그러나 이 『여지승람』에서는 세오녀細烏女가 짠 비단을 가져와서 제사지낸 장소라는 일월지日月池와 그 지역인 도기야都祈野의 위치를 밝혀주고 있는데, 이 점은 매우 중요한 자료적 가치가 있다고 할 수 있다. 즉 영일현의 고적 조항에 두 번째로 나와 있는 '일월지日月池' 밑에 바로 "현의 동쪽 10리에 도기야都祈野가 있다"고 한 다음에 '영오랑 세오녀'의 이야기를 싣고 있다. 그 이야기 끝부분에 가서 "못 위에서 제사 지내니 일월이 다시 빛났으므로 비단을 나라 창고(御庫)에 갈무리하였다. 그래서 제사지낸 그 못을 '일월지'라 이름하였으며 고을 이름을 '영일迎日'이라 하였다."는 것이다.10) 도기야의 위치나 일월지의 존재는 이 『여지승람』에서만 보일 뿐, 『유사』나 『수이전』에서는 찾아볼 수가 없다. 더구나 『수이전』에는 도기야의 이름도 보이지 않는다.

2. 영일전설의 역사성

이제 본 바와 같이 도기야의 위치를 밝히고, 영일(해맞이) 전설을 초록하여 일월지의 존재를 알게 한 『여지승람』에서는 이어서 다음과 같이 이 전설에 관해 언급하고 있다.

> 지금 살펴보건대, 고려 초에 임정현臨汀縣을 고쳐 영일현迎日縣으로 삼았으므로 곧 (영일현은) 신라 아달라왕阿達羅王 때에 비롯된 것이 아니다. 영오의 이야기는 김부식의 『삼국사기』나 권근의 『동국사략』에는 보이지 않으며 오직 『삼국유사』에만 실려 있으니 믿을 만한 것이 못된다.11)

이 글을 두 단으로 나누어 볼 수가 있으니, 첫째는 영일迎日이라는 고을 이름이 신라 아달라왕 때 비롯된 것이 아니고 고려 초에 임정현을 영일현으로 고쳤다는 것. 둘째는 『삼국사기』와 『동국사략』 등 정

---

10) 『동국여지승람』 권23, 영일현迎日縣 고적古跡. "日月池, 在縣東十里都祈野…… 祭之於池上 日月復光 遂藏縮於御庫 因名其池曰日月池 縣名曰迎日."
11) 위와 같은 책, 같은 사항. "今按 高麗初改臨汀爲迎日 則非始於新羅阿達羅王時矣 迎烏之說 不見於 金富軾三國史 權近東國史略 而獨於遺事載之 無足取信."

사正史에는 보이지 않는데 오직 야사인 『유사』에만 기재되어 있으므로 믿을 만한 것이 못 된다는 것이다.

① 이 첫 번째의 문제는 앞의 주 6)에서 본 바가 있다. 다시 말하자면 『사기』와 『고려사』의 지리지 및 『여지승람』에 의하여, 영일현의 이름은 처음에 근오지斤烏支 또는 오량우烏良友현이었으나 신라 경덕왕이 임정현臨汀縣으로 고친 것을 고려 초에 다시 영일현으로 고쳤다는 것이다. 그러므로 잃어버린 일월의 광명을 다시금 맞이해 왔다고 해서 고을 이름을 영일迎日 곧 해맞이 고을(迎日縣)이라 하였다는 것은 사리에 합당하지 않다는 것이 된다. 따라서 신라의 아달라왕 때에 영일현을 두었다는 것은 역사적으로 옳지 않으니, 그보다 훨씬 후대인 고려 때에 영일迎日현이라는 이름으로 고쳐졌기 때문이다.

② 두 번째 문제는 이 연오랑의 전설이 정사인 『사기』나 『동국사략』에 보이지 않고 『유사』에만 기재되어 있기 때문에 믿을만한 것이 못 된다는 것이다. "무족취신無足取信", 곧 "믿을 만한 것이 못 된다." 또는 "가히 믿을 수가 없다."는 것은 이 연오전설이 '역사성이 없다·역사성을 인정할 수 없다'는 말과 같은 뜻이라 할 수 있다.

그러나 앞에서 본 바가 있지만 양주동은 "영일迎日의 원명은 '돋이(희도디)'인데 이를 '근오지斤烏支'라 쓰는 것은 '부斧·근斤'의 훈訓인 '도치(돗귀)'에 의함이오, 도기都祈는 바로 '도디·도치'의 음전音轉인 '도기·돗기'라고 하였다. 즉 그는 처음 그곳의 고을 이름이었다는 근오지斤烏支는 나중에 고쳐진 영일迎日과는 서로 뜻이 같은 연결된 말이며 그 또 하나의 이름으로 전해지는 '도기야都祈野'와도 같은 뜻이라고 하였다. 그렇게 본다면 현재까지 쓰이고 있는 영일이라는 지명이 그 한자 영일迎日로 쓰여진 것은 고려시대부터였지만 실은 그 말 자체(뜻)는 일찍이 신라 때부터 있어왔다는 것이 된다.

그렇다고 하더라도 양주동의 탁견에는 좀 석연치 않은 부분이 남는다고 하겠다. 그는 영일迎日의 원어가 된다는 근오지斤烏支가 '돋이·해돋이'라는 말이 된다고 하였다. 영일이 돋이, 곧 해돋이라고 하는 것은 딱 들어맞는 말이라고 하기는 어렵다. 글자 뜻으로 볼 때 해돋이는 일출日出이고 영일迎日은 해맞이가 옳을 것이기 때문이다.

어떤 이는 일찍이 일본에 건너갔다고 전해지는 신라 왕자 천일창天日槍(天之日矛)을 연오랑에 견주기도 하나 비슷한 점을 찾아볼 수가 없다. 『일본서기日本書紀』에는 천일창이 신라 혁거세왕 31년(B.C.27)에 해당하는 일본 수인垂仁 3년 3월에 일본으로 건너간 것으로 보이고 있으나,12) 신라 아달라왕 4년(157) 무렵에 일본으로 건너갔다는 연오랑과는 그 연대 등 여러 가지 상황으로 미루어 전혀 동일인으로 보기는 어렵다고 할 수 있다.

지금까지 본 바와 같이 『여지승람』의 지적처럼, 일월의 빛을 다시 찾은 고을이라 하여 옛 신라 때 이름붙였다는 영일현迎日縣의 이름은 실제 고려 때에 붙여졌고, 『사기』나 『동국사략』 등 정사류正史類에는 보이지 않고 『유사』·『수이전』 등 야사류野史類에만 전하고 있으므로 믿을(取信할) 만한 것이 못된다고 할 수도 있을 것이다.

그러나 이 이야기의 주인공인 연오랑·세오녀가 역사적 인물임을

---

12) 『일본서기』 권6, 수인천황垂仁天皇 3년 3월 조. 일본의 『고사기古事記』 중中, 응신천황應神天皇. 같은 인물의 이름이면서도 『일본서기』에는 '천일창天日槍'이고, 이 『고사기』에는 '천지일모天之日矛'에 관한 이야기 한 편을 전하고 있다.

확인할 수가 없고, 또 잃어버린 일월의 빛을 다시 찾았다는 고사의 사실성을 인정할 수가 없다고 해서, 이 전설이 지닌 의의와 역사성을 부인해서는 안 되리라고 본다. 오랜 세월과 더불어 함께 해온 옛이야기가 얼핏 허황되고 하찮아보여도 거기에 간직된 진실이 있고 함부로 가벼이 할 수 없는 깊은 사연이 반드시 역사 속에 담겨있을 것이기 때문이다.